한국생산성본부 공식 인증 교재

SW코딩자격 스크래치 3급

저자 이민경, 최경희

YoungJin.com Y.
영진닷컴

Welcome to Scratch World!

머리말

인공지능과 사물인터넷 등의 눈부신 발전이 가져올 4차 산업혁명 시대에 부응하는 핵심 역량을 지닌 미래 인재 양성은 이미 국가 경쟁력의 중요한 사안으로 주목받고 있습니다.
그렇다면 어떻게 하면 비판적 사고력, 창의력, 소통 능력, 협업 능력 등으로 거론되는 미래 인재의 핵심 역량을 키울 수 있을까요? 소프트웨어 코딩 교육 과정 중에 얻게 되는 교육적 효과들을 통해 그 상당 부분의 역량들을 키울 수 있습니다. 실생활의 여러 문제를 컴퓨팅 사고력(CT : Computational Thinking)을 통해 창의적으로 해결함으로써 우리는 그 역량을 키워갈 수 있는 것입니다. 이러한 변화의 중요성을 인식한 세계 각국에서도 코딩 교육을 공교육 과정으로 앞다투어 도입하여 가르치고 있으며, 이에 우리나라 역시 2018년을 기점으로 공교육에서 코딩 교육을 의무과정으로 시작하게 되었습니다.

한국생산성본부(KPC : Korea Productivity Center)는 디지털 시대의 미래인재 핵심 역량인 컴퓨팅 사고력 배양의 저변을 확대할 수 있도록 자격 시험을 마련하였습니다. SW코딩자격 3급 시험은 교육부와 미래창조과학부의 SW 교육 운영 기조에 부합하는 과정으로 구성되어 있습니다. 또한, 국제 IT 자격기관인 ECDL Foundation과 공동 개발한 국제 평가 표준을 반영하여 완성한 공신력 있는 자격 시험입니다. SW코딩자격 3급 시험의 과목은 크게 두 가지로 구분되어 있습니다. 1과목은 문제 해결과 알고리즘 설계를 통하여 컴퓨팅 사고력을 높일 수 있도록 마련되었고, 2과목은 엔트리(또는 스크래치)를 통하여 기본 프로그래밍 능력을 키울 수 있도록 하였습니다. 프로그래밍 도구로 사용되는 엔트리는 우리나라에서 개발한 교육용 프로그래밍 언어(EPL : Educational Programming Language)로서, 코딩 교육을 처음 접하기 시작하는 학생도 쉽게 프로그래밍을 할 수 있습니다.

이 책은 SW코딩자격 시험을 대비하여 충분히 연습할 수 있도록 출제 기준과 공개 문제를 자세히 분석하여 실제 시험과 동일하게 구성하였습니다. 그러므로 시험을 준비하시는 분들에게 본 수험서는 SW코딩자격 시험 마련의 본래 목적에 부합하는 미래인재 핵심 역량에 필요한 컴퓨팅 사고력을 통한 문제 해결력 신장의 학습 효과를 얻게 할 것이며, 합격을 향한 정확하고 효과적인 길잡이가 될 것입니다.

저자 일동

15일 학습 플랜

일자	날짜	단계	학습내용
1일차	월 일	PART 01	SW코딩자격 이렇게 준비하세요, 꼼꼼히 읽기
2일차	월 일	PART 02	소프트웨어와 실생활의 문제 해결
3일차	월 일	PART 03	CHAPTER 1~3 스크래치 핵심 기능 익히기 1
4일차	월 일		CHAPTER 4~6 스크래치 핵심 기능 익히기 2
5일차	월 일	PART 04	CHAPTER 1~2 순차 구조, 반복 구조 알아보기
6일차	월 일		CHAPTER 3~4 선택 구조, 산술 · 비교 · 논리 연산 알아보기
7일차	월 일		CHAPTER 5~6 이벤트와 신호, 변수 알아보기
8일차	월 일	PART 05	최신 기출 유형 따라 하기 1회
9일차	월 일		최신 기출 유형 따라 하기 2회
10일차	월 일	PART 06, 07	최신 기출 유형 문제 1회
11일차	월 일		최신 기출 유형 문제 2회
12일차	월 일		최신 기출 유형 문제 3회
13일차	월 일		최신 기출 유형 문제 4회
14일차	월 일		최신 기출 유형 문제 5회
15일차	월 일		최신 기출 유형 문제 6회

학습 방법

- **SW코딩자격 시작하기** : 'PART 01 SW코딩자격 이렇게 준비하세요'를 자세히 읽어보고 어떻게 시험을 준비할지 계획하세요.
- **PART 02~03** : SW코딩자격 2급 시험의 1, 2, 4과목에 해당하는 주관식 문제를 풀 수 있는 이론적 지식을 정리했습니다. 가장 중요한 핵심만 정리했으니 꼭 학습하시기 바랍니다.
- **스크래치 핵심 기능 익히기** : 아직 스크래치 프로그램에 익숙하지 않은 독자들을 위해 프로그램의 전체 기능을 살펴볼 수 있도록 하였습니다.
- **주요 출제 기능 익히기** : 시험 출제 기준을 철저히 분석하여 시험에서 요구하는 스크래치 핵심 기능들만 학습할 수 있도록 했습니다. 이 부분만 학습하면 시험에서 요구하는 대부분의 기능들을 익힐 수 있습니다.
- **최신 기출 유형 따라 하기** : 시험에 출제된 기출 문제와 동일한 유형의 문제를 자세하게 따라 하기 식으로 구성하였습니다. 블록 조립을 따라하면서 왜 이렇게 블록을 조립하였는지 생각해보시기 바랍니다.
- **최신 기출 유형 문제** : 다양한 문제를 풀어볼 수 있도록 총 6회의 최신 기출 유형 문제를 수록하였습니다. 꼭 정답대로만 조립하지 말고 자신의 방식으로도 조립해보시기 바랍니다.

이 책의 차례

PART 1 SW코딩자격 이렇게 준비하세요

PART 2 소프트웨어와 실생활의 문제 해결

PART 3 스크래치 핵심 기능 익히기

PART 4 주요 출제 기능 익히기

PART 5 최신 기출 유형 따라하기

| 무료동영상 |

PART 6 최신 기출 유형 문제

PART 7 최신 기출 유형 문제 풀이

- 학습 자료(예제 파일, 문제 파일, 완성 파일 등)는 이기적 수험서 사이트(license.youngjin.com)의 [자료실]-[기타]에서 다운 받을 수 있습니다.
- 무료 동영상은 이기적 수험서 사이트(license.youngjin.com)의 [무료 동영상]-[코딩자격증]에서 볼 수 있습니다.(무료 동영상 제공 범위는 차례에 표시되어 있습니다.)

이 책의 구성

❶ SW코딩자격 이렇게 준비하세요

SW코딩자격 시험에 관한 시험 안내, 응시 자격 및 응시 절차, 출제 기준, 답안 작성 요령 등 SW코딩자격 시험을 준비하기 전에 꼭 확인해야 할 사항들을 담았습니다. 본 도서로 공부하기 전 꼭 자세히 읽어보고 시험을 준비하시기 바랍니다.

❷ 소프트웨어와 실생활의 문제 해결

SW코딩자격 3급 시험의 1과목인 컴퓨팅적 사고력과 문제 해결, 그리고 알고리즘 설계의 이론적 지식을 제공합니다. 컴퓨팅적 사고력에서 말하는 문제 해결과 알고리즘 설계가 무엇인지 쉽게 이해할 수 있을 것입니다.

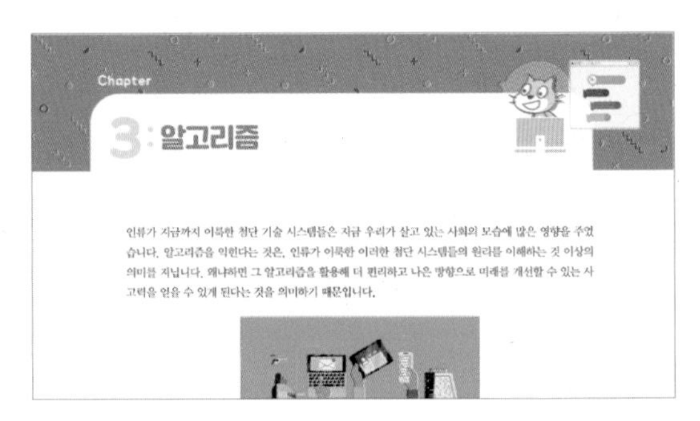

❸ 스크래치 핵심 기능 익히기

스크래치 프로그램을 처음 접하는 독자를 위해 엔트리 기본 기능을 미리 학습할 수 있도록 자세하고 친절하게 설명하였습니다.

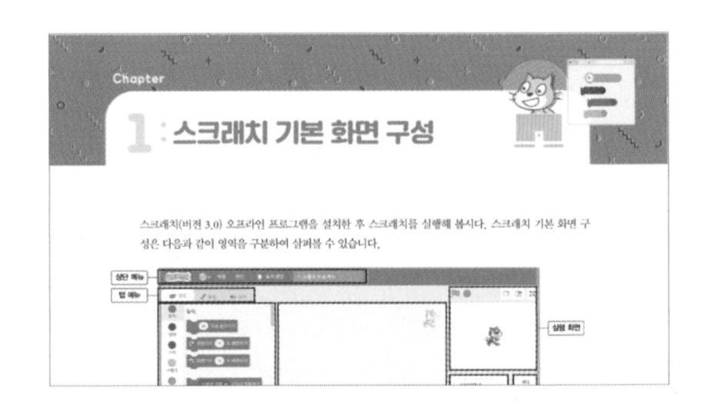

❹ 주요 출제 기능 익히기

SW코딩자격 3급의 출제 기준을 자세히 분석하여 시험에서 요구하는 주요 기능을 선별하였습니다. 순차와 반복 구조, 조건별 실행, 변수 · 리스트 · 함수, 복제, 연사자 등의 기능들을 실습 파일과 함께 쉽고 자세하게 따라하며 학습할 수 있습니다.

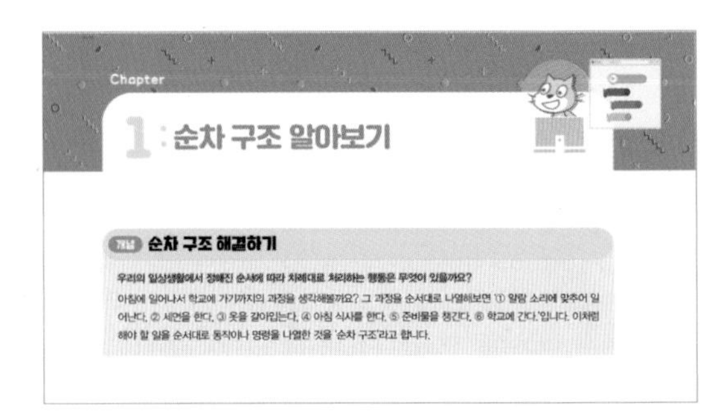

❺ 최신 기출 유형 따라 하기

실제 시험에서 출제되고 있는 문제와 동일한 유형의 문제를 자세하게 따라하기 식으로 구성하였습니다. 한 단계 한 단계 따라하다 보면 스크래치 프로그램을 자유자재로 다룰 수 있게 될 것입니다.

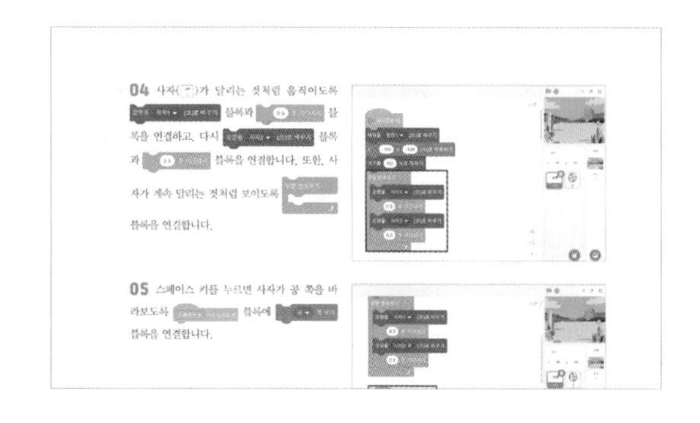

❻ 최신 기출 유형 문제

다양한 유형의 문제를 풀어볼 수 있도록 총 6회의 최신 기출 유형 문제를 수록하였습니다. 시험에서 출제되고 있는 유형과 동일한 다양한 문제를 통해 SW코딩자격 3급 시험을 완벽하게 준비할 수 있을 것입니다.

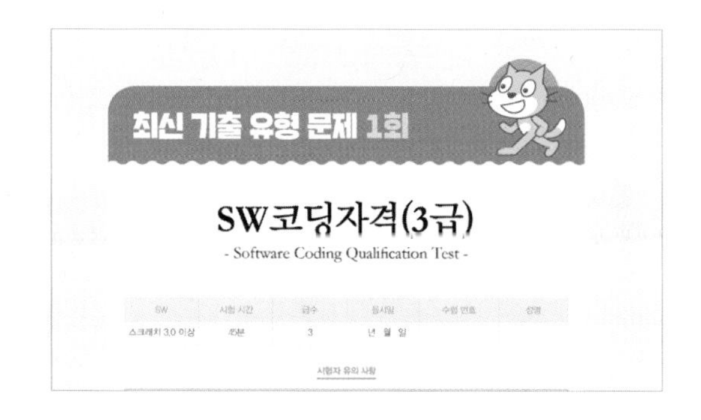

❼ 무료 동영상 강의 제공

아직 스크래치 프로그램에 익숙하지 않고, 혼자 공부하여 프로그램 코딩을 따라하기 어려운 독자들을 위해 5~7파트 2과목 프로그래밍의 무료 동영상 강의를 제공합니다. 해당 영상은 이기적 수험서 사이트(license.youngjin.com)에 접속한 뒤 [무료 동영상]-[코딩자격증] 메뉴에서 이용할 수 있습니다.

❽ 학습 자료 안내

도서를 학습하는 데 필요한 다양한 자료(예제 파일, 문제 파일, 완성 파일 등)는 이기적 수험서 사이트(license.youngjin.com)의 [자료실]-[기타]에서 다운받아 사용할 수 있습니다.

자주 질문하는 Q&A

* SW코딩자격 시험에 대한 일반 사항은 언제든지 변경될 수 있으니 KPC 자격 홈페이지(license.kpc.or.kr)에서 최종 확인하시기 바랍니다.

Q SW코딩자격 3급은 어떤 시험인가요?

SW코딩자격은 컴퓨팅 사고력 기반 문제해결능력을 평가하기 위한 자격으로 상황 기반의 창의적 문제 해결력을 평가합니다. 시험 구성은 주관식 5문제, 프로그래밍 5문제로 구성되었습니다.

Q 1년에 몇 회 정도 시험이 시행되나요?

1년에 총 6회 시행하며, 정확한 시험 일정은 꼭 KPC 자격 홈페이지를 확인하시기 바랍니다.

Q 엔트리 버전 시험과 스크래치 버전 시험에는 어떤 차이점이 있나요?

SW코딩자격에 접수할 때 시험 소프트웨어를 엔트리나 스크래치로 선택할 수 있으며, 주관식 1과목은 동일한 문제가 출제되고, 2과목 프로그래밍 코딩에서 선택한 소프트웨어에 따라 엔트리용 또는 스크래치용 문제가 출제됩니다.

Q 시험 당일 2, 3급 시험을 각각 응시할 수 있나요?

시험은 하루 3타임으로 진행되며, 급수가 다른 경우 하루에 두 번 응시할 수 있습니다. 마찬가지로 같은 급수로 엔트리 버전과 스크래치 버전 시험을 응시하려는 경우에도 하루에 시험 시간을 달리하여 응시할 수 있습니다.

Q 답안 파일은 어떻게 작성해야 하나요?

시험에 응시하시면 시험지와 답안 파일이 들어있는 폴더를 받게 됩니다. 시험지는 시험 문제를 푸는 데 이용하고 정답은 답안 파일에 작성합니다. 답안 파일은 1과목 주관식을 정답을 적을 수 있는 한글 파일과 2과목 프로그램 코딩을 작성하는 엔트리 파일(스크래치 버전 응시 시 스크래치 파일) 5개를 제공 받습니다. 시험이 종료되면 시험지를 제출해야 하고 답안 파일은 감독관이 수거해갑니다.

Q 답안 파일 저장 시 파일명은 어떻게 입력해야 하나요?

시험 때 사용하는 자신의 컴퓨터의 바탕화면에 '수험번호-성명'이란 폴더가 있고 그 안에 답안 파일이 들어있습니다. 답안 파일의 이름은 수정하지 않아야 하며, '수험번호-성명' 폴더는 자신의 수험번호와 성명으로 바르게 수정해야 합니다.(예 1234567-홍길동) 수험번호, 성명을 잘못 기재하였거나, 답안 파일을 잘못 저장하여 발생한 문제나 불이익에 대한 일체의 책임은 수험자에게 있으니 주의하시기 바랍니다.

학습 파일 다운로드

이 책에 사용된 실습 예제 파일 및 문제 파일과 완성 파일은 이기적 홈페이지(license.youngjin.com)에서 다운받을 수 있습니다.

01 이기적 홈페이지(license.youngjin.com)에 접속한 후 로그인하세요.

02 [자료실]-[기타] 게시판을 클릭하세요.

03 '[6353] SW코딩자격 3급(스크래치) 학습 파일' 게시글을 클릭하여 다운로드합니다.

PART 1

SW코딩자격 이렇게 준비하세요

Chapter

1 : 시험 안내

01 응시 자격 조건

02 3급 시험 원서 접수하기

- license.kpc.or.kr에서 접수
- 프로그램 선택 : 엔트리와 스크래치 중 선택
- 검정 수수료 : 20,000원

03 3급 시험 응시

- 1과목 : 문제해결과 알고리즘 설계 5문제
- 2과목 : 기본 프로그래밍 5문제
- 1과목, 2과목 총 45분 시행

04 합격자 발표

license.kpc.or.kr에서 확인 후 자격증 발급 신청

1 자격 검정 응시 안내

❶ 자격 소개

디지털 시대의 미래 인재 핵심 역량인 컴퓨팅 사고력을 평가하기 위한 자격입니다.

- 교육부와 미래창조과학부의 SW교육 운영 기조에 부합하는 과정 구성
- 국제 IT 자격기관인 ECDL Foundation과 공동 개발하여 국제 평가 표준 반영

❷ 자격 목표

- 시대를 선도하는 핵심 역량인 "컴퓨팅 사고력"신장을 통해, 글로벌 시장환경에서 경쟁력을 갖춘 인재 양성
- 컴퓨팅 사고력 및 코딩을 통한 직무 능력 향상
- 문제해결과정으로서 컴퓨팅 사고의 생활화

❸ 발급기관명 : 한국생산성본부

❹ 자격 특징

① 전문 자격기관인 한국생산성본부에서 시행하는 자격입니다.
- 산업발전법에 의거하여 설립된 한국생산성본부에서 시행합니다.
- 공정성, 객관성, 신뢰성을 갖춘 공신력있는 자격 시험입니다.

② 컴퓨팅 사고력 기반 문제해결능력을 평가하기 위한 자격입니다.
- 코딩을 통하여 컴퓨팅 사고력을 신장시킬 수 있도록 과정을 구성하였습니다.
- 단순 · 반복식 코딩 기술(skill) 평가를 지양하며, 상황 기반(context–based)의 창의적 문제 해결력을 평가합니다.

③ 취득을 위한 자격이 아닌, '활용을 위한 자격'입니다.
- 자격 취득 자체를 위한 것이 아니라, 학습과정을 통해 학습자가 4차 산업혁명기의 시대 선도적 역량을 키울 수 있도록 하기 위한 자격입니다.
- 이를 위하여 다양한 학습용 교재 및 컨텐츠가 개발되어 있습니다.

❺ 응시료

- 1급 : 30,000원
- 2급 : 25,000원
- 3급 : 20,000원

❻ 시험 과목

등급	문항 및 시험방법	S/W Version
3급	1. 문제 해결과 알고리즘 설계 2. 기본 프로그래밍	① Entry Offline v2.0 이상 ② Scratch 3.0 Offline Editor ①, ② 중 택1

*응시하는 시험의 소프트웨어 버전은 꼭 시험 전에 시행처 홈페이지에서 재확인하시기 바랍니다.

2 SW코딩자격 응시 절차

❶ 원서 접수

– 온라인 접수(license.kpc.or.kr)
– 시험 방문접수는 'KPC자격지역센터'에서 가능함. 지역센터로 사전 연락 후 내방
– 개인 회원 접수 : 회원으로 가입(무료)하면 시험 시마다 개인 정보를 별도 입력할 필요가 없으며, 시험 내역을 관리할 수 있는 "My Page"가 제공됨
– 단체 회원 접수 : 2인 이상 접수 시 단체 회원으로 가입 후 KPC자격지역센터로부터 인증을 받은 후에 접수 가능함(*단체접수는 2인 이상 가능)

❷ 수험표 출력

❸ 시험 응시

❹ 합격자 발표

– license.kpc.or.kr 〉 합격확인/자격증신청 〉 합격자 발표

❺ 자격증 발급

– license.kpc.or.kr 〉 합격확인/자격증신청 〉 자격증 신청
– 자격증은 연중상시 신청 가능함
– 자격증 배송은 신청 후 2주 정도 소요

3 SW코딩자격 3급 출제 기준

과목 1 문제해결과 알고리즘 설계

<table>
<tr><th>세부 항목</th><th>성취 기준 및 주요 출제 요소</th><th>배점</th></tr>
<tr><td rowspan="2">1.1. 컴퓨팅 사고력의
필요성</td><td>[성취 기준]
1.1.1. 생활 속에서 소프트웨어가 사용된다는 것을 예를 들어 설명 할 수 있다.
1.1.1.1. 다양한 분야에서 활용되는 소프트웨어의 종류와 특징을 설명할 수 있다.
1.1.1.2. 소프트웨어의 사용이 실생활을 어떻게 변화시켰는지 이해하고 소프트웨어의 중요성을 설명할 수 있다.
1.1.2.창의 · 융합시대에서 컴퓨팅 사고가 무엇인지 설명할 수 있다.
1.1.2.1. 컴퓨팅 사고가 무엇인지 설명할 수 있다.
1.1.2.2. 실생활에서 컴퓨팅 사고가 적용된 예를 찾아 낼 수 있다.
1.1.2.3. 절차적인 문제 해결의 의미와 중요성을 설명할 수 있다.</td><td rowspan="4">30점</td></tr>
<tr><td>[주요 출제 요소]
• 소프트웨어의 개념, 소프트웨어의 종류, 컴퓨팅 사고력의 개념과 필요성, 컴퓨터 사고력의 구성 요소
• 사고력의 구성 요소, 절차적 문제 해결의 의미와 중요성</td></tr>
<tr><td rowspan="2">1.2. 문제 해결 과정
이해와 적용</td><td>[성취 기준]
1.2.1. 상황 속에서 문제를 정확하게 표현할 수 있다.
1.2.2 다양한 문제 해결 방법을 찾아낼 수 있다.
1.2.2.1. 문제 해결 방법의 문제점과 개선 방법에 대해 설명할 수 있다.
1.2.2.2. 문제 해결에 적합한 방법을 선택할 수 있다.</td></tr>
<tr><td>[주요 출제 요소]
• 문제 표현, 문제 분해, 자료 수집, 문제 해결 방법 탐색, 문제 해결 방법 비교와 선택
• 문제 해결 방법 개선, 문제 해결 방법 단순화</td></tr>
<tr><td rowspan="2">1.3. 기본 구조의
알고리즘 설계</td><td>[성취 기준]
1.3.1. 실생활의 사례와 연계하여 알고리즘이 무엇인지 그 의미와 중요성을 알 수 있다.
1.3.2. 알고리즘이 갖추어야 할 조건을 이해하고 다양한 알고리즘을 작성할 수 있다.
1.3.2.1. 여러가지의 알고리즘 표현 방법을 이해하고 설명할 수 있다.
1.3.2.2. 문제해결절차를 여러가지 알고리즘 표현법으로 나타낼 수 있다.
1.3.3. 일상생활의 문제해결을 위해 알고리즘을 설계할 수 있다.</td><td rowspan="2">20점</td></tr>
<tr><td>[주요 출제 요소]
• 알고리즘 개념과 중요성, 컴퓨터의 기능과 알고리즘의 관계, 순서도 작성
• 알고리즘 장점과 단점 비교</td></tr>
</table>

과목 ❷ 기본 프로그래밍

<table>
<tr><td>2.1. 프로그래밍언어 이해</td><td>[성취 기준]
2.1.1. 프로그래밍 언어의 개념과 종류를 설명할 수 있다.
2.1.1.1. 프로그래밍 언어의 기본요소를 알 수 있다.
2.1.2. 자료의 입출력문을 작성할 수 있다.
2.1.2.1. 반복문의 필요성을 이해하고 사용할 수 있다.
2.1.2.2 조건문의 필요성을 이해하고 사용할 수 있다.
2.1.2.3. 여러 형태의 반복문과 조건문을 사용할 수 있다.</td><td rowspan="2">50점</td></tr>
<tr><td>2.2. 블록 프로그래밍</td><td>[성취 기준]
2.2.1. 화면 구성과 주요 용어를 알 수 있다.
2.2.2. 주어진 블록을 순차적으로 사용하여 목표물까지 이동할 수 있다.
2.2.3. 반복되는 명령을 블록으로 만들 수 있다.
2.2.3.1. 횟수 반복/조건 반복/계속 반복 등을 주어진 상황에 맞게 사용할 수 있다.
2.2.4. 다양한 조건을 고려하여 다른 동작을 하는 프로그램을 만들어 볼 수 있다.
2.2.4.1. 논리 연산을 활용할 수 있다.
2.2.4.2. 관계 연산을 활용할 수 있다.
2.2.5. 이벤트의 개념을 이용하여 프로그래밍 할 수 있다.
2.2.6. 변수를 활용하여 프로그래밍 할 수 있다.
2.2.7. 좌표를 활용하여 배경이 계속해서 이어지는 효과를 만들 수 있다.
2.2.8. 함수의 의미를 이해하고 프로그래밍할 수 있다.
2.2.9. 장면연결 등을 통해 두 개 이상의 장면을 구성할 수 있다.
2.2.10. 대화하기를 사용하여 스토리를 창작할 수 있다.</td></tr>
</table>

[주요 출제 요소]
엔트리 또는 스크래치 화면 구성, 기본 코드, 순차 구조, 반복 구조, 선택 구조, 변수, 입출력, 이벤트, 신호, 산술 연산, 비교 연산, 리스트, 무작위수

Chapter

2 : 시험 소개

1 SW코딩자격(3급)(스크래치 버전)

❶ 소프트웨어 및 버전

Scratch 3.0 이상(소프트웨어 버전은 바뀔 수 있으니 꼭 시행처 홈페이지에서 재확인 바랍니다.)

❷ 시험 시간

과목1, 과목2 총 45분

2 SW코딩자격(3급) 사전 안내 사항

❶ 수험자 유의 사항

- 수험자는 감독관의 안내에 따라 시험지와 시험용 SW 등의 이상 여부를 확인해야 하며 문제지는 1매라도 분리하거나 훼손하여서는 안 됩니다. (1인 1부)
- 시험지는 시험이 끝난 후 답안지와 함께 제출해야 하며, 미제출 시 실격 처리 됩니다.
- 제한된 시간 내에 시험을 완료하여야 합니다.
- 시험 시작 후에는 화장실 출입이 불가하며, 시험 시간 중에는 퇴실할 수 없습니다.
- 시험 시간 중 고사실 내에서 휴대 전화기, 디지털카메라, MP3 등 전자 기기를 소지한 경우, 해당자의 시험을 무효로 처리하오니 절대 휴대하지 않도록 합니다.
- 부정 응시 및 문제 유출에 해당하는 행위 즉, 답안을 타인에게 전달 및 외부로 반출하는 경우, 자격기본법 제 32조에 의거 부정 행위로 간주되어 해당자의 시험을 무효 처리하며 민/형사상의 책임을 물을 수 있습니다.

❷ 부정 행위 처리 규정

다음 행위를 하는 경우에는 부정 행위로 간주하여 퇴실 조치 및 시험 무효 처리하며, 향후 2년간 한국생산성본부 주관 시험에 응시할 수 없습니다.

- 시험 중 다른 수험자와 시험에 관한 대화를 하는 행위

– 시험 문제와 관련된 다른 물건을 휴대하여 사용하거나 이를 주고받는 행위
– 시험 중 소란행위, 각종 타인에게 피해 또는 방해를 주는 행위
– 시험 중 다른 수험자의 답안을 보고 베껴 쓰는 행위
– 다른 수험자를 위하여 답안을 알려주거나 자신의 답안을 보여주는 행위
– 그 밖의 부정 또는 불공정한 방법으로 시험을 치르는 행위

3 답안 작성 요령

❶ 답안 작성 절차

– 과목1(1~5번 문항) : 답안 작성 파일(한글 문서)에 답안을 작성 후 저장
– 과목2(6~10번 문항) : 바탕화면(Desktop) / SW3–시험 / 수험번호–성명 / 문항 별 답안 파일 작업
– 시험을 완료한 수험자는 감독관의 안내에 따라 ①시험지를 제출하고 ②답안 작성 파일을 저장한 후 퇴실합니다.

❷ SW코딩자격(3급) 답안 작성 파일

수험 번호		성 명	

문항	수행형 답안
1	①
	②
2	①
	②
3	①
	②
4	①
	②
5	①
	②

*과목 1은 답안 작성 파일(한글 문서)에 답안을 작성합니다.

Chapter

3 : 스크래치 프로그램 설치하기

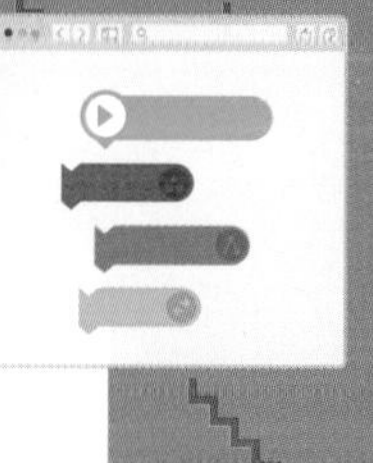

1 스크래치란?

스크래치(Scratch)는 소프트웨어를 쉽게 배울 수 있도록 만들어진 교육용 프로그래밍 언어입니다. 스크래치를 통해 창조적이고 체계적으로 사고할 수 있는 방법을 익히며, 협업하는 방식을 배울 수 있습니다.

❶ 무료 교육용 프로그램

스크래치는 8~16세 아이들을 위해 만들어졌으며, 아이들은 물론 소프트웨어 코딩을 배우고 싶은 누구나 무료로 사용할 수 있습니다.

❷ 세계와 함께하는 소프트웨어 교육

스크래치로 만든 이야기, 게임 및 애니메이션과 같은 프로젝트를 전 세계 사람들과 스크래치 사이트(www.scratch.mit.edu)에서 공유하고 의견을 나누며 함께 만들고 경험할 수 있습니다.

❸ 광범위하게 융합되어 사용

교육자들은 스크래치를 초등학교, 중학교, 고등학교는 물론 일부 대학에서도 사용하고 있습니다. 또한 국어, 과학, 수학, 미술, 음악 등 다양한 과목에서 융합하여 사용하기도 합니다.

❹ 전문적이고 지속적인 연구개발 및 운영

스크래치는 MIT 미디어랩의 Lifelong Kindergarten Group에서 만들어 운영하고 있습니다. 스크래치는 프로그램 자체뿐 아니라, 프로젝트로서 운영되어 정기적으로 열리는 컨퍼런스 등을 통해 전 세계 교육자, 연구자, 개발자들과 연계해 지속적으로 활발하게 발전해 가고 있습니다.

② 스크래치 3.0 데스크탑 버전 설치하기

SW코딩자격 3급_스크래치 버전은 스크래치 3.0 데스크탑 버전을 사용하고 있습니다. 시험장과 동일한 환경에서 문제를 풀어보기 위해 스크래치 3.0 데스크탑 버전을 설치하도록 하겠습니다.

❶ 스크래치를 설치하기 위해 스크래치 홈페이지(https://scratch.mit.edu/)에 접속합니다.

❷ 스크래치 홈페이지의 하단에서 [유용한 자료들]-[다운로드]를 클릭합니다.

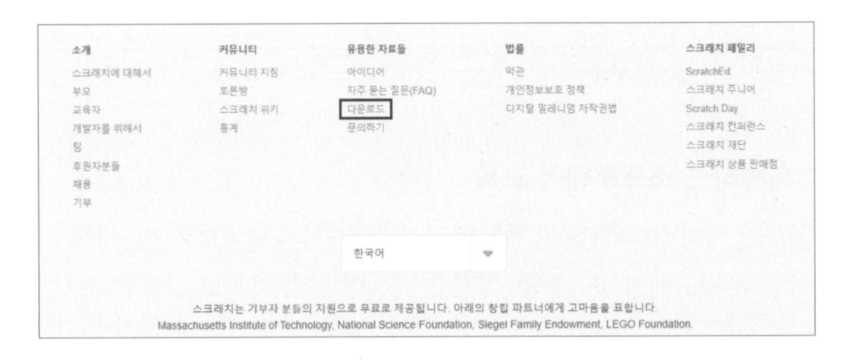

❸ 사용하고 있는 운영체제를 선택하고 '다운로드'를 선택합니다. 여기서는 'Windows-다운로드'를 선택해 설치 프로그램을 다운로드하겠습니다.

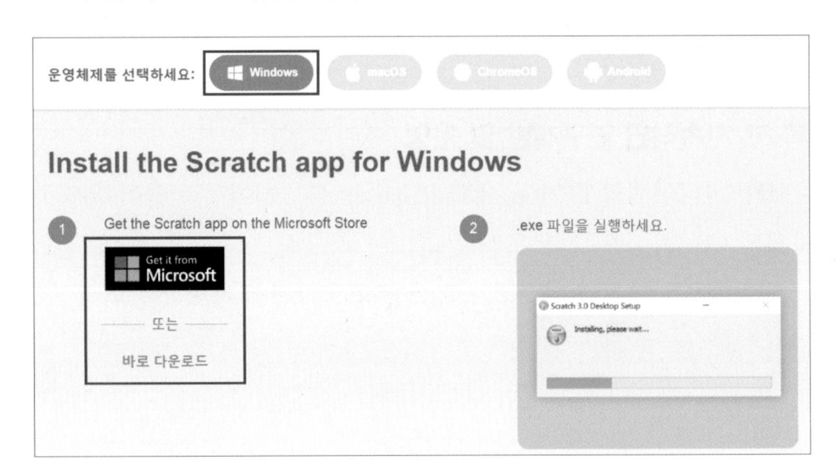

❹ 다운로드한 'Scratch Desktop Setup.exe' 파일을 더블 클릭하여 스크래치 설치 창을 엽니다.

❺ 사용자 권한을 선택하고 [설치]를 클릭합니다.

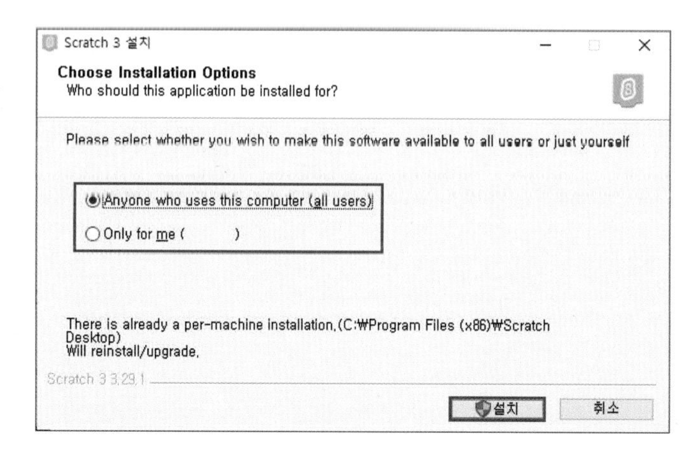

❻ 스크래치 3.0 데스크탑 버전 설치가 시작됩니다.

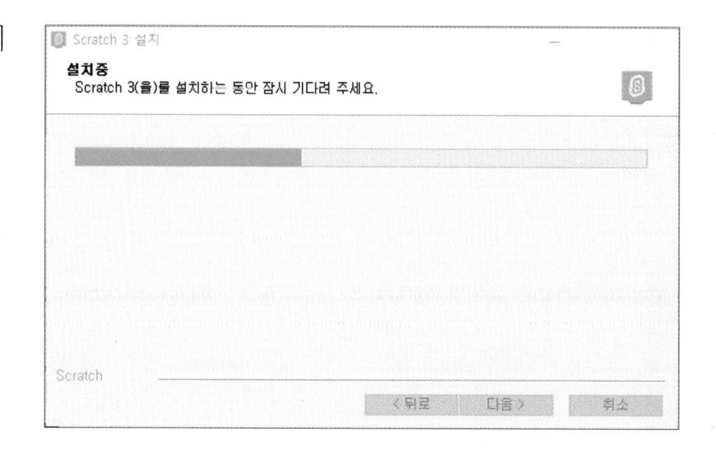

❼ 스크래치 3.0 데스크탑 버전 설치가 완료되었습니다.

*프로그램의 세부 버전에 따라 모양이나 기능이 다를 수 있습니다.

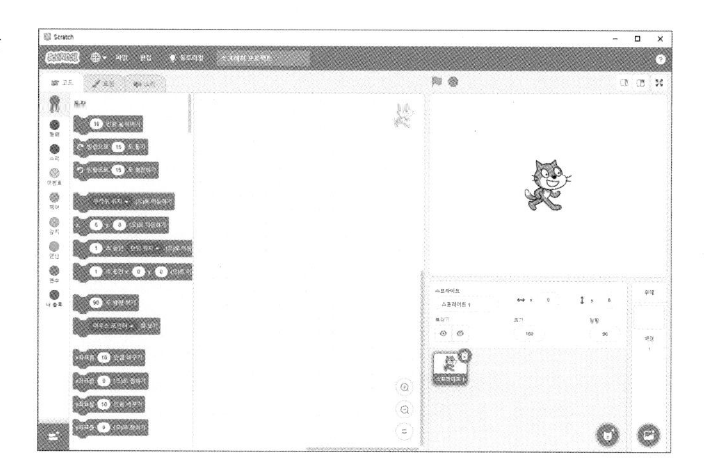

PART 2

소프트웨어와 실생활의 문제 해결

Chapter

1 : 소프트웨어와 컴퓨팅 사고력

1 생활 속 소프트웨어

❶ 무료 교육용 프로그램

컴퓨터를 켰을 때 시스템을 작동시키고, 사용할 수 있는 대부분의 프로그램들을 소프트웨어라 부릅니다. 또한 그 소프트웨터는 응용 소프트웨어, 시스템 소프트웨어로 크게 구분할 수 있습니다.

- 시스템 소프트웨어는 컴퓨터 하드웨어 및 응용 프로그램들을 관리하는 역할을 합니다.
- 응용 소프트웨어는 우리가 사용하는 대부분의 다양한 여러 종류의 소프트웨어들을 말합니다.

소프트웨어 종류	프로그램의 예
응용 소프트웨어	• 오피스 프로그램 : 워드(Word), 엑셀(Excel), 파워포인트(Power Point), 한글 등 • 멀티미디어 프로그램 : 그래픽 편집기(포토샵, 일러스트레이터 등) 및 이미지 뷰어, 미디어 플레이어 등 • 기타 프로그램 : 보안프로그램, 웹브라우저, 통합개발환경(IDE), 교육용 프로그램, 게임 등
시스템 소프트웨어	• 운영체제(윈도우, 맥OS, 리눅스 등) • 통신제어 • 데이터베이스 관리

[컴퓨터 소프트웨어의 종류]

소프트웨어와 구분되는 하드웨어를 살펴봅시다. 하드웨어는 소프트웨어가 담기는 곳으로 소프트웨어를 저장하고 실행시키는 역할을 합니다. 하드웨어의 구성은 다음과 같이 간단히 정리할 수 있습니다.

[컴퓨터 하드웨어의 구성]

- 입력 장치 : 키보드, 마우스, 조이스틱, 터치스크린, 스캐너 등
- 출력 장치 : 모니터, 프린터, 스피커 등
- 중앙 처리 장치 : CPU 등
- 기억 장치 : HDD, 보조 기억 장치 등

다시 말해 소프트웨어는 컴퓨터에서 하드웨어를 제외한 나머지 부분입니다. 또한, 설명한 바와 같이 종류도 매우 다양합니다. 앞으로 새로운 기술이 발달함에 따라 소프트웨어는 더욱 많은 곳에 필요해지고, 우리 생활을 편리하게 만들어 줄 것입니다.

tip

소프트웨어와 하드웨어의 구성 요소나 종류 등에 대해 구분하여 알아 둡시다. 일상에서 사용되는 상황과 관련해 기억해 두면 더욱 좋을 것입니다.

❷ 소프트웨어의 중요성

우리가 아침에 눈 뜨고 밤에 잠자리에 들 때까지 몇 가지의 소프트웨어를 사용하는지 생각해 본 적 있나요? 소프트웨어는 이미 일상생활 곳곳에서 공기처럼 매우 중요한 생활의 일부가 되어 있습니다.

[일상생활 속 소프트웨어]

[음식점 메뉴 주문 시스템]

스마트 폰에서 울리는 알람벨 소리, 집을 나설 때 현관문을 닫으면 저절로 잠기는 자동 잠금 장치, 위아래 층을 오가는 엘리베이터, 전철과 버스의 요금 정산 프로그램, 식당의 메뉴 주문 시스템, 스마트 폰과 컴퓨터 프로그램 등 곳곳에 소프트웨어가 사용됩니다.

2 컴퓨팅 사고력의 필요성

❶ 자격 소개

컴퓨팅 사고력(CT ; Computational Thinking)이란 문제를 분해하고 추상화하여, 알고리즘을 설계하고 필요한 부분을 자동화할 수 있도록 컴퓨터가 이해하는 언어로 만들 수 있는 사고능력이라 할 수 있습니다. 또한, 좀 더 나아가 컴퓨터과학의 개념과 원리를 익혀 일상생활의 문제를 효율적으로 해결할 방법을 찾아낼 수 있는 사고능력이라고 말할 수도 있습니다.

tip

사람의 생각을 컴퓨터에게 전하여 실행시키기 위해 사용되어진 여러 개념들을 익히도록 합시다(이진수 원리, 아스키코드, 이진수 그림표현 등).

❷ 절차적 문제 해결

복잡한 내용도 절차적으로 정리를 하면 파악하기 쉽습니다. 홍채 인식 기술로 출입문 보안 관리를 하는 시스템이 구현되는 과정을 정리한 아래 내용을 살펴봅시다.

절차적 실행에서 중요한 것은 각 단계의 순서입니다. 순서가 바뀐다면 제대로 실행되지 않을 것입니다.

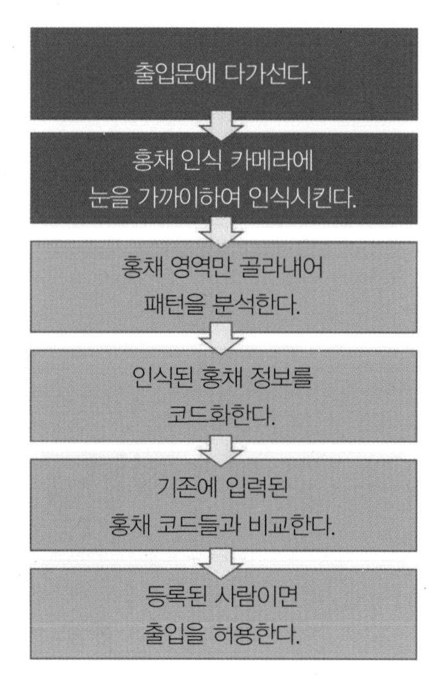

[홍채 인식 기술을 이용한 출입문 시스템]

복잡하게 여겨지는 기술도 위와 같이 절차적인 내용을 정리해보면 어떤 원리인지 쉽게 알 수 있습니다. 이 밖에도 실생활에서 절차적으로 실행되어야 해결되는 일들이 많이 있습니다.

tip

절차에 대한 문제를 쉽게 해결하기 위해서, 실생활 속에서 순서대로 처리하지 않으면 제대로 작동하지 않는 것들이 뭐가 있는지 관찰해 봅시다.

[학습에 좋은 참고 사이트]

– 영국, 컴퓨팅 교사 모임인 CAS 사이트(www.computingatschool.org.uk)

– 미국, 컴퓨터과학 교육을 위한 온라인 사이트(code.org)

– 뉴질랜드, 컴퓨터 과학 교육 참고 사이트(www.csunplugged.org)

[컴퓨팅 사고력의 구성 요소]

컴퓨팅 사고력의 구성 요소는 학자나 나라마다 다르긴 합니다만, 많이 사용되는 컴퓨팅 사고력의 구성 요소의 정의는 다음과 같습니다.

구성 요소	정의
자료 수집	문제의 이해와 분석을 토대로 문제를 해결하기 위해 자료 모으기
자료 분석	수집된 자료와 문제에 주어진 자료를 세심히 분류하고 분석하기
자료 표현	문제의 내용을 적절한 그래프, 차트, 글, 그림 등으로 표현하기
문제 분해	문제를 해결 가능한 수준의 작은 문제로 나누기
추상화	문제 해결을 위해 반드시 필요한 핵심 요소를 파악하고 복잡함을 단순화하기
알고리즘과 절차화	문제를 해결하거나 어떤 목표를 달성하기 위해 수행되는 과정을 순서적 단계로 표현하기
자동화	컴퓨팅 시스템이 수행할 수 있는 형태로 해결책 나타내기
시뮬레이션	복잡하고 어려운 해결책이나 현실적으로 실행이 불가능한 문제를 해결하기 위하여 모의 실험하기
병렬화	목표를 달성하기 위한 작업을 동시에 수행하도록 자원을 구성하기

[컴퓨팅 사고력의 9가지 구성 요소], 출처: www.acm.org (Computational Thinking)

Chapter

2 : 문제 해결 과정의 이해

1 문제 정확하게 표현하기

❶ 문제 파악하기

어떠한 문제를 마주했을 때 그것을 한 번에 파악하거나 정확히 표현하는 것은 생각보다 쉽지 않습니다. 문제 파악에 어려움을 느끼는 것은 문제의 덩어리가 너무 크거나 여러 요소들이 복잡하게 얽혀 있기 때문일 수 있습니다.

다음 내용을 함께 살펴봅시다.

위 이야기는 덩어리가 매우 커서 실체를 제대로 파악하기 힘든 문제에 대한 예입니다.

[문제 분해 : 부분별로 파악하기]

즉, 문제가 너무 큰 경우라면 그것을 분해하여 하나씩 살펴본 후 종합하는 것이 좋을 것입니다. 또한 복잡한 여러요소가 있다면 어떤 규칙으로 얽혀있는지 살펴보고 정리하며 파악한다면 문제 파악이 좀 더 쉬울 것입니다.
이해를 위해 몇 가지 간단한 예를 들어 보겠습니다.

만일 어떤 주제에 대해 많은 사람의 다양한 의견을 파악해야 하는 상황이라면 어떨까요?

다양한 의견들을 대표적인 의견들로 분류하여 그 각 내용들을 잘 정리해 낸다면, 여러 의견의 차이와 핵심 내용도 파악이 쉬울 것입니다.

여행을 코앞에 두고 아무 준비도 못 한 문제 상황이라면 어떻게 해야 할까요?

여행 준비를 한 덩어리로 고민하기보다 여행 가방 싸기, 교통편 준비하기, 숙소 준비하기, 여행지 정보 정리하기 등으로 작게 쪼개어 생각하면 하나씩 준비하기 쉬울 것입니다.

❷ 문제 표현하기

문제를 파악한 후에는 간추려 정리할 수 있어야 합니다. 너무 세세하게 표현하기보다 덜 필요한 내용은 버리고 꼭 필요한 내용으로만 정리하도록 합니다.

다음 예시를 살펴봅시다.

이메일 보내는 과정을 정리한 다음의 설명도 살펴봅시다. 이메일 보내는 과정을 정리한 두 사람의 예입니다. 누구의 설명이 더 쉽게 와 닿나요?

(가) 영진의 설명

- 받는 사람의 이메일 주소를 적어요.
- 메일 제목을 적어요.
- 메일 내용을 작성해요.
- 첨부 파일이 있으면 첨부해요.
- 보내기 버튼을 눌러요.

(나) 민희의 설명

- 이메일 창을 열면 옆에 받은 편지함, 보낸 편지함, 스팸함 등이 있어요.
- 스팸함을 열어 보면, 모르는 사람들이 보낸 광고성 메일들이 들어있기도 해요.
- 받는 사람의 이메일 주소를 적어요.
- 메일 제목을 적어요.
- 메일 내용을 작성해요.
- 글을 타이핑할 때 힘들면, 타이핑 연습 프로그램이 있어요. 화면에 보여주는 단어마다 타이핑을 따라서 하는 연습용 프로그램이에요.
- 첨부 파일이 있으면 첨부해요.
- 보내기 버튼을 눌러서 메일을 보내요.

[이메일 보내기 과정]

(가)영진의 설명이 훨씬 쉽고 정확하게 이해됩니다. 중간에 다른 말들을 많이 하게 되면, 오히려 이메일

보내기의 과정을 파악하는 데 방해가 됩니다. 이메일 보내기 과정은 아래와 같이 더 정리하여 볼 수 있습니다.

[메일 보내기 과정에 대한 추상화]

이와 같이 더 이상 버릴 수 없는 꼭 필요한 개념 및 공통적인 내용만으로 정리하는 것을 '추상화'라고 합니다.

tip

추상화 의미가 무엇인지 알아보고, 관련된 문제도 풀어봅시다. 여러 가지 물건 및 개념들을 공통된 핵심요소로 표현하거나, 글을 간단히 간추려 핵심 단어를 찾아내는 연습을 해 봅시다.

2 문제 해결 방법 찾기

❶ 문제점 발견과 개선 방법 탐색

파악하고 정리한 문제들에 대해, 어떤 부분을 개선할지 탐색하는 방법은 여러 가지가 있을 수 있습니다. 개선 방법을 쉽게 탐색할 수 있는 몇 가지 방법을 살펴봅시다.

[방법 1. 패턴 탐색하기]

반복적으로 나타나는 패턴이 있는지 찾아보고, 그 한 단위를 파악하면 해결 방법을 찾기 편리합니다. 다음의 예를 살펴봅시다.

구슬 팔찌를 만드는 방법에 대해 그림 설명서를 작성하고 있습니다.
어떻게 하면 만드는 법을 간단히 설명할 수 있을까요?

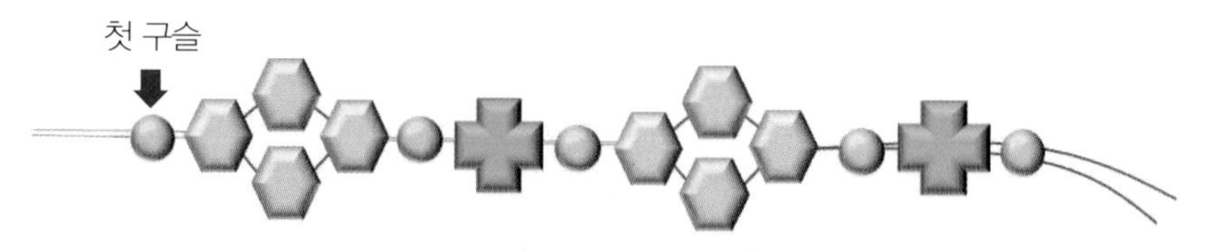

[반복되는 패턴 찾기]

구슬 팔찌 그림 설명서 작성 방법

1. 그림에서 패턴 하나의 단위가 어디까지인지 찾아봅니다.
2. 한 단위에 대해 만드는 방법을 자세히 설명합니다.
3. "설명한 한 단위를 몇 번 반복해서 완성하시오"라고 설명합니다.

위 예시는 첫 구슬부터 시작해서 '노란 원 구슬 1개, 하늘색 육각형 구슬 4개, 노란 원 구슬 1개, 연두색 십자 구슬 1개'가 한 단위라는 것을 찾아볼 수 있습니다. 이 한 단위에 대해 잘 설명한 후 반복 횟수를 정해 주면 설명서가 완성될 것입니다.

패턴은 그림이나 모양 또는 무늬 등에서도 볼 수 있지만, 시간의 흐름 속에서 반복되는 행동이나 작업의 단위를 묶어 파악할 수도 있고, 수의 규칙적인 크기 변화를 관찰하여 찾아낼 수도 있습니다.

tip

패턴과 관련된 문제를 풀 때는 반복 패턴의 한 단위를 찾아내어 그 패턴 안의 규칙이 제대로 반복되고 있는지 확인해 봅시다. 반복되는 과정에서 오류가 있거나, 반복 횟수 및 조건상 오류가 있는지도 살펴봅시다.

[방법 2. 실행 순서 살펴보기]

실행되어야 할 순서가 틀린 부분은 없는지 확인해 봅니다. 틀린 부분을 발견한다면 일부분을 새롭게 구성하거나 수정하여 제대로 실행되도록 개선할 수 있습니다. 틀리지 않더라도 좀 더 낫게 개선할 수 있도록 순서를 바꿀 부분이 없는지도 탐색해 봅니다. 각 단계의 명령이 정확한지도 살펴봅시다.

tip

순서가 틀린 부분은 없는지, 각 처리 단계에 잘못된 명령은 없는지 살펴봅니다.

[방법 3. 흐름 살펴보기]

문제를 해결하기 위해 얼마나 많이 반복 실행해야 하는지 생각해 봅시다. 또한, 어떤 조건 상황을 제시하여 그것을 만족할 때 어떤 작업을 하는 것이 좋을지도 탐색해 봅시다.

❷ 문제 해결 방법의 선택

위에 설명한 내용들은 문제 해결 방법을 설계하기 위해 고려되어야 할 주요한 내용들입니다. 문제 해결을 위해 순서대로 정리된 일의 각 처리 단계의 절차 및 그 묶음을 일컬어 '알고리즘'이라고 말합니다. 즉, 문제 해결 방법이란 이런 알고리즘을 어떻게 사용하는가에 대한 내용입니다.

앞으로 설명하게 될 반복 알고리즘과 조건 선택 알고리즘은 프로그램을 이해하는 데 가장 기초적인 알고리즘이라 할 수 있습니다.

tip

순서도 기호와 순차, 반복, 조건 선택에 관련된 알고리즘 순서도들을 익히고 연습해 봅시다.

Chapter

3 : 알고리즘

인류가 지금까지 이룩한 첨단 기술 시스템들은 지금 우리가 살고 있는 사회의 모습에 많은 영향을 주었습니다. 알고리즘을 익힌다는 것은, 인류가 이룩한 이러한 첨단 시스템들의 원리를 이해하는 것 이상의 의미를 지닙니다. 왜냐하면 그 알고리즘을 활용해 더 편리하고 나은 방향으로 미래를 개선할 수 있는 사고력을 얻을 수 있게 된다는 것을 의미하기 때문입니다.

1 알고리즘이란?

알고리즘이란 간단히 말해 문제를 해결하기 위한 일의 순서를 정리해 놓은 것을 말합니다. 특히 컴퓨터 프로그램에서는 '처리해야 할 작업의 순서를 정리해 놓은 일련의 묶음'을 알고리즘이라고 합니다.

❶ 알고리즘의 요건

컴퓨터 프로그램에서 말하는 알고리즘이란 다음과 같은 요건들을 만족해야 합니다.

입력	알고리즘은 외부에서 입력받는 자료가 0개 이상이어야 합니다.
출력	입력과 달리 처리되어 나오는 결과는 1가지 이상의 서로 다른 결과가 있어야 합니다.
명확성	알고리즘에 나오는 각 단계의 처리 명령들은 명확하고 모호하지 않아야 합니다.

유한성	알고리즘은 유한 번의 명령을 실행한 후에는 종료되어야 합니다.
효율성	알고리즘에 사용되는 명령들은 실행 가능한 것이어야 합니다.

[알고리즘의 요건], 참조: wikipedia.org

알고리즘의 요건들이 어떻게 적용되는지 알고리즘 순서도를 배우며 좀 더 확인해 보도록 합시다.

❷ 알고리즘 순서도

순서도란 프로그램이 처리해야 할 각 단계별 과정의 작업 유형을 약속된 그림 기호를 사용해 나타낸 것입니다. 즉, 프로그램으로 만들어 실행될 논리적인 흐름을 그림으로 먼저 그려보는 것입니다.
국제표준화기구(ISO: International Standard Organization)는 1962년에 세계가 함께 공통으로 사용할 순서도 기호를 제정하였습니다.

순서도 기호를 공통의 약속으로 정해 사용하는 이유는 무엇일까요?

- 프로그램 만든 자신은 물론 동료 개발자 및 그 이외의 사람들이 순서도를 통해 프로그램을 이해할 수 있음
- 프로그램을 만들기 전에 순서도를 미리 작성하면, 전체적인 흐름을 살펴보기 쉬움

알고리즘 순서도의 기호로는 간단한 도형과 화살표 등이 사용됩니다. 각 도형별로 약속된 쓰임새가 다르므로 용도에 맞게 사용하여 순서도를 작성해 봅시다.

순서도 기호	사용 용도
(단말 기호 도형)	시작과 끝을 나타내는 단말 기호
(입출력 기호 도형)	데이터 입력과 출력을 나타내는 입출력 기호
(준비 기호 도형)	초기값 입력 및 변수 선언 등에 사용되는 준비 기호
(판단 기호 도형)	참/거짓 질문, 조건 선택에 사용되는 판단 기호
(처리 기호 도형)	연산, 데이터 이동 처리 등의 처리 기호
(서류 기호 도형)	서류 출력 기호

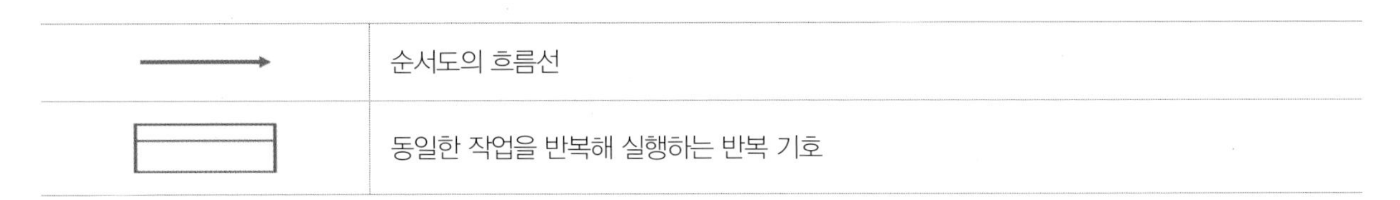

기호	설명
	순서도의 흐름선
	동일한 작업을 반복해 실행하는 반복 기호

[주요 순서도 기호들]

기본적인 순서도 기호 및 작성 방법을 익혀, 기초 알고리즘들을 연습해 보고 나만의 새로운 알고리즘도 설계해 봅시다.

tip

순서도 기호들의 모양과 사용 용도가 무엇인지 구분하도록 합시다.

2 알고리즘의 종류

알고리즘은 아주 간단한 작업에 대한 순차적 알고리즘부터, 반복 알고리즘 및 조건 선택 알고리즘 등이 있으며, 더 나아가 여러 자료들 중에 필요한 것들만 찾아내기 위한 효율적 방법을 구현하는 탐색 알고리즘이나 검색 알고리즘 등도 있습니다.

❶ 반복 알고리즘

반복 알고리즘을 순서도로 나타낸 다음의 예를 살펴봅시다. 전자렌지에 음식을 넣고 정해진 숫자(초)만큼 데우기를 실행하는 알고리즘입니다. 이를 순서도로 작성하는 방법을 아래와 같이 정리할 수 있습니다.

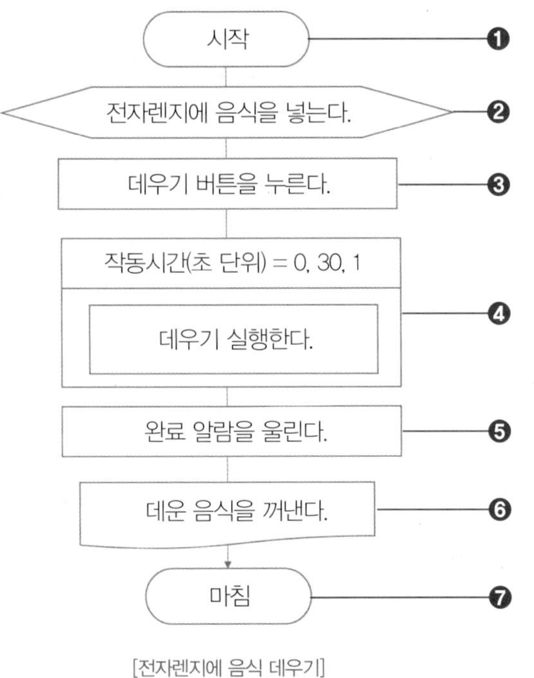

[전자렌지에 음식 데우기]

❶ 순서도를 시작합니다.

❷ 준비 기호 안에 전자렌지에 음식을 넣으라고 적습니다.

❸ 처리 기호인 네모 안에 데우기 버튼을 누르라는 명령을 작성해 넣습니다.

❹ 반복 기호 위쪽에 0초부터 시작해 30초까지 1씩 커진다는 반복 조건을 적습니다. 반복 기호 아래쪽에 반복해서 실행할 내용인 '데우기 실행한다.'를 적습니다.

❺ 반복이 다 된 후 알람을 울리도록 처리 기호 안에 명령을 적습니다.

❻ 출력 기호로 '데운 음식을 꺼낸다.'라고 해줍니다.

❼ 순서도를 마칩니다.

이와 같이 반복 기호를 사용해 반복 횟수만큼 실행하게 할 수 있습니다. 위 순서도에서 첫 번째 0은 시작하는 숫자, 두 번째 30은 최종값이 되는 숫자, 세 번째 1은 증감 숫자입니다.

다음의 순서도도 살펴봅시다. 보물 개수를 5개로 준비해 놓고, 찾은 개수가 0이 될 때까지 반복해서 보물찾기를 하는 규칙을 순서도로 나타낸 것입니다.

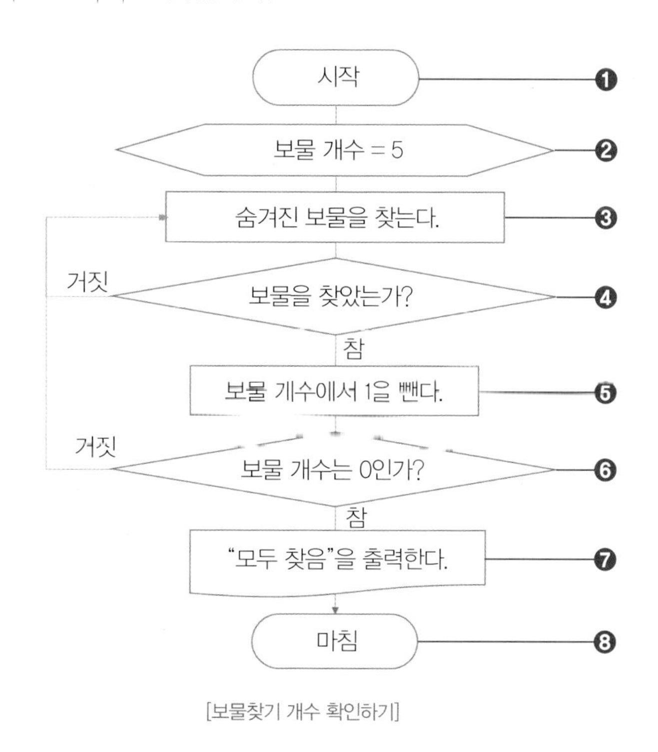

[보물찾기 개수 확인하기]

❶ 순서도를 시작합니다.

❷ 준비 기호 안에 보물개수를 5라고 정합니다.

❸ 처리 기호인 네모 안에 숨겨진 보물을 찾으라는 명령을 작성합니다.

❹ 보물을 찾았는지 판단해보고, 아니면 ❸으로 돌아가 다시 처리 명령을 반복합니다.

❺ 보물을 찾은 것이 참인 경우, 보물 개수에서 1을 뺍니다.

❻ 판단 기호 안에 보물 개수가 0인지 묻는 질문을 넣습니다. 아니면 ❸으로 돌아가 다시 처리 명령을 반복합니다.

❼ 보물 개수가 0이라면, "모두 찾음"을 출력합니다.

❽ 순서도를 마칩니다.

이와 같이 판단 조건을 만족할 때까지 계속 반복해 실행하도록 순서도를 작성할 수도 있습니다.

tip

반복 알고리즘 안에서 순서도 기호들이 어떻게 사용되는지, 어떤 순서로 구성되는지 살펴보도록 합니다.

❷ 조건 선택 알고리즘

조건 선택 알고리즘은 판단 조건에 따라 실행 내용이 바뀌도록 할 때 사용합니다. 예를 들어, 날씨에 따라서 여행지 코스가 달라지는 프로그램을 작성한다면, '비가 오는가'라는 판단 내용의 값이 '참'인 경우와 '거짓'인 경우로 나누어 작업을 처리하게 됩니다.

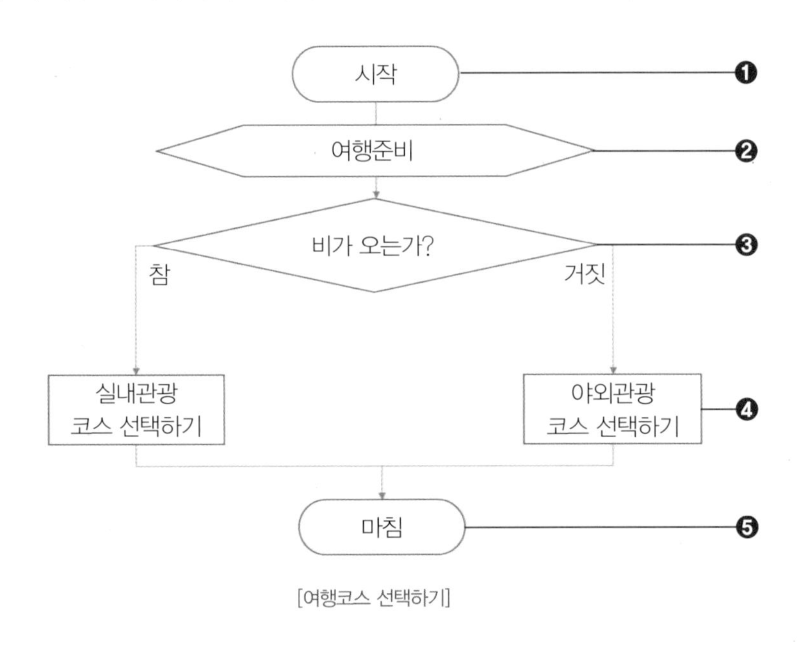

[여행코스 선택하기]

❶ 순서도를 시작합니다.

❷ 준비 기호 안에 여행준비 명령어를 넣은 후,

❸ 참과 거짓을 판단할 수 있는 "비가 오는가?"라는 판단 조건을 넣습니다.

❹ 참인 경우와 거짓인 경우에 따라 각 실행할 명령을 처리 기호 안에 작성합니다.

❺ 순서도를 마칩니다.

조건 선택 알고리즘은 판단 기호의 조건에 대해 참 혹은 거짓인 경우에 따라 분기되어 실행을 달리하게 됩니다.

tip

순서도 기호 중 판단 기호가 무엇인지 구분하여 알아둡시다. 참이거나 거짓인 경우 각각 명령이 다르게 실행되는 구조를 익혀두도록 합니다.

❸ 그 외 알고리즘

생활 속에서 일어나는 많은 일들에 대해 우리는 그 순서와 관계를 정리하여 일련의 과정으로 묶으면 알고리즘으로 만들 수 있습니다. 또한 수학 공식이나 과학 실험의 단계들도 알고리즘 순서도로 정리해 볼 수 있습니다. 실제 산업 분야나 학문 연구 등에서는 다양하고 복잡한 형태의 알고리즘도 많이 있습니다.

그러나 코딩을 처음 접하고 익히는 단계에서는 알고리즘의 기본적 내용인 조건 선택 알고리즘과 반복 알고리즘에 대해 이해하고 활용할 수 있도록 하고 일상 생활의 절차적 처리의 순서의 중요성에 대해 먼저 알아 두면 될 것입니다. 이에 조금 더 나아가 정렬이나 탐색 알고리즘에 대해서는 깊이는 아니더라도 활동이나 개념 정도는 숙지하기 바랍니다.

❹ 알고리즘 및 문제 해결력에 대한 [실과] 교과의 성취 기준

교육부의 실과/정보과 교육과정에 관한 문서(교육부 고시 제2015-74호)에 따르면, 초등학교 5~6학년 과정에서 [실과] 교과 내에서 기술 시스템에 관한 성취 기준에 대해 아래와 같은 내용을 배울 수 있도록 할 것을 명시하여 정리하고 있습니다.

- 소프트웨어가 적용된 사례를 찾아보고 우리 생활에 미치는 영향을 이해한다.
- 절차적 사고에 의한 문제 해결의 순서를 생각하고 적용한다.
- 프로그래밍 도구를 사용하여 기초적인 프로그래밍 과정을 체험한다.
- 자료를 입력하고 필요한 처리를 수행한 후 결과를 출력하는 단순한 프로그램을 설계한다.
- 문제를 해결하는 프로그램을 만드는 과정에서 순차, 선택, 반복 등의 구조를 이해한다.

[기술 시스템에 관한 초등학교 성취 기준], 출처: 교육부 고시 제2015-74호

PART 3

스크래치 핵심 기능 익히기

Chapter

1 : 스크래치 기본 화면 구성

스크래치(버전 3.0) 오프라인 프로그램을 설치한 후 스크래치를 실행해 봅시다. 스크래치 기본 화면 구성은 다음과 같이 영역을 구분하여 살펴볼 수 있습니다.

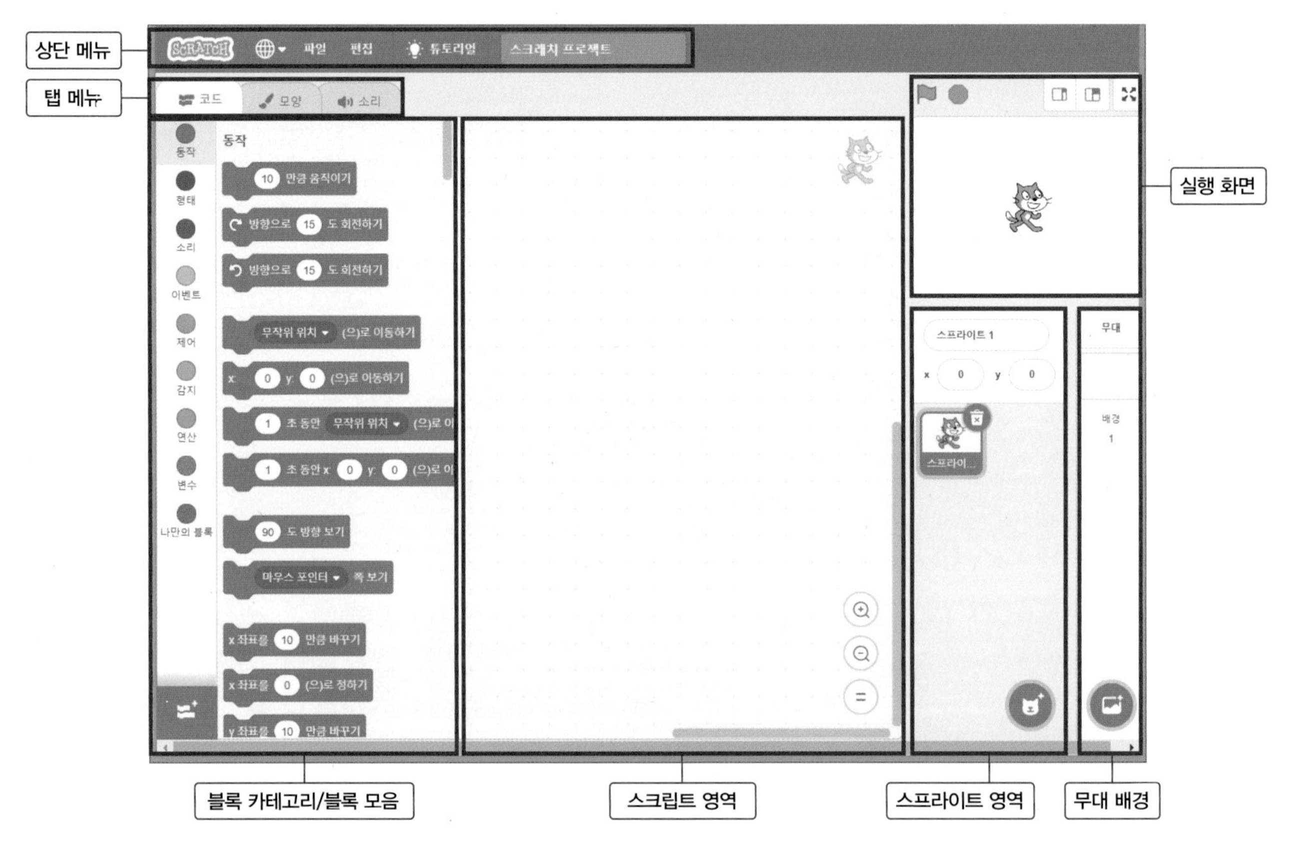

[스크래치 기본 화면의 영역 구분]

1 상단 메뉴

스크래치 기본 화면 구성 중 상단 메뉴의 각 기능을 살펴봅시다.

[상단메뉴 설명]

❶ **스크래치 로고** : 스크래치 로고가 표시됩니다.

❷ **언어 선택** : 여러 언어 중 사용할 언어를 설정할 수 있습니다.

❸ **파일** : 새로 만들기, Load from your computer(컴퓨터에서 가져오기), 컴퓨터에 저장하기를 할 수 있습니다.

❹ **편집** : 되돌리기, 터보 모드 켜기를 할 수 있습니다.

❺ **튜토리얼** : 애니메이션, 예술, 음악, 게임, 이야기 등 선택하여 분류별로 간단한 예제 영상을 볼 수 있습니다.

[튜토리얼 고르기]

❻ **프로젝트 이름** : 프로젝트 이름을 정하여 입력합니다.

2 실행 화면

실행 화면은 스프라이트들이 코드 명령에 따라 실행되는 모습을 보여주는 창입니다. 어떻게 구성되어 있는지 알아봅시다.

[실행 화면 구성]

❶ **시작** : [시작( )] 버튼을 누르면 코딩하여 명령한 대로 스프라이트들이 실행 화면에서 움직이기 시작합니다.

❷ **정지** : 실행 중일 때 [정지( )] 버튼을 누르면 코드들이 작동을 멈추고, 스프라이트들이 움직이지 않습니다. 스크래치는 정지하지 않고 실행 중인 상태에서도 코드를 수정하여 반영되는 사항을 확인할 수 있습니다.

❸ **영역 조절** : [영역 조절( )] 버튼을 눌러 실행 화면 또는 스크립트 영역 크기를 조절할 수 있습니다.

❹ **전체 화면** : [전체 화면( )] 버튼을 누르면 실행 화면이 전체 화면으로 커집니다. 전체 화면으로 커진 화면에서 다시 [축소 화면( )] 버튼을 누르면 원래 크기의 실행 창으로 돌아옵니다.

❺ **실행 화면** : 실행 화면은 스프라이트나 무대의 배경을 구성하여 코드로 작성한 내용이 직접 실행되어 나타나는 것을 확인하는 영역입니다. 실행 화면의 크기는 가로 480, 세로 360입니다.

3 탭 메뉴 및 블록 모음

카테고리 및 블록 모음 영역 윗부분에는 3개의 탭이 있습니다. 스크래치의 기본 화면을 열면 코드, 모양, 소리의 세 개의 탭 중 코드 탭이 선택된 상태로 기본 화면이 설정되어 있습니다.

[탭 메뉴]

스크래치에 사용되는 각 스프라이트는 기본적으로 코드, 모양, 소리를 개별적으로 지니게 됩니다. 선택된 스프라이트에서 코드, 모양, 소리의 세 가지 탭 중에서 하나의 탭을 열어 필요한 작업을 하도록 합니다.

❶ **[코드] 탭** : 블록 모음 영역에서 필요한 블록을 마우스로 드래그해 스크립트 영역으로 가져오고 가져온 블록들을 조립해 코드를 작성합니다.

❷ **[모양] 탭** : 모양 탭에서는 스프라이트가 가진 모양을 추가하거나 삭제할 수 있고, 모양의 순서도 바꿀 수 있습니다.

❸ **[소리] 탭** : 스크래치에서 기본으로 제공하는 소리 파일들을 사용할 수도 있고, 직접 녹음하여 소리를 사용하거나, 컴퓨터에 있는 소리를 업로드하여 사용할 수도 있습니다.

블록 사용 방법 및 모양이나 소리를 추가하거나 수정하여 사용하는 방법 등은 뒤에서 좀 더 알아보도록 하겠습니다.

4 스크립트 영역

스크래치는 블록을 조립하는 방식으로 코드를 작성하도록 만들어진, 교육용 프로그래밍 언어(EPL: Educational Programming Language)입니다. 스크래치를 활용하면 장난감을 조립하듯 블록들을 조립하여 쉽게 프로그램을 만들 수 있습니다. 블록 모음에 있는 블록들을 스크립트 영역으로 가져와 코드를 작성하는 방법들을 간단히 살펴봅시다.

❶ 조립하기

블록을 조립하는 방법들은 다음과 같습니다.

❶ **블록 아래에 블록 연결하기** : 블록 모음 영역에서 블록을 마우스로 끌고 와서, 스크립트 영역에 가져다 놓은 다른 블록 아래에 붙여 조립할 수 있습니다.

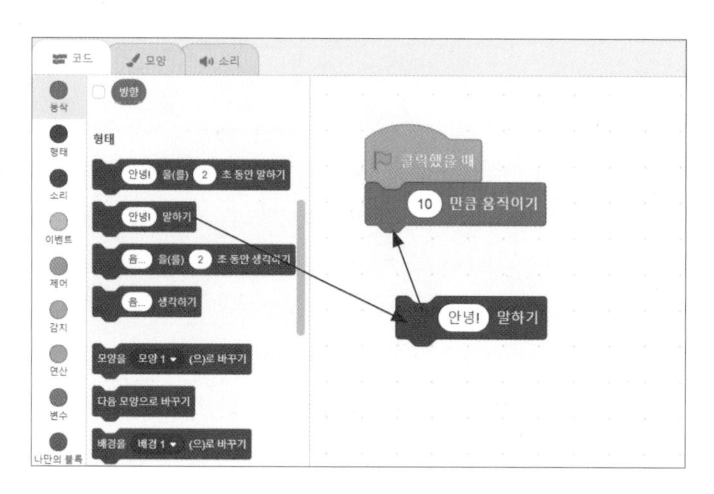

[블록 조립하기]

❷ **빈칸에 넣어 연결하기 – 참/거짓 판단 값** : [제어( )] 카테고리에 있는 어떤 블록들은 육각형 모양의 빈칸이 있는 것을 볼 수 있습니다. 이 육각형 빈 곳 안에는 육각형 모양으로 생긴 다른 블록을 끼워 넣을 수 있습니다. 육각형 모양의 블록들은 주로 [감지( )] 카테고리 및 [연산( )] 카테고리에 있습니다. 이렇게 결합한 블록들은 주로 참인지 거짓인지를 판단하는 명령을 실행합니다.

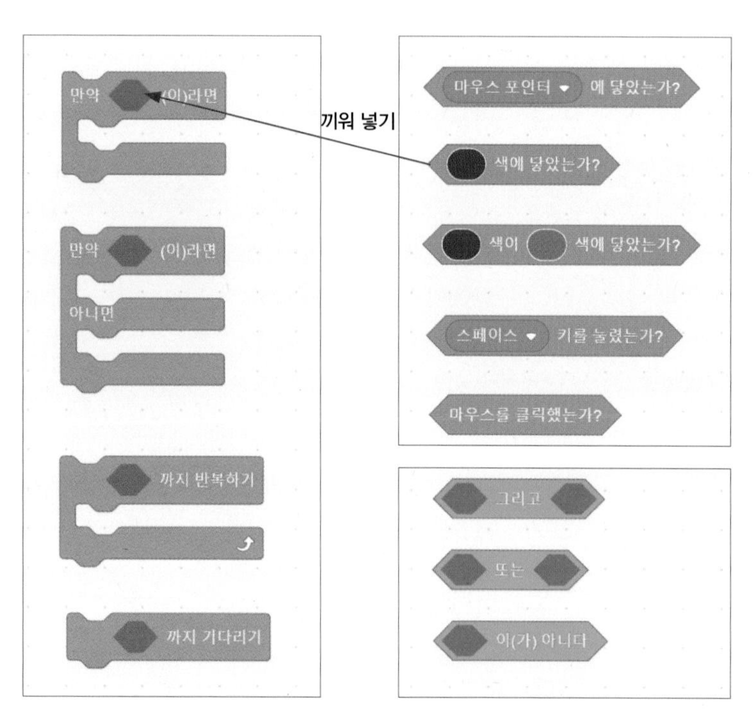

[제어 카테고리 블록들]

[감지와 연산 카테고리 블록들 : 참/거짓]

❸ **빈칸에 넣어 연결하기 – 수/문자 값** : 원 모양 빈칸을 지닌 블록들은 빈칸에 수나 문자 값을 직접 입력해 코드를 작성할 수도 있지만, 원 모양 블록 중 적합한 것을 끼워 넣어 블록을 조립할 수도 있습니다. 비어있는 곳에 원 모양 블록을 끼워 넣어 조립된 블록은 명령을 실행할 때 원 모양 블록이 지닌 값을 가져와 실행하게 됩니다.

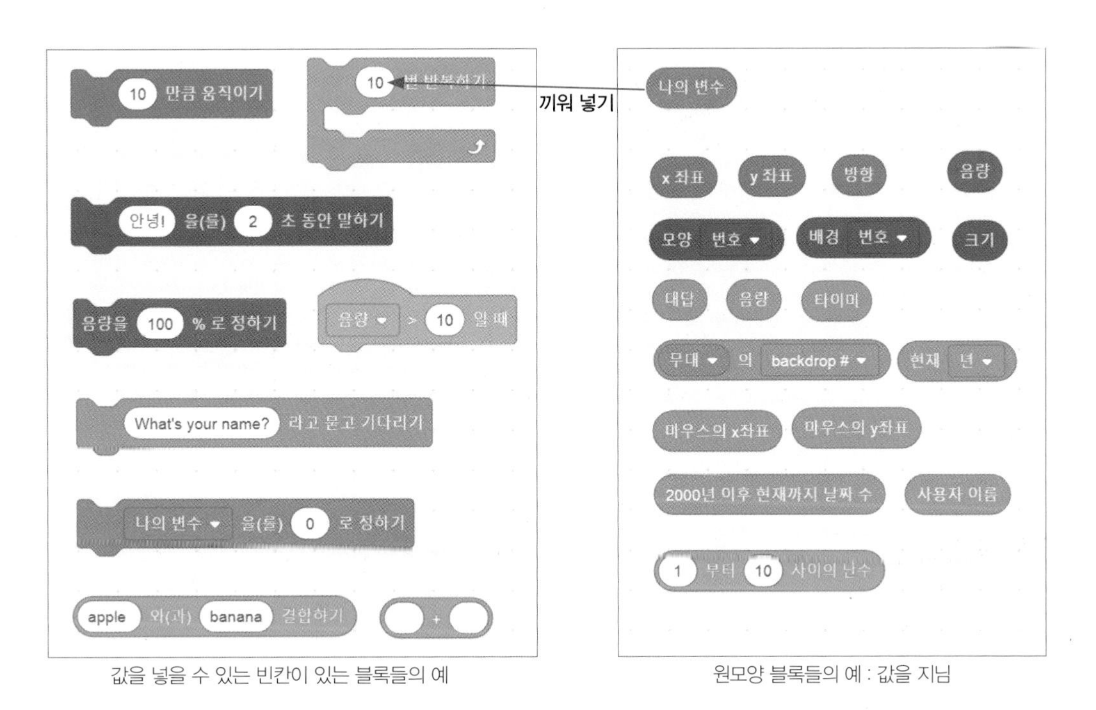

값을 넣을 수 있는 빈칸이 있는 블록들의 예

원모양 블록들의 예 : 값을 지님

[블록 안에 블록을 넣어 연결하기 – 값 넣기]

즉, 5라는 값으로 정해져 있는 [나의 변수] 블록을 [10 번 반복하기] 블록의 빈칸에 넣어서 [나의 변수 번 반복하기] 블록과 같이 연결했다면 이렇게 결합하여 만든 블록은 '5번 반복하기' 명령을 실행할 수 있게 됩니다.

❹ **블록 안에 연결하기** : [제어(제어)] 카테고리에 있는 몇몇 블록들은 아래가 아니라 블록 안에도 여러 블록을 연결할 수 있습니다.

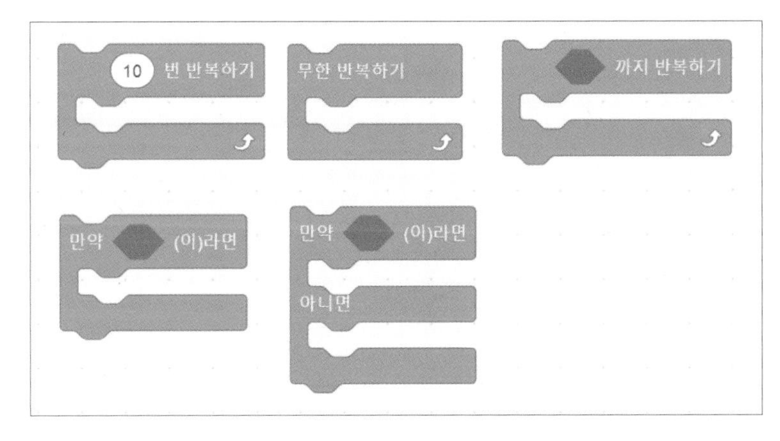

[블록 안에 다른 블록을 연결할 수 있는 블록들]

여러 개의 블록을 한번에 가져와 연결하더라도 아래와 같이 자동으로 벌어져 블록을 연결할 수 있게 됩니다.

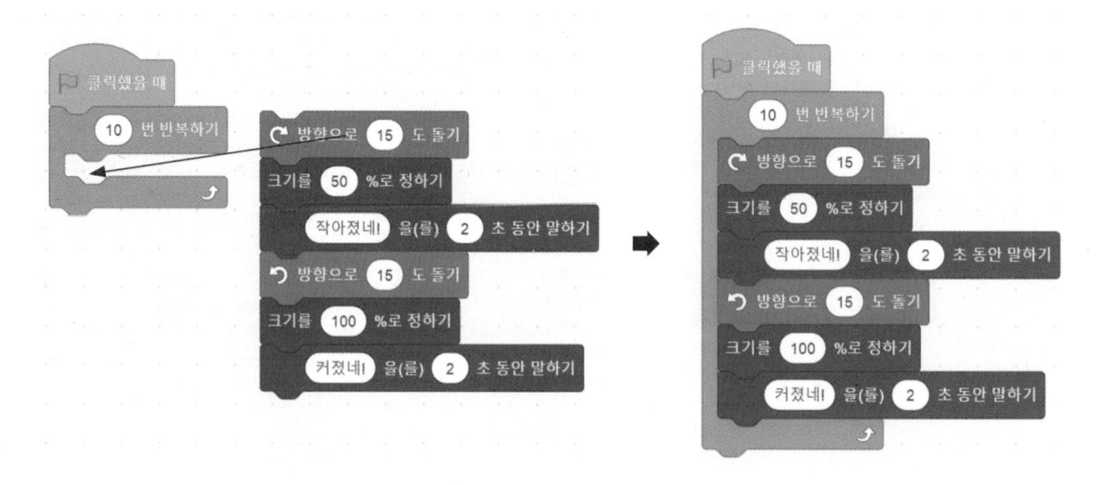

[블록 안에 코드 연결하기]

❷ 삭제하기

사용하지 않을 블록은 다음과 같은 방식으로 삭제할 수 있습니다.

❶ 블록 모음 영역으로 드래그하여 삭제하기

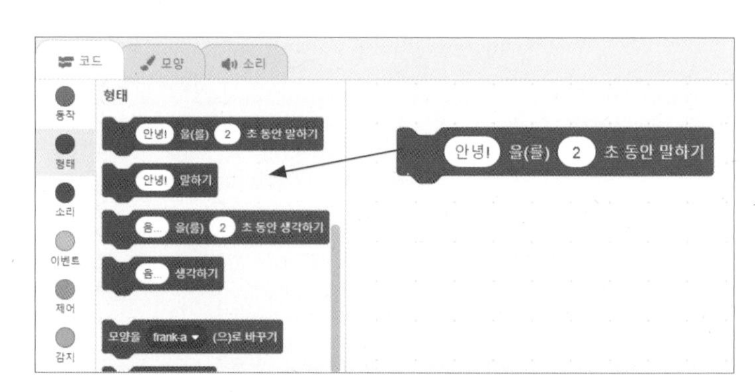

❷ 마우스 오른쪽 버튼 클릭 후 [블록 삭제하기] 선택하여 삭제하기

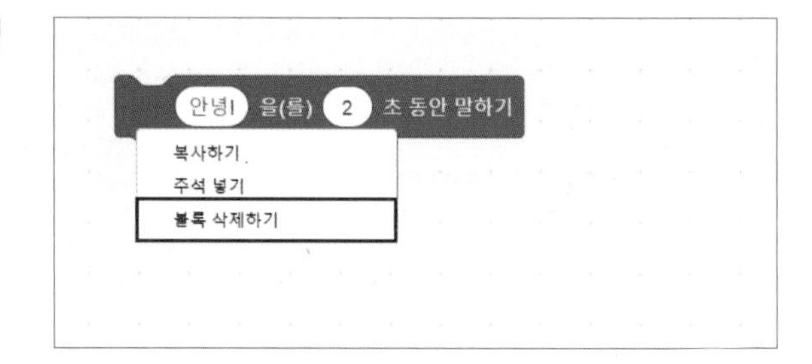

❸ 복사하기

블록에 마우스 포인터를 대고 마우스 오른쪽 버튼을 클릭한 후 [복사하기]를 선택합니다. 똑같은 블록이 복사되어 나타나면, 이 상태에서 마우스 왼쪽 버튼을 한 번 더 클릭합니다.

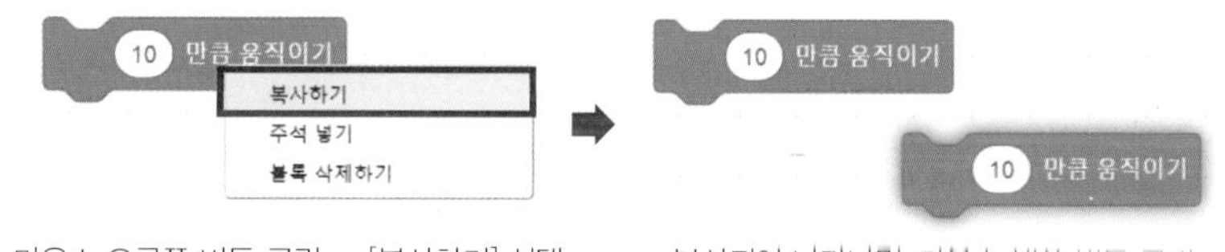

마우스 오른쪽 버튼 클릭 → [복사하기] 선택 복사되어 나타나면, 마우스 왼쪽 버튼 클릭

[블록 복사하기]

❹ 기타 편리한 기능들

스크립트 영역의 빈 곳에 마우스 포인터를 놓고 마우스 오른쪽 버튼을 클릭하면 다음과 같은 메뉴가 나타납니다.

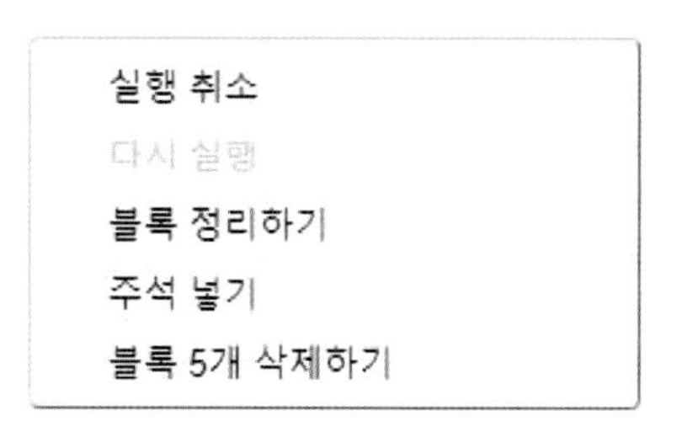

[스크립트 영역에 사용하는 기타 편리한 기능들]

❶ **실행 취소** : 작성 중이던 작업의 바로 전 단계로 되돌립니다. 만약, 블록 하나를 가져와 연결한 뒤 [실행 취소]를 실행하면 블록이 사라집니다. 반대로 블록을 삭제했다가 [실행 취소]를 실행하면 바로 전 단계인 삭제 전으로 되돌아갑니다.

❷ **다시 실행** : [실행 취소]를 했는데, 다시 원래 만들었던 상태대로 실행하고 싶을 때는 [다시 실행]을 실행합니다. 그러면, [실행 취소]를 안 한 상태로 돌아갑니다.

❸ **블록 정리하기** : 작성한 블록을 일목요연하게 정리하고 싶을 때는 [블록 정리하기]를 선택합니다. 블록이 보기 좋게 줄 맞춰 정리됩니다.

❹ **주석 넣기** : 주석 넣기를 선택하면 주석(코드에 대한 간단한 설명글)을 작성할 수 있는 메모장 모양이 나타납니다. 이곳에 작품 전체에 대한 설명이나 블록에 관해 기록하면 블록이 많고 복잡해져도 해당 블록을 알아보기 쉽습니다.

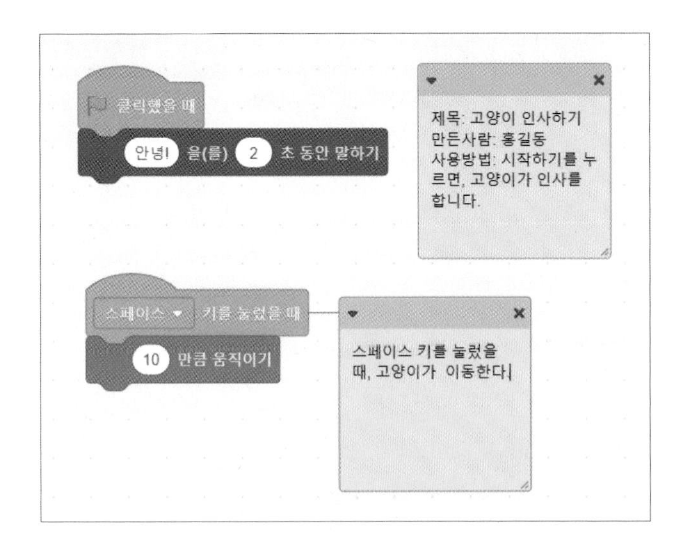

[스크립트 영역에 주석 넣기]

스크립트 빈 영역에 마우스 오른쪽 버튼을 클릭해 [주석 넣기]를 선택하여 만들 수 있으며, 특정 블록에 연결된 주석을 만들고 싶을 때는 해당 블록을 마우스 오른쪽 버튼으로 클릭하여, 그 블록에 선으로 연결된 주석을 만들 수도 있습니다.

❺ **블록 ( )개 삭제하기** : 스크립트 영역에 있는 블록의 개수가 표시되어 그 블록을 모두 삭제할 수 있도록 해 줍니다. 만일, 스크립트 영역에 5개의 블록이 있다면, [블록 5개 삭제하기]라고 표시됩니다. 메뉴를 선택하면 작성해둔 블록 5개가 사라집니다.

Chapter

2 : 스프라이트 살펴보기

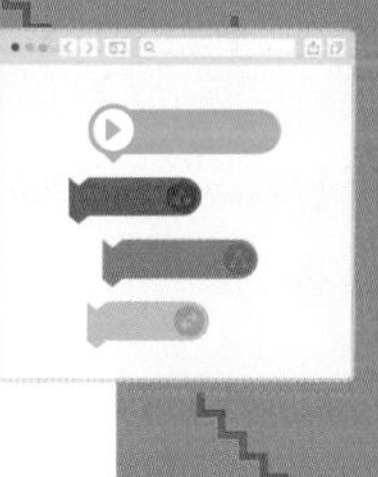

1 스프라이트 추가하기

새 스프라이트를 추가하는 방법을 알아봅시다. 실행 화면 아래에 있는 스프라이트 영역에는 새로운 스프라이트를 추가할 수 있는 다음과 같은 메뉴가 있습니다.

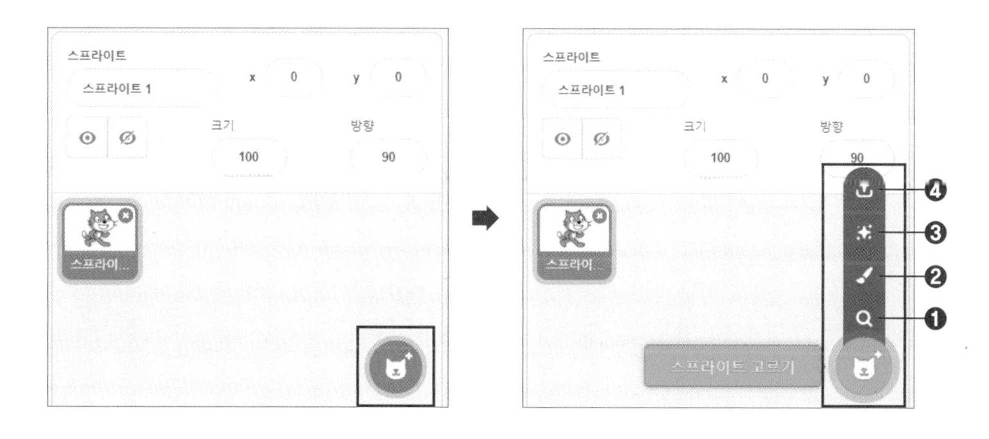

버튼 위에 마우스 포인터를 가져가면 4가지 메뉴가 나타납니다. 마우스 왼쪽 버튼으로 클릭하여 선택하면, 각각의 방식으로 새로운 스프라이트를 추가할 수 있습니다.

❶ [스프라이트 고르기( )] : 스크래치에서 기본적으로 제공하는 그림을 가져와 새로운 스프라이트로 사용합니다.

❷ [그리기( )] : 그림을 직접 그려서 새로운 스프라이트로 사용합니다.

❸ [서프라이즈( )] : 스크래치가 기본으로 제공하는 그림 중에서 무작위로 가져와 스프라이트를 추가해 줍니다.

❹ [스프라이트 업로드하기( )] : 컴퓨터에 있는 그림을 불러와 새로운 스프라이트로 사용합니다.

위에 간단히 설명한 스프라이트 추가 방법들을 좀 더 자세히 살펴봅시다.

❶ [스프라이트 고르기( )]로 추가하기

스크래치에서 기본적으로 제공하는 그림을 불러와 스프라이트로 사용할 수 있습니다. [스프라이트 고르기( )]를 클릭하면 다음과 같이 여러 가지 그림들을 모아놓은 [스프라이트 고르기] 화면이 나타납니다.

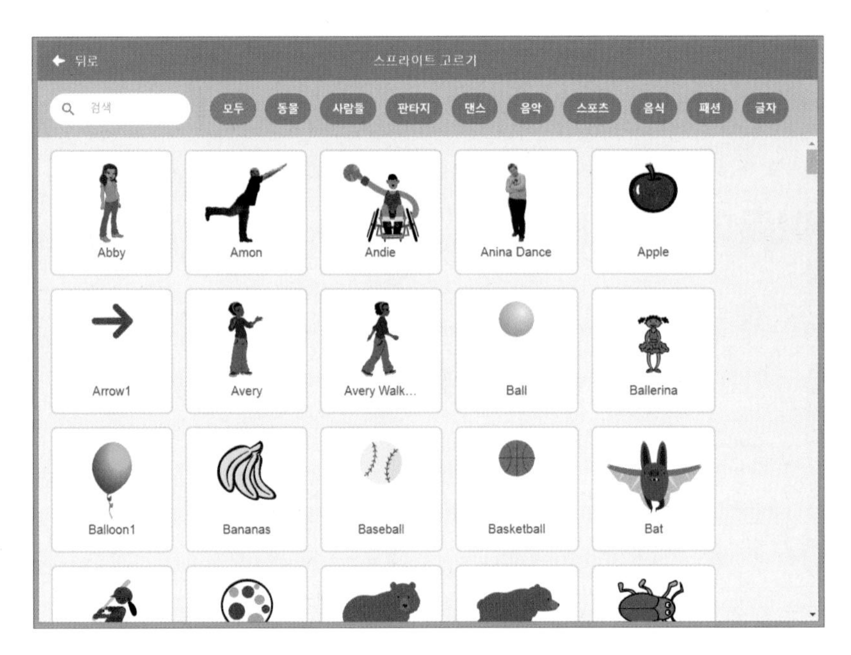

[스프라이트 고르기 창]

[모두], [동물], [사람들], [판타지], [댄스], [음악], [스포츠], [음식], [패션], [글자] 등으로 그림을 분류해 놓았으며, 사용할 그림을 마우스 클릭하면 해당 그림이 스프라이트 영역에 추가됩니다.
또한, [스프라이트 고르기] 화면에서 그림을 검색하여 찾을 수도 있습니다. 예를 들어 곰 그림을 찾고 싶다면 검색란에 'bear'를 입력하고(검색어는 영어만 지원함), 제시된 그림 중 원하는 그림을 클릭하여 스프라이트를 추가합니다.

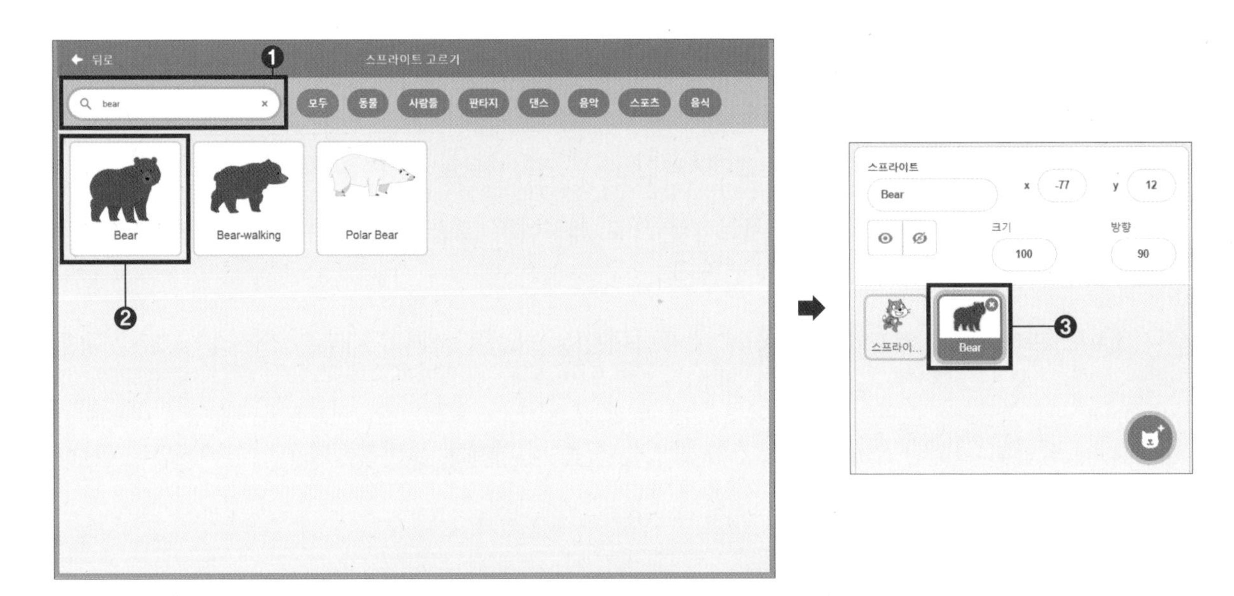

[직접 입력해 검색한 결과로 추가하기]

❷ [그리기( )]로 추가하기

스크래치는 직접 그림을 그리거나 편집하여 스프라이트를 추가할 수 있습니다.

버튼에서 [그리기( )]를 선택해서 누르면 스프라이트 영역에 아무 그림도 보이지 않는 스프라이트가 하나 새로 추가됩니다. 그리고 스크립트 영역이었던 왼쪽은 [모양] 탭으로 바뀌면서, 그림을 그릴 수 있는 화면이 나타납니다. 그림을 그려 넣으면 스프라이트 영역의 아무 그림도 보이지 않던 스프라이트에 새로 그린 그림이 나타납니다.

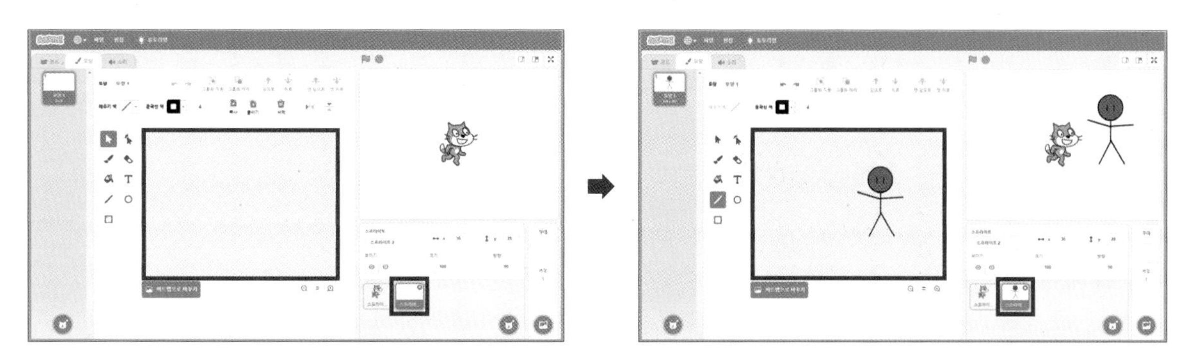

[그리기로 추가하기]

그림을 그리는 방법에 관해서는 'CHAPTER 03 모양과 소리 사용하기'에서 더 자세히 살펴봅시다.

❸ [서프라이즈( )]로 추가하기

무작위로 스프라이트를 가져와 사용하고 싶을 때는 [서프라이즈]로 추가하기를 사용해 봅시다.

버튼에서 [서프라이즈( )]를 클릭하면 스크래치에서 기본으로 제공하는 스프라이트 중에서 하나를 무작위로 추가합니다.

❹ [스프라이트 업로드하기( )]로 추가하기

버튼에서 [스프라이트 업로드하기( )]를 선택하면, 그림 파일을 선택할 수 있는 창이 열립니다. [열기] 창이 열리면 아래 순서에 따라 그림 파일을 선택해 추가합니다.

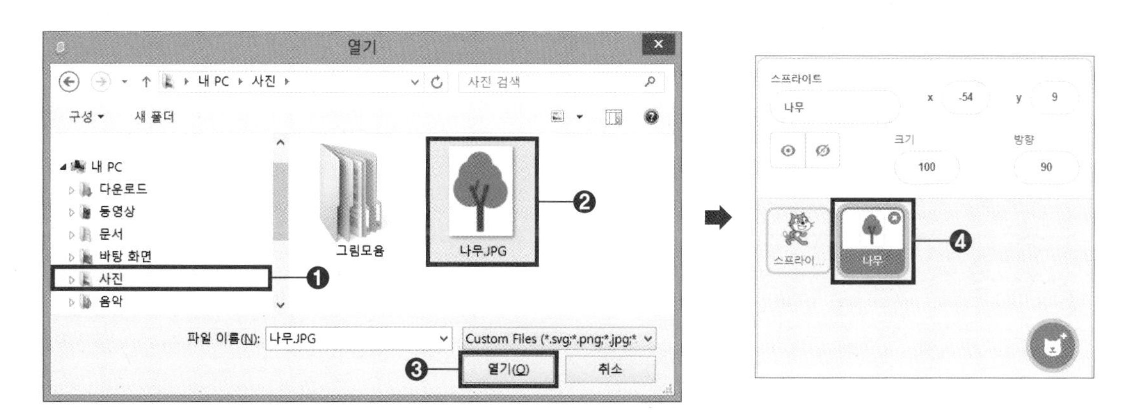

[스프라이트 업로드하기로 추가하기]

❶ 그림이 들어있는 폴더 위치를 찾습니다.

❷ 폴더 안의 그림을 선택합니다.

❸ [열기] 버튼을 클릭합니다.

❹ 스프라이트 영역에 새 스프라이트로 추가된 것을 확인할 수 있습니다.

컴퓨터 안에 있는 그림의 위치를 찾아 그림을 선택한 후 [열기] 버튼을 클릭하면 스크래치에 선택한 그림 파일이 새 스프라이트로 추가된 것을 확인할 수 있습니다.

2 스프라이트 수정하기

❶ 스프라이트 정보 수정하기

스프라이트 영역에서 스프라이트를 선택하면 다음과 같이 선택한 스프라이트의 정보들이 나타납니다. 설정 값을 직접 입력하거나 선택하여 스프라이트 정보를 수정할 수 있습니다.

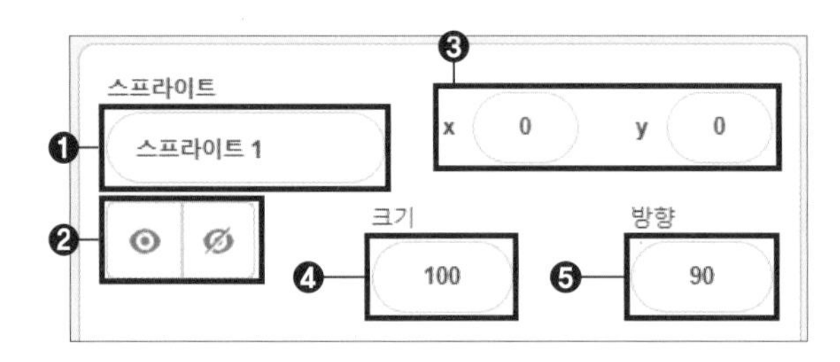

[스프라이트 기본 정보들]

❶ 스프라이트 이름을 변경할 수 있습니다.

❷ 스프라이트가 실행 화면에서 보이거나 보이지 않도록 설정합니다.

❸ 실행 화면에서 스프라이트가 보이는 위치를 x좌표 값, y좌표 값으로 보여줍니다.

❹ 스프라이트 크기를 입력해 수정할 수 있습니다. 숫자가 클수록 크게 보입니다.

❺ 스프라이트가 바라보는 방향을 설정합니다. 스프라이트의 기본 방향은 90°로 설정되어 있습니다.

tip

방향 설정 방법

방향 값을 입력하는 곳을 마우스로 클릭하면 각도를 설정할 수 있는 창이 나타납니다. 마우스로 ➡를 드래그하여 360° 중에서 원하는 방향을 설정할 수 있고, 숫자를 직접 입력하여 방향을 설정할 수도 있습니다.

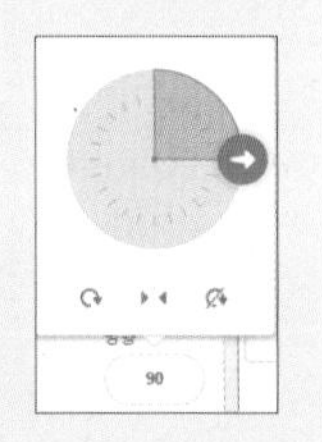

스프라이트 회전 방식

스프라이트의 회전 방식을 세 가지 중에서 선택할 수 있습니다. 각각의 특징을 알고 필요한 경우에 맞게 사용합시다.

[회전하기]

[왼쪽-오른쪽]

[회전하지 않기]

① 회전하기( ) : 실행 중 바뀌는 방향 값에 따라 스프라이트가 바라보는 방향을 360° 회전하며 바꿉니다.

② 왼쪽-오른쪽( ) : 실행 중 방향 값이 바뀌더라도 스프라이트의 위아래가 뒤집히지 않고 좌우대칭으로만 바뀌게 됩니다.

③ 회전하지 않기( ) : 실행 중 스프라이트의 방향 값이 바뀌더라도 스프라이트는 처음 모습 그대로를 유지됩니다.

스프라이트의 회전 방식을 코드를 작성하면서도 설정할 수 있습니다. 코드 작성 중 회전 방식을 설정할 때는 [회전 방식을 왼쪽-오른쪽 ▾ (으)로 정하기] 블록을 사용합니다.

3 스프라이트 여러 기능들

스프라이트를 마우스 오른쪽 버튼으로 클릭하면, 다음과 같은 메뉴들이 나타납니다.

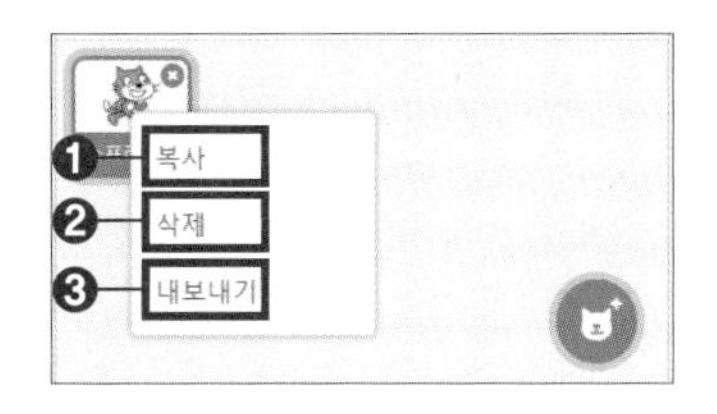

[스프라이트 기능들]

❶ [복사] : 스프라이트를 똑같이 하나 더 생성합니다.

❷ [삭제] : 스프라이트 영역에서 스프라이트가 삭제됩니다. 스프라이트 오른쪽 상단에 있는 작은 '×표시( )'를 눌러서 삭제할 수도 있습니다.

❸ [내보내기] : 해당 스프라이트(스크립트, 모양, 소리 포함)를 다운로드하여 확장자명이 .sprite3인 파일로 컴퓨터에 저장합니다(예: 스프라이트1.sprite3). 이렇게 저장된 스프라이트는 다른 작품을 만들 때 [스프라이트 업로드하기( )]로 스프라이트만 별도로 불러와 사용할 수 있습니다.

스프라이트는 화면에 표시되는 그림만을 의미하는 것이 아니라, 그 스프라이트 개체 하나가 가지고 있는 코드(스크립트)와 소리(음원)까지도 합하여 일컫는 말입니다. 즉, 스프라이트를 복사하거나 삭제할 때는 그림만 지우는 것만이 아니라 그 안에 들어있는 코드도 지우게 되는 것입니다. 그러므로 스프라이트가 가진 코드 기능들을 유지한 상태에서 스프라이트만 화면에서 안 보이게 할 때는 숨기기 블록으로 코드를 작성하여 스프라이트를 숨기도록 합니다.

Chapter

3 : 모양과 소리 사용하기

1 모양 사용하기

스프라이트는 적어도 하나 이상의 모양을 가지고 있습니다. 즉, 여러 개의 모양을 가질 수 있다는 뜻입니다. 선택한 스프라이트의 [모양] 탭을 누르면 그 스프라이트가 가지고 있는 모양들을 볼 수 있습니다.

❶ 모양 추가하기

탭 메뉴 중 [모양] 탭에서 모양을 추가할 수 있습니다.

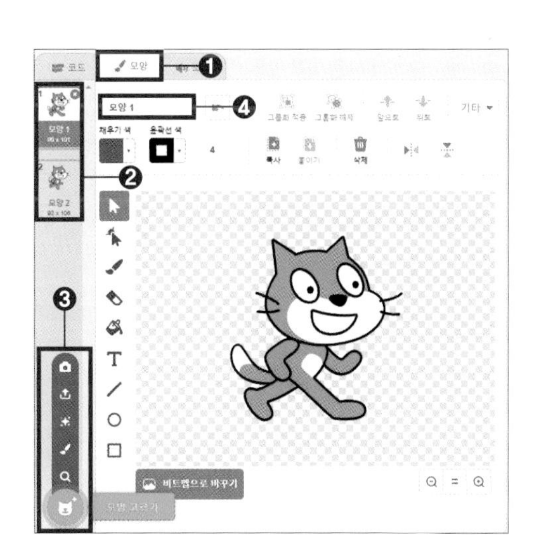

❶ [모양] 탭을 눌러 모양 수정 화면으로 이동할 수 있습니다.

❷ 화면 왼쪽에서 모양 개수와 그림들을 확인할 수 있습니다(스프라이트는 한 개 이상 모양 지님).

❸ 버튼에 마우스 포인터를 올리면 나타나는 메뉴 중 하나를 클릭하여 모양을 추가합니다.

❹ 모양이 새롭게 추가되면, 모양 이름을 새로 입력해 사용하도록 하는 것이 좋습니다. 모양 이름과 스프라이트 이름을 간결하고 정확히 정해두면 코드 작성 시 편리합니다.

1) 모양을 추가하는 5가지 방법

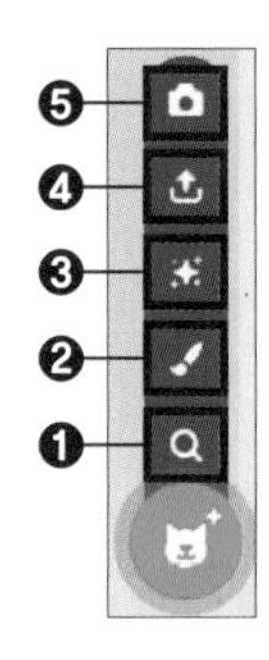

❶ [모양 고르기( )] : [모양 고르기] 화면이 열리면 모양을 선택합니다.

❷ [그리기( )] : 그림을 그릴 수 있는 화면이 열립니다. 그림을 직접 그려서 모양으로 사용할 수 있습니다.

❸ [서프라이즈( )] : 스크래치에서 기본으로 제공하는 모양 중에서 하나를 무작위로 추가합니다.

❹ [모양 업로드하기( )] : 컴퓨터에 있는 그림을 불러와 모양으로 사용할 수 있습니다.

❺ [카메라( )] : 사진을 찍어서 저장하면 스크래치에 새로운 모양이 추가됩니다.

tip

배경 추가하기

스크래치는 새롭게 배경을 추가하여 무대의 모습을 바꿀 수 있습니다.

① 무대 영역에 있는 버튼에 마우스 포인터를 올리면 나타나는 메뉴 중 하나를 선택하여 배경을 추가합니다.

② [배경 고르기( )], [그리기( )], [서프라이즈( )], [배경 업로드하기( )] 등 모양을 추가하는 방식과 동일합니다.

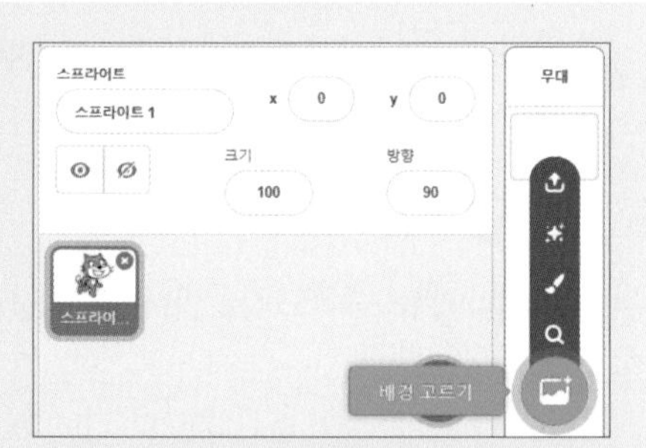

[배경 새롭게 추가하기]

새로운 배경을 추가하면, 새롭게 바뀐 실행 화면의 모습을 볼 수 있습니다. 또한, 추가한 무대 목록을 확인할 수 있고 추가한 무대를 수정하거나 편집할 수도 있습니다.

[새롭게 바뀐 무대 모습]

❷ 모양 그리기

스크래치는 그리기 기능을 사용하여 간단한 그림을 그려서 사용할 수 있습니다. 그림을 그리는 방식은 벡터 방식과 비트맵 방식이 있습니다.

1) 벡터로 그리기 화면 구성

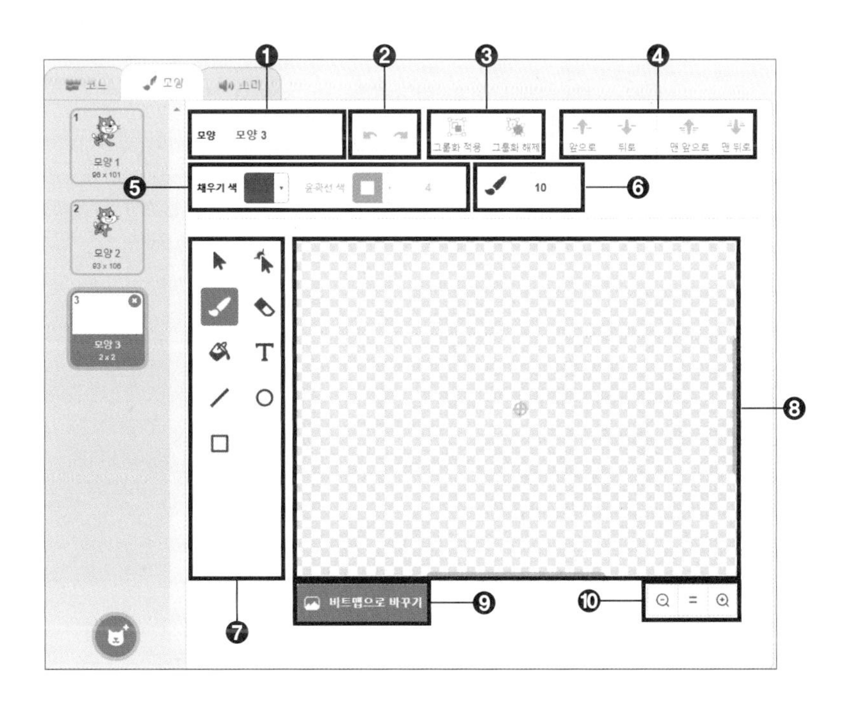

❶ 모양 이름을 직접 입력할 수 있습니다.

❷ 그리기 과정에서 방금 전에 수행한 동작을 다시 원래대로 되돌릴 때는 [↶]를 누르고, 되돌렸던 동작을 다시 실행할 때는 [↷]를 누릅니다.

❸ 그리기 영역에 있는 그림들을 선택한 후 [그룹화 적용( )]을 누르면 그림들이 한 묶음이 됩니다. [그룹화 해제( )]를 누르면 그룹이 해제됩니다.

❹ [앞으로( )]와 [뒤로( )]를 클릭해 선택한 그림의 보이는 순서를 바꿉니다. 또한, [맨 앞으로(맨 앞으로)]와 [맨 뒤로(맨 뒤로)]를 선택하여 선택한 그림의 보이는 순서를 맨 앞으로 하거나 맨 뒤로 할 수 있습니다.

❺ [채우기 색( )]과 [윤곽선 색( )]으로 그림의 면과 선의 색을 지정할 수 있습니다. [4]를 이용하여 윤곽선의 굵기도 조정할 수 있습니다.

❻ 도구를 선택할 때 그 도구의 개별적 기능들이 나타납니다.

❼ 그림을 그릴 때 사용하는 다양한 도구들입니다.

❽ 그림을 그리는 영역입니다.

❾ 그리기 방식을 벡터와 비트맵으로 변경할 수 있습니다. 벡터로 그리고 있을 때는 [비트맵으로 바꾸기(비트맵으로 바꾸기)]로 표시됩니다.

❿ 그림을 확대하거나 축소할 수 있습니다.

2) 벡터로 그리기 도구

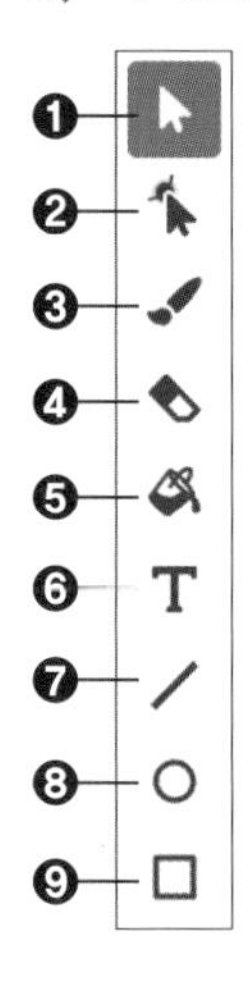

도구 이름	사용 안내 및 개별적 기능들
❶ 선택	– 수정 및 편집할 이미지들을 선택 – 개별 기능 : [복사 붙이기 삭제] 복사, 붙이기, 삭제, 좌우 뒤집기, 상하 뒤집기
❷ 형태 고치기	– 그림의 윤곽선이나 선의 일정 지점의 위치를 변경하여 모양을 변형할 때 사용 – 개별 기능 : [곡은 모양 각진 모양 삭제] 변형, 삭제
❸ 브러시	– 붓으로 선을 그리듯 자유로운 선을 그릴 때 사용 – 개별 기능 : [10] 굵기 정하기
❹ 지우개	– 그림을 지울 때 사용 – 개별 기능 : [40] 지우개 크기 정하기
❺ 채우기 색	선택한 색을 채움
❻ 텍스트	– 글자를 입력할 때 사용 – 개별 기능 : [Sans Serif] 글꼴 정하기
❼ 선	직선을 그릴 때 사용
❽ 원	원을 그릴 때 사용(Shift 를 누르고 그리면 정원 가능)
❾ 직사각형	직사각형을 그릴 때 사용(Shift 를 누르고 그리면 정사각형 가능)

3) 비트맵으로 그리기 화면 구성

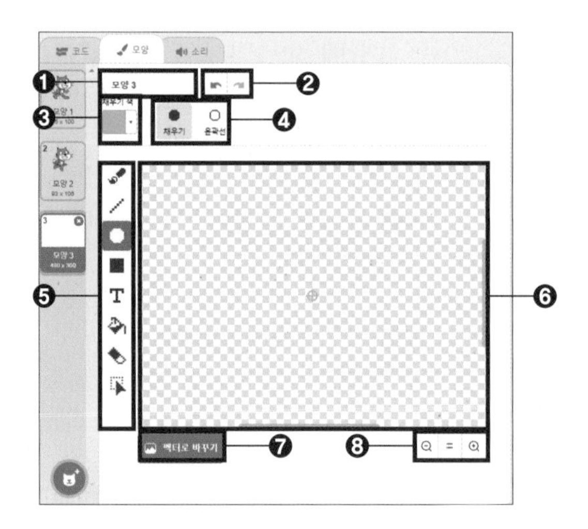

❶ 모양 이름을 직접 입력할 수 있습니다.

❷ 그리기 과정에서 방금 전에 수행한 동작을 다시 원래대로 되돌릴 때는 [↶]를 누르고, 되돌렸던 동작을 다시 실행할 때는 [↷]를 누릅니다.

❸ [채우기 색( )]으로 면의 색을 지정할 수 있습니다.

❹ 도구를 선택할 때 그 도구의 개별적 기능들이 나타납니다.

❺ 그림을 그릴 때 사용하는 다양한 도구들입니다

❻ 그림을 그리는 영역입니다.

❼ 그리기 방식을 벡터와 비트맵으로 변경할 수 있습니다. 비트맵으로 그리고 있을 때는 [벡터로 바꾸기(벡터로 바꾸기)]로 표시됩니다.

❽ 그림을 확대하거나 축소할 수 있습니다.

4) 비트맵으로 그리기 도구

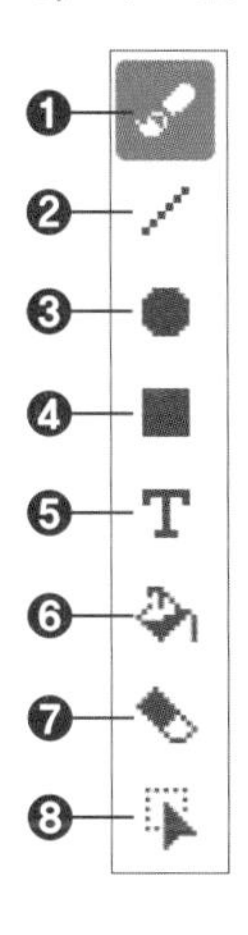

도구 이름	사용 안내 및 개별적 기능들
❶ 선택	– 붓으로 선을 그리듯 자유로운 선을 그릴 때 사용 – 개별 기능 : [10] 붓의 굵기 조절
❷ 선	– 직선을 그릴 때 사용 – 개별 기능 : [1] 선의 굵기 조설
❸ 원	– 원을 그릴 때 사용(Shift 를 누르고 그리면 정원 가능) – 개별 기능 : [채우기 윤곽선] 채워진 원 혹은 윤곽선 원 그리기
❹ 직사각형	– 직사각형을 그릴 때 사용(Shift 를 누르고 그리면 정사각형 가능) – 개별 기능 : [채우기 윤곽선] 채워진 직사각형 또는 윤곽선 직사각형 그리기
❺ 텍스트	– 글자를 입력할 때 사용 – 개별 기능 : [Sans Serif] 글꼴 정하기
❻ 채우기 색	선택한 색을 채움
❼ 지우개	– 그림을 지울 때 사용 – 개별 기능 : [40] 지우개 크기
❽ 선택	– 수정 및 편집할 이미지들을 선택 – 개별 기능 : [복사 붙이기 삭제] 복사, 삭제, 좌우 뒤집기, 상하 뒤집기

❸ 로봇 얼굴을 그려서 모양 추가하기

앞에서 살펴본 비트맵 모드와 벡터 모드를 함께 활용해서 로봇 얼굴을 그려 스프라이트의 모양으로 사용할 수 있도록 해 봅시다.

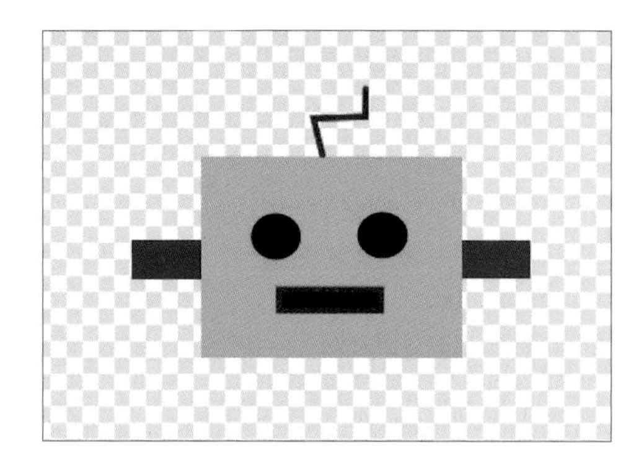

[완성된 로봇 얼굴]

01 새 모양을 추가합니다.

❶ [모양] 탭을 선택합니다.

❷ 버튼에서 [그리기( )]를 선택합니다(모양 목록 아래에 새롭게 추가된 모양3이 나타나고, 오른쪽에 그림 그리기 빈 화면이 보임)

❸ [비트맵으로 바꾸기(비트맵으로 바꾸기)]를 클릭하여 비트맵으로 그릴 수 있도록 합니다.

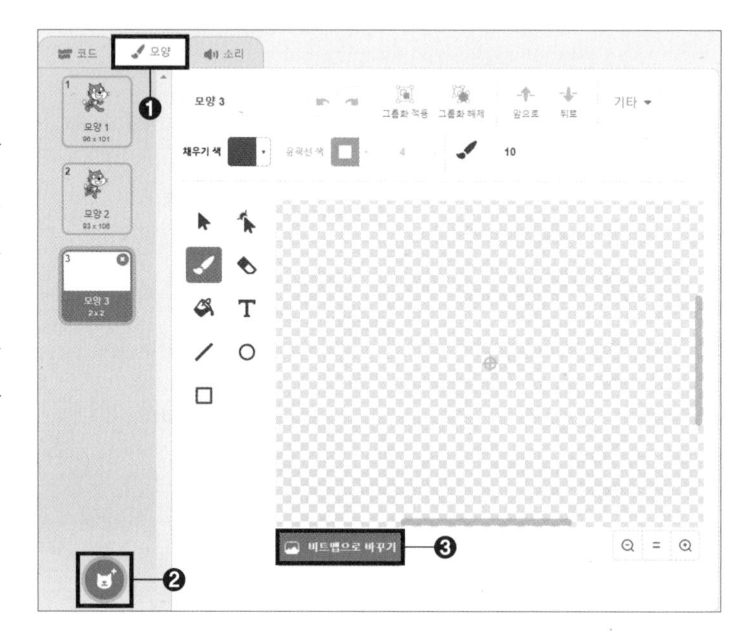

02 로봇의 얼굴이 될 직사각형을 그려 보도록 하겠습니다.

❶ [직사각형( )] 도구를 선택합니다.

❷ 화면 상단에서 [채우기(채우기)]를 선택합니다.

❸ [채우기 색(채우기 색)]을 진한 노란색으로 조절합니다.

❹ 그리기 영역에 마우스를 드래그하여 직사각형을 그립니다.

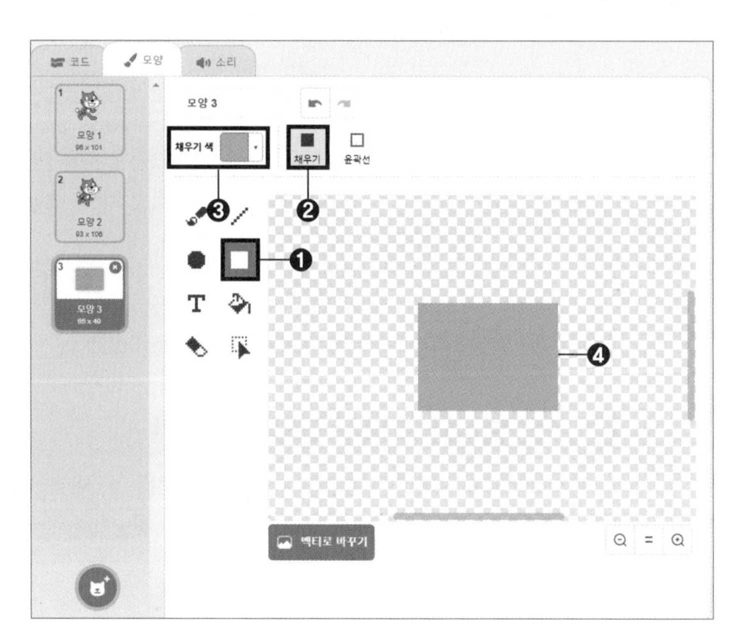

03 로봇의 귀를 그립니다.

❶ 화면 상단에서 [채우기(채우기)]를 선택합니다.

❷ [채우기 색(채우기 색)]을 파란색으로 조절합니다.

❸ 마우스를 드래그하여 작은 직사각형을 얼굴 양쪽에 그립니다.

❹ 다음 단계부터는 벡터화면을 사용해 그릴 수 있도록, [벡터로 바꾸기(벡터로 바꾸기)]를 누릅니다.

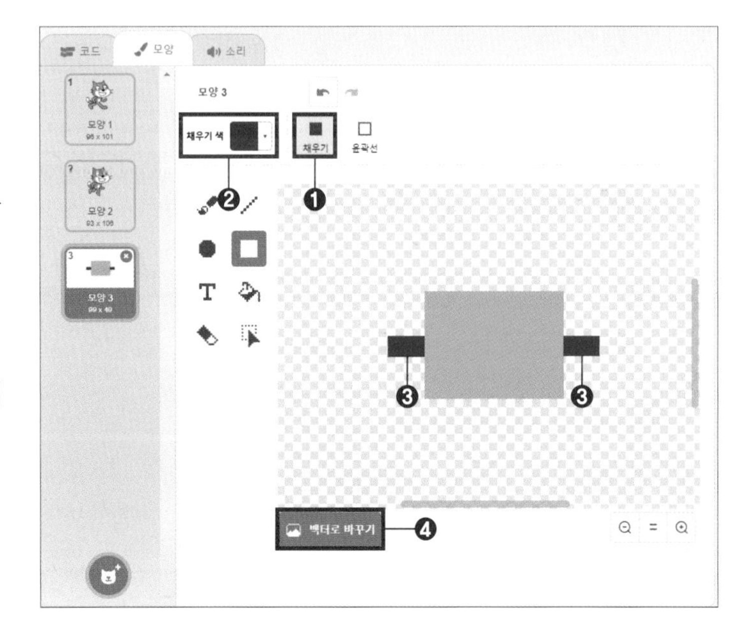

04 벡터로 그리기 모드에서 로봇의 눈을 그립니다.

❶ [원( )]을 선택합니다.

❷ [채우기 색(채우기 색)]을 검은색으로 조절합니다.

❸ [윤곽선 색(윤곽선 색)]을 색 없음으로 선택합니다.

❹ 마우스를 드래그하여 작은 원을 하나 그려줍니다.

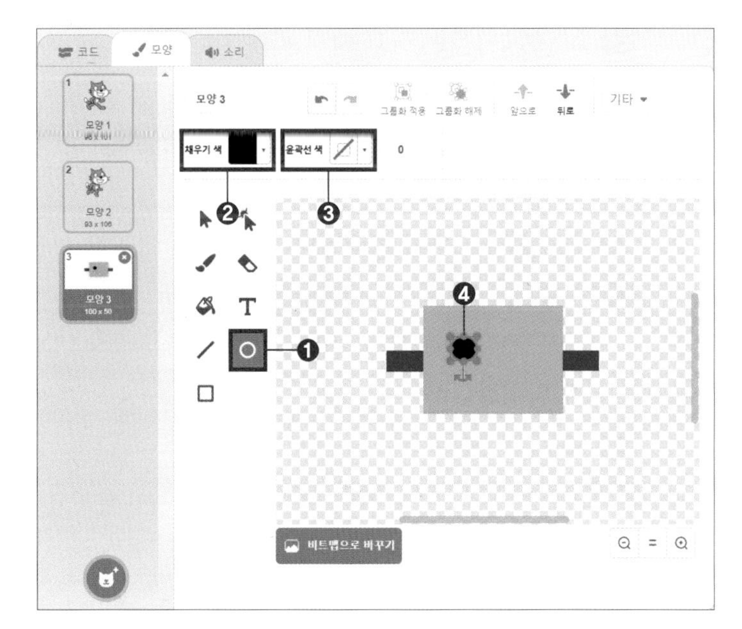

05 복사&붙이기로 눈을 하나 더 만듭니다.

❶ [선택( )] 도구를 선택하고 하나만 그려둔 검은색 원을 선택합니다.

❷ 상단의 [복사(복사)]를 클릭한 후 [붙이기(붙이기)]를 클릭합니다. 검은색 원 하나가 더 복사되어 나타납니다.

❸ 새로 나타난 원을 마우스로 드래그해서 적당한 위치에 자리를 잡아 줍니다.

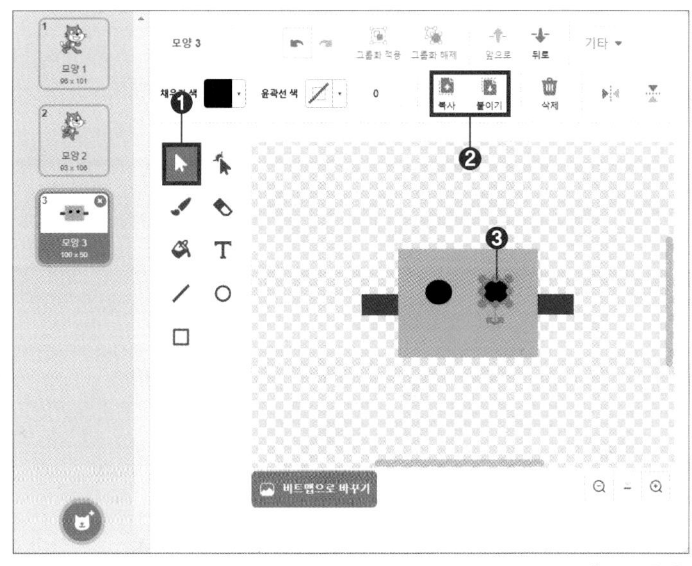

06 로봇 입을 그리기 위해 색을 지정합니다.

❶ [직사각형(□)] 도구를 선택합니다.

❷ [윤곽선 색(윤곽선 색 ■)]을 빨간색으로, 윤곽선 굵기(3)를 '3'으로 설정합니다.

❸ [채우기 색(채우기 색 ■)]은 검은색으로 유지합니다.

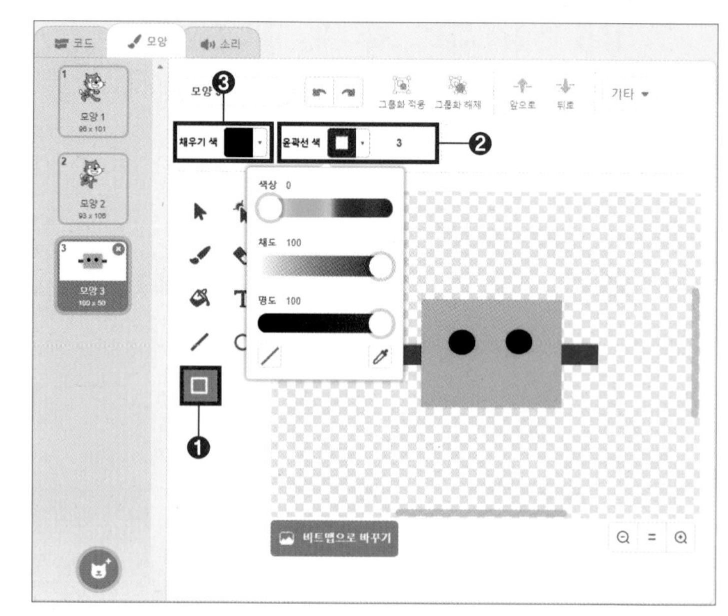

07 로봇 입을 그리고 머리 위에 안테나를 그립니다.

❶ 로봇 얼굴에 마우스를 드래그하여 입을 그립니다.

❷ [선(/)] 도구를 선택합니다.

❸ 상단에서 [윤곽선 색(윤곽선 색 ■)]을 빨간색으로, 윤곽선 굵기(3)를 '3'으로 설정합니다.

❹ 로봇 얼굴의 머리 쪽에 마우스를 드래그하여 작은 선을 하나 그립니다.

08 머리 위의 안테나를 꺾인 모양으로 만듭니다.

❶ [형태 고치기(↖)] 도구를 선택합니다.

❷ 상단에서 [꺾인 모양(꺾인 모양)]을 클릭합니다.

❸ 머리 위 선의 중간쯤에 마우스 포인터로 클릭하여 점을 하나 찍고, 그대로 조금 드래그하여 선을 꺾습니다.

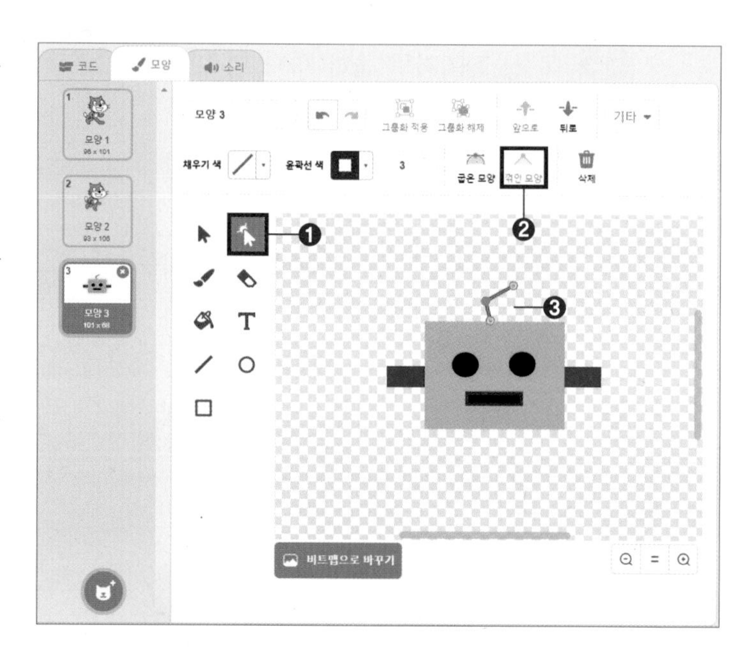

09 머리 위 안테나에 꺾인 지점을 하나 더 만듭니다.

❶ [꺾인 모양(꺾인 모양)]을 다시 한번 클릭합니다.

❷ 머리 위의 선에 다시 마우스 포인터로 클릭하여 점을 하나 더 찍습니다. 이번에는 앞서 꺾었던 반대 방향으로 조금 드래그하여 선을 또 꺾습니다.

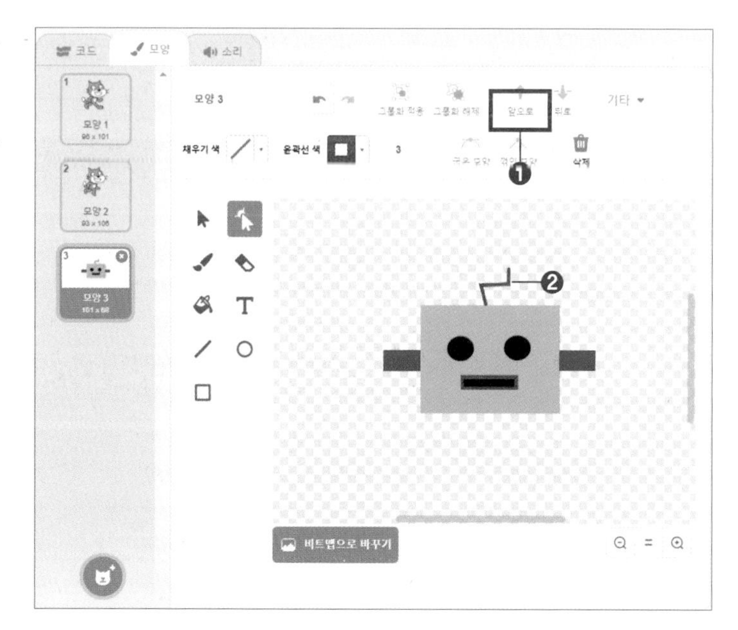

tip

[형태 고치기()] 도구로 형태를 변화시킬 때, [굽은모양(굽은 모양)]은 곡선으로 변형시키고, [꺾인 모양(꺾인 모양)]은 직선으로 변형시킵니다.

10 '로봇얼굴'이라고 이름을 입력합니다. '모양3'이었던 모양 이름이 '로봇얼굴'로 바뀐 것을 확인할 수 있습니다.

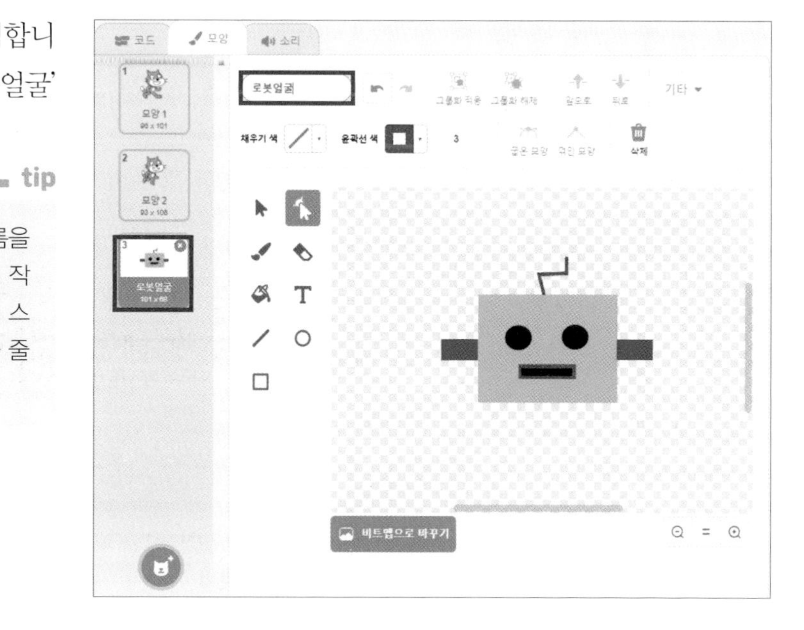

tip

새로 추가되는 모양 이름에 정확히 이름을 정해 주는 습관을 갖도록 합시다. 코드를 작성할 때 모양 이름을 정확히 적지 않아서 스프라이트를 매번 다시 열어보는 불편함을 줄일 수 있습니다.

색 만들어 사용하기

[채우기 색(채우기 색)]에서 색상, 채도, 명도 값을 적절하게 마우스로 드래그하여 원하는 색을 만들 수 있습니다.

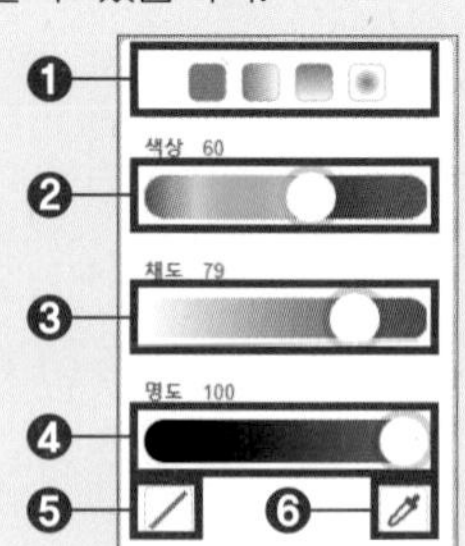

❶ **채우기 방법** : 채우기 방식을 선택할 수 있습니다. 한 가지 색상만 사용하는 경우 를 선택해 사용합니다. 만일 채우기 방식을 중에서 선택하면 두 가지 색상을 점진적으로 변화시켜 나타내는 그라데이션을 적용할 수 있습니다.

❷ **색상** : 0부터 100까지의 색상을 선택합니다. 만일 채도가 0으로 되어있으면 색상 값이 무엇이든 상관없이 하얀색으로만 나타납니다.

❸ **채도** : 0부터 100까지 조정할 수 있으며, 0이면 제일 연하고 100이면 제일 진하게 나타납니다.

❹ **명도** : 0부터 100까지 조정할 수 있으며, 0이면 제일 어둡고 색상이나 채도의 값이 무엇이든 상관없이 검은색으로 보이게 됩니다. 100은 제일 밝은 색입니다.

❺ **색 없음** : 색상 없이 투명하게 보입니다.

❻ **스포이트** : 마우스 포인터로 그리기 화면의 특정 색을 찍으면 그 색상을 가져옵니다.

2 소리 사용하기

❶ 소리 추가하기

소리를 재생하고 싶은 스프라이트를 선택한 후 [소리] 탭에서 다양한 소리를 추가하여 사용할 수 있습니다. [소리] 탭을 누르면 다음과 같은 화면이 나타납니다.

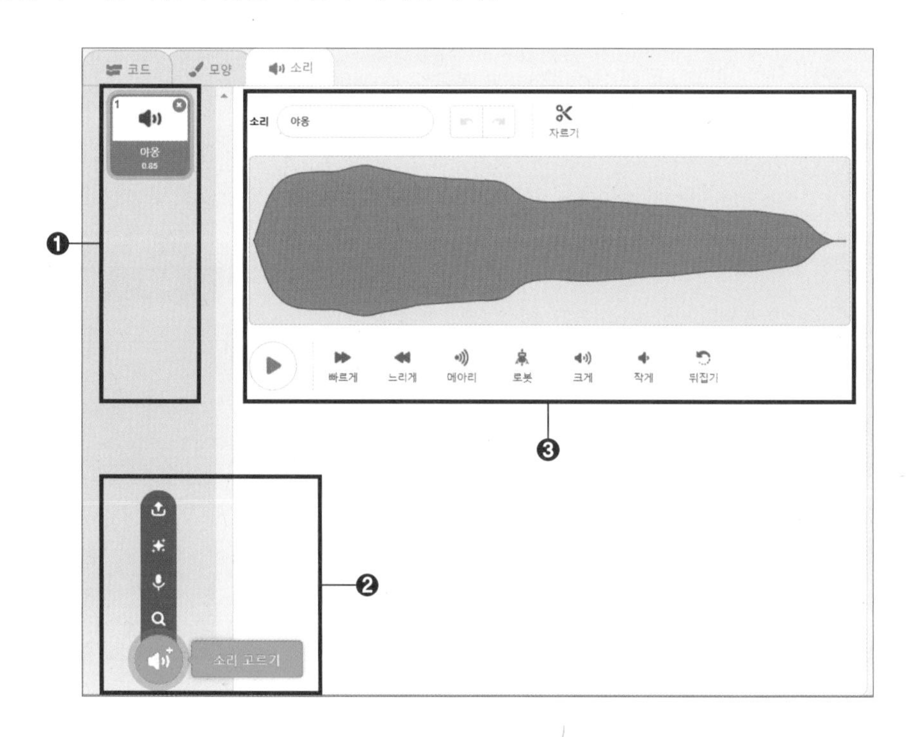

❶ 스프라이트가 가지고 있는 소리 목록이 나타납니다.

❷ 소리를 추가하는 방식을 선택하여 원하는 소리를 추가해 사용합니다.

❸ 소리의 이름을 정하고 편집할 수 있는 영역입니다.

소리를 추가하는 방식 및 재생과 편집 방법에 대해 알아보도록 하겠습니다.

1) [소리 고르기]로 추가하기

스크래치에서 기본적으로 제공하는 소리를 선택하여 추가합니다.

❶ 버튼에 마우스 포인터를 올리고 [소리 고르기( )]를 클릭합니다.

❷ [소리 고르기] 화면이 나타나면, 원하는 소리를 찾아서 클릭합니다.

❸ 소리 목록에 새로운 소리가 추가된 것을 확인할 수 있습니다.

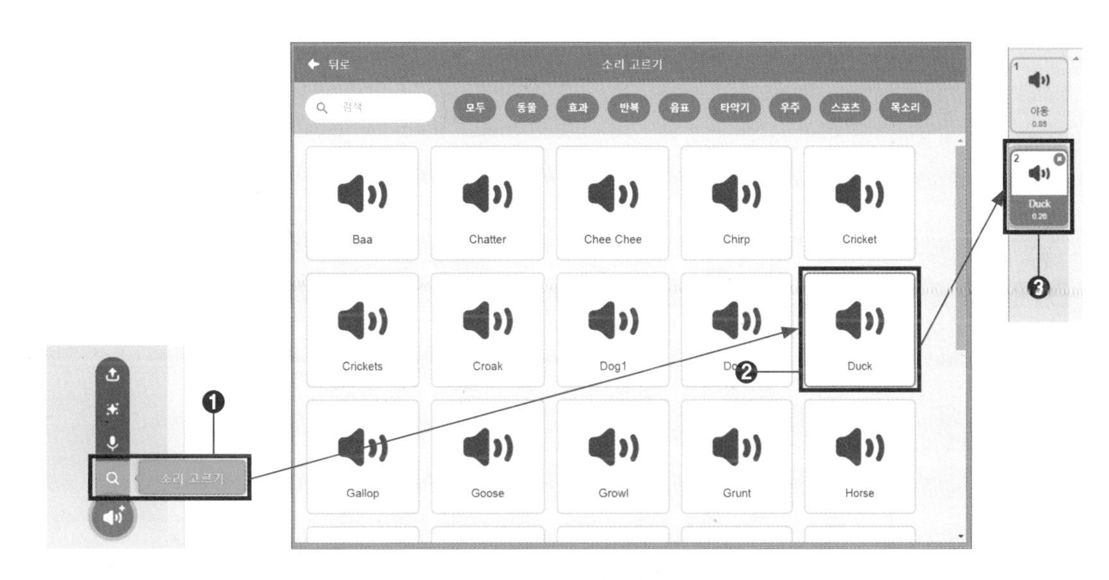

[소리 고르기로 추가하기]

2) [녹음하기]로 추가하기

목소리나 효과음 등을 직접 녹음하여 사용할 수도 있습니다. "안녕하세요?"라는 인사말을 녹음하여 새로운 소리로 추가해 봅시다.

01 소리를 녹음합니다.

❶ 버튼에서 [녹음하기( )]를 눌러 [소리 녹음하기] 창을 엽니다.

❷ [녹음하기( )] 버튼을 클릭한 후 마이크에 "안녕하세요?"라고 말합니다.

❸ 녹음을 마치면 [녹음 멈추기( )]를 누릅니다.

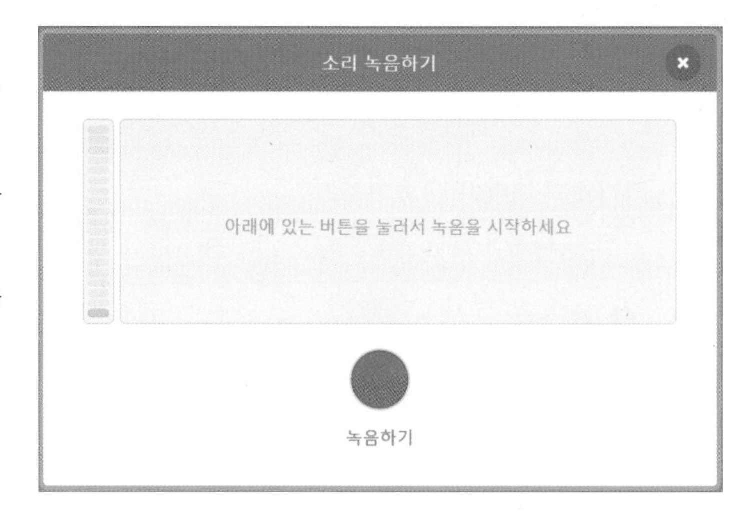

02 녹음된 소리를 확인하고, 저장합니다.

❶ [재생( )]을 눌러서 녹음이 잘 되었나 확인해 봅니다.

❷ 구간을 조정해 원하는 구간만 선택할 수 있습니다.

❸ 녹음이 마음에 들면, [저장( )]을 클릭합니다. 마음에 들지 않으면 [다시 녹음하기( )]를 눌러 다시 녹음합니다.

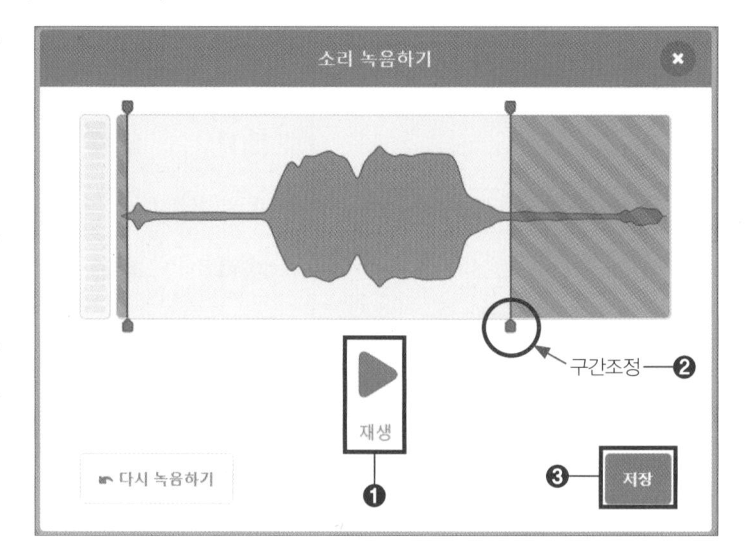

tip

효과음 소리의 경우 앞쪽에 소리 없는 구간이 들어가지 않고 바로 소리가 재생되는 것이 좋습니다. 저장하기 전 확인하여, 소리가 없는 앞뒤 부분은 빼고 소리가 있는 구간만 선택해 저장하도록 합니다.

03 소리 목록에 녹음한 소리가 추가된 것을 확인할 수 있습니다. 새롭게 추가된 소리 이름을 '인사말'이라고 입력합니다.

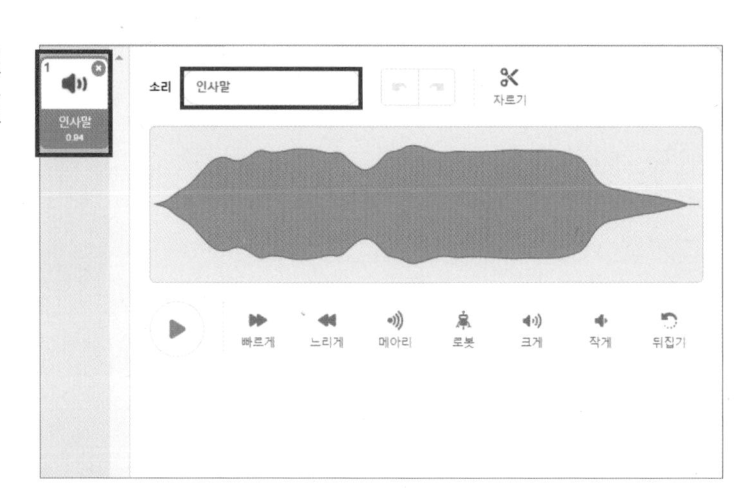

3) [서프라이즈]로 추가하기

버튼에서 [서프라이즈( )]를 클릭하면 스크래치에서 기본적으로 제공하는 다양한 소리를 무작위로 가져옵니다.
어떤 소리를 사용할지 결정하기 힘들 때 무작위로 소리를 골라주는 재미있는 기능입니다.

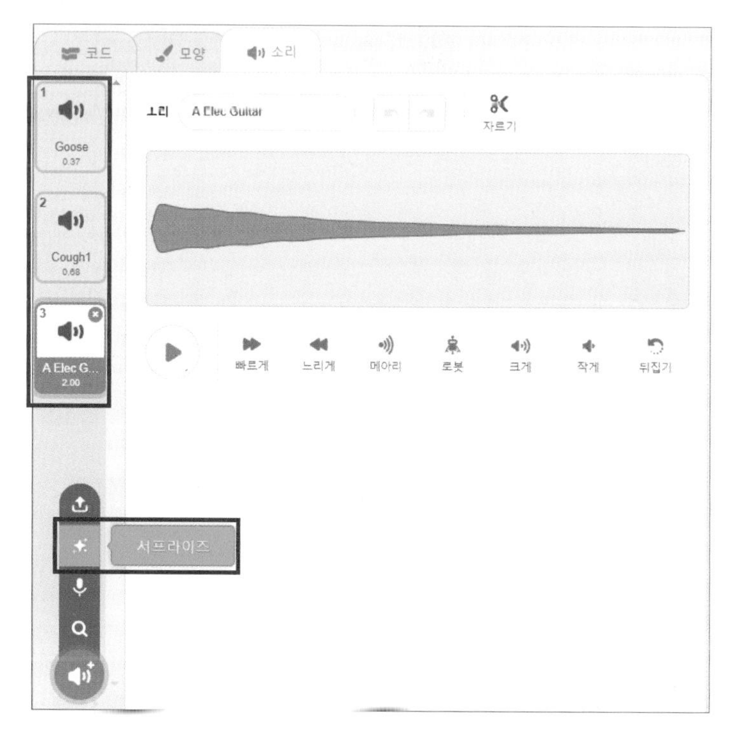

4) [소리 업로드하기]로 추가하기

컴퓨터에 저장된 소리 파일을 불러와 소리로 사용할 수 있습니다.

❶ 버튼에서 [소리 업로드하기( )]를 클릭합니다.

❷ 파일을 선택할 수 있는 창이 나타나면, 소리 파일을 찾아 선택합니다.

❸ [열기] 버튼을 클릭합니다.

❹ 소리 목록에 업로드 한 '충돌효과음'이 새롭게 추가된 것을 확인할 수 있습니다.

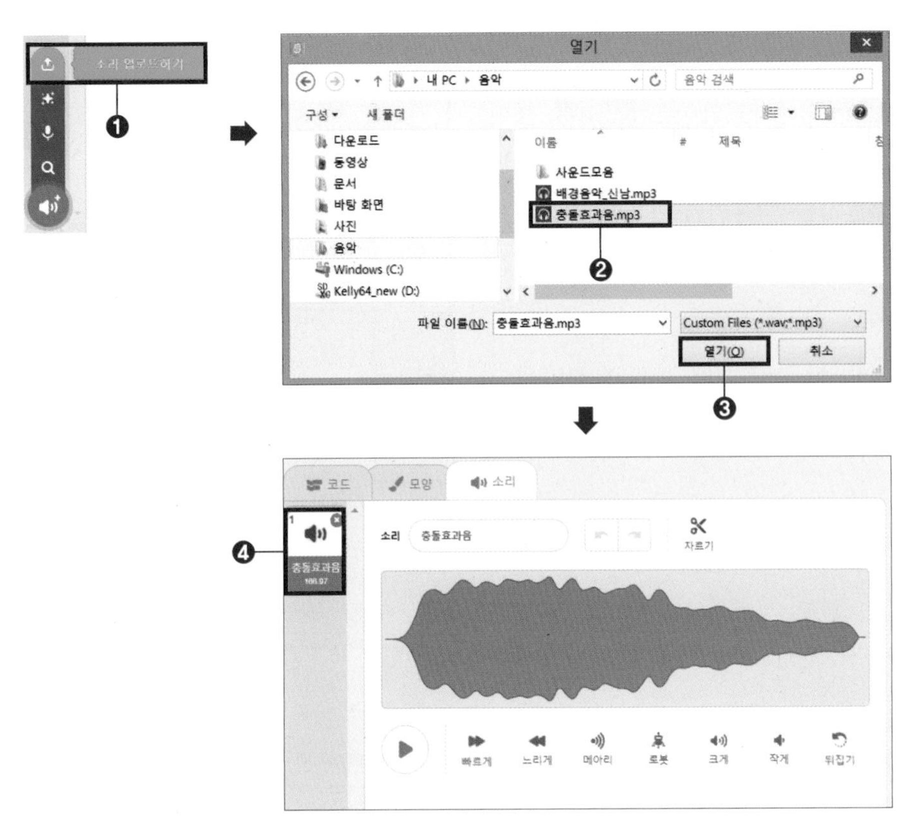

[소리업로드 하기로 추가하기]

❷ 소리 재생하기

소리를 작품 실행 중에 재생하려면 [소리(소리)] 카테고리의 야옹 ▾ 재생하기 블록 혹은 야옹 ▾ 끝까지 재생하기 블록을 사용하여 소리 목록에 있는 소리를 선택해 재생합니다.

❸ 소리 편집하기

[소리] 탭의 편집 영역에서 소리를 편집해 봅시다.

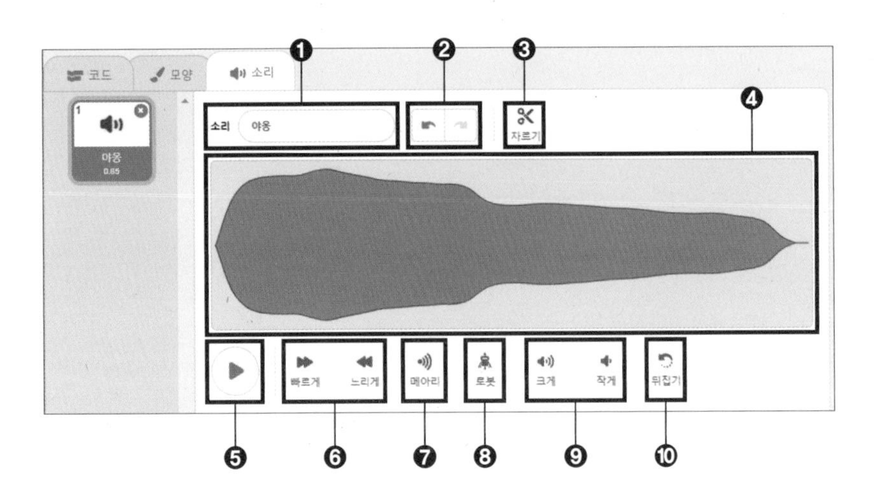

❶ 소리의 이름을 입력합니다.

❷ 소리 편집 중 방금 전에 수행한 동작을 다시 원래대로 되돌릴 때는 [↶]를 누르고, 되돌렸던 동작을 다시 실행할 때는 [↷]를 누릅니다.

❸ [자르기(✂)]로 사용하고 싶은 소리 구간만 잘라내어 사용할 수 있습니다. 마우스로 드래그해서 필요한 구간을 선택한 후 [저장(✂)]을 클릭하여 저장합니다.

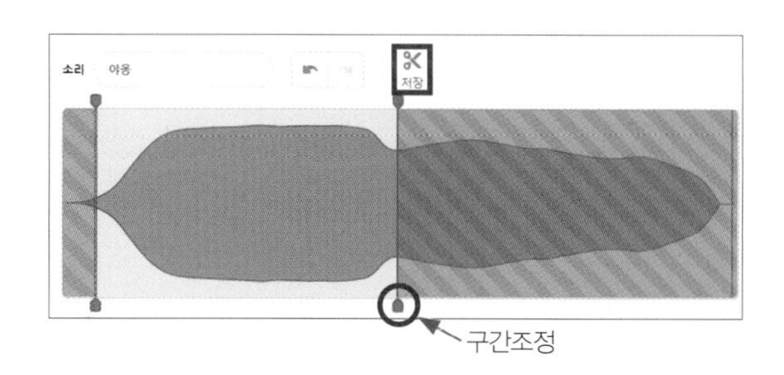

[필요한 소리 구간만 선택해 저장하기]

❹ 편집 중인 소리의 상태를 시각화하여 보여줍니다.

❺ [재생(▶)]을 클릭하여 편집 중인 소리를 들어볼 수 있습니다.

❻ 소리의 속도를 조절할 수 있습니다.

❼ 소리에 메아리가 울리는 듯한 효과를 적용합니다.

❽ 소리에 전자음 효과를 적용합니다.

❾ 소리의 크기를 조절합니다.

❿ 소리가 거꾸로 재생되도록 합니다.

Chapter

4 : 속성 추가하여 사용하기

1 신호 추가하기

예제 완성 파일 PART03₩예제01.sb3

[코드] 탭의 [이벤트(이벤트)] 카테고리에서 메시지1 ▾ 신호 보내기 블록을 가져와 '새로운 메시지'를 추가할 수 있습니다. 새로운 메시지를 추가하는 방법은 아래와 같습니다.

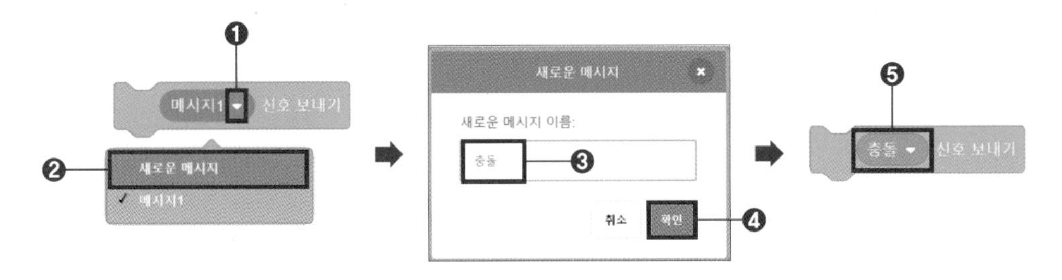

[신호보내기 '새로운 메시지' 추가하는 과정]

❶ '메시지1' 옆의 ▾를 클릭합니다.

❷ 메뉴에서 '새로운 메시지'를 선택합니다..

❸ 새로운 메시지를 추가할 수 있는 창이 나타납니다. 새로운 메시지 이름을 '충돌'이라고 입력합니다.

❹ [확인]을 클릭합니다.

❺ 새로 추가해 넣은 '충돌' 메시지를 사용할 수 있습니다.

앞에서 새로운 메시지를 추가하여, '충돌'이라는 이름으로 신호 보내기를 할 수 있게 되었습니다. 이 '충돌' 신호로 만든 간단한 예제를 살펴봅시다.

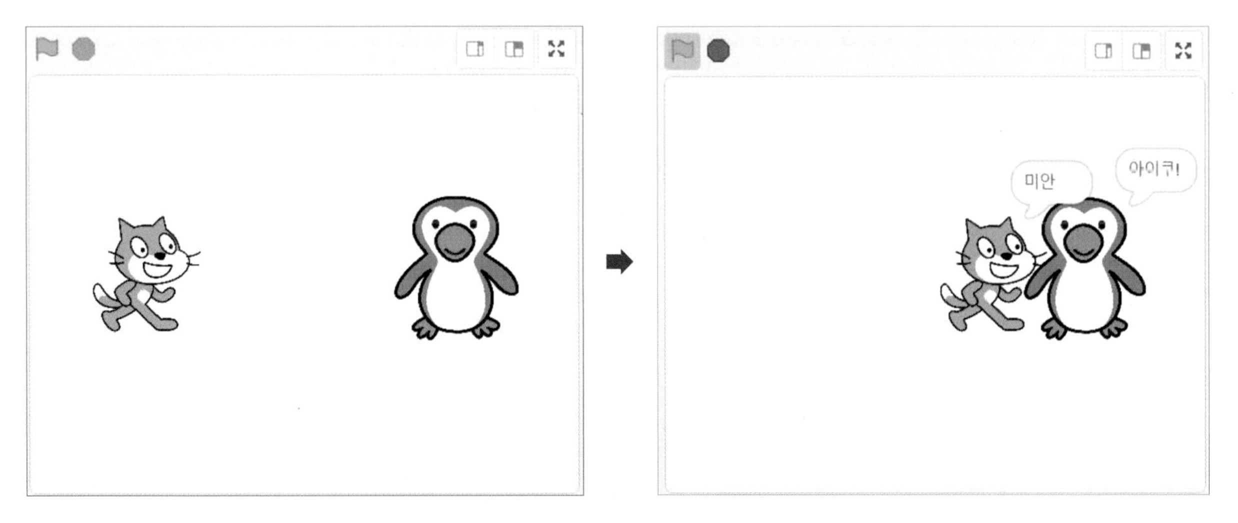

[신호 보내기 예제 실행 화면]

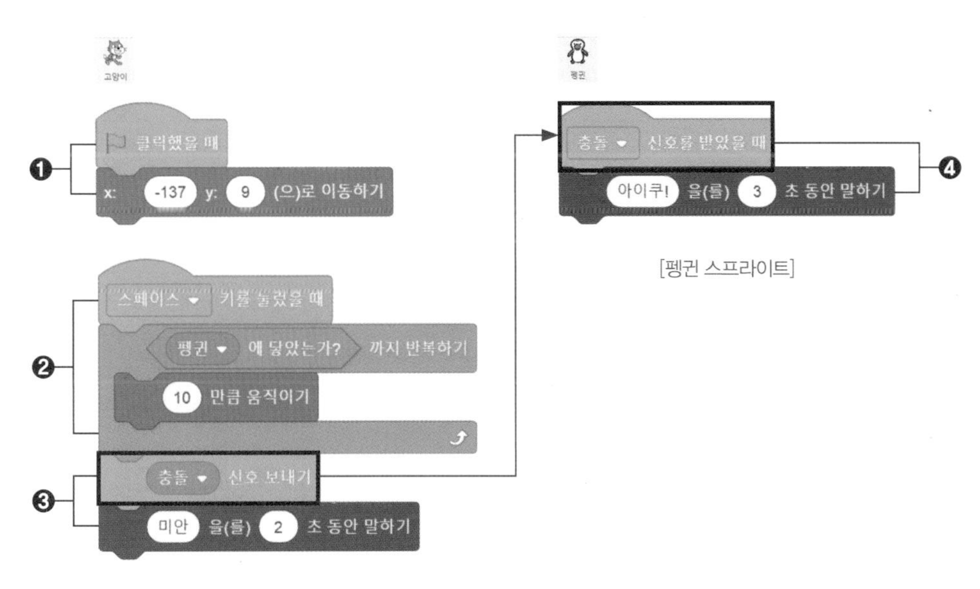

[펭귄 스프라이트]

[고양이 스프라이트]

❶ [시작하기( )]를 클릭하면, 고양이는 x좌표 −137, y좌표 9에 위치합니다.

❷ 스페이스 키를 눌렀을 때 펭귄에 닿을 때까지 고양이가 10만큼씩 계속 움직입니다.

❸ 고양이가 펭귄에 닿은 후 '충돌' 신호를 보내고, 바로 "미안"이라고 2초 동안 말합니다.

❹ 펭귄은 '충돌' 신호를 받아서, "아이쿠!"라고 3초 동안 말합니다.

이처럼 하나의 스프라이트가 특정 상황에서 어떤 신호를 보내고, 다른 스프라이트는 그 신호를 받아 지정된 동작을 시작하도록 할 때 '신호 보내기'와 '신호 받기' 기능을 사용합니다.
이 예제에서는 펭귄 스프라이트 하나만 '충돌' 신호를 받아서 말하기를 실행하였지만, 만일 다른 여러 스프라이트가 있다면, 강아지나 오리 등 다른 스프라이트들도 '충돌' 신호를 받아서 제각기 자신의 지정된 명령을 실행하도록 할 수 있습니다. 즉, 신호는 한 스프라이트에서 보내지만 받는 스프라이트는 여러 개가 될 수 있습니다.

tip

신호 보내기 블록에 대해 더 알아두기

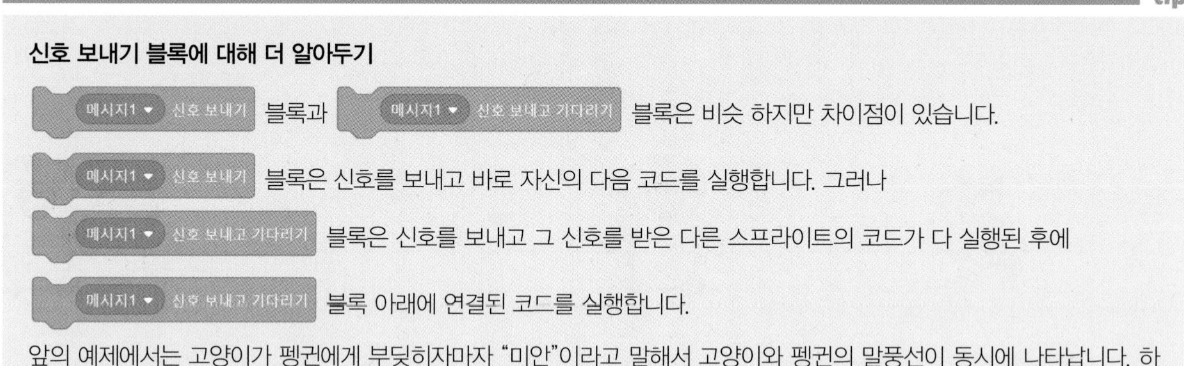

[메시지1 ▾ 신호 보내기] 블록과 [메시지1 ▾ 신호 보내고 기다리기] 블록은 비슷 하지만 차이점이 있습니다.

[메시지1 ▾ 신호 보내기] 블록은 신호를 보내고 바로 자신의 다음 코드를 실행합니다. 그러나

[메시지1 ▾ 신호 보내고 기다리기] 블록은 신호를 보내고 그 신호를 받은 다른 스프라이트의 코드가 다 실행된 후에

[메시지1 ▾ 신호 보내고 기다리기] 블록 아래에 연결된 코드를 실행합니다.

앞의 예제에서는 고양이가 펭귄에게 부딪히자마자 "미안"이라고 말해서 고양이와 펭귄의 말풍선이 동시에 나타납니다. 하지만, 펭귄이 "아이쿠!"라고 3초간 말한 뒤에 그 말을 듣고 나서 고양이가 "미안"이라고 말하게 하려면, '신호보내고 기다리기' 블록을 사용하면 됩니다. 그러면 말풍선이 동시에 나타나지 않고 순차적으로 나타나게 됩니다.

② 변수 추가하기

예제 완성 파일 PART03₩예제02.sb3

[변수(변수)] 카테고리에서 변수를 새로 만들어 추가할 수 있습니다. 새 변수를 추가하는 순서를 알아봅시다.

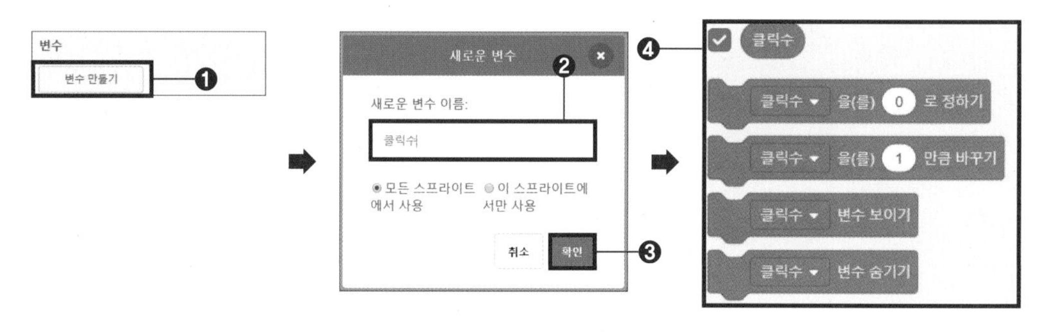

[변수를 추가하는 과정]

❶ [변수 만들기]를 클릭합니다.

❷ 새로운 변수의 이름을 '클릭수'라고 입력합니다.

❸ [확인]을 클릭합니다.

❹ 새롭게 추가된 '클릭수' 변수와 관련된 블록들이 생성된 것을 확인할 수 있습니다.

새로 추가한 '클릭수' 변수를 활용해 만든 간단한 예제를 살펴보며, 변수를 활용하는 방법에 대해 알아봅시다. 고양이 스프라이트를 마우스로 클릭하면 '클릭수' 변수가 1씩 증가하다가 10이 되면 "이제 그만~"이라고 고양이가 말하는 예제입니다.

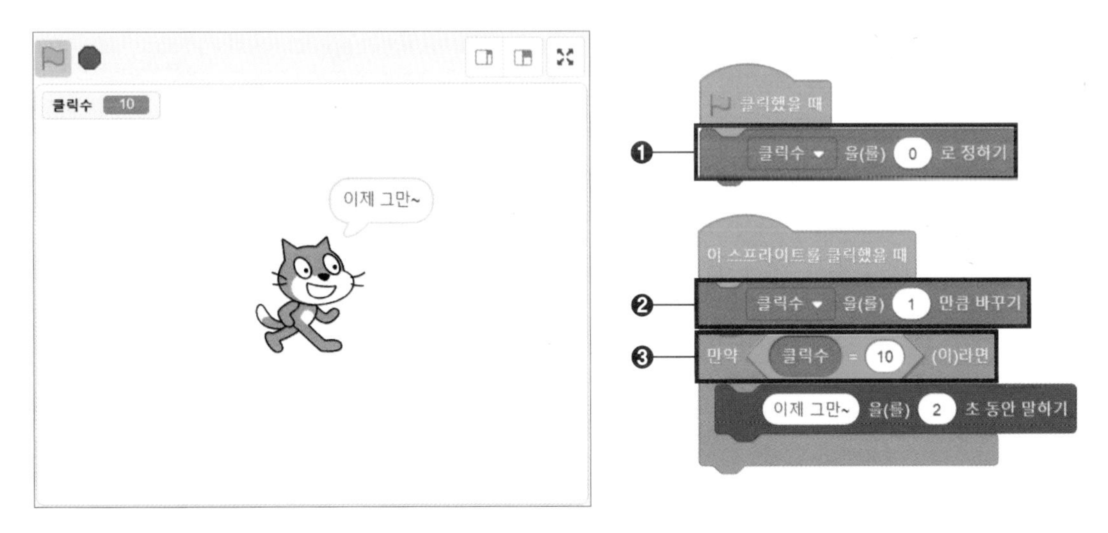

[변수 관련 예제의 실행 화면과 코드들]

❶ 실행을 시작할 때 '클릭수' 변수가 0에서부터 시작하도록 합니다.

❷ 고양이 스프라이트를 클릭하면 '클릭수' 변수를 1만큼 바꾸어 줍니다.

❸ '클릭수' 변수가 10이 되면 고양이가 "이제 그만~"이라고 말합니다.

tip

변수 관련 주요 블록에 대해 더 알아두기

[클릭수 ▾ 을(를) 0 로 정하기] 블록을 사용하여, 예제가 시작될 때 변수가 몇에서부터 시작될지 시작되는 수를 정해 주어야 합니다. 이것을 변수 초기화라 합니다. 또한, [클릭수 ▾ 을(를) 1 만큼 바꾸기] 블록을 사용하여 특정 상황에서 변수가 변경되는 규칙을 넣어 변수가 증가하거나 감소하도록 합니다.
또한, 변수가 일정한 값이 될 때 원하는 명령을 실행하도록 하려면, 변수 값을 확인할 수 있는 [클릭수] 블록을 사용해 작성하면 됩니다. 변수에 해당하는 주요 블록들을 익히고 잘 활용해 보도록 합시다.

'모든 스프라이트에서 사용'과 '이 스프라이트에서만 사용'

새로운 변수를 만드는 [새로운 변수] 창에서 '모든 스프라이트에서 사용' 및 '이 스프라이트에서만 사용'을 체크하는 부분이 있습니다. '모든 스프라이트에서 사용'이 기본으로 설정되어 있는 만큼 주로 쓰이는 사항입니다. 이 의미는 새롭게 추가하는 변수를 모든 스프라이트에서 사용하겠다는 뜻입니다. 만일 '이 스프라이트에서만 사용'에 체크를 하면 현재 선택한 스프라이트에서만 변수의 사용이 가능하며, 복제된 스프라이트 별로 변수를 다르게 적용하고 싶을 때 사용합니다.

3 리스트 추가

예제 완성 파일 PART03₩예제03.sb3

[변수(변수)] 카테고리에서 리스트를 추가할 수 있습니다. 새 리스트를 추가하는 순서를 알아봅시다.

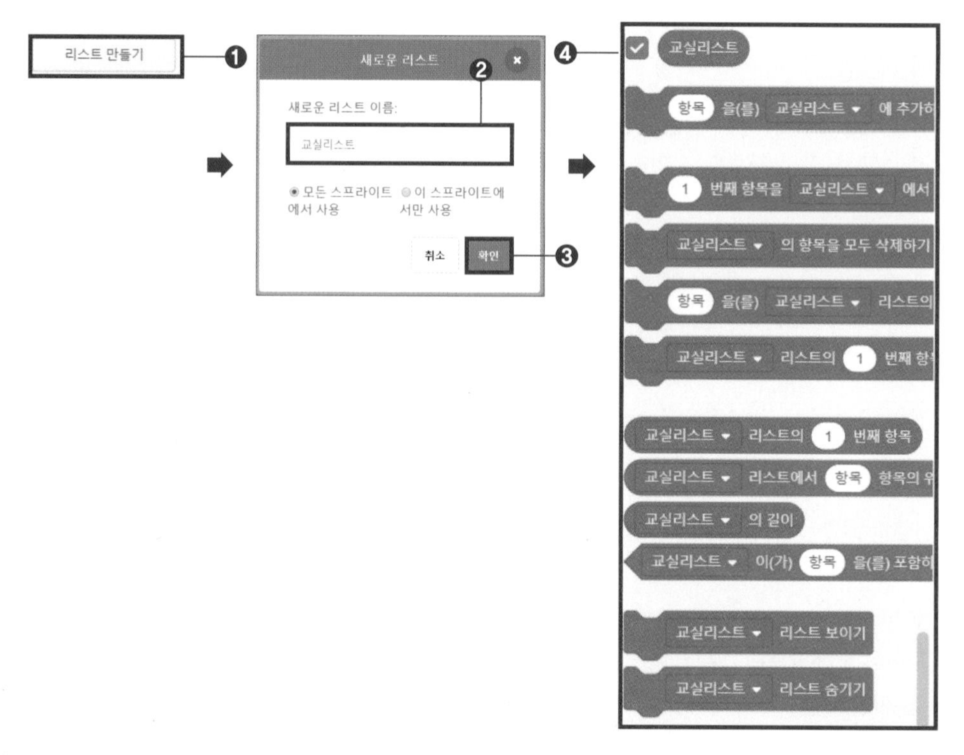

[리스트를 추가하는 과정]

❶ [리스트 만들기]를 클릭합니다.

❷ 새로운 리스트의 이름을 '교실리스트'라고 입력합니다.

❸ [확인]을 클릭합니다.

❹ 새롭게 추가된 리스트 관련 블록들이 나타납니다.

새로 추가한 '교실리스트'를 활용해 만든 간단한 예제를 살펴보며, 리스트를 활용하는 방법에 대해 알아봅시다. 리스트 값을 활용해 오리가 학교 교실 앞을 다니며 교실을 안내하는 예제입니다.

[리스트 예제의 실행 화면]

리스트는 순서를 지닙니다. 그러므로 몇 번째에 내용을 넣을지 선택할 수 있습니다. '교실리스트'의 첫 번째 항목을 '1반입니다', 두 번째 항목을 '2반입니다', 세 번째 항목을 '3반입니다', 네 번째 항목을 '4반입니다'라고 리스트 블록을 사용해 리스트 목록을 만듭니다. 예제의 실행을 멈춘 후 리스트를 삭제하지 않으면 다시 시작하기를 눌렀을 때마다 이미 있는 목록 아래로 계속 목록이 추가됩니다. 그러므로 예제에서처럼 4개의 목록만 계속 불러와 사용하고 싶은 경우에는 시작 시 '교실리스트'의 항목을 먼저 모두 삭제하도록 해야 합니다.

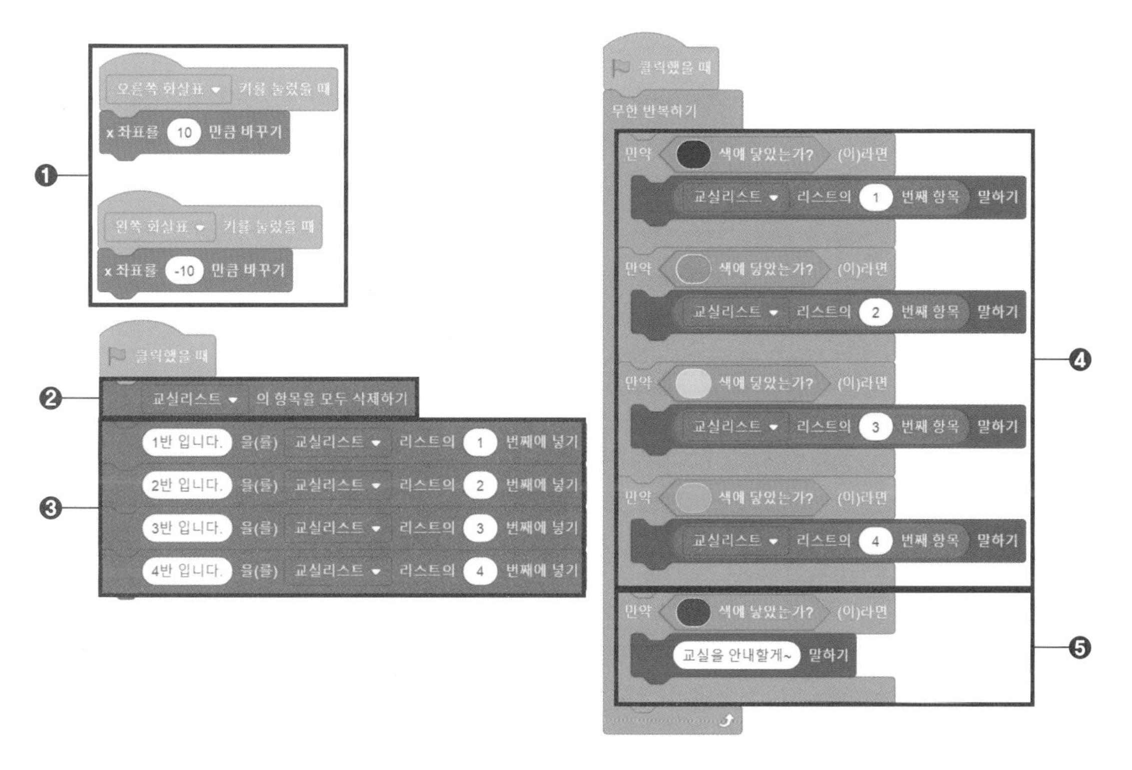

[리스트 관련 예제에 사용된 블록]

❶ 키보드 왼쪽 화살표 키와 오른쪽 화살표 키를 이용하여 오리가 좌우로 10만큼씩 움직이도록 합니다.

❷ 예제를 시작하면, 기존에 있던 '교실리스트'의 항목을 모두 삭제합니다.

❸ '교실리스트'의 첫 번째부터 네 번째까지 각 내용을 순서대로 입력해 항목에 넣습니다.

❹ 오리의 발에 닿는 아랫부분에 구역별로 색을 다르게 지정해 놓아, 특정 색에 닿으면 지정한 리스트의 각 항목 값을 말하게 합니다.

❺ 교실이 아닌 구역을 지나는 동안에는 "교실을 인내할게~"라고 말하게 합니나.

리스트를 추가하여 리스트 관련 블록을 사용하는 간단한 예제를 살펴보았습니다. 리스트는 순서를 지정하여 값을 바꾸거나 삭제할 수도 있습니다. 또한, 리스트 항목의 수를 알 수도 있고, 리스트 안에 어떤 내용이 포함되었는지도 참/거짓 값으로 확인할 수도 있습니다. 리스트를 이용하여 다양한 프로젝트를 만들어 보시기 바랍니다.

Chapter

5 : 스크래치 블록 살펴보기

1 [동작(동작)] 카테고리

[동작(동작)] 카테고리의 블록은 스프라이트의 동작에 관련된 블록입니다. 스프라이트를 실행 화면에서 원하는 위치로 이동하거나 회선하는 움직임에 관련된 여러 블록이 있습니다.

블록	설명
10 만큼 움직이기	스프라이트가 향하고 있는 방향으로 입력한 숫자만큼 앞으로 이동합니다.
↻ 방향으로 15 도 회전하기	입력한 숫자만큼 스프라이트를 시계 방향으로 회전시킵니다
↺ 방향으로 15 도 회전하기	입력한 숫자만큼 스프라이트를 반시계 방향으로 회전시킵니다.
무작위 위치 ▾ (으)로 이동하기	무작위 위치, 마우스 포인터, 다른 스프라이트 위치 중에서 선택하여 그 위치로 스프라이트를 이동시킵니다.
x: 0 y: 0 (으)로 이동하기	지정한 X좌표와 Y좌표 값의 위치로 스프라이트를 이동시킵니다.
1 초 동안 무작위 위치 ▾ (으)로 이동하기	입력된 초 동안 무작위 위치, 마우스 포인터, 다른 스프라이트 위치 중에서 선택하여 그 위치로 스프라이트를 이동시킵니다.
1 초 동안 x: 0 y: 0 (으)로 이동하기	입력한 일정 시간 동안 스프라이트를 지정한 X좌표, Y좌표 값 위치로 이동하게 합니다.
90 도 방향 보기	입력된 방향으로 스프라이트의 방향을 돌립니다.
마우스 포인터 ▾ 쪽 보기	마우스 포인터 또는 다른 스프라이트 쪽으로 스프라이트의 방향을 돌리게 합니다.
x 좌표를 10 만큼 바꾸기	스프라이트의 X좌표 위치를 입력한 숫자만큼 변경합니다.
x 좌표를 10 (으)로 정하기	스프라이트의 X좌표 값 위치를 입력하여 설정합니다.

y 좌표를 10 만큼 바꾸기	스프라이트의 Y좌표 위치를 입력한 숫자만큼 변경합니다.
y 좌표를 0 (으)로 정하기	스프라이트의 Y좌표 값 위치를 입력하여 설정합니다.
벽에 닿으면 튕기기	화면의 가장자리에 닿으면 스프라이트가 튕겨 나옵니다.
회전 방식을 왼쪽-오른쪽 ▾ (으)로 정하기	스프라이트의 회전 스타일을 설정합니다(왼쪽–오른쪽, 회전하기, 회전하지 않기).
x 좌표	스프라이트의 X좌표 위치입니다.
y 좌표	스프라이트의 Y좌표 위치입니다.
방향	스프라이트의 방향입니다.

2 [형태(형태)] 카테고리

[형태(형태)] 카테고리의 블록은 스프라이트의 모양에 관련된 블록입니다. 스프라이트의 보이는 상태와 순서 및 스프라이트가 가지고 있는 여러 모양 중의 어떤 것을 보이게 할지 등에 관련된 블록입니다.

안녕! 을(를) 2 초 동안 말하기	입력한 내용의 말풍선(말하기)이 지정한 시간 동안 나타났다 사라집니다.
안녕! 말하기	입력한 내용의 말풍선(말하기)이 나타납니다.
음... 을(를) 2 초 동안 생각하기	입력한 내용의 말풍선(생각하기)이 지정한 시간 동안 나타났다 사라집니다.
음... 생각하기	입력한 내용의 말풍선(생각하기)이 나타납니다.
모양을 모양 1 ▾ (으)로 바꾸기	스프라이트를 지정하는 모양으로 보이도록 변경합니다.
다음 모양으로 바꾸기	스프라이트의 모양 목록 중 다음 모양으로 변경합니다.
배경을 배경 1 ▾ (으)로 바꾸기	배경을 지정하는 배경 모양으로 변경합니다.

다음 배경으로 바꾸기	배경을 다음 배경 모양으로 변경합니다.
크기를 (10) 만큼 바꾸기	스프라이트의 크기를 입력한 숫자만큼 변경합니다.
크기를 (100) %로 정하기	스프라이트의 크기를 %로 나타냅니다. 숫자를 입력하여 설정합니다.
색깔 ▾ 효과를 (25) 만큼 바꾸기	선택한 그래픽효과를 입력한 숫자만큼 변경합니다(그래픽효과 : 색깔, 어안 렌즈, 소용돌이, 픽셀화, 모자이크, 밝기, 투명도).
색깔 ▾ 효과를 (0) (으)로 정하기	선택한 그래픽 효과의 값을 직접 숫자로 입력해 설정합니다.
그래픽 효과 지우기	적용된 모든 그래픽 효과를 지웁니다.
보이기	스프라이트가 실행 화면에 보이게 합니다.
숨기기	스프라이트가 실행 화면에 보이지 않게 합니다.
맨 앞쪽 ▾ 으로 순서 바꾸기	해당 스프라이트를 다른 스프라이트들 보다 맨 앞에 보이도록 합니다.
앞으로 ▾ (1) 단계 보내기	스프라이트의 보이는 순서를 입력한 숫자만큼 앞으로 가져와 보이게 합니다.
모양 번호 ▾	모양 목록에 있는 모양 번호, 모양 이름 나타냅니다.
배경 번호 ▾	현재 배경 번호, 배경 이름을 나타냅니다.
크기	스프라이트의 크기를 나타냅니다.

3 [소리(소리)] 카테고리

[소리(소리)] 카테고리의 블록은 소리 재생 기능과 관련된 블록입니다.

야옹 ▾ 끝까지 재생하기	선택한 소리의 재생이 완료될 때까지 전부 재생한 후 다음 코드를 실행합니다.
야옹 ▾ 재생하기	스프라이트가 지니고 있는 소리 중 선택한 소리를 재생합니다.

모든 소리 끄기	모든 소리의 재생을 멈춥니다.
음 높이 ▾ 효과를 10 만큼 바꾸기	음 높이, 음향 위치 왼쪽/오른쪽 효과를 입력한 수만큼 바꿉니다.
음 높이 ▾ 효과를 100 로 정하기	음 높이, 음향 위치 왼쪽/오른쪽 효과를 입력한 수로 정합니다.
소리 효과 지우기	소리 효과를 없앱니다.
음량을 -10 만큼 바꾸기	음량을 입력한 숫자만큼 변경합니다.
음량을 100 % 로 정하기	음량을 %로 설정합니다.
음량	음량(소리의 크기) 값을 나타냅니다.

4 [이벤트(이벤트)] 카테고리

스크래치 프로젝트를 실행하면 제일 먼저 실행되는 클릭했을 때 블록을 비롯하여 배경이 바뀌었을 때, 신호를 받았을 때 등 특정 블록을 활성화하기 위한 여러 이벤트 상황에 대한 블록들이 있습니다.

클릭했을 때	[시작하기( )]를 클릭했을 때 프로젝트가 실행을 시작합니다.
스페이스 ▾ 키를 눌렀을 때	키보드 중 지정된 키를 눌렀을 때 연결된 코드를 실행합니다.
이 스프라이트를 클릭했을 때	스프라이트를 클릭했을 때 연결된 코드를 실행합니다.
배경이 배경 1 ▾ (으)로 바뀌었을 때	선택한 배경으로 전환되었을 때 연결된 코드를 실행합니다.
음량 ▾ > 10 일 때	선택한 내용의 값이 입력한 숫자 값보다 클 때 연결된 코드를 실행합니다.

메시지1 ▾ 신호를 받았을 때	선택한 메시지 신호를 받았을 때 연결된 코드를 실행합니다.
메시지1 ▾ 신호 보내기	스크래치 프로그램 전체에 선택한 신호를 보냅니다.
메시지1 ▾ 신호 보내고 기다리기	선택한 신호를 받은 블록 코드의 모든 실행이 끝난 후에 이 블록 아래에 연결된 코드를 실행합니다..

5 [제어(제어)] 카테고리

[제어(제어)] 카테고리의 블록은 코딩된 블록들의 실행 흐름을 제어하는 블록입니다. 실행하다가 잠시 기다리게도 하고, 특정한 상황에서 참인 경우와 거짓인 경우를 판단해 실행의 흐름이 바뀌게도 하며, 실행의 흐름을 원하는 횟수만큼 계속 반복하게도 합니다.

1 초 기다리기	입력한 일정 시간 동안 잠시 기다립니다.
10 번 반복하기	이 블록 안에 있는 블록들의 실행을 입력한 숫자만큼 반복하게 합니다.
무한 반복하기	이 블록 안에 있는 블록들을 무한히 반복하여 실행하게 합니다.
만약 (이)라면	설정한 조건이 참이면 이 블록 안의 블록들을 실행합니다.
만약 (이)라면 아니면	설정한 조건이 참이면 '만약 ( )라면' 안의 블록들을 실행하고, 조건이 거짓이면 '아니면' 안에 연결된 블록들을 실행합니다.
까지 기다리기	설정한 조건이 참이 될 때까지 기다렸다가, 이 블록 아래 연결된 블록을 실행합니다.

블록	설명
까지 반복하기	이 블록 안의 블록들을 조건이 거짓이면 계속 실행하고, 조건이 참이 되면 실행하지 않습니다.
멈추기 모두 ▾	선택한 사항에 맞게 블록들의 실행을 중지합니다(모두, 이 스크립트, 스프라이트에 있는 다른 스크립트).
복제되었을 때	복제하기로 스프라이트가 복제되었을 때 연결된 코드를 실행합니다.
나 자신 ▾ 복제하기	선택한 사항에 맞게 복제 스프라이트를 만듭니다. 스프라이트가 자신을 복제할 수도 있고, 자신 외에 다른 스프라이트를 지정해 복제할 수 있습니다(나 자신, 스프라이트).
이 복제본 삭제하기	복제되어 만들어진 스프라이트를 삭제합니다.

6 [감지(감지)] 카테고리

[감지(감지)] 카테고리의 블록에는 참/거짓 상황이나 탐지 상황을 판단하는 블록들이 있습니다. [감지(감지)] 카테고리의 블록은 혼자 실행되기보다는 [제어(제어)] 카테고리의 블록이나 [연산(연산)] 카테고리의 블록 등과 결합하여 사용하곤 합니다.

블록	설명
마우스 포인터 ▾ 에 닿았는가?	스프라이트가 마우스 포인터 또는 다른 스프라이트에 닿았는지를 확인하여 참/거짓을 판단합니다.
색에 닿았는가?	스프라이트가 특정 색상에 닿았는지를 확인하여 참/거짓을 판단합니다.
색이 색에 닿았는가?	스프라이트가 가지고 있는 지정된 색이 특정 색에 닿았는지를 확인하여 참/거짓을 판단합니다.
마우스 포인터 ▾ 까지의 거리	스프라이트에서 마우스 포인터 또는 다른 스프라이트까지의 거리 값을 나타냅니다.
What's your name? 라고 묻고 기다리기	입력한 내용을 스프라이트가 말하고, 대답 입력란이 실행 화면 하단에 나타납니다.
대답	묻고 기다리기에 대답으로 입력한 값이, 이 대답 블록에 저장됩니다.
스페이스 ▾ 키를 눌렀는가?	키보드의 스페이스 키를 눌렀을 때 참으로 판단합니다(키보드의 다른 키로도 설정할 수 있음).
마우스를 클릭했는가?	마우스를 클릭했을 때 참으로 판단합니다.

마우스의 x좌표	마우스 포인터 위치의 X 좌표 값을 나타냅니다.
마우스의 y좌표	마우스 포인터 위치의 Y 좌표 값을 나타냅니다.
드래그 모드를 드래그 할 수 있는 ▾ 상태로 정하기	실행 화면을 최대로 크게 했을 때 스프라이트를 마우스로 드래그 할 수 있거나 없게 설정합니다.
음량	마이크로 입력되는 소리의 음량 크기의 값을 나타냅니다.
타이머	스크래치 프로그램을 시작한 이후 경과한 시간 및 타이머를 초기화 시점부터 경과한 시간을 나타내주는 값입니다.
타이머 초기화	타이머를 다시 시작하도록 재설정합니다.
무대 ▾ 의 backdrop # ▾	무대 또는 스프라이트의 여러 값들을 나타냅니다. – 무대 : 무대 번호, 무대 이름, 음량 값 – 스프라이트 : X좌표, Y좌표, 방향, 모양 번호, 모양이름, 크기, 음량
현재 년 ▾	선택된 단위의 현재의 시간을 나타냅니다(년, 달, 일, 요일, 시, 분, 초).
2000년 이후 현재까지 날짜 수	2000년 이후의 현재까지 날짜 수를 나타냅니다.
사용자 이름	온라인에서 스크래치에 로그인해 사용할 때 사용자의 ID를 나타냅니다.

7 [연산(연산)] 카테고리

수 연산에 관련된 블록과 난수 블록 그리고 자료 값의 형태가 다른 것을 결합하는 블록 등을 모아놓은 카테고리입니다.

( ) + ( )	앞의 수와 뒤의 수를 더한 값을 나타냅니다.
( ) - ( )	앞의 수에서 뒤의 수를 뺀 값을 나타냅니다.
( ) × ( )	앞의 수와 뒤의 수를 곱한 값을 나타냅니다.
( ) ÷ ( )	앞의 수를 뒤의 수로 나눈 값을 나타냅니다.
1 부터 10 사이의 난수	앞의 수에서부터 뒤의 수까지에 있는 임의의 수를 선택해 나타냅니다.
( ) > 50	앞의 수가 뒤의 수보다 크면 참으로 판단하는 관계 연산입니다.

( ) < (50)	앞의 수가 뒤의 수보다 작으면 참으로 판단하는 관계 연산입니다.
( ) = (50)	두 수의 값이 같으면 참으로 판단하는 관계 연산입니다.
그리고	앞의 조건과 뒤의 조건이 모두 참이면 참을 나타내는 논리 연산입니다.
또는	앞의 조건이나 뒤의 조건 중 하나만 참이면 참을 나타내는 논리 연산입니다.
이(가) 아니다	참이면 거짓으로, 거짓이면 참으로 나타내는 논리 연산입니다.
apple 와(과) banana 결합하기	데이터 형이 다른 경우에도 두 내용을 연결하여 한 문자열로 보여줍니다. 예: '점수'라는 변수는 숫자로 된 데이터이고 '점입니다.'라는 말은 문자열 데이터입니다. 두 가지를 결합하면 '점수' 변수가 100일 때 '100점입니다.'라고 한 문장으로 결합하여 나타냅니다.
apple 의 1 번째 글자	apple 단어의 첫 번째 글자인 a를 나타냅니다. 숫자나 글자를 직접 입력해 원하는 순서 번째 값을 나타낼 수 있습니다.
apple 의 길이	입력된 단어의 글자 수를 나타냅니다.
apple 이(가) a 을(를) 포함하는가?	앞의 칸 안의 내용에 두 번째칸의 값이 포함되어 있는지 판단합니다.
( ) 나누기 ( ) 의 나머지	앞의 수를 뒤의 수로 나눗셈한 나머지 값을 나타냅니다.
( ) 의 반올림	입력한 값의 가장 가까운 정수로 반올림합니다.
절댓값 ▾ (( ))	입력된 수에 대해 다음과 같은 선택 내용의 계산 값을 보여줍니다(절대값, 버림, 올림, 제곱근, sin, cos, tan, asin, acos, atan, ln, log, e^, 10^).

8 [변수(변수)] 카테고리

[변수 만들기]와 [리스트 만들기]를 이용하여 변수와 리스트를 생성하며, 변수나 리스트 생성 시 그에 딸린 해당 블록들이 나타납니다.

변수 만들기	[변수 만들기]를 클릭하면 변수를 생성할 수 있는 [새로운 변수] 창이 열립니다.
나의 변수	변수의 값을 나타냅니다.

블록	설명
나의 변수 ▾ 을(를) 0 로 정하기	지정된 변수의 값을 입력한 값으로 설정합니다.
나의 변수 ▾ 을(를) 1 만큼 바꾸기	지정된 변수를 입력한 숫자 값만큼 변경합니다.
나의 변수 ▾ 변수 보이기	실행 화면에 변수가 보이도록 설정합니다.
나의 변수 ▾ 변수 숨기기	실행 화면에 변수가 보이지 않도록 설정합니다.
리스트 만들기	[리스트 만들기]를 클릭하면 리스트를 생성할 수 있는 [새로운 리스트] 창이 열립니다.
나의 리스트	리스트의 값을 나타냅니다.
항목 을(를) 나의 리스트 ▾ 에 추가하기	입력하는 항목을 지정한 리스트 목록에 추가합니다.
1 번째 항목을 나의 리스트 ▾ 에서 삭제하기	지정한 리스트의 목록 중 ( )번째 항목을 삭제합니다.
나의 리스트 ▾ 의 항목을 모두 삭제하기	지정한 리스트의 모든 항목을 삭제합니다.
항목 을(를) 나의 리스트 ▾ 리스트의 1 번째에 넣기	입력하는 항목을 지정한 리스트 목록 중 ( )번째에 추가합니다.
나의 리스트 ▾ 리스트의 1 번째 항목을 항목 으로 바꾸기	지정한 리스트 목록 중 ( )번째 항목의 내용을 입력하는 내용으로 바꿉니다.
나의 리스트 ▾ 리스트의 1 번째 항목	지정된 리스트 목록의 ( )번째 항목의 값을 나타냅니다.
나의 리스트 ▾ 리스트에서 항목 항목의 위치	지정된 리스트에 있는 해당 항목의 위치입니다.
나의 리스트 ▾ 의 길이	지정된 리스트에 있는 항목 수입니다.
나의 리스트 ▾ 이(가) 항목 을(를) 포함하는가?	지정된 리스트에 입력한 내용이 있는지를 확인해 참/거짓으로 값을 나타내 줍니다.
나의 리스트 ▾ 리스트 보이기	지정된 리스트를 실행 화면에 보이게 합니다.
나의 리스트 ▾ 리스트 숨기기	지정된 리스트를 실행 화면에 보이지 않게 합니다.

9 [펜( )] 카테고리

[펜( )] 카테고리는 [코드] 탭의 [확장 기능 추가하기( )]에서 추가해서 사용해야 합니다. [펜( )] 카테고리의 블록은 펜으로 그리기 및 도장 찍기에 관련된 블록입니다. 종이에 그림을 그리듯, 실행 화면에 원하는 색이나 굵기를 정하여 마음대로 그림을 그릴 수 있는 기능의 블록들이 모여 있습니다.

블록	설명
모두 지우기	화면에 펜으로 그렸던 것들 및 도장 찍기를 했던 것들을 모두 지웁니다.
도장찍기	스프라이트의 이미지를 화면에 도장 찍듯이 똑같이 나타내 줍니다.
펜 내리기	해당 스프라이트의 펜 그리기 기능을 시작합니다.
펜 올리기	해당 스프라이트의 펜 그리기 기능을 멈춥니다.
펜 색깔을 ( )(으)로 정하기	지정한 색으로 펜 그리기의 색을 설정합니다.
펜 색깔 ▾ 을(를) 10 만큼 바꾸기	펜 그리기의 색을 입력한 숫자만큼 변경합니다.
펜 색깔 ▾ 을(를) 50 (으)로 정하기	숫자를 입력해 펜 그리기의 색을 정합니다.
펜 굵기를 1 만큼 바꾸기	펜으로 그려지는 선의 굵기를 입력한 숫자만큼 변경합니다.
펜 굵기를 1 (으)로 정하기	숫자를 입력해 펜으로 그려지는 선의 굵기를 정합니다.

* 본 챕터의 스크래치 블록에 대한 설명은 '스크래치 wiki 사이트 (https://wiki.scratch.mit.edu)' 를 참조하여 작성하였으며, 필요한 상세 설명들을 추가하였습니다.

Chapter

6 : 파일 열기 및 저장하기

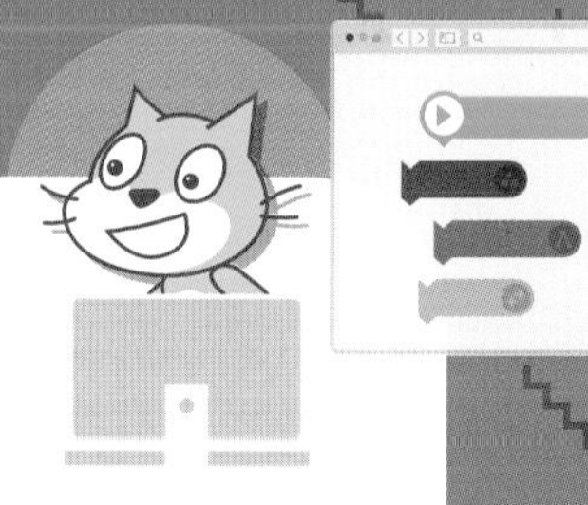

컴퓨터에 저장된 스크래치 작품을 열거나, 새롭게 만든 스크래치 작품을 컴퓨터에 저장하는 방법을 알아봅시다.

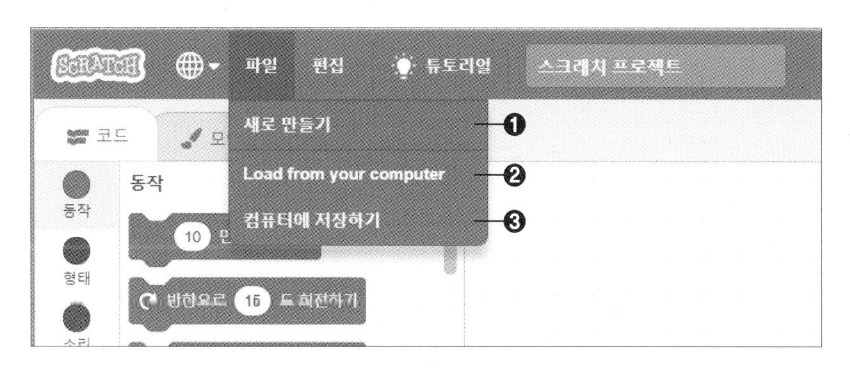

[스크래치 상단의 파일 메뉴]

❶ 새로 만들기 : 스크래치 작품을 새롭게 만듭니다.

tip

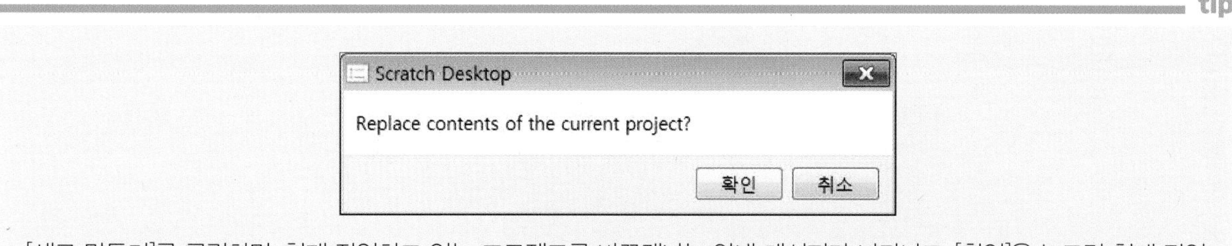

[새로 만들기]를 클릭하면, 현재 작업하고 있는 프로젝트를 바꾸겠냐는 안내 메시지가 나타나고, [확인]을 누르면 현재 작업하고 있던 작품이 종료되고 새 작품이 열립니다. [새로 만들기]를 할 때는 꼭 작업 중이던 작품의 저장 여부를 확인하시기 바랍니다.

❷ Load from your computer(**컴퓨터에서 불러오기**) : 컴퓨터에 저장해둔 스크래치 작품을 불러옵니다.

❸ **컴퓨터에 저장하기** : 작업 중인 스크래치 작품을 컴퓨터에 저장합니다.

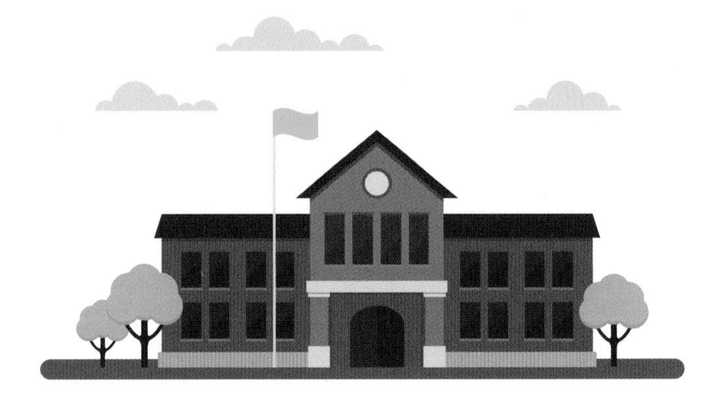

PART 4

주요 출제 기능 익히기

Chapter

1 : 순차 구조 알아보기

개념 순차 구조 해결하기

우리의 일상생활에서 정해진 순서에 따라 차례대로 처리하는 행동은 무엇이 있을까요?

아침에 일어나서 학교에 가기까지의 과정을 생각해볼까요? 그 과정을 순서대로 나열해보면 '① 알람 소리에 맞추어 일어난다, ② 세면을 한다, ③ 옷을 갈아입는다, ④ 아침 식사를 한다, ⑤ 준비물을 챙긴다, ⑥ 학교에 간다.'입니다. 이처럼 해야 할 일을 순서대로 동작이나 명령을 나열한 것을 '순차 구조'라고 합니다.

미션 엘프와 페어리 대화하기

예제 파일 PART04₩예제01.sb3

엘프와 페어리가 번갈아 가면서 대화하는 미션을 해결합니다.

실행화면

해결하기 말하기 블록과 '~초 기다리기' 블록을 이용하여 엘프와 페어리가 순차적으로 대화하도록 코딩합니다.

코딩하기

01 스크래치가 실행되면 [파일]-[Load from your computer(컴퓨터에서 가져오기)]를 선택합니다.

02 [열기] 대화 상자가 나타나면 'PART 04' 폴더에서 '예제01.sb3' 파일을 선택하고 [열기]를 클릭합니다.

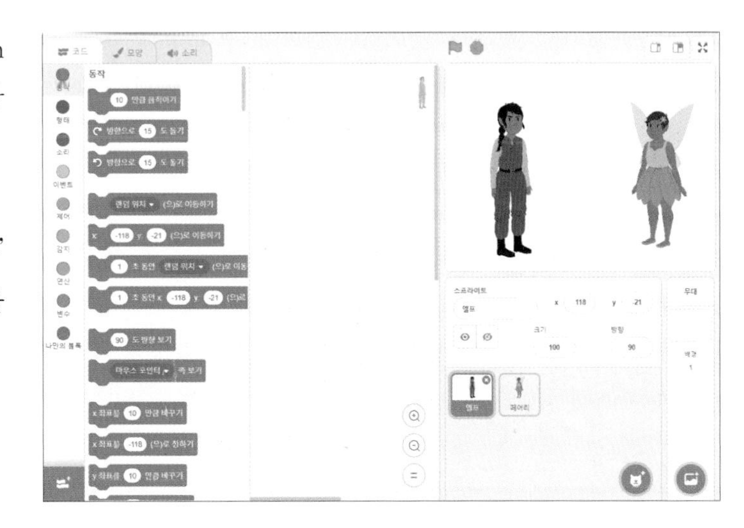

엘프 스프라이트 코딩

03 파일이 열리면 엘프( ) 스프라이트를 선택한 후 [이벤트( )] 카테고리의 [클릭했을 때] 블록을 드래그하여 스크립트 영역으로 가져옵니다.

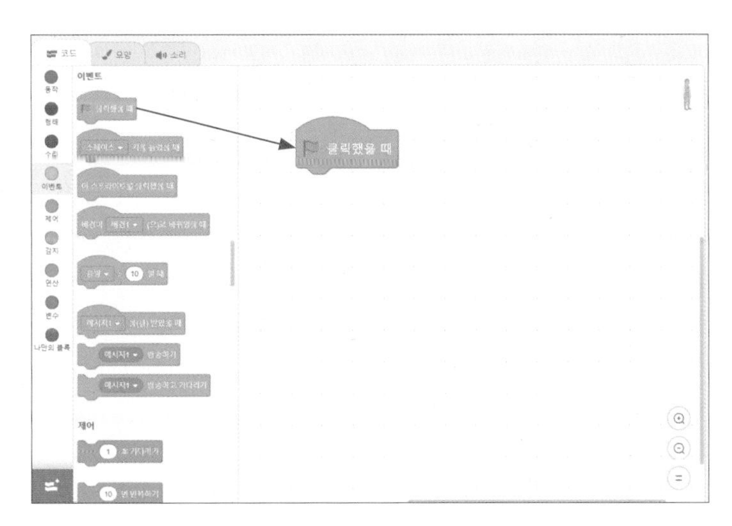

04 [형태( )] 카테고리의 [안녕! 을(를) 2 초 동안 말하기] 블록을 드래그하여 다음과 같이 연결합니다. 그리고 말하는 내용을 '친구야 안녕?'이라고 입력합니다.

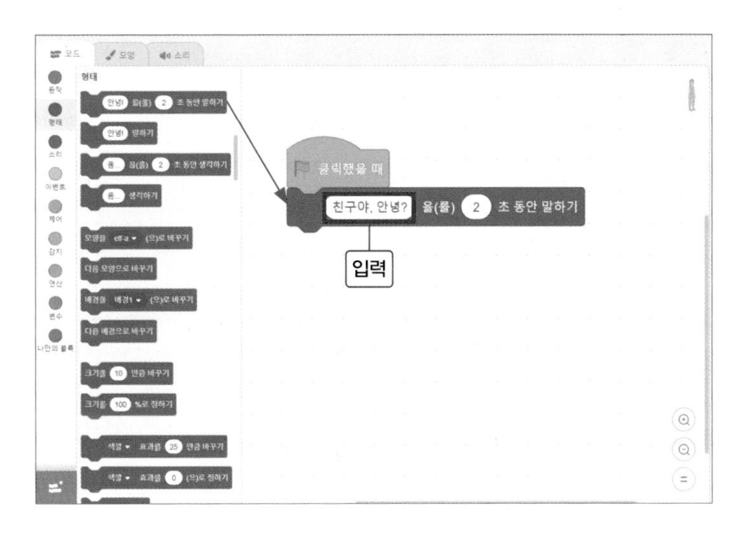

페어리 스프라이트 코딩

05 페어리( ) 스프라이트를 선택한 후 [이벤트( )] 카테고리의 [클릭했을 때] 블록과 [제어( )] 카테고리의 [1 초 기다리기] 블록을 가져와 연결하고 시간을 '2'초로 입력하여 변경합니다.

why

엘프가 2초 동안 말하기 때문에 엘프의 말을 다 듣고 페어리가 말하도록 페어리가 2초 동안 기다리는 것입니다.

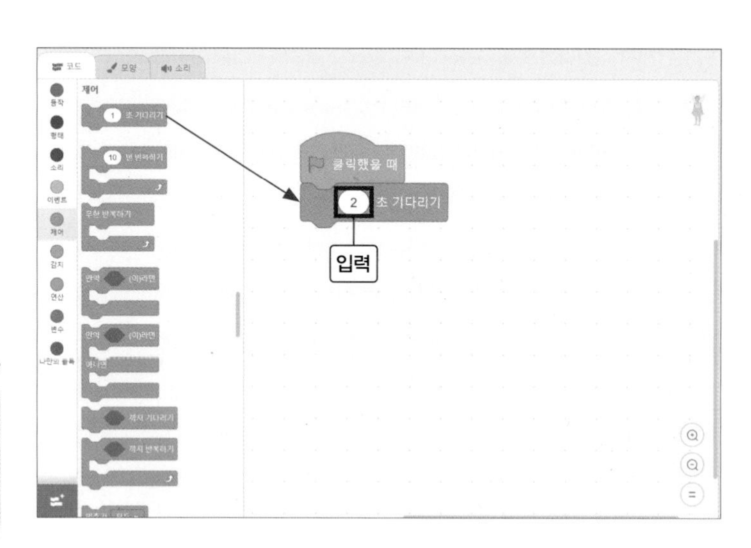

06 이번에는 페어리가 엘프에게 인사하도록 [형태( )] 카테고리의 [안녕! 을(를) 2 초 동안 말하기] 블록을 연결하고 말하는 내용을 '안녕~!!!'이라고 입력하여 변경합니다.

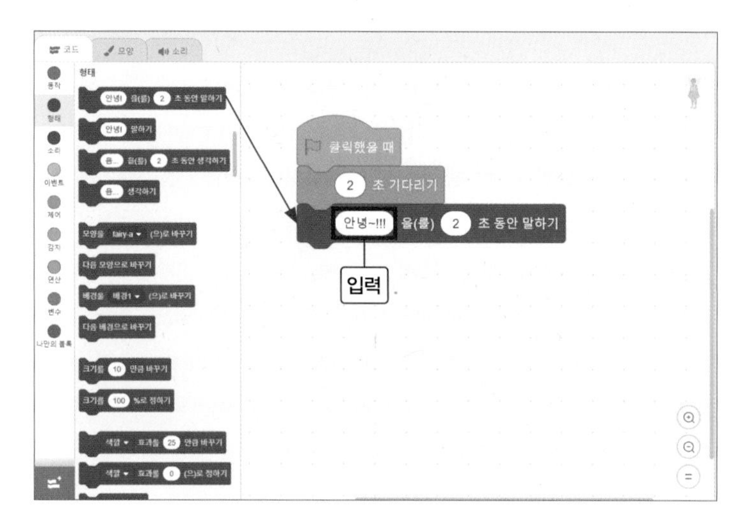

엘프 스프라이트 코딩

07 다시 엘프( ) 스프라이트를 선택한 후 기존 블록에 이어서 [제어( )] 카테고리의 [1 초 기다리기] 블록을 연결하고 시간을 '2'초로 입력하여 변경합니다.

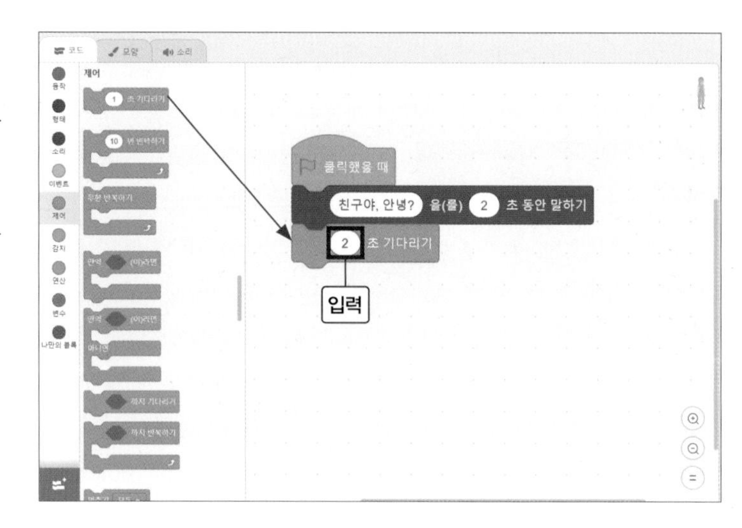

08 엘프( )가 페어리( )에게 말하도록 [형태( )] 카테고리의 안녕! 을(를) 2 초 동안 말하기 블록을 연결하고, 말하는 내용을 '우리 숲까지 달려갈까?'라고 입력하여 변경합니다.

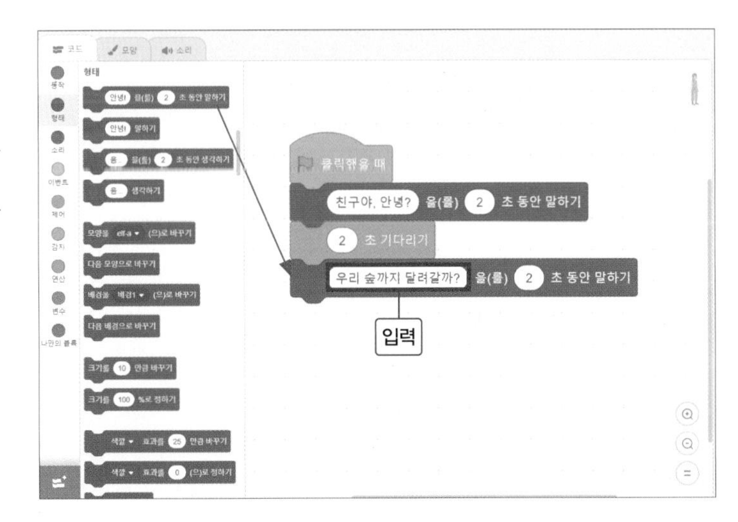

09 [시작하기( )]를 클릭하여 엘프( )와 페어리( )가 겹치지 않고 번갈아 가면서 대화하는지를 확인합니다.

Chapter

2 : 반복 구조 알아보기

개념 반복 구조 해결하기

우리의 일상생활에서 같은 일을 반복적으로 처리하는 행동은 무엇이 있을까요?

양치하는 모습을 떠올려볼까요? 우리는 윗니 한 번, 아랫니 한 번만 닦을까요? 치아를 깨끗하게 닦기 위해서 윗니 여러 번, 아랫니 여러 번을 반복하여 닦습니다. 이처럼 반복되는 일련의 행동을 묶어서 처리하는 방식을 '반복 구조'라고 합니다.

미션 네잎클로버 만들기

예제 파일 PART04₩예제02.sb3

클로버의 잎을 회전하여 네잎클로버로 만드는 미션을 해결합니다.

해결하기 네잎클로버 조각의 중심점을 변경하고, 방향을 90°로 회전하면서 1초마다 도장 찍기를 반복하여 네잎클로버 모양을 완성합니다.

코딩하기

01 스크래치가 실행되면 [파일]-[Load from your computer(컴퓨터에서 가져오기)]를 선택합니다.

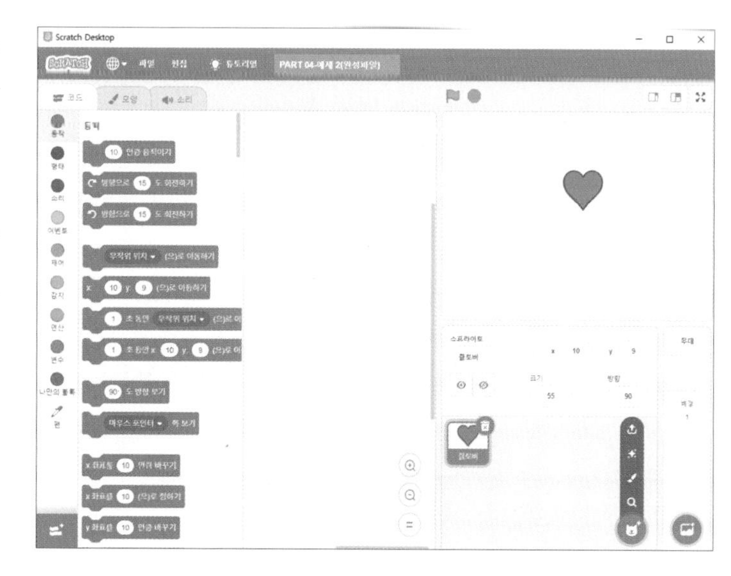

02 [열기] 대화 상자가 나타나면 'PART 04' 폴더에서 '예제02.sb3' 파일을 선택하고 [열기]를 클릭합니다.

클로버 스프라이트 코딩

03 파일이 열리면 클로버( ) 스프라이트를 선택한 후 클로버의 중심점을 이동합니다. 클로버의 중심점을 수정하기 위해 [모양] 탭에서 모양 중심점 위치에 클로버의 아래쪽이 닿도록 이동시킵니다.

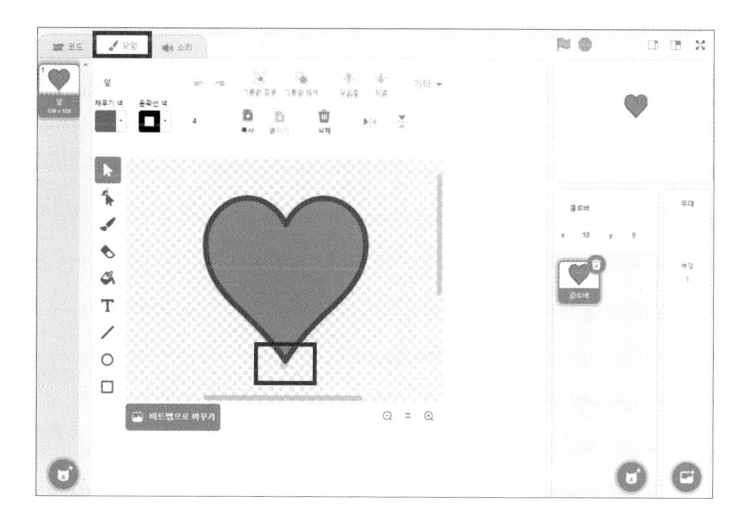

why

스프라이트가 회전을 할 때는 회전의 중심을 기준으로 회전하기 때문에 클로버( )의 중심점을 옮겨줘야 합니다.

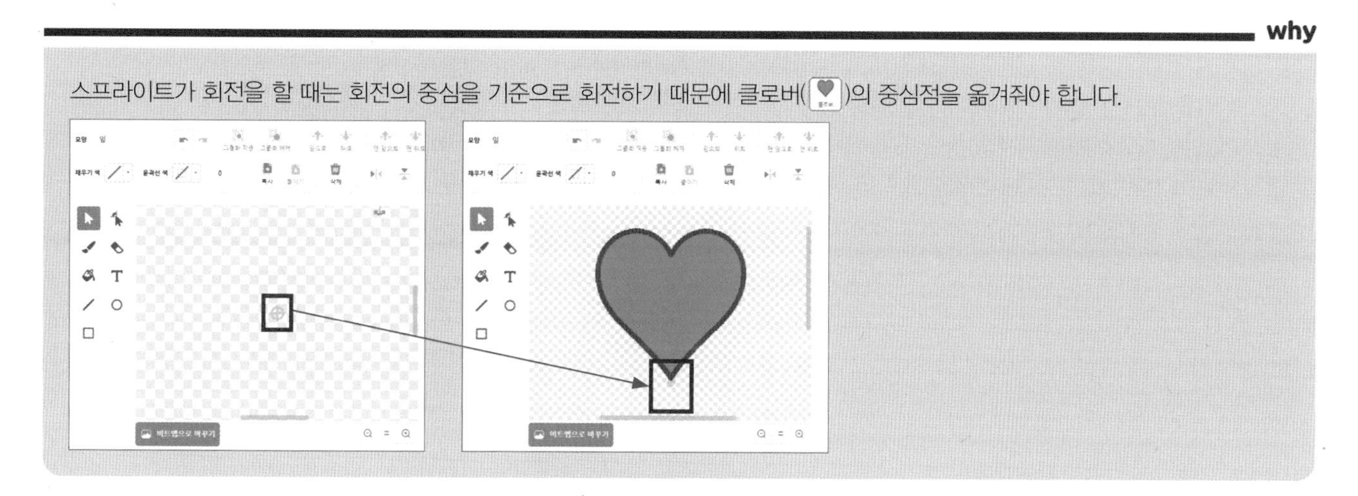

04 [이벤트(이벤트)] 카테고리의 [클릭했을 때] 블록을 드래그하여 스크립트 영역으로 가져옵니다. 그리고 [펜(펜)] 카테고리의 [도장찍기] 블록을 연결합니다.

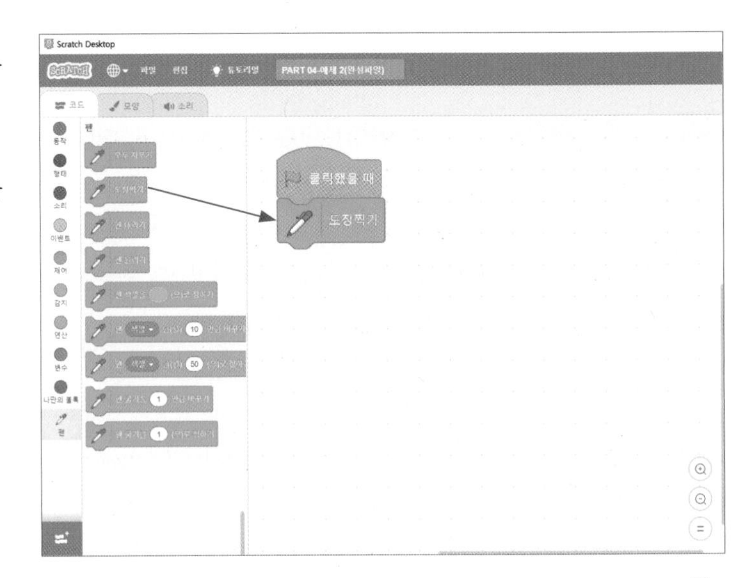

tip

[코드] 탭의 [확장 기능 추가하기( )]에서 펜 기능을 추가할 수 있습니다.

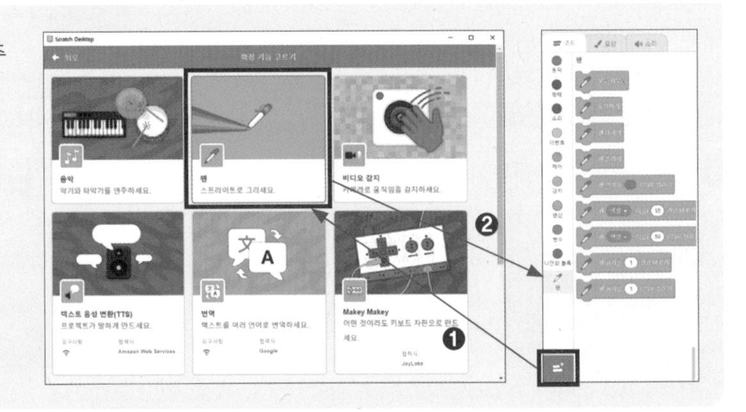

05 클로버의 잎을 회전하기 위하여 [동작(동작)] 카테고리의 [방향으로 15 도 회전하기] 블록을 연결하고, 각도는 '90'도로 입력하여 변경합니다.

why

각도를 90°로 회전한 이유는 클로버 잎이 4개인 네잎 클로버를 만들기 위해서입니다.
360° ÷ 4(클로버 잎의 수) = 90°
[방향으로 90 도 회전하기]

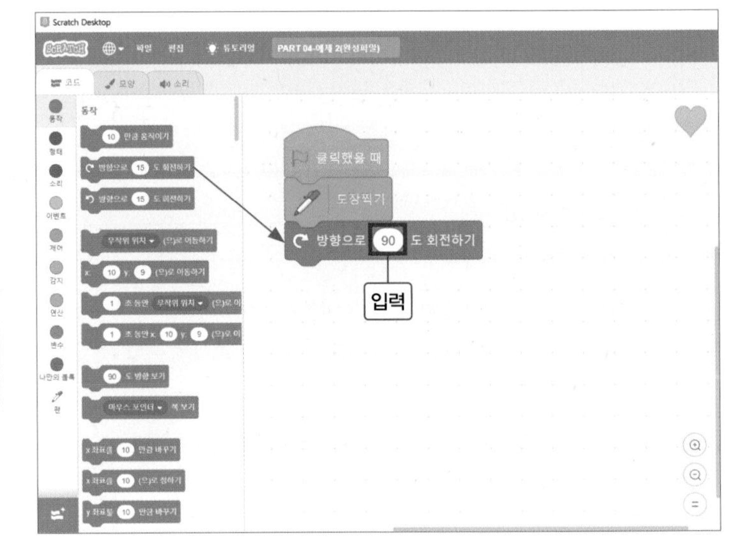

06 [제어( )] 카테고리의 

블록을 다음과 같이 연결하고, 반복 횟수를 '4'로 입력하여 변경합니다.

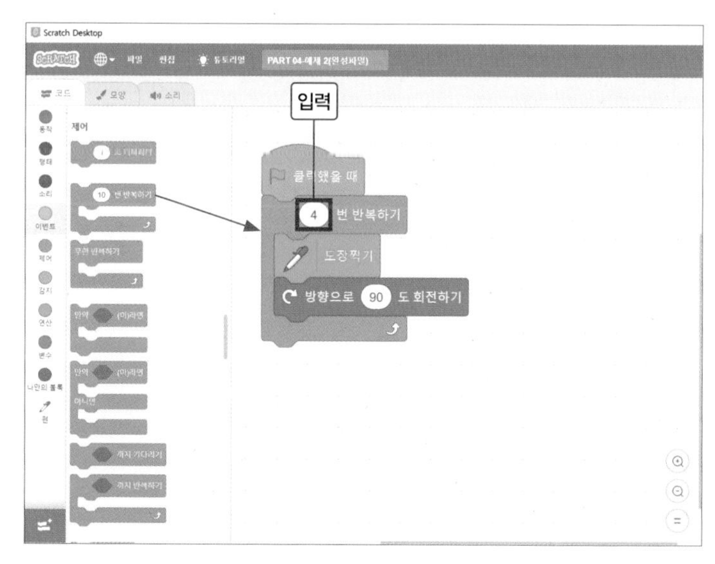

tip

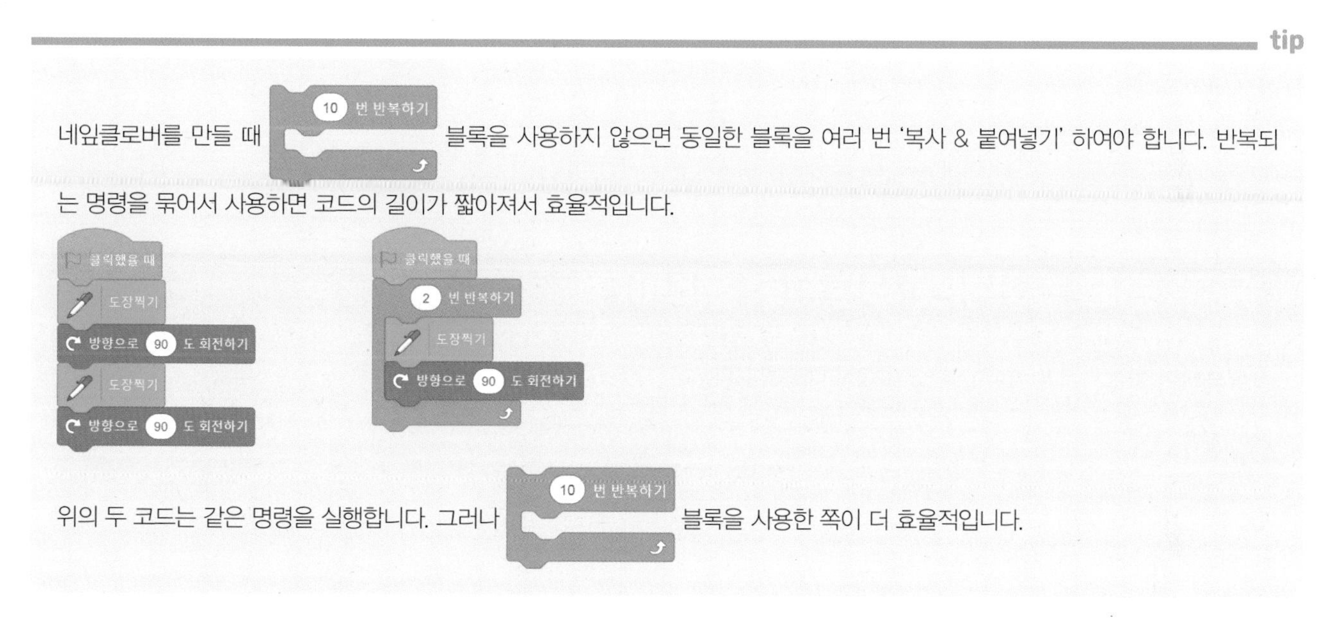

네잎클로버를 만들 때 [10 번 반복하기] 블록을 사용하지 않으면 동일한 블록을 여러 번 '복사 & 붙여넣기' 하여야 합니다. 반복되는 명령을 묶어서 사용하면 코드의 길이가 짧아져서 효율적입니다.

위의 두 코드는 같은 명령을 실행합니다. 그러나 [10 번 반복하기] 블록을 사용한 쪽이 더 효율적입니다.

07 [시작하기( )]를 클릭하여 클로버 잎이 복사되어 다음과 같이 네잎클로버를 만드는지 확인합니다.

Chapter

3 : 선택 구조 알아보기

개념 선택 구조 해결하기

우리의 생활은 선택의 연속입니다. 자장면과 짬뽕이 있다면 어떤 것을 먹을지 고민되지 않은가요?

이렇게 우리의 생활 속의 소소한 일에서부터 인생을 좌지우지하는 중요한 일까지 끊임없이 선택합니다. 이처럼 상황을 판단하여 그에 맞는 명령을 수행하는 것을 '선택 구조'라고 합니다.

미션 좌우 방향키로 푸드트럭 움직이기

예제 파일 PART04₩예제03.sb3

푸드트럭이 방향키에 따라 이동하는 미션을 해결합니다.

실행화면

해결하기 '~키를 눌렀는가?' 블록을 이용하여 오른쪽 혹은 왼쪽으로 이동하도록 조건을 주어 푸드트럭이 키보드의 좌우 방향키를 눌렀을 때 해당 방향으로 움직이도록 합니다.

코딩하기

01 스크래치가 실행되면 [파일]–[Load from your computer(컴퓨터에서 가져오기)]를 선택합니다.

02 [열기] 대화 상자가 나타나면 'PART 04' 폴더에서 '예제03.sb3' 파일을 선택하고 [열기]를 클릭합니다.

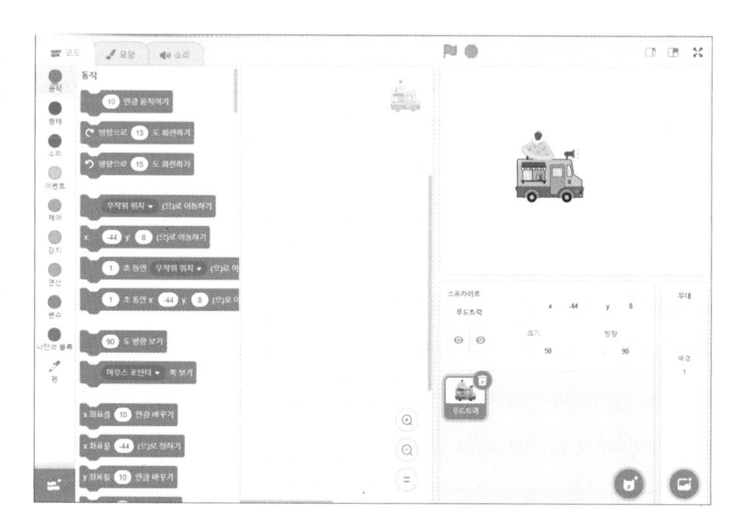

푸드트럭 스프라이트 코딩

03 파일이 열리면 푸드트럭( ) 스프라이트를 선택한 후 [이벤트( )] 카테고리의 [클릭했을 때] 블록을 드래그하여 스크립트 영역으로 가져옵니다. 그리고 [제어( )] 카테고리의 [만약 (이)라면] 블록을 연결합니다.

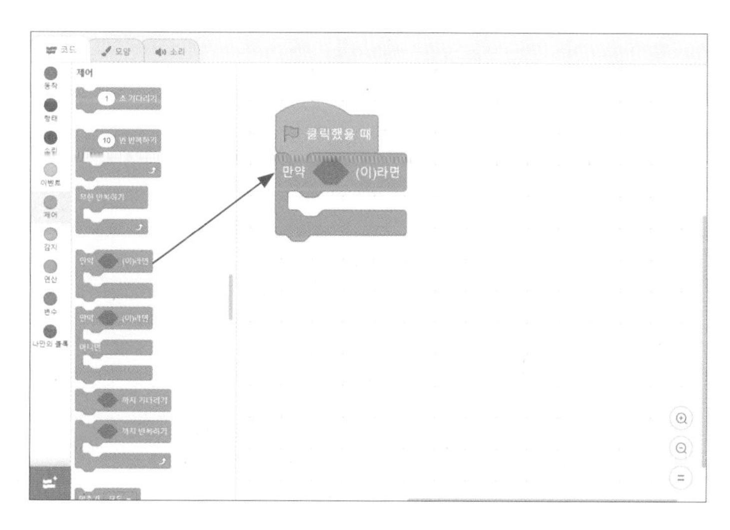

04 [제어( )] 카테고리의  블록에 [감지( )] 카테고리의 [스페이스 ▾ 키를 눌렀는가?] 블록을 끼워넣고, 오른쪽 화살표 키를 사용하기 위해 [오른쪽 화살표 ▾ 키를 눌렀는가?] 처럼 변경합니다.

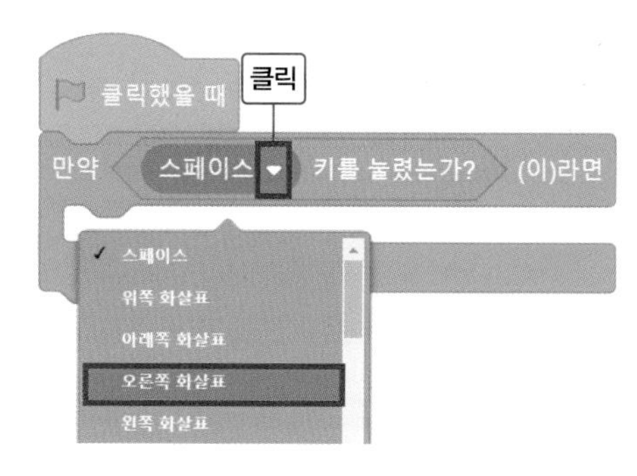

05 이어서 [동작(동작)] 카테고리의 x 좌표를 10 만큼 바꾸기 블록을 연결하고, x좌표의 값을 '5'로 입력하여 변경합니다.

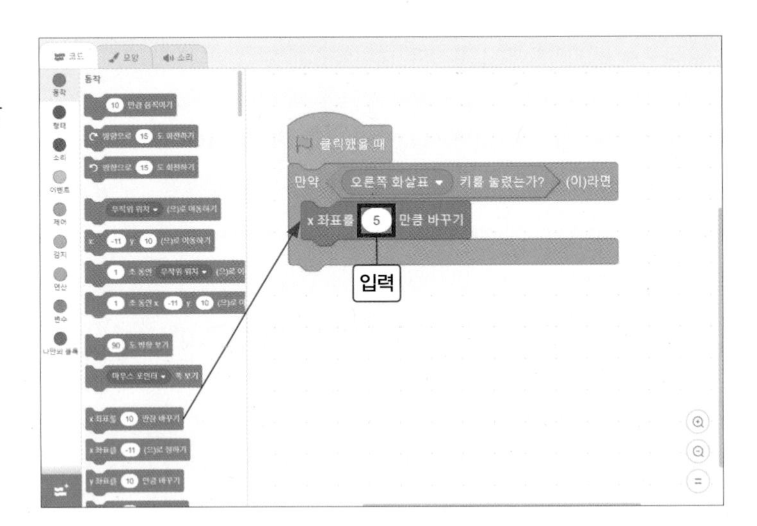

06 오른쪽 화살표 키를 누를 때마다 푸드트럭()을 오른쪽으로 이동시키기 위해서 [제어(제어)] 카테고리의 무한 반복하기 블록을 다음과 같이 연결합니다.

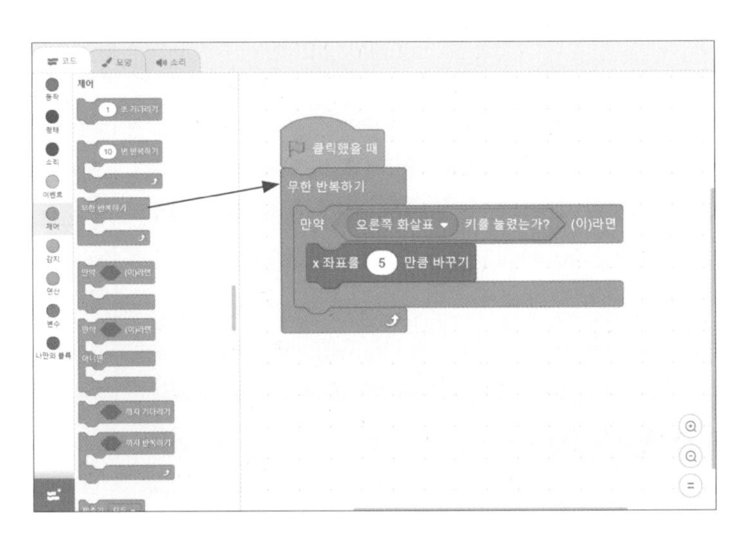

why

무한 반복하기 블록을 연결하지 않으면 오른쪽 화살표 키를 눌러도 푸드트럭()이 움직이지 않습니다. 이는 [시작하기()]를 클릭했을 때 단 한 번만 오른쪽 화살표 키가 눌러져 있는지를 스크래치가 판단하기 때문입니다.

클릭했을 때
만약 오른쪽 화살표 ▾ 키를 눌렀는가? (이)라면
x 좌표를 5 만큼 바꾸기

단 한 번만 오른쪽 화살표 키가 눌러져 있는지를 판단하여 푸드트럭이 움직이지 않음

클릭했을 때
무한 반복하기
만약 오른쪽 화살표 ▾ 키를 눌렀는가? (이)라면
x 좌표를 5 만큼 바꾸기

오른쪽 화살표 키가 눌러져 있으면, 계속하여 푸드트럭이 움직임

07 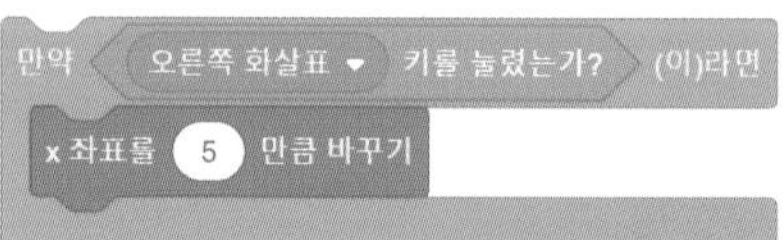 블록에 마우스 오른쪽 버튼을 클릭한 후 [복사하기]를 선택하여 다음과 같이 복사한 블록을 연결합니다.

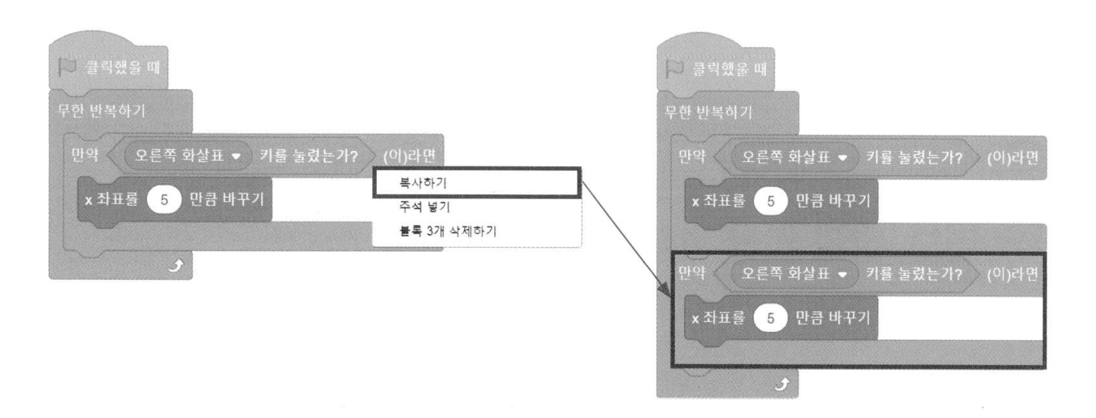

08 왼쪽 화살표 키를 눌렀을 때 푸드트럭( )이 왼쪽으로 움직이도록 복사한 명령 블록의 조건 키를 '왼쪽 화살표 (왼쪽 화살표 ▾ 키를 눌렀는가?)'로 변경하고, x좌표의 값은 '−5'로 입력하여 변경합니다.

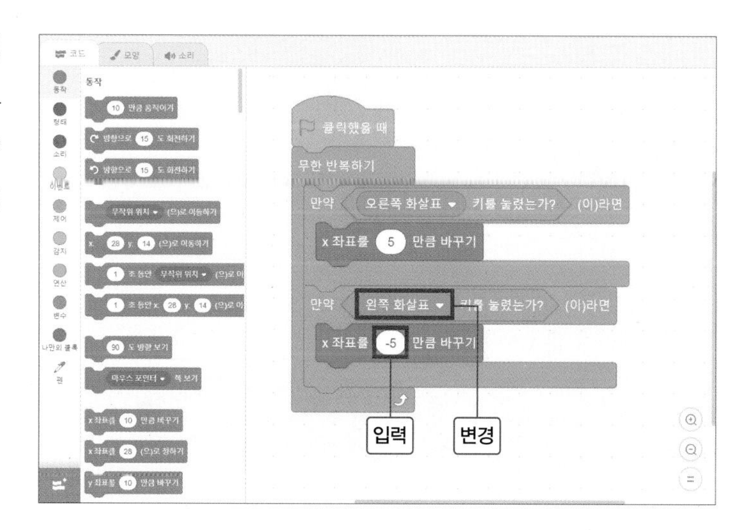

09 [시작하기( )]를 클릭하여 푸드트럭( )이 키보드의 오른쪽 화살표 키 혹은 왼쪽 화살표 키를 누르면 해당 방향으로 움직이는지를 확인합니다.

Chapter

4 : 산술, 비교, 논리 연산 알아보기

개념 산술 연산, 비교 연산, 논리 연산 해결하기

산술 연산

'산술 연산'은 컴퓨터의 명령으로 덧셈, 뺄셈, 곱셈, 나눗셈의 사칙연산을 계산하는 것입니다. 그 종류는 '+, −, ×, ÷' 등이 있습니다.

비교 연산

'비교 연산'은 두 개의 값을 비교하는 것입니다. 그 종류는 '〉, =, 〈, 〉=, 〈=' 등이 있습니다.

논리 연산

'논리 연산'은 참과 거짓 결과를 생성하는 것입니다. 그 종류는 '그리고(AND), 또는(OR), ~아니다(NOT)' 등이 있습니다.

미션 도넛이 마우스 포인터를 따라 움직이기

예제 파일 PART04₩예제04.sb3

타이머가 시작되고, 도넛이 마우스 포인터를 따라 이동하다가 10초가 지나면 도넛의 모양이 바뀌는 미션을 해결합니다.

실행화면

타이머 1.816

해결하기 비교 연산 기능을 이용하여, 타이머 시작되고 10초 후에 도넛의 모양이 변하도록 합니다.

코딩하기

01 스크래치가 실행되면 [파일]-[Load from your computer(컴퓨터에서 가져오기)]를 선택합니다.

02 [열기] 대화 상자가 나타나면 'PART 04' 폴더에서 '예제04.sb3' 파일을 선택하고 [열기]를 클릭합니다.

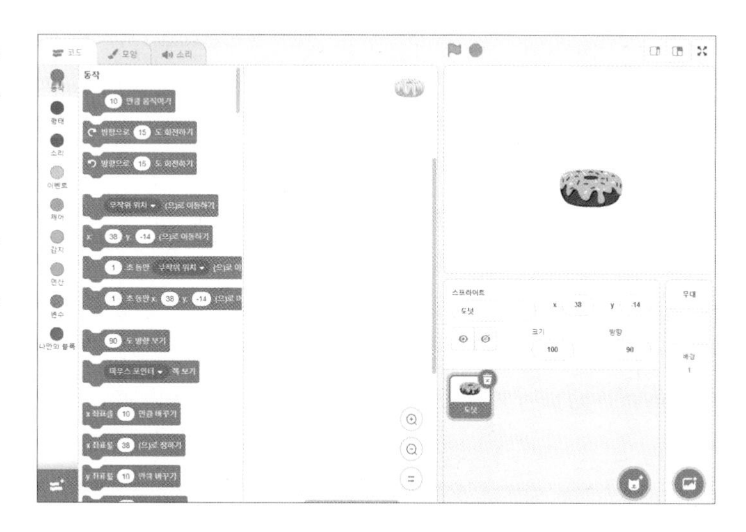

도넛 스프라이트 코딩

03 파일이 열리면 도넛( ) 스프라이트를 선택한 후 [이벤트( )] 카테고리의 클릭했을 때 블록을 드래그하여 스크립트 영역으로 가져옵니다. 그리고 [감지( )] 카테고리의 타이머 초기화 블록을 연결합니다.

why

[시작하기( )]을 클릭하면 타이머가 바로 시작하도록 합니다.

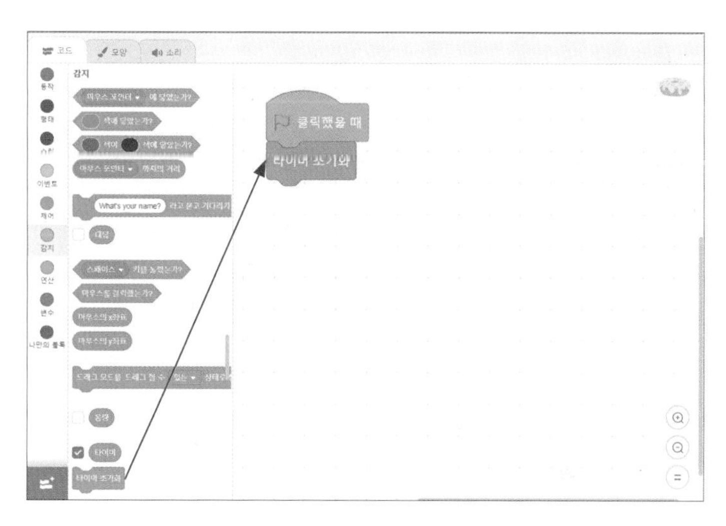

04 [형태( )] 카테고리의 모양을 도넛 ▾ (으)로 바꾸기 블록을 연결하여 도넛( )의 시작 모양을 지정합니다.

why

도넛의 시작 모양를 지정하지 않으면, 프로젝트를 한 번 실행한 후 다시 시작할 때는 도넛이 프로젝트 종료 시점의 '도넛_흑백' 모양에서 시작됩니다. 따라서, 꼭 도넛의 시작 모양을 지정해줘야 합니다.

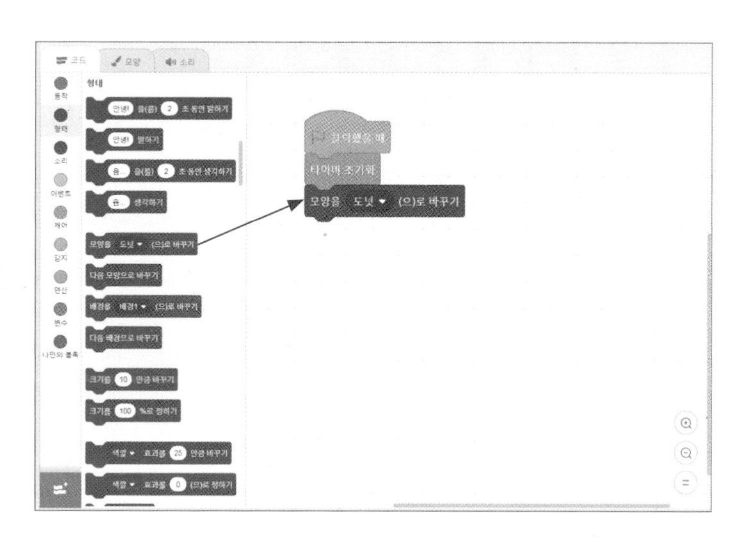

05 타이머 값이 10초보다 크다는 조건을 검사하도록 [제어(제어)] 카테고리의 만약 (이)라면 블록에 [연산(연산)] 카테고리의 (> 50) 블록과 [감지(감지)] 카테고리의 타이머 블록을 결합하여 연결하고 오른쪽 칸에 '10'으로 입력하여 변경합니다. 그리고 이를 [제어(제어)] 카테고리의 무한 반복하기 블록에 연결합니다.

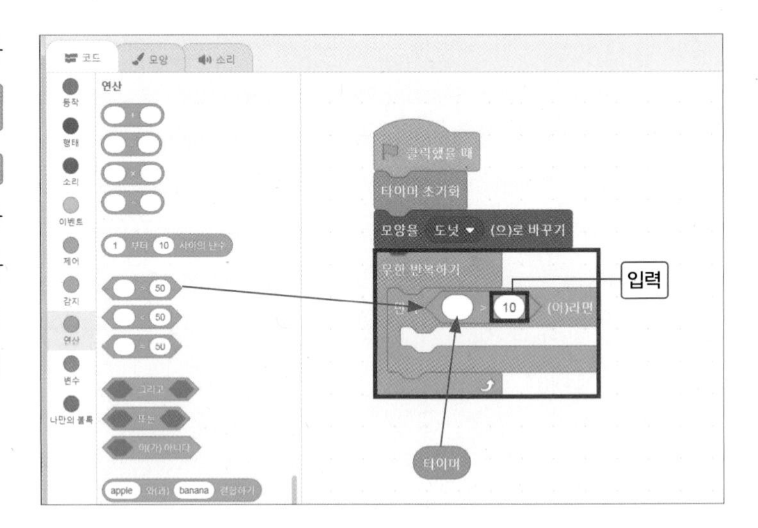

why

'타이머 값이 10초보다 크면'이라는 조건은 비교 연산을 사용하여 판단합니다. 그리고 타이머 값은 [감지(감지)] 카테고리의 타이머 블록을 통해서 그 값을 확인할 수 있으므로 타이머 블록을 드래그하여 비교 연산 블록에 끼워넣었습니다.

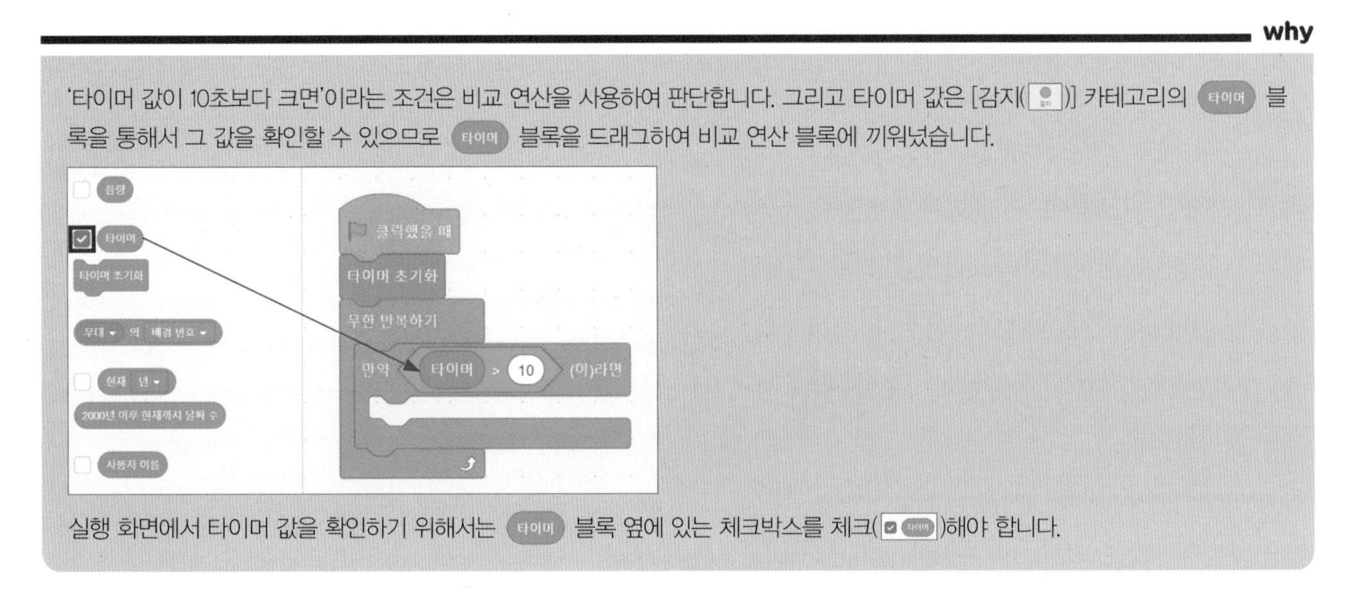

실행 화면에서 타이머 값을 확인하기 위해서는 타이머 블록 옆에 있는 체크박스를 체크(타이머)해야 합니다.

06 타이머 값이 10보다 크면 도넛(도넛)의 모양을 '도넛_흑백'으로 변경하도록 [형태(형태)] 카테고리의 모양을 도넛 ▾ (으)로 바꾸기 블록을 연결하고, 모양을 도넛_흑백 ▾ (으)로 바꾸기 처럼 변경합니다.

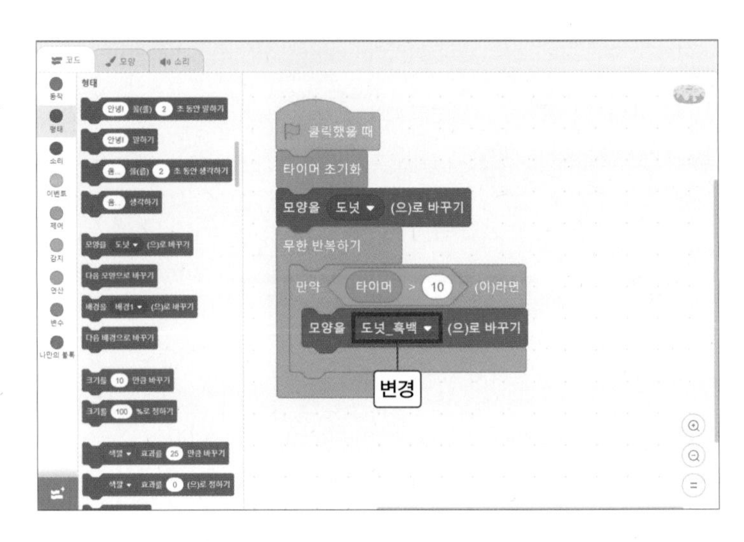

07 [이벤트(이벤트)] 카테고리의 클릭했을 때 블록을 하나 더 드래그하여 스크립트 영역으로 자져옵니다. 그리고 [제어(제어)] 카테고리의

블록을 연결합니다.

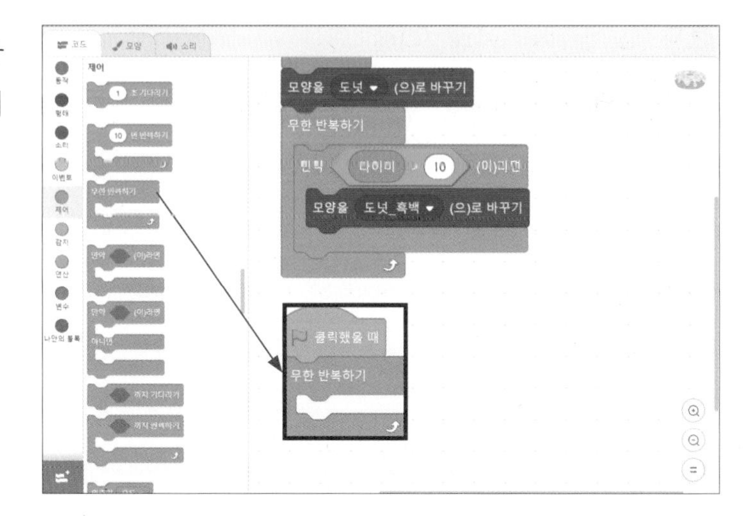

08 [제어(제어)] 카테고리의

블록에 [연산(연산)] 카테고리의 이(가) 아니다 블록과 [감지(감지)] 카테고리의 마우스 포인터 ▾ 에 닿았는가? 블록을 조합하여 다음과 같이 연결합니다.

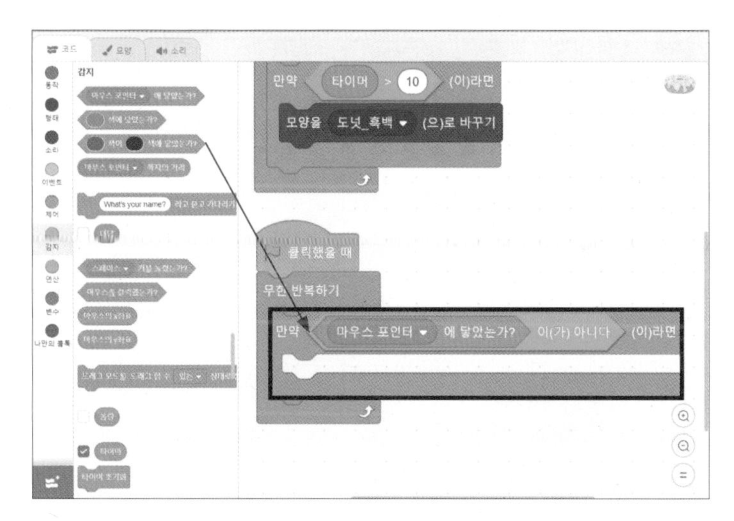

why

마우스를 멈춘 경우 도넛이 마우스 포인터의 위치에서 정신없이 움직이기 때문에 도넛이 마우스 포인터에 닿지 않은 경우에만 해당 블록을 실행하도록 논리 연산자를 이용하여 조건을 준 것입니다.

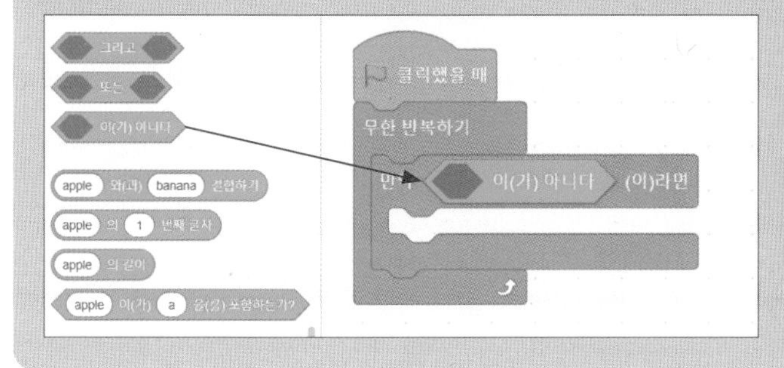

09 [동작(동작)] 카테고리의 마우스 포인터 ▾ 쪽 보기 블록과 10 만큼 움직이기 블록을 연결하고 '10'을 '5'로 입력하여 변경합니다.

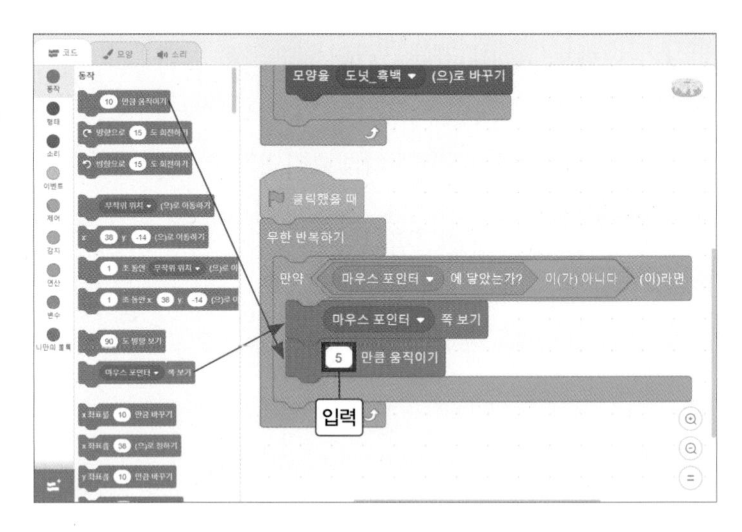

10 [시작하기( )] 클릭하여 도넛이 마우스 포인터를 따라 움직이고, 10초가 지나면 도넛의 모양이 흑백으로 바뀌는지를 확인합니다.

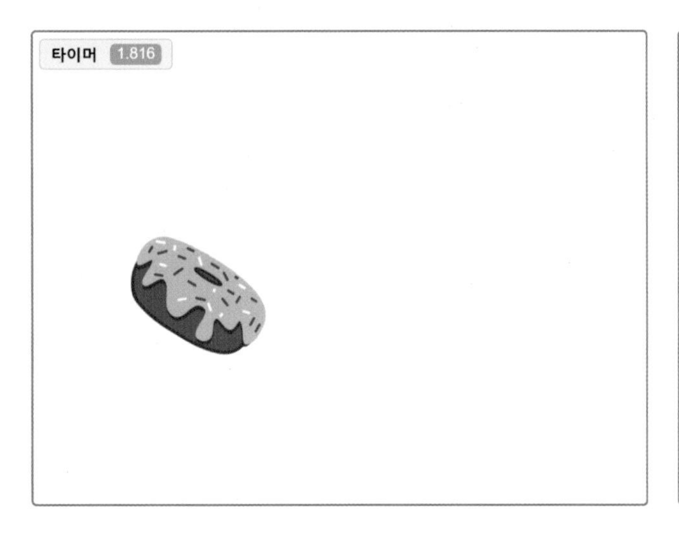

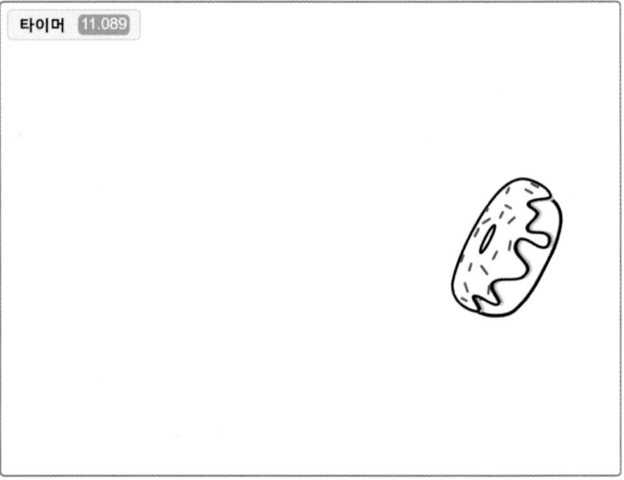

Chapter

5 이벤트와 신호 알아보기

개념 이벤트와 신호 기능 적용하기

이벤트

어떤 신호가 발생했을 때 명령을 실행하는 것이 '이벤트'입니다. 스크래치에서는 키보드의 특정 키를 누르거나 스프라이트를 클릭했을 때 또는 마우스를 클릭했을 때 등의 이벤트에 연결된 코드를 실행하기 위해 사용합니다.

신호

달리기의 출발을 알릴 때 심판이 깃발을 들어 올리면 달리기 선수들은 그 깃발의 신호를 보고 달리기를 시작합니다. 이처럼 스프라이트 사이에서는 상호작용을 위한 이벤트를 '신호'라고 합니다.

미션 먹구름을 클릭하면 번개가 치도록 하기

예제 파일 PART04₩예제05.sb3

먹구름을 클릭하면 번개가 치도록 하는 미션을 해결합니다.

실행화면

해결하기 먹구름을 클릭하면 번개 신호를 보내고, 번개가 번개 신호를 받으면 랜덤 위치에서 아래로 움직이도록 코딩합니다.

코딩하기

01 스크래치가 실행되면 [파일]–[Load from your computer(컴퓨터에서 가져오기)]를 선택합니다.

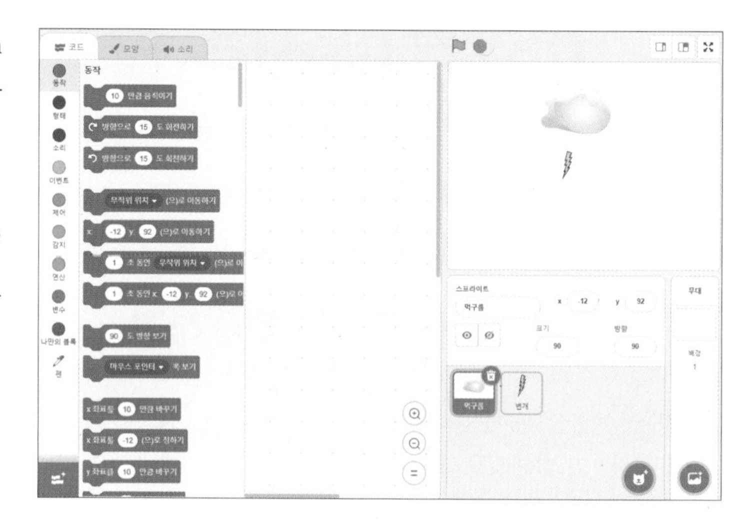

02 [열기] 대화 상자가 나타나면 'PART 04' 폴더에서 '예제05.sb3' 파일을 선택하고 [열기]를 클릭합니다.

먹구름 스프라이트 코딩

03 파일이 열리면 먹구름( ) 스프라이트를 선택한 후 [이벤트( )] 카테고리의 [이 스프라이트를 클릭했을 때] 블록을 드래그하여 스크립트 영역으로 가져옵니다.

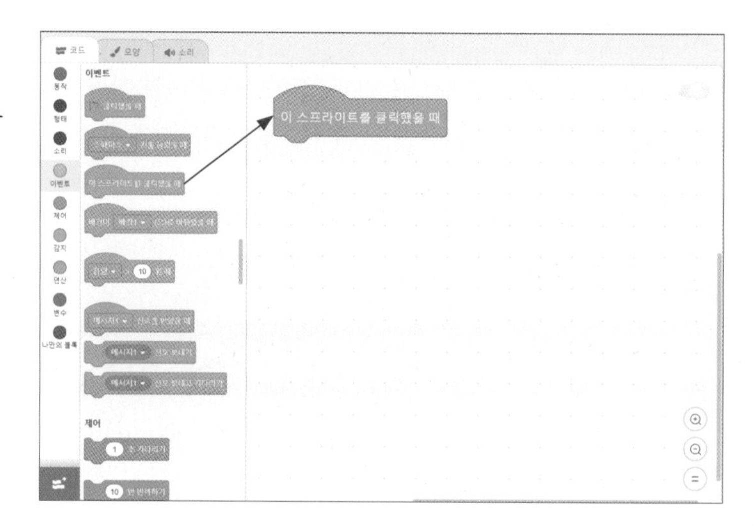

04 먹구름( )을 클릭했을 때 번개( )가 동작하도록 '번개'라는 신호를 만듭니다. [이벤트( )] 카테고리의 [메시지1 ▾ 신호 보내기] 블록에서 '새로운 메시지'를 선택한 다음 신호 이름을 '번개'로 입력하고 [확인]을 클릭합니다.

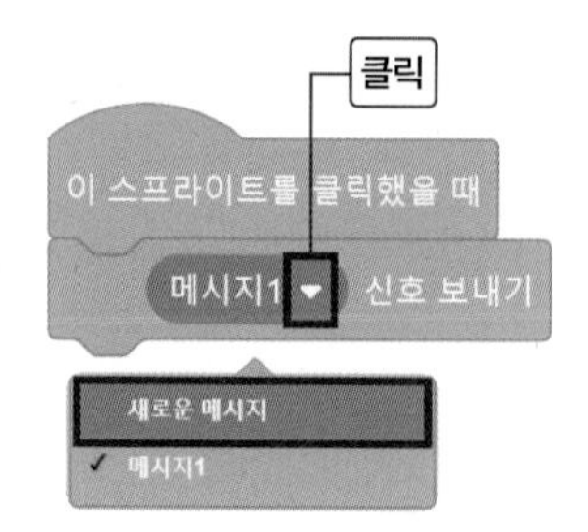

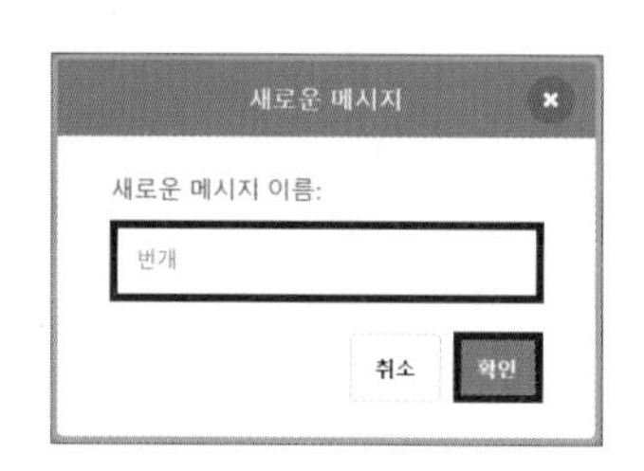

05 이제 [번개 ▾ 신호 보내기] 블록을 가져와 연결합니다.

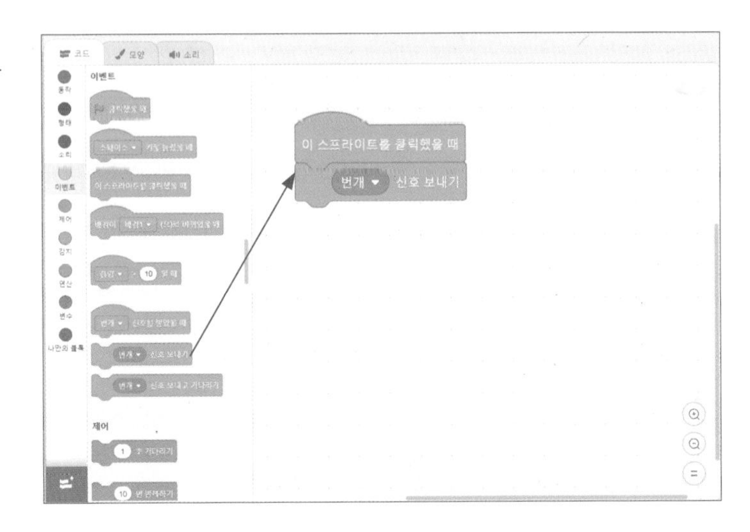

번개 스프라이트 코딩

06 번개( ) 스프라이트를 선택하고, 먹구름( )이 보낸 '번개' 신호를 받아 그 신호에 대응하는 명령을 수행하도록 [이벤트( )] 카테고리의 [번개 ▾ 신호를 받았을 때] 블록을 드래그하여 스크립트 영역으로 가져옵니다.

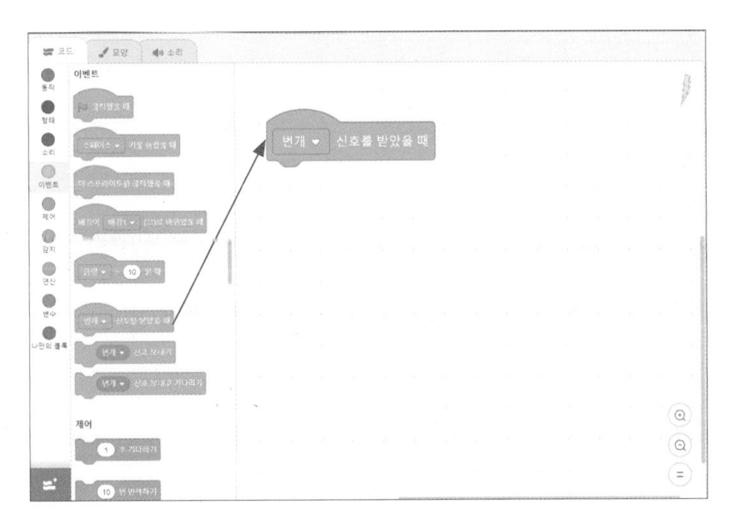

07 [동작( )] 카테고리의 [x: -30 y: 0 (으)로 이동하기] 블록을 연결합니다. 번개( )가 먹구름( )의 위치에서 랜덤으로 나타나도록 x좌표에 [연산( )] 카테고리의 [1 부터 10 사이의 난수] 블록을 끼워넣고 [-60 부터 40 사이의 난수]처럼 숫자를 입력하여 변경합니다. y좌표는 '90'으로 입력하여 변경합니다.

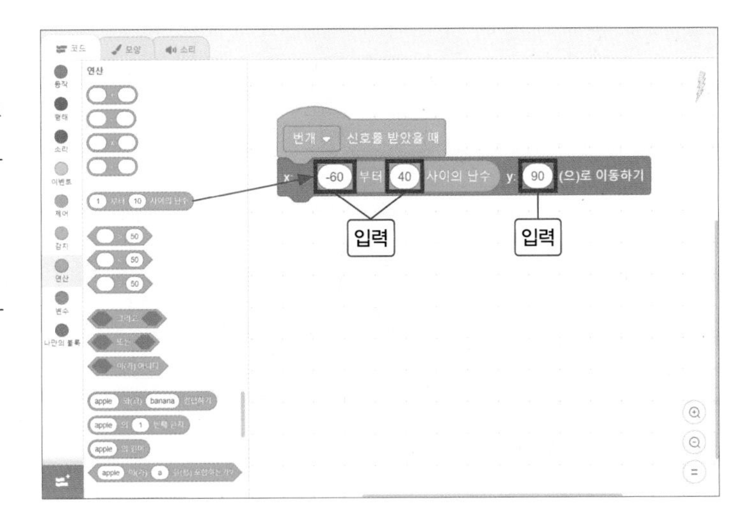

번개가 먹구름의 위치에서만 나타나도록 먹구름이 위치하고 있는 대략적인 x좌표와 y좌표의 값을 확인합니다.

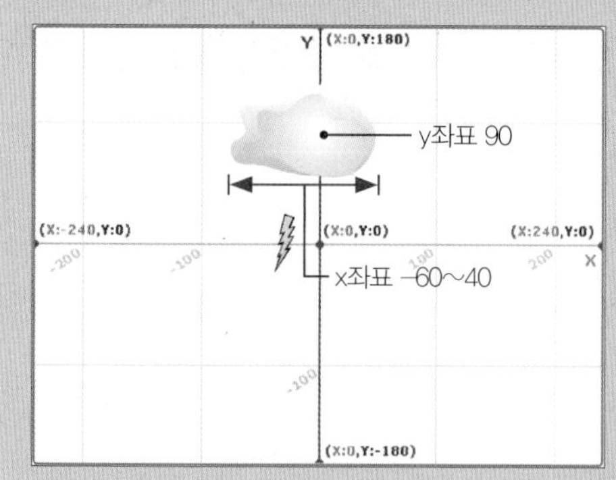

x좌표와 y좌표를 확인해보면 x좌표는 –60~40의 범위의 위치이고 y좌표는 90 정도의 위치임을 확인할 수 있습니다.

08 번개( )가 먹구름( )에서 나타나서 아래로 떨어지도록 [제어( )] 카테고리의  블록을 연결하고 거기에 [감지( )] 카테고리의 마우스 포인터 ▾ 에 닿았는가? 블록을 끼워넣은 후 '마우스 포인터'를 '벽(벽 ▾ 에 닿았는가?)'으로 변경합니다.

09 [동작( )] 카테고리의 y 좌표를 10 만큼 바꾸기 블록을 연결하고 '10'을 '–2'로 입력하여 변경합니다.

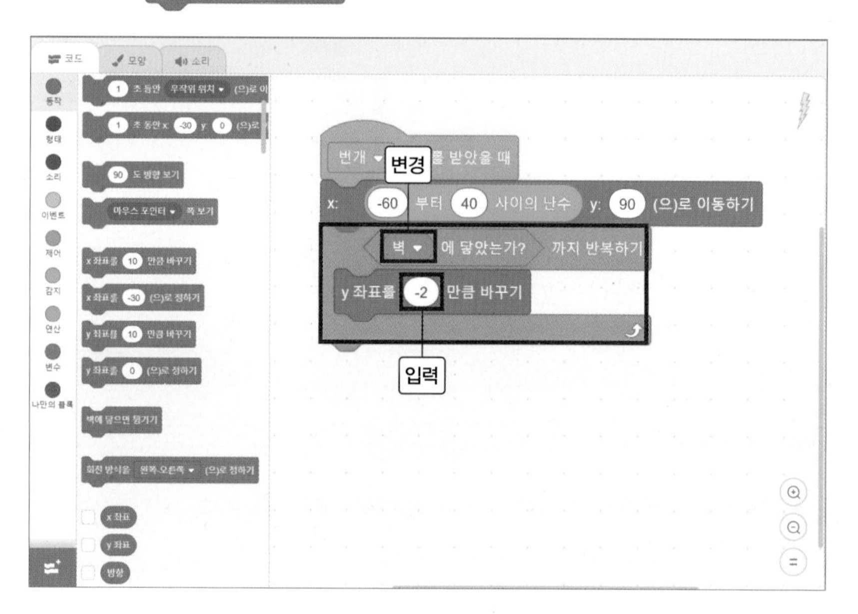

why

y좌표는 화면의 세로축을 나타내므로 위나 아래로 움직이도록 할 때는 y좌표를 변경합니다. 이때 위에서 아래로 내려가기 위해서는 y좌표 값이 점점 작아져야 하므로 숫자에 -(마이너스)를 붙여서 사용합니다.

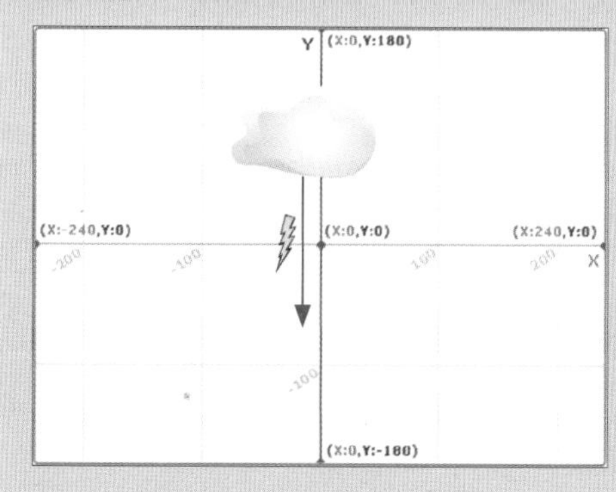

10 [시작하기( )]를 클릭하고 나서 먹구름( )을 클릭하면 번개( )가 무작위의 위치에서 나타나서 아래로 떨어지는지를 확인합니다.

Chapter

6 : 변수 알아보기

개념 변수 활용하기

컴퓨터 게임에는 게임 규칙에 따라 점수가 부여되는 게임이 있습니다. 내가 획득한 점수는 어떻게 기억될까요?

게임에서 점수를 매기기 위해서는 점수 값을 저장하는 변수를 만들어서 활용할 수 있습니다. 이처럼 프로그램에서 필요한 정보를 저장하는 기억 공간을 '변수'라고 합니다.

미션 날아가는 풍선을 클릭하여 풍선 수 세기

예제 파일 PART04₩예제06.sb3

풍선을 클릭하면, 클릭한 풍선 수가 표시되는 미션을 해결합니다.

실행화면

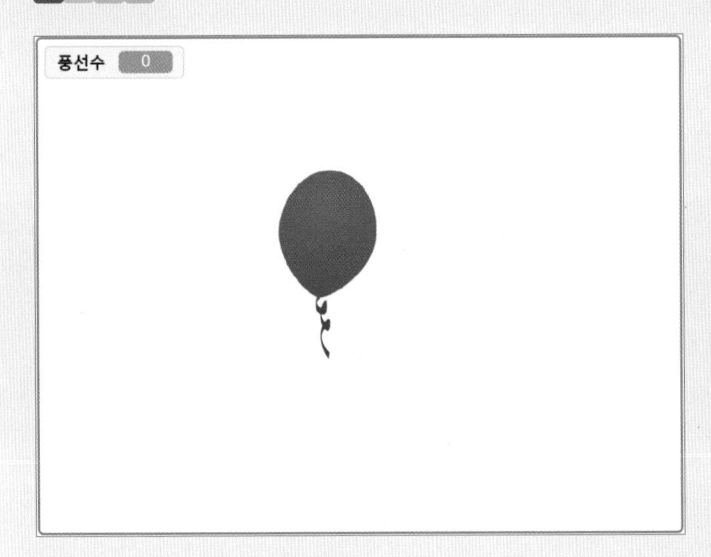

해결하기 '풍선수' 변수를 만들어, 날아가는 풍선을 클릭하면 '풍선수' 변수가 1씩 증가하도록 합니다.

코딩하기

01 스크래치가 실행되면 [파일]–[Load from your computer(컴퓨터에서 가져오기)]를 선택합니다.

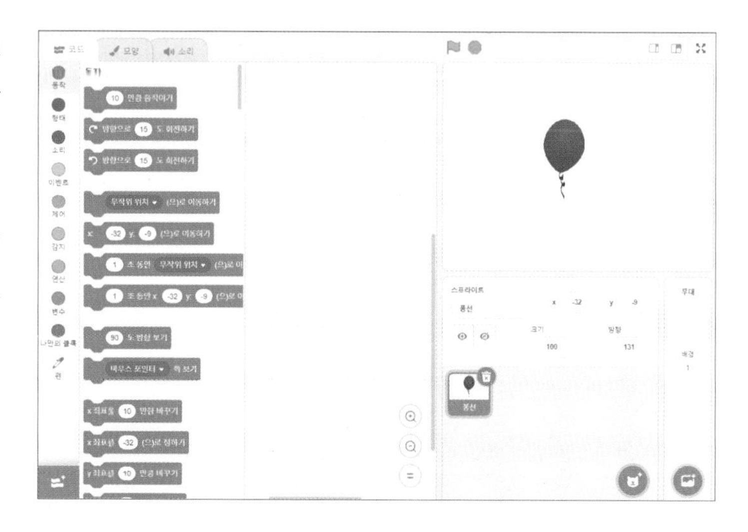

02 [열기] 대화 상자가 나타나면 'PART 04' 폴더에서 '예제06.sb3' 파일을 선택하고 [열기]를 클릭합니다.

풍선 스프라이트 코딩

03 파일이 열리면 풍선( ) 스프라이트를 선택한 후 [이벤트( )] 카테고리의 클릭했을 때 블록을 드래그하여 스크립트 영역으로 가져옵니다. 그리고 [제어( )] 카테고리의 무한 반복하기 블록을 연결합니다.

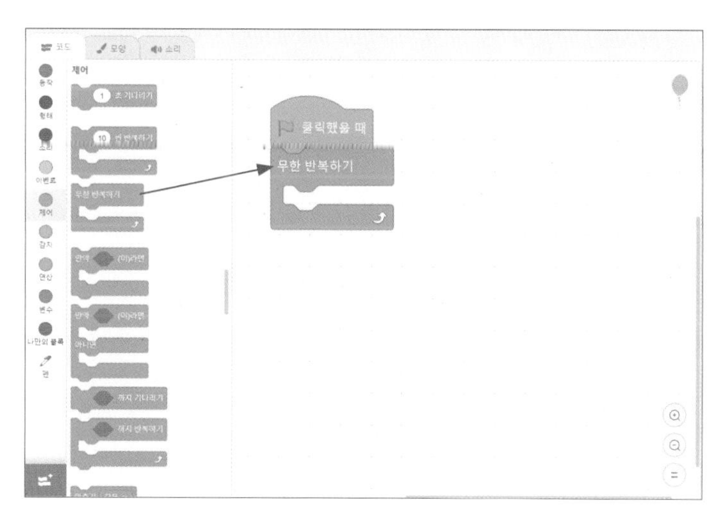

04 풍선이 자유롭게 날아다니도록 [동작( )] 카테고리의 10 만큼 움직이기 블록을 연결하고 '10'을 '5'로 입력하여 변경합니다.

벽에 닿으면 튕기기 블록도 다음과 같이 연결합니다.

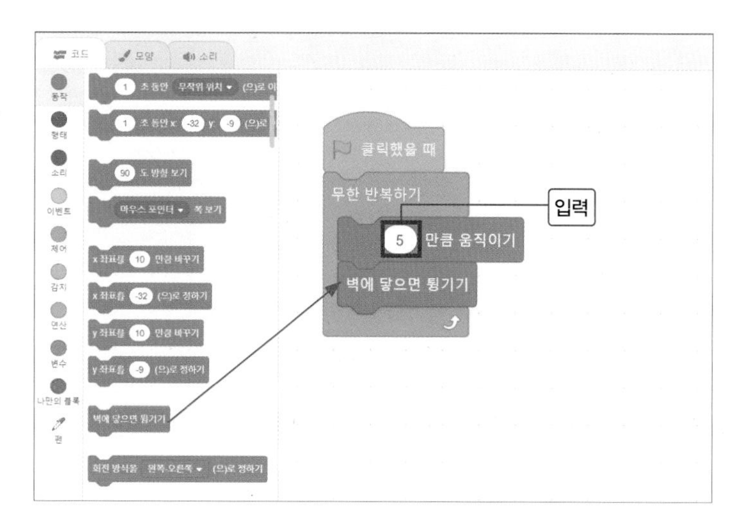

05 풍선(풍선)을 클릭하였을 때 풍선 수를 셀 수 있도록 [변수(변수)] 카테고리의 [변수 만들기]를 클릭하고 변수 이름을 '풍선수'로 입력한 후 [확인]을 클릭합니다.

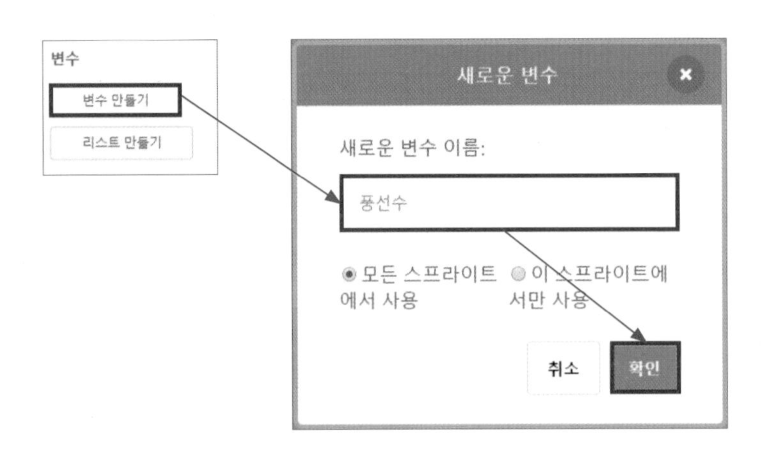

06 풍선(풍선)을 클릭하면 '풍선수' 변수가 1씩 증가하도록 [이벤트(이벤트)] 카테고리의 [이 스프라이트를 클릭했을 때] 블록을 드래그하여 스크립트 영역으로 가져오고 [변수(변수)] 카테고리의 [풍선수 ▾ 을(를) 1 만큼 바꾸기] 블록을 연결합니다.

07 시작 시 '풍선수' 변수를 0으로 초기화하기 위하여 다음과 같이 **04**에서 가져온 [클릭했을 때] 블록 아래에 [변수(변수)] 카테고리의 [풍선수 ▾ 을(를) 0 로 정하기] 블록을 연결합니다.

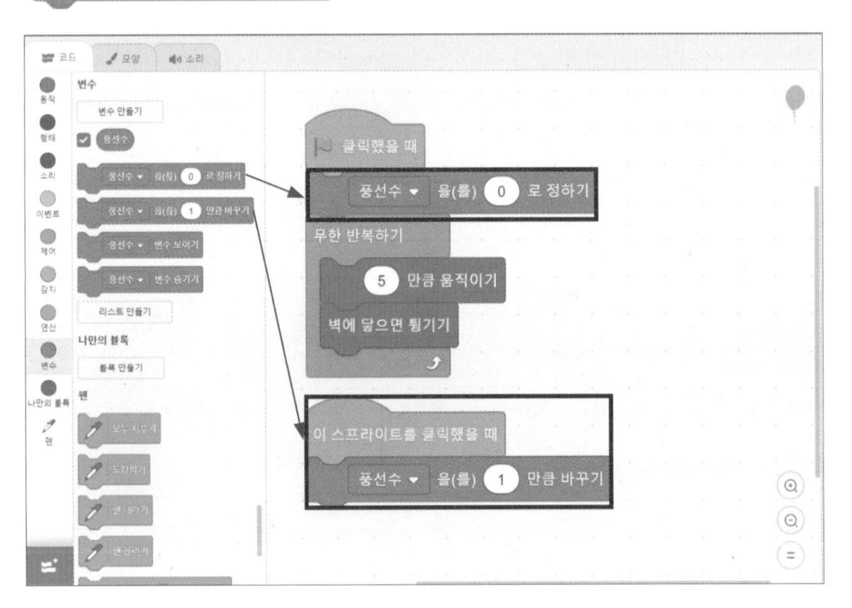

08 풍선()이 클릭될 때마다 풍선의 색깔을 바꾸기 위하여 [형태()] 카테고리의 [색깔 ▾ 효과를 25 만큼 바꾸기] 블록을 연결합니다.

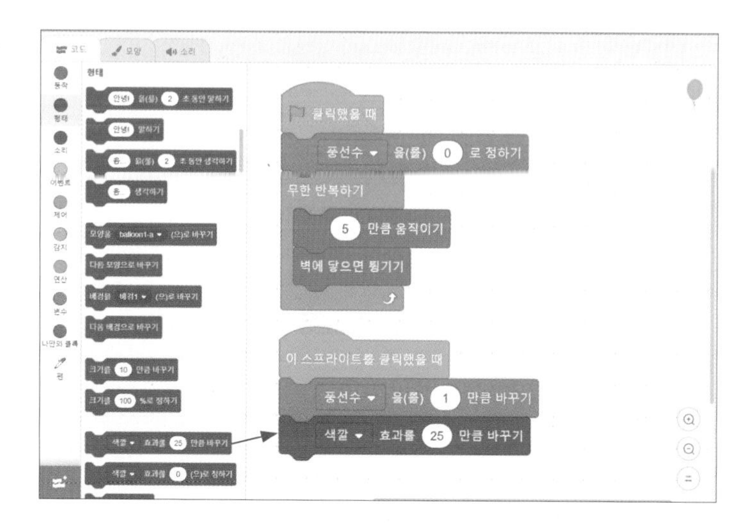

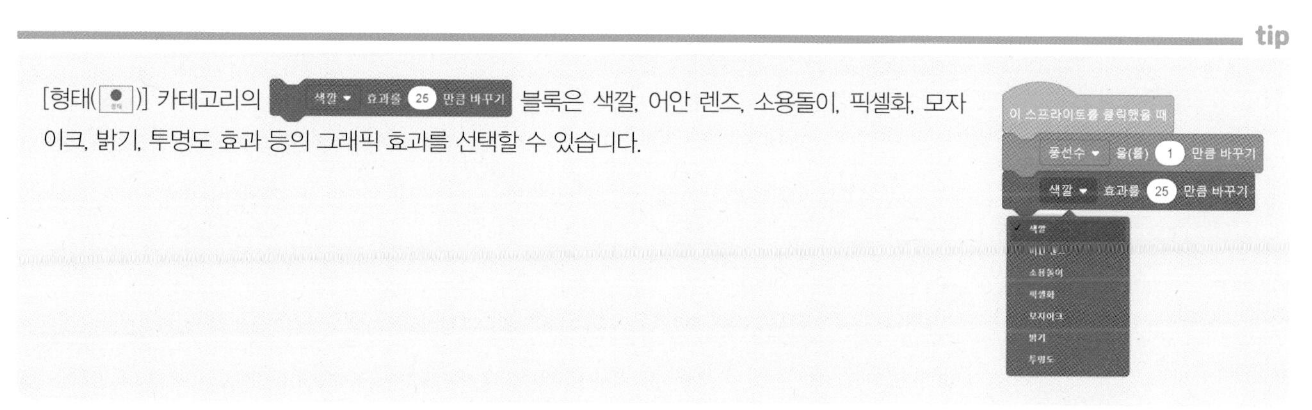
tip

[형태()] 카테고리의 [색깔 ▾ 효과를 25 만큼 바꾸기] 블록은 색깔, 어안 렌즈, 소용돌이, 픽셀화, 모자이크, 밝기, 투명도 효과 등의 그래픽 효과를 선택할 수 있습니다.

09 [시작하기()]를 클릭한 다음 풍선()을 클릭하면 '풍선수' 변수가 1씩 증가하고, 풍선의 색깔이 변하는지 확인합니다.

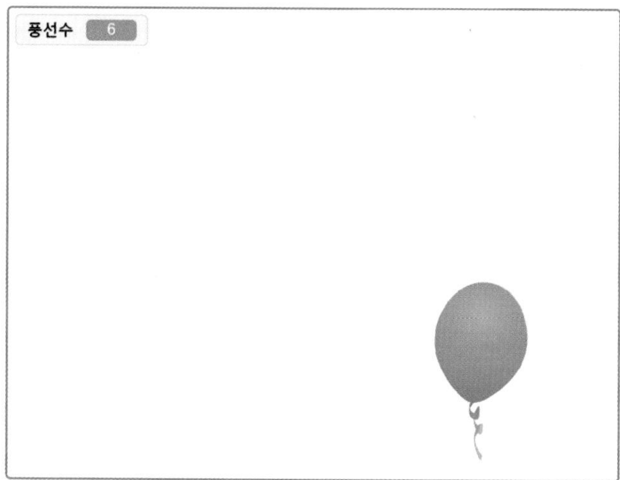

최신 기출 유형 따라하기 1회

최신 기출 유형 따라하기 2회

PART 5

최신 기출 유형 따라하기

최신 기출 유형 따라하기 1회

SW코딩자격(3급)

- Software Coding Qualification Test -

SW	시험 시간	급수	응시일	수험 번호	성명
스크래치 3.0 이상	45분	3	년 월 일		

시험자 유의 사항

- 수험자는 감독관의 안내에 따라 문제지와 시험용 SW 등의 이상 여부를 확인해야 합니다.
- 문제지는 시험이 끝난 후 답안지와 함께 제출해야 하며, 미제출 시 실격 처리 됩니다.
- 제한된 시간 내에 시험을 완료하여야 합니다.
- 시험 시작 후에는 화장실 출입이 불가하며, 시험 시간 중에는 퇴실할 수 없습니다.
- 시험 시간 중 고사실 내에서 휴대 전화기, 디지털카메라, MP3 등 전자 기기를 소지한 경우, 해당자의 시험을 무효로 처리하오니 절대 휴대하지 않도록 합니다.
- 부정 응시 및 문제 유출에 해당하는 행위 즉, 답안을 타인에게 전달 및 외부로 반출하는 경우, 자격기본법 제 32조에 의거 부정행위로 간주되어 해당자의 시험을 무효처리하며 민/형사상의 책임을 물을 수 있습니다.

답안 작성 요령

- 답안 작성 절차
  – 바탕화면(Desktop) / SW3–시험 / 수험번호–성명 / 파일에 답안을 작성 또는 작업 후 저장
- 시험을 완료한 수험자는 감독관의 안내에 따라 ①시험지를 제출하고 ②답안 파일을 저장한 후 퇴실합니다.

한 국 생 산 성 본 부

문제 01 준희는 엄마에게 깜짝 놀랄 이벤트를 해주고 싶어서, 책꽂이의 어느 책 뒤에 선물을 숨겨놓고 엄마에게 찾을 수 있는 힌트를 주었다. 아래 〈보기〉를 참고하여 문제의 빈칸을 완성하시오. (10점)

보기

〈책꽂이의 책들〉

책꽂이에 두께가 똑같은 책들이 10권씩 꽂혀있다.

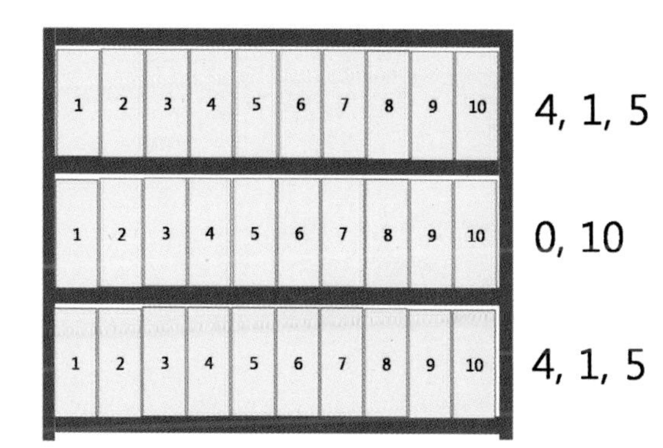

〈준희의 힌트〉

준희는 엄마에게 까만색 스티커를 드리면서, 아래의 규칙에 맞게 스티커를 붙여보라고 했다.

"엄마, 맨 윗줄을 3, 7이라고 말씀드리면 3권은 스티커를 안 붙이고, 7권은 스티커를 붙여야 해요."

"만일, 줄을 바꿔 두 번째 줄을 0, 3, 7 이라고 부르면 0이 앞에 나오면 스티커를 붙이는 것부터 시작하라는 뜻이에요. 즉, 3권은 스티커를 붙이고, 7칸은 스티커를 붙이지 않는다는 뜻이에요.

문제

※답안 작성 요령 : 〈보기〉를 참고하여 ①과 ②에 들어갈 숫자를 적어 넣으시오.

준희가 엄마에게 숫자들을 불러주었다. 맨 윗줄은 4, 1, 5이고, 두 번째 줄은 0, 10, 세 번째 줄은 4, 1, 5라고 했다. 또한, 준희는 두 선의 교차점에 선물을 숨겨놓았다고 엄마에게 말해 주었다. 준희가 부른 대로 스티커를 붙이자 가로 선과 세로 선이 보였다. 엄마는 위에서 (①) 째 줄, 왼쪽에서 (②) 번 책 뒤에서 준희가 숨겨둔 선물을 발견하실 것이다.

정답	① (　　　)	② (　　　)

문제 02 민형은 좋아하는 아이스크림 가게에서 쿠폰 도장을 모으고 있다. 사먹은 아이스크림 종류에 따라 다른 모양으로 도장을 찍어주는데, 포인트 계산법이 좀 특별하다고 한다. 아래 〈보기〉를 참고하여 〈문제〉의 빈칸을 완성하시오. (10점)

보기

〈이진수 카드의 십진수 계산법〉

1이라고 적힌 곳에 있는 점의 개수들을 모두 합하면 십진수의 값을 알 수 있다.
예를 들어, 이진수 카드 '1010'의 십진수 값은 '10'이 된다.

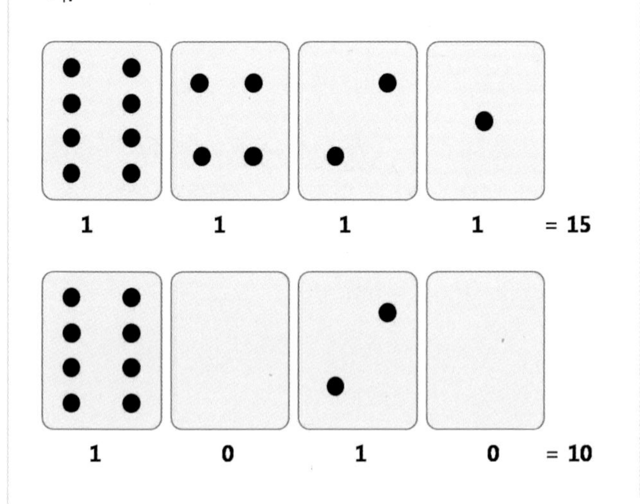

아이스크림 모양 중 별모양이 있는 것은 1이라고 하고, 없는 것은 0이라고 한다. 즉, 맨 위 왼쪽 첫 번째 쿠폰 도장은 '1010'이므로 〈이진수 카드의 십진수 계산법〉으로 '10 포인트' 도장을 받은 것이다.

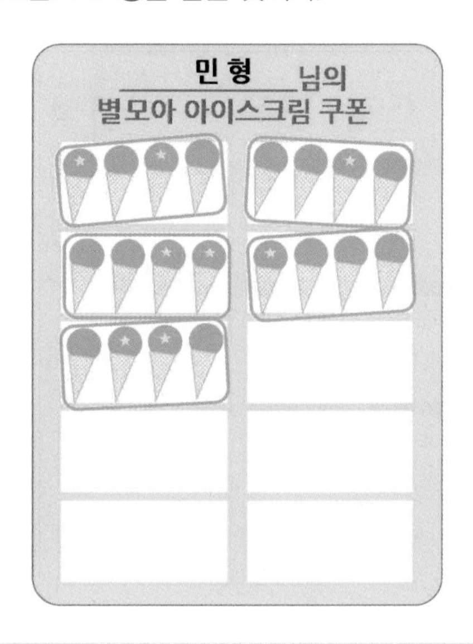

문제

※답안 작성 요령 : 〈보기〉를 참고하여 작성하되, ②번의 답은 '가능하다' 또는 '불가능하다'로 적으시오.

아이스크림 종류에 따라 점수가 높은 것도 있고 낮은 것도 있다. 쿠폰에 찍힌 포인트들을 모아 합했을 때 십진수 값의 합이 25점 이상이면 캐릭터인형을 증정한다고 한다.
민형은 쿠폰에 찍힌 점수를 세어보고 있는 중이다. 〈이진수 카드의 십진수 계산법〉으로 포인트 점수를 계산했을 때 민형의 쿠폰에 찍힌 포인트 점수의 합은 (①) 포인트이므로, 현재 위 쿠폰으로 민형은 캐릭터 인형을 받는 것이 (②).

정답	① (　　　)	② (　　　)

영진은 요즘 하고 싶은 말이 바로 생각나지 않아서 여러 번 이것저것 이름을 대곤 하시는 할머니를 위해 동계올림픽을 설명하려고 한다. 〈보기〉를 참고하여 〈문제〉의 빈칸을 완성하시오. (10점)

보기

〈할머니의 말〉

"영진아 겨울에만 하는 그거 있잖니, 그 수영, 달리기 이런 건 안 하고, 막대기 두 개 신고 눈밭 위에서 신나게 내려오는 거, 썰매도 아니고 그 뭐냐? 그거랑 빙판 위에서 칼날 달린 신발 신고 춤추는 사람들 겨루기 하는 거랑... 난 그게 재밌더라고. 이름이 뭔지 생각이 잘 안 나는구나."

〈스포츠 종목에 대한 할머니의 설명〉

할머니는 각 단어의 이름은 생각나지 않지만, 손자 영진에게 이해시키려고, 가장 필수적인 요소만 뽑아 짧게 설명을 잘 해주고 계신다.

*막대기 두 개 신고 눈밭 위에서 내려오는 것 : 스키

*빙판 위에서 칼날 달린 신발 신고 춤추는 사람들 겨루기 : 피겨스케이팅

문제

※답안 작성 요령 : 〈보기〉를 참고하여 작성하되, ①은 (가)~(라) 중 한 가지를 선택해 적고, ②는 사진 중에서 정답을 골라 그 종목의 이름을 적으시오.

"동계올림픽이란 눈이나 얼음 위에서 하는 종목들을 모아(가) 4년마다 열리는(나) 텔레비전에서 모든 방송사가 생중계하는(다) 종합 스포츠 경기(라)예요."

'동계올림픽'의 가장 필수적인 요소들로 의미를 전달하고자 할 때 위의 문장 중 제외되어도 좋은 내용은 (①)이다. 영진은 할머니께 '동계올림픽'의 공통적인 특징들을 뽑아서 말씀드리기 위해 예로 설명할 종목들을 고르는 중이다. 사진 자료들 중 동계올림픽에 대한 설명에 맞지 않게 불필요하게 들어간 종목을 골라서 뺀다면 (②)이다.

피겨스케이팅

스피드 스케이팅

하키

스키점프

배구

스노보드

정답	① ( )	② ( )

문제 04 영서는 요즘 배운 코딩을 활용해 자기만의 장난감을 만들어 보고 싶다. 〈보기〉를 참고하여 〈문제〉의 빈칸을 완성하시오. (10점)

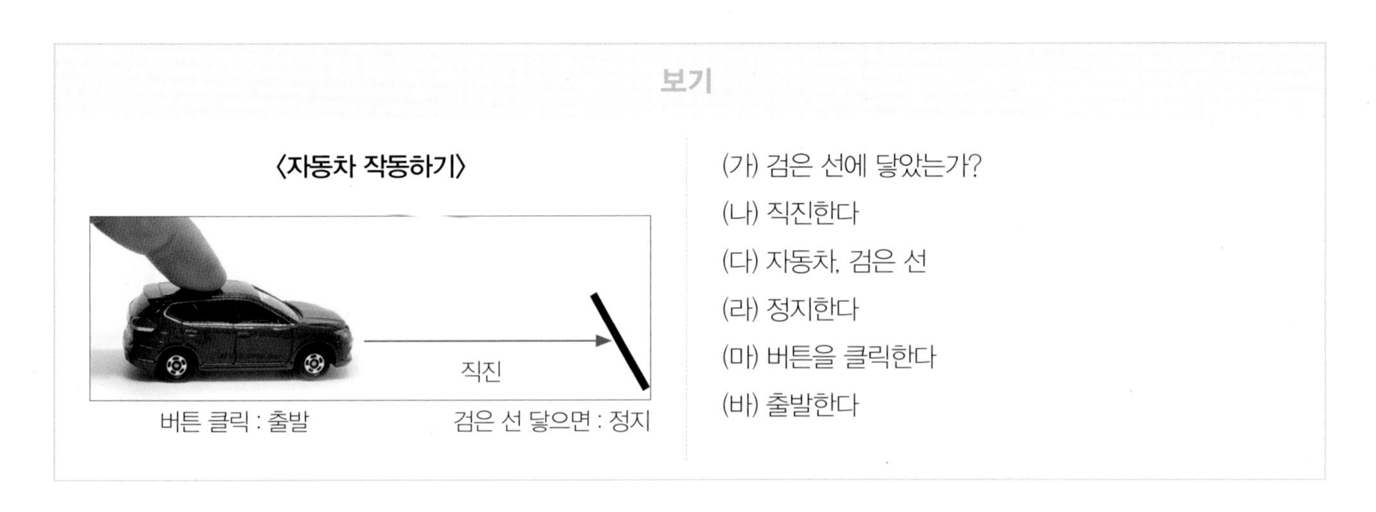

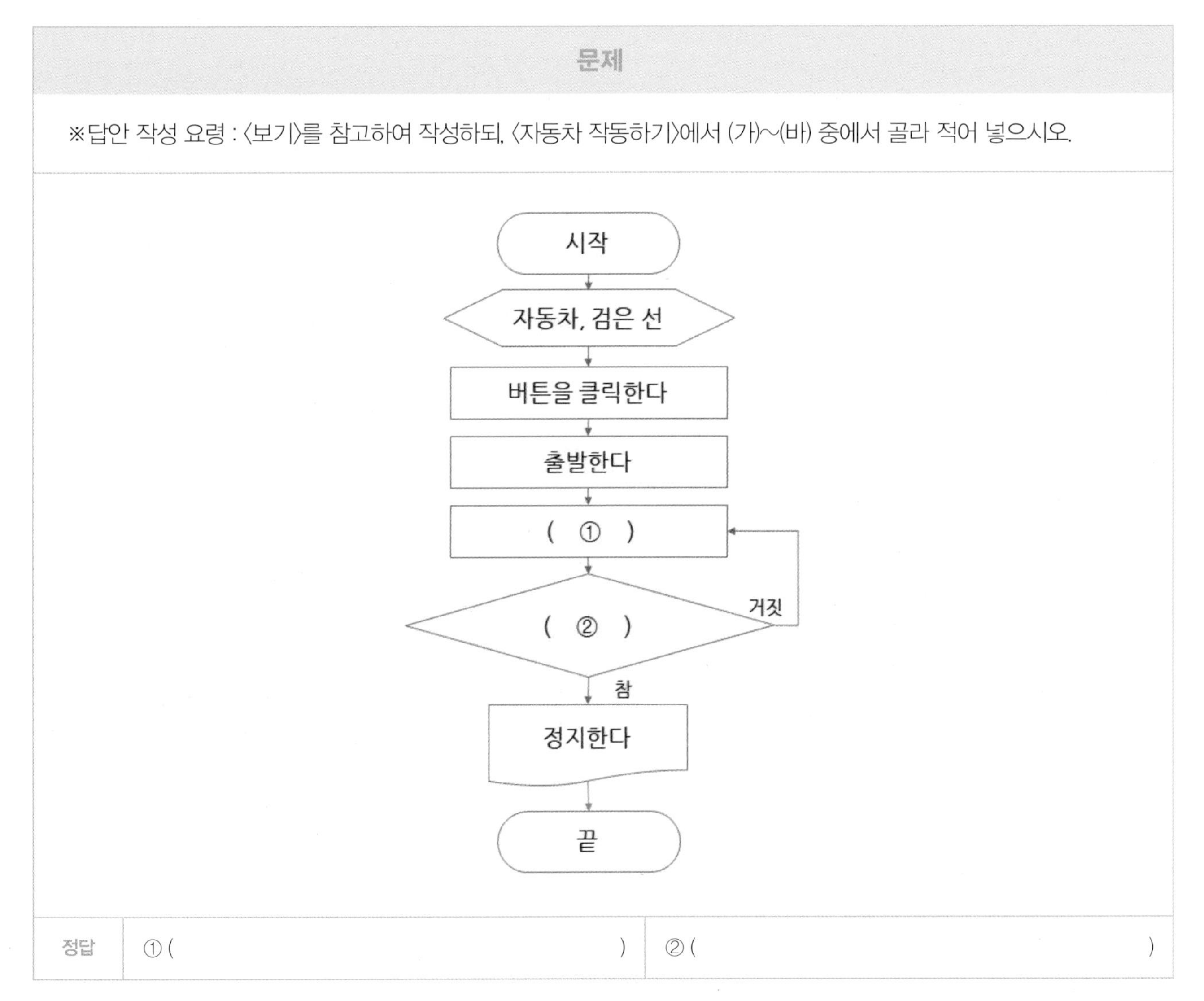

정답	① ( )	② ( )

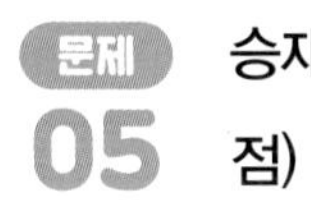

승재는 지하철을 타고 목적지에 이동하려고 한다. 〈보기〉를 참고하여 〈문제〉의 빈칸을 완성하시오. (10점)

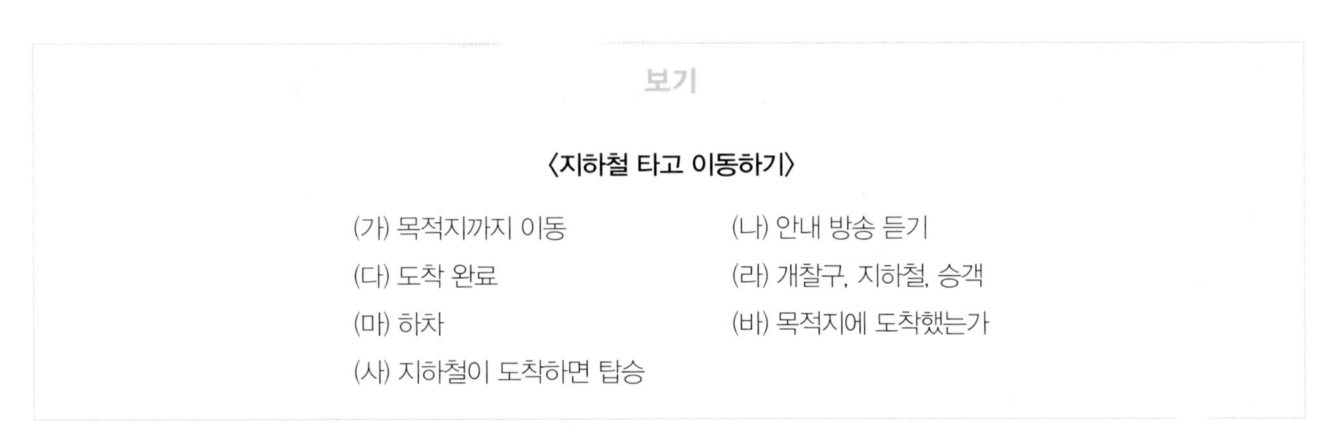

보기

〈지하철 타고 이동하기〉

(가) 목적지까지 이동
(나) 안내 방송 듣기
(다) 도착 완료
(라) 개찰구, 지하철, 승객
(마) 하차
(바) 목적지에 도착했는가
(사) 지하철이 도착하면 탑승

문제

※답안 작성 요령 : 〈보기〉를 참고하여 작성하되, 〈지하철 타고 이동하기〉에서 (가)~(사) 중 적절한 내용을 골라 적어 넣으시오

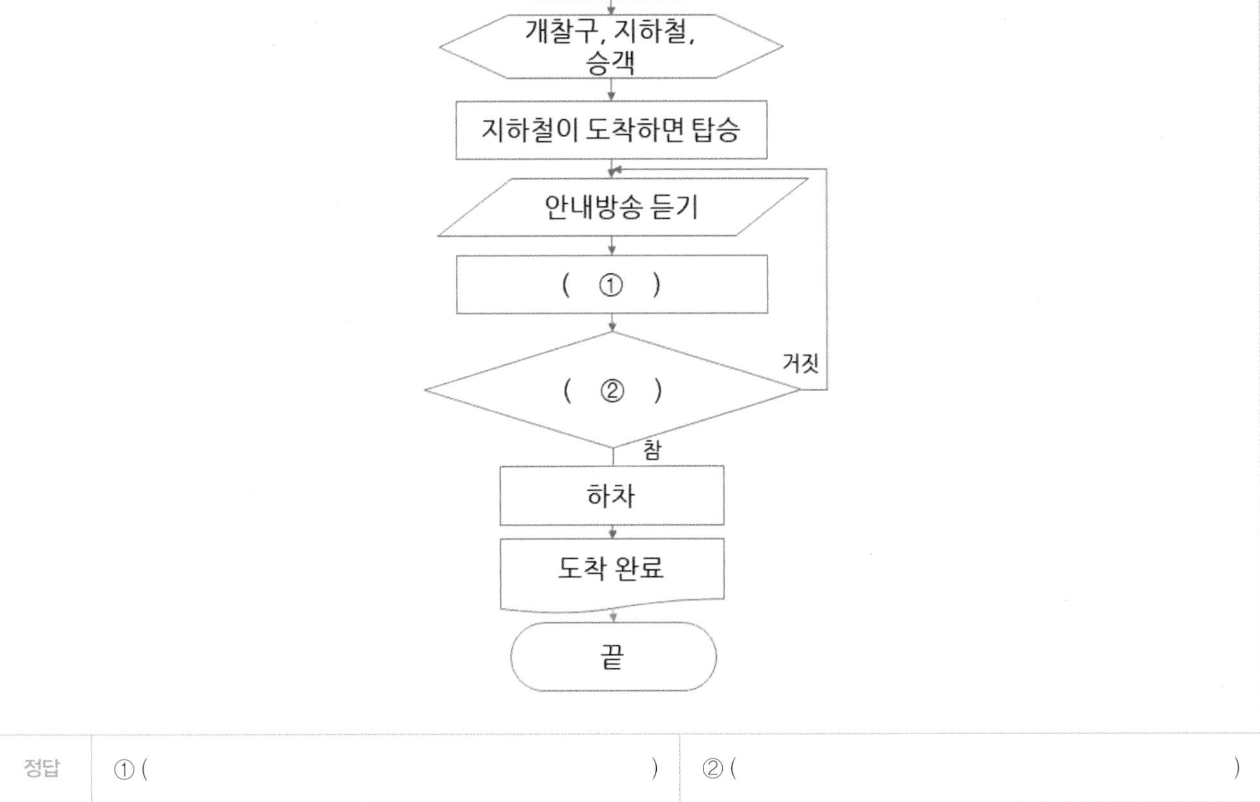

정답	① ( )	② ( )

프로그래밍 작업 가이드

- 문제 파일 위치 : PART05₩기출유형따라하기 1회
- [수험번호–성명] 폴더를 마우스 오른쪽 버튼으로 클릭한 후, [이름 바꾸기]를 클릭
  → 본인의 [수험번호–성명]으로 수정하시오. (예: 10041004–홍길동)
- 본인의 [수험번호–성명]으로 수정된 폴더 안의 파일을 문항 별로 더블클릭하여 프로그램을 실행합니다.
- 문항 별 조건에 따라 작업을 완료하였으면, 파일>저장하기 버튼을 클릭하여 저장합니다.

문제 06

엄마공룡은 마우스 포인터를 따라 움직이고, 아기공룡은 엄마공룡을 따라 움직이도록, 아래 〈조건〉에 맞게 코딩하시오. (10점)

조건

- 스크래치 프로그램 화면의 [스크립트 영역]에 주어진 명령어 블록만을 모두 사용한다.
- 버튼을 클릭하면 작동을 시작한다.
- 엄마공룡이 마우스 포인터에 닿지 않으면 마우스 포인터를 향해 계속 반복하여 4만큼씩 움직인다.
- 아기공룡이 마우스 포인터에 닿지 않으면 엄마공룡을 향해 계속 반복하여 1.5만큼씩 움직인다.
- 아기공룡이 엄마공룡에 닿으면 "엄마!"라고 0.5초 동안 말한다.

문제 07

문어를 클릭할 때마다 문어 수가 1씩 증가하도록, 아래 〈조건〉에 맞게 코딩하시오. (10점)

조건

- 스크래치 프로그램 화면의 [스크립트 영역]에 주어진 명령어 블록만을 모두 사용한다.
- 버튼을 클릭하면 '문어수' 변수를 0으로 초기화한다.
- 문어가 x좌표는 –240부터 240 사이의 난수의 위치로, y좌표는 –120부터 150 사이의 난수 위치로 1초 마다 이동한다.
- 문어가 불가사리에 닿으면 '문어_1' 모양으로 바꾸고, 문어가 불가사리에 닿지 않으면 '문어_2' 모양으로 바꾼다.
- 문어를 클릭할 때마다 '문어수' 변수를 1씩 증가한다.

사자가 달려서 공에 닿으면 다음 배경에서 공을 물고 움직이도록, 아래 〈조건〉에 맞게 코딩하시오. (10점)

조건

- 스크래치 프로그램 화면의 [스크립트 영역]에 주어진 명령어 블록만을 모두 사용한다.
- 버튼을 클릭하면 배경이 ‘장면1’에서 시작된다. 사자는 x좌표 −160, y좌표 −120에 위치하고 크기는 100%로 정한다. 공은 x좌표 190, y좌표 −20에 위치한다.
- 사자가 0.5초마다 ‘사자1’과 ‘사자2’ 모양으로 달리는 것처럼 모양을 바꾼다.
- 스페이스 키를 누르면 사자가 공 쪽을 바라보며 공에 닿을 때까지 5만큼씩 움직이며 크기를 0.5씩 줄이고, 사자가 공에 닿으면 “공이다!”라고 0.5초 동안 말한 뒤 배경을 ‘장면2’로 바꾼다.
- 배경이 ‘장면2’로 바뀌면, 사자가 5만큼 움직이고 벽에 닿으면 튕기기를 300번 반복한 후 모든 동작을 멈춘다.
- 배경이 ‘장면2’로 바뀌면 공은 크기를 20%로 정하고 사자와 함께 계속 움직인다.

강아지가 점프하여 도넛을 먹도록, 아래 〈조건〉에 맞게 코딩하시오. (10점)

조건

- 스크래치 프로그램 화면의 [스크립트 영역]에 주어진 명령어 블록만을 모두 사용한다.
- 버튼을 클릭하면 강아지는 x좌표 0, y좌표 −150에 위치한다.
- 끈이 5만큼 움직이고 벽에 닿으면 x좌표를 −240으로 바꾸기를 무한 반복한다.
- 도넛은 끈의 위치로 이동하여 끈과 함께 움직인다.
- 스페이스 키를 누르면 강아지는 (1)~(4)의 동작을 실행하여 점프하도록 한다.
  (1) 강아지의 모양을 다음 모양으로 바꾼다.
  (2) 0.5초 동안 x좌표 0, y좌표 0의 위치로 이동한다.
  (3) 0.5초 동안 x좌표 0, y좌표 −150의 위치로 이동한다.
  (4) 강아지의 모양을 다시 바꾼다.
- 강아지는 도넛에 닿으면 ‘꿀꺽도넛’ 신호를 보내고, “냠냠”이라고 0.5초 동안 말한다.
- ‘꿀꺽도넛’ 신호를 받았을 때 도넛은 사라졌다가 1초 후 다시 나타난다.

공룡1과 공룡2가 달리기 시합을 하도록 아래 〈조건〉에 맞게 코딩하시오. (10점)

조건

- 스크래치 프로그램 화면 [블록 모음]에서 필요한 블록을 가져다 사용한다.
- 버튼을 클릭하면 공룡1은 x좌표 –170, y좌표 –85에 위치하고, 공룡2는 x좌표 –170, y좌표 0에 위치한다.
- 버튼을 클릭하면 오리는 모양을 '오리_준비'로 바꾸고, "준비~~~"라고 1.5초 동안 말한 뒤 다음 모양으로 바꾸고 타이머를 초기화한 다음 "출발!!!"이라고 0.5초 동안 말한다.
- 공룡1과 공룡2는 2초를 기다린 후 벽에 닿을 때까지 (1)~(3)을 반복한 후 타이머 값을 말한다.
  (1) 1부터 10사이의 난수만큼 움직인다.
  (2) 다음 모양으로 바꾼다.
  (3) 0.2초 기다린다.

시험 종료 전

- 본인의 수험번호–성명 폴더 내에 작업한 답안 파일이 정상적으로 저장되었는지 확인합니다.
  → 시험 종료 후, 감독관이 답안 파일을 수거합니다.
- 수험번호, 성명을 잘못 기재하였거나, 답안 파일을 잘못 저장하여 발생한 문제나 불이익에 대한 일체의 책임은 수험자에게 있습니다.
- 감독관의 안내에 따라 시험지를 제출하고 퇴실합니다.

문제 01 문제 풀이

★ 학습 개념 이미지 표현

★ 성취 기준 1.1.2. 창의 · 융합시대에서 컴퓨팅 사고력의 필요성을 이해한다.

핵심 정리

'이미지 표현'에 관련된 문제는 컴퓨터가 숫자로 이미지를 표현하는 방법을 활용해 컴퓨팅 사고력을 키우는 문제입니다. 컴퓨터는 사람처럼 종이 위에 쓱쓱 그림을 그리지 못하고, 화면 위를 아주 작게 여러 칸으로 쪼개어 각각의 칸에 어느 부분은 색을 칠하고 어느 부분은 칠하지 않는 방식으로 그림을 표현할 수 있습니다. 이와 같은 문제를 풀 때는 숫자를 사용해 그림을 표현하는 컴퓨터의 절차적 과정을 이해해서, 그 규칙에 맞게 칸을 채워 이미지로 나타낼 수 있어야 합니다.

풀이

정답 ① 둘(또는 숫자로 2), ② 다섯(또는 숫자로 5)

해설 준희가 말한 규칙대로 까만색 스티커를 붙인다면 다음 그림과 같은 모양이 나올 것입니다. 그러므로 위에서 둘째 줄, 왼쪽에서 5번째 책 뒤에서 엄마는 선물을 발견할 수 있을 것입니다.

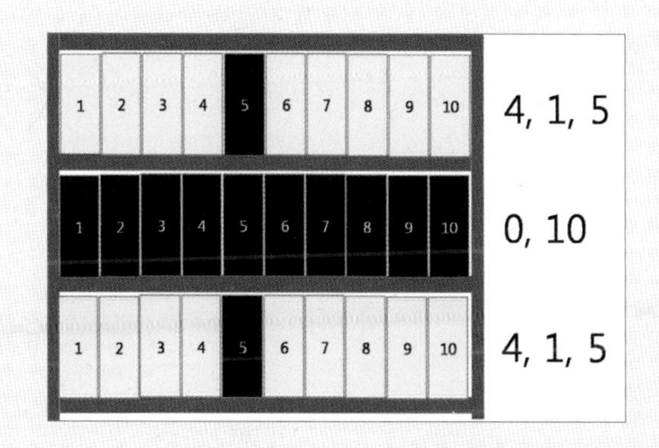

문제 02 문제 풀이

★ 학습 개념 이진수 카드

★ 성취 기준 1.1.2. 창의 · 융합시대에서 컴퓨팅 사고력의 필요성을 이해한다.

핵심 정리

컴퓨터는 전기가 통할 때와 통하지 않을 때라는 두 가지의 경우를 인식해 정보를 다룹니다. 즉, 이진수 카드의 앞면과 뒷면에 대해 1과 0으로 읽는 것은 이와 같은 의미의 표현이라 볼 수 있습니다. 실제 컴퓨터가 다루는 정보의 Bit 단위는 0과 1값을 표시하는 자료 표현의 최소 단위이기도 합니다. 이진수 카드를 활용해 이진수를 십진수로 바꿔서 계산할 수 있어야 풀 수 있는 문제입니다. 이진수를 십진수로 읽기 위해서는 이진수로 표현된 1이라 쓴 자릿수의 카드들에 찍힌 점의 개수들을 모두 합하여 읽으면 십진수가 됩니다.

풀이

정답 ① 29, ② 가능하다

해설 민형이 모은 쿠폰의 종류들은 맨 위는 1010(십진수 : 10 포인트), 0010(십진수 : 2 포인트), 두 번째 줄은 0011(십진수 : 3 포인트), 1000(십진수 : 8 포인트), 세 번째 줄은 0110(십진수 : 6 포인트) 입니다. 포인트 값들을 더해보면 10+2+3+8+6 = 29이므로, ①번 문제의 답인 포인트 점수의 합은 29입니다. 25점이 넘으면 캐릭터 인형을 받을 수 있다고 했으므로 ②번의 답은 '가능하다' 입니다.

문제 03

문제 풀이

★ 학습 개념 추상화
★ 성취 기준 1.2.1. 상황 속에서 문제를 정확하게 표현할 수 있다.

핵심 정리

'추상화'에 관련된 문제는 주어진 자료들이나 보기들 가운데, 공통되게 꼭 필요한 핵심 내용을 제외하고 덜 중요한 것들을 제외할 수 있는지에 대해 알아보는 문제들이 출제되곤 합니다. 또한, 좀 더 나아가 공통으로 핵심적인 내용을 뽑아 그것을 무엇이라고 말할 수 있는지에 대해 정리할 수도 있어야 합니다. 추상화는 우리의 생각 속에서 일어나는 복잡한 내용을 컴퓨터가 알아들을 수 있도록 알고리즘을 통해 간단명료하게 정리해 가는 과정이자 단계입니다. 주상화와 알고리즘 만들기를 거쳐 컴퓨터에 명령을 내려야 자동화 구현이 가능해지는 것입니다.

풀이

정답 ① (다), ② 배구
해설 모든 방송사가 생중계하는 것은 동계올림픽이라 설명하는 데 꼭 필요한 내용은 아닙니다. 그러므로 ①번의 답은 (다)입니다. 또한, 동계올림픽의 공통 특징인 눈이나 얼음 위에서 하는 경기가 아닌 배구는 제외되어야 합니다.

문제 04

문제 풀이

★ 학습 개념 알고리즘 이해
★ 성취 기준 1.3.2. 알고리즘이 갖추어야 할 조건을 이해하고 다양한 알고리즘을 작성할 수 있다.

핵심 정리

조건 선택에 대한 '알고리즘' 순서도를 이해하고 작성할 수 있는지에 대한 문제입니다. 조건 선택 알고리즘에서는 판단 내용의 값이 '참'인 경우와 '거짓'인 경우로 나누어 처리됩니다.

풀이

정답 ① (나) 직진한다 ② (가) 검은 선에 닿았는가?
해설 알고리즘은 자동차가 출발하여 검은 선에 닿을 때까지 직진하여 이동합니다. 따라서 ② 검은 선에 닿을 때까지 ① 직진을 하는 흐름을 순서도로 작성하면 됩니다.

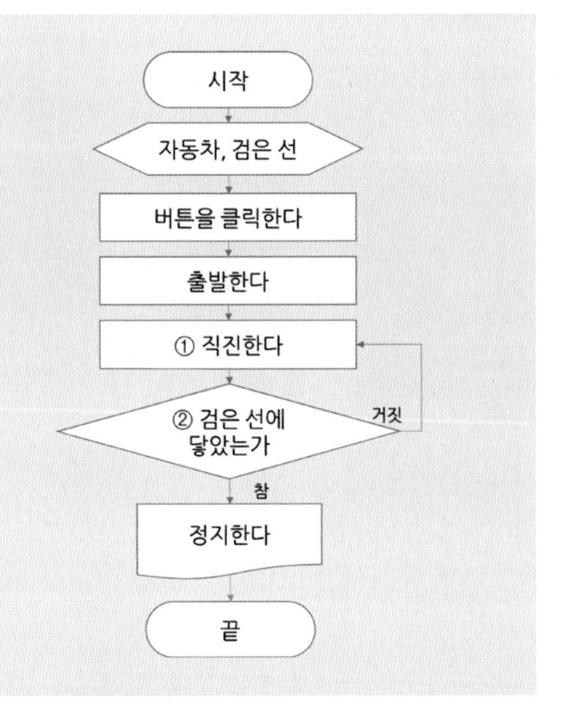

문제 05

문제 풀이

★ 학습 개념 알고리즘 설계

★ 성취 기준 1.3.3. 일상생활의 문제해결을 위해 알고리즘을 설계할 수 있다.

핵심 정리

순서도란 프로그램이 처리해야 할 단계별 과정을 약속된 기호를 사용하여 그림으로 나타낸 것을 말합니다. 일상생활 속에 절차적으로 처리하는 일들의 알고리즘을 순서도로 나타낼 수 있습니다.

풀이

정답 ① (가) 목적지까지 이동, ② (바) 목적지에 도착했는가

해설 알고리즘은 지하철 개찰구를 통과하여 지하철을 타고 목적지에 도달할 때까지 안내방송을 듣고, 목적지에 도착하면 하차를 합니다. 따라서 ① 목적지까지 이동, ② 목적지에 도착했는가를 순서도에 작성하면 됩니다.

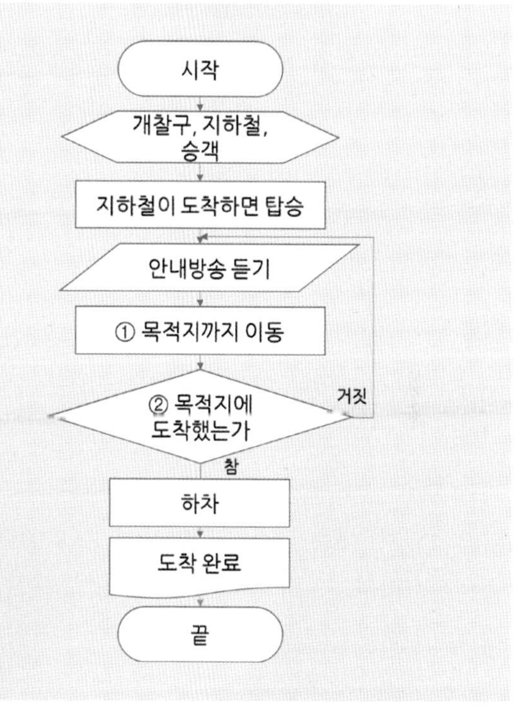

정답 파일 PARTO5₩기출유형따라하기 1회₩정답

06

★학습 개념 순차, 반복, 선택, 논리 연산

★성취 기준 2.1.2 자료의 입출력문을 작성할 수 있다.

동영상 강의

핵심 블록 설명

[이(가) 아니다] : 논리연산으로, 입력된 값이 참이면 거짓, 거짓이면 참으로 만듭니다.

[마우스 포인터 ▾ 쪽 보기] : 해당 스프라이트기 마우스 포인터 쪽을 바라봅니다.

풀이 따라하기

01 스크래치가 실행되면 [파일]–[Load from your computer(컴퓨터에서 가져오기)]를 선택합니다.

02 [열기] 대화 상자가 나타나면 'PART05₩기출유형따라하기 1회' 폴더에서 '6..sb3' 파일을 선택하고 [열기]를 클릭합니다.

tip

<조건>에 '스크래치 프로그램 화면의 [스크립트 영역]에 주어진 명령어 블록만을 모두 사용한다.'라고 명시된 문제는 [스크립트 영역]에 주어진 명령어 블록만 사용해야 합니다.

03 엄마공룡( ) 스프라이트를 선택합니다. 엄마공룡이 마우스 포인터 방향으로 움직이도록 [클릭했을 때] 블록에 [마우스 포인터 ▾ 쪽 보기] 블록을 연결합니다. 그리고 [4 만큼 움직이기] 블록도 연결합니다.

04 마우스 포인터의 위치가 바뀔 때마다 엄마공룡( )의 방향도 변경되어야 하므로

블록을 연결합니다.

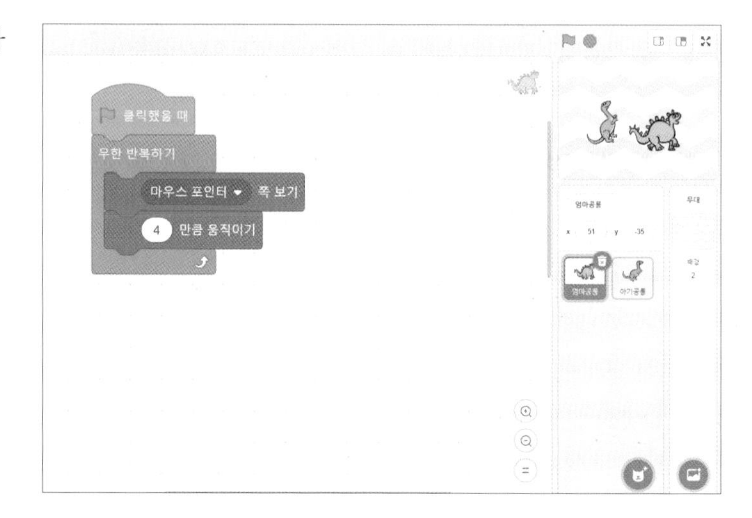

05 엄마공룡( )이 마우스 포인터에 닿지 않은 동안에만 움직이도록

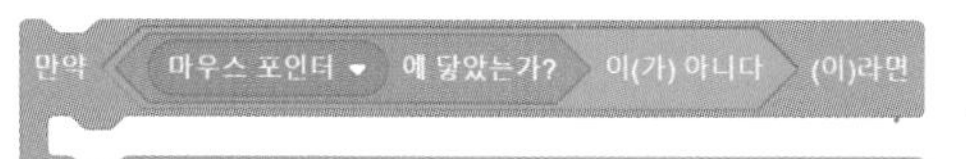

블록을 다음과 같이 연결합니다.

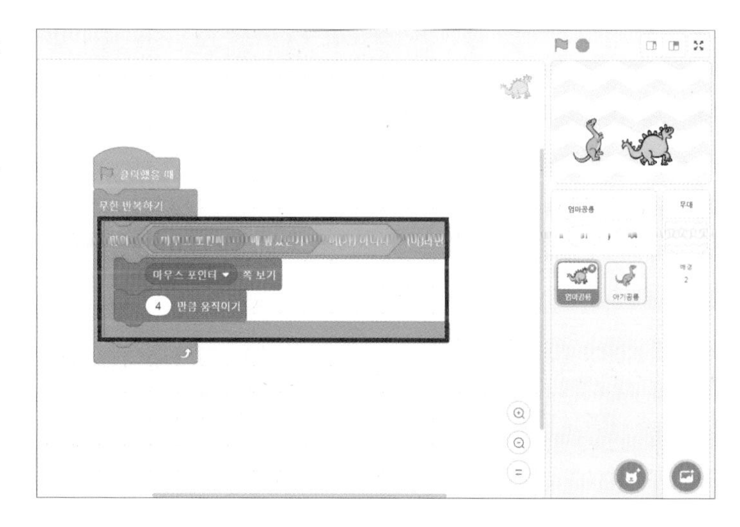

tip

마우스 포인터 ▾ 에 닿았는가? 이(가) 아니다 블록을 조건으로 넣지 않으면 마우스가 멈춰 있을 때 엄마공룡 스프라이트가 정신없이 움직입니다. 이는 스프라이트가 마우스 포인터를 보면서 그 위치로 계속 이동하려고 하기 때문입니다. 이 문제를 해결하기 위해서 마우스 포인터 ▾ 에 닿았는가? 이(가) 아니다 블록을 사용하는 것입니다.

06 아기공룡( ) 스프라이트를 선택합니다. 아기공룡이 엄마공룡( ) 방향으로 움직이도록

블록에

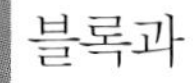

엄마공룡 ▾ 쪽 보기 블록과 1.5 만큼 움직이기 블록을 연결합니다.

tip

아기공룡의 이동 속도를 빠르게 하기 위해서는 1.5 만큼 움직이기 블록의 숫자를 더 큰 숫자로 바꾸면 됩니다.

07 엄마공룡( )의 위치가 바뀔 때마다 아기공룡( )의 방향도 변경되어야 하므로 

블록을 연결하고, 마우스 포인터에 닿을 때는 움직이지 않도록 

블록도 연결합니다.

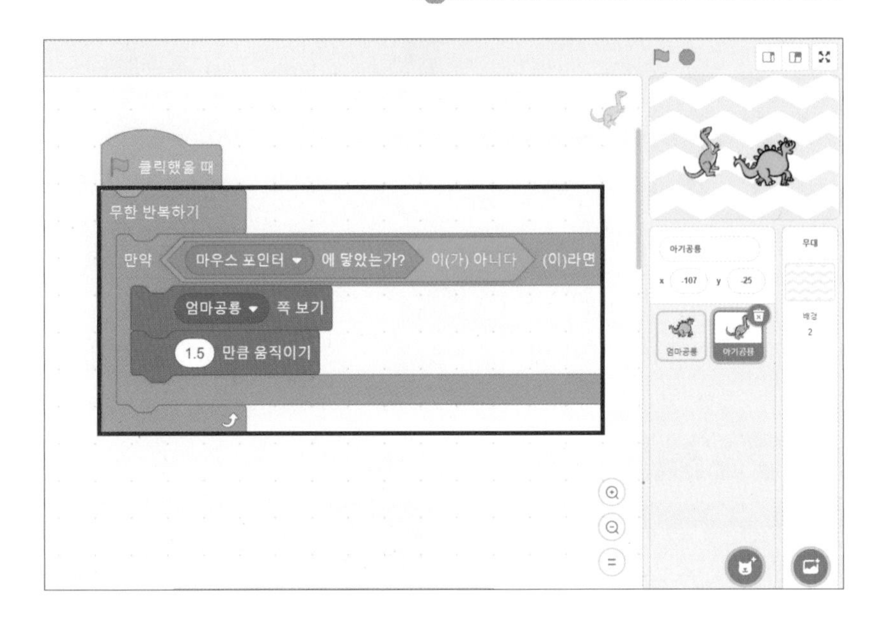

08 아기공룡( )이 엄마공룡( )에 닿으면 "엄마!"라고 말하기 위해 두 번째 클릭했을 때 블록에

블록과 엄마! 을(를) 0.5 초 동안 말하기 블록을 연결합니다.

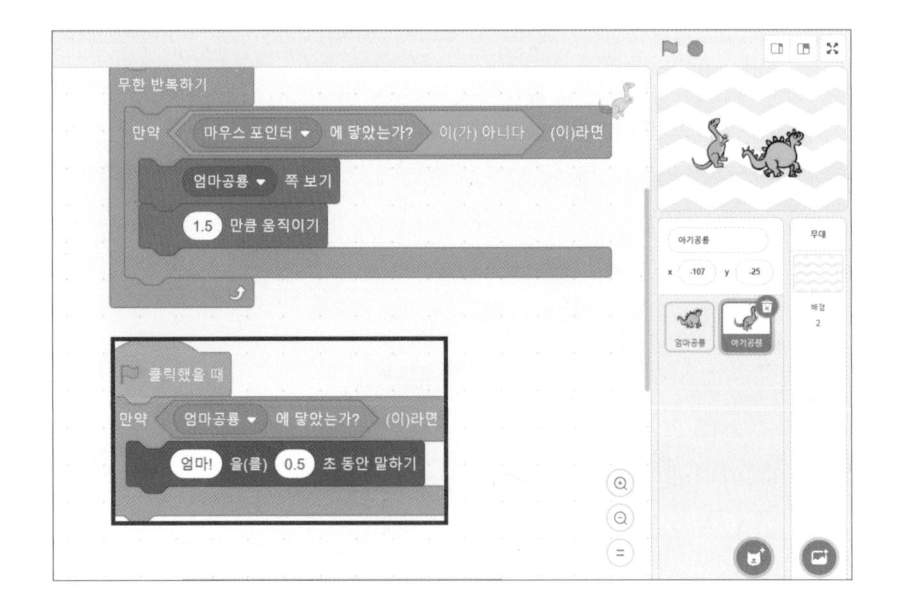

09 아기공룡( )이 엄마공룡( )에 닿는지를 항상 검사하기 위해서 

블록을 연결합니다.

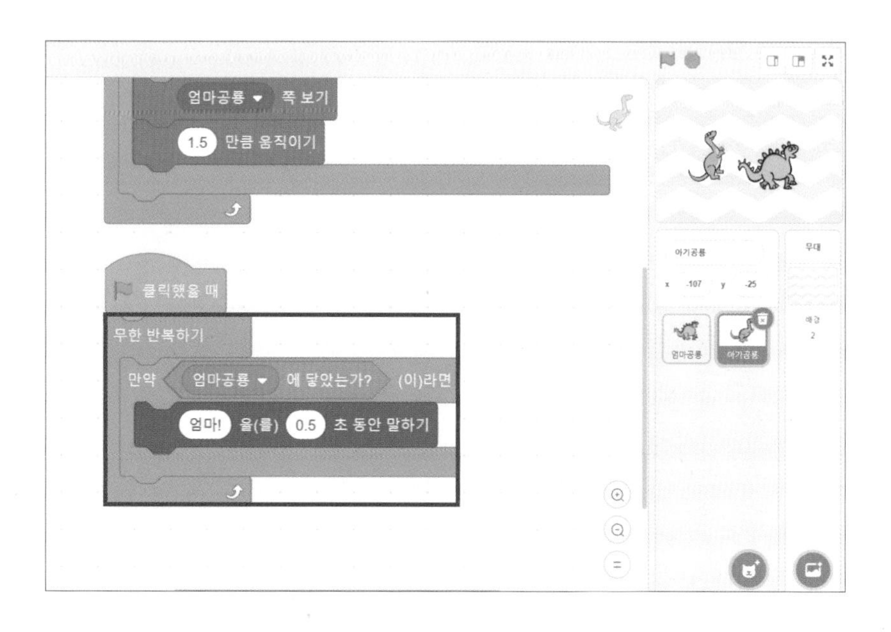

10 코드가 완성되면 [시작하기( )]를 클릭하여 엄마공룡( )은 마우스 포인터를 따라다니고, 아기공룡( )은 엄마공룡( )을 따라다니다 엄마공룡( )에 닿으면 "엄마!"라고 말하는지 확인합니다.

문제 — 코딩 풀이

정답 파일 PARTO5₩기출유형따라하기 1회₩정답

07

★학습 개념 순차, 반복, 선택, 변수, 무작위 수

★성취 기준 2.2.6. 변수를 활용하여 프로그래밍할 수 있다.

동영상 강의

핵심 블록 설명

[문어수 ▾ 을(를) 0 로 정하기] : 선택한 변수의 값을 입력한 값으로 정합니다.

[문어수 ▾ 을(를) 1 만큼 바꾸기] : 선택한 변수의 값을 입력한 값만큼 증가시킵니다.

[1 부터 10 사이의 난수] : 입력한 두 수 사이의 값을 무작위로 선택한 값입니다.

풀이 따라하기

01 스크래치가 실행되면 [파일]-[Load from your computer(컴퓨터에서 가져오기)]를 선택합니다.

02 [열기] 대화 상자가 나타나면 'PART05₩기출유형따라하기 1회' 폴더에서 '7..sb3' 파일을 선택하고 [열기]를 클릭합니다.

tip

<조건>에 '스크래치 프로그램 화면의 [스크립트 영역]에 주어진 명령어 블록만을 모두 사용한다.'라고 명시된 문제는 [스크립트 영역]에 주어진 명령어 블록만 사용해야 합니다.

03 문어( ) 스프라이트를 선택하고, 시작 시 '문어수' 변수를 0으로 정하기 위하여 [클릭했을 때] 블록에 [문어수 ▾ 을(를) 0 로 정하기] 블록을 연결합니다.

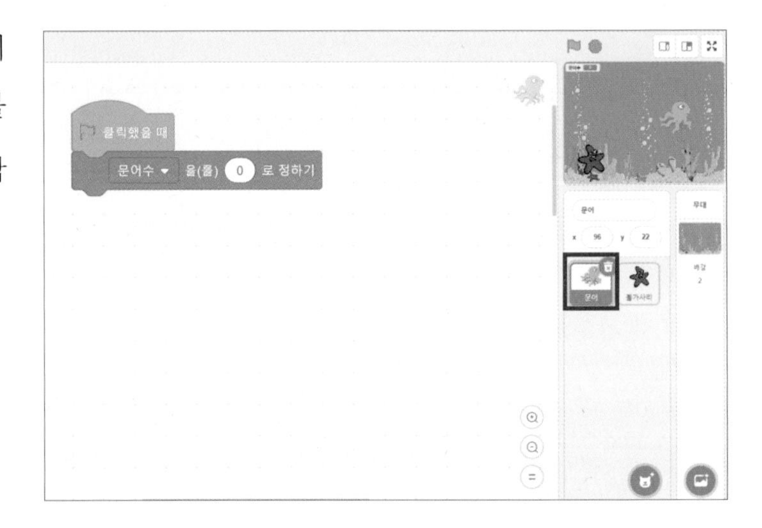

tip

'문어수' 변수는 [변수( )] 카테고리에서 만들 수 있습니다.

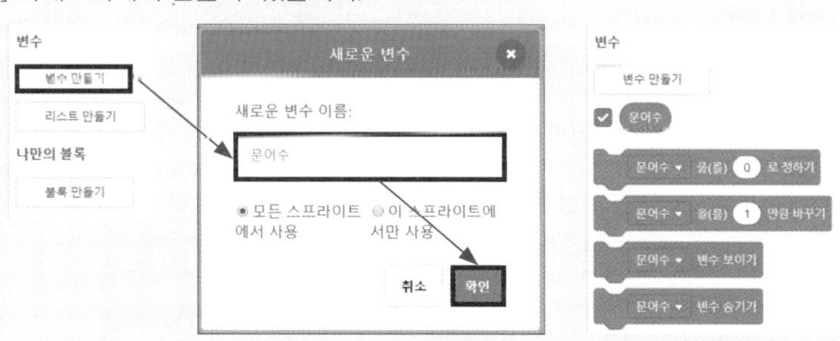

04 문어( )가 지정된 범위 내에서 이동하도록  블록,

 블록, 블록을 그림과 같이 순서대로 연결합니다.

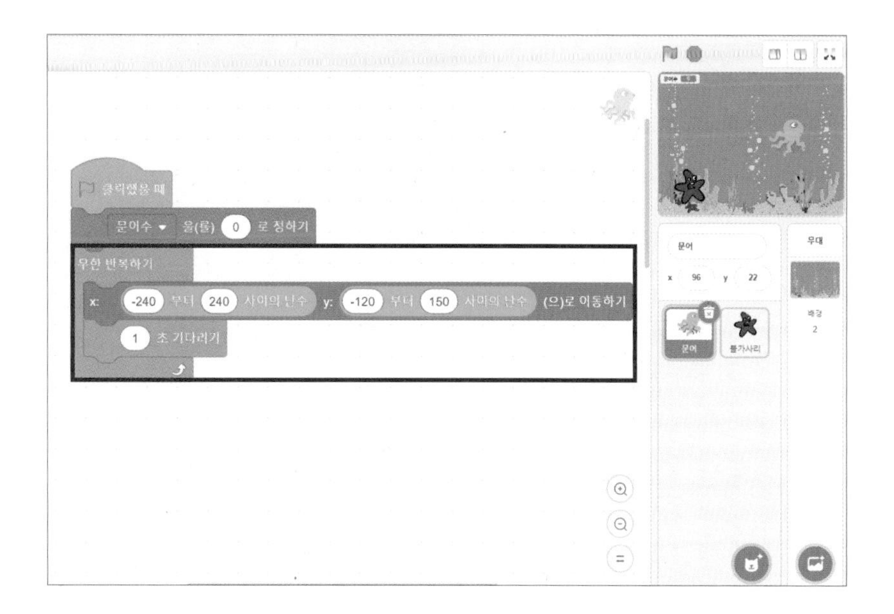

why

x좌표와 y좌표를 각각 '-240부터 240 사이의 난수', '-120부터 150 사이의 난수'로 지정하여 문어( )가 난수의 위치로 이동하도록 하였습니다.

05 문어( )가 불가사리( )에 닿았는지를 확인하기 위하여, 두 번째 클릭했을 때 블록에

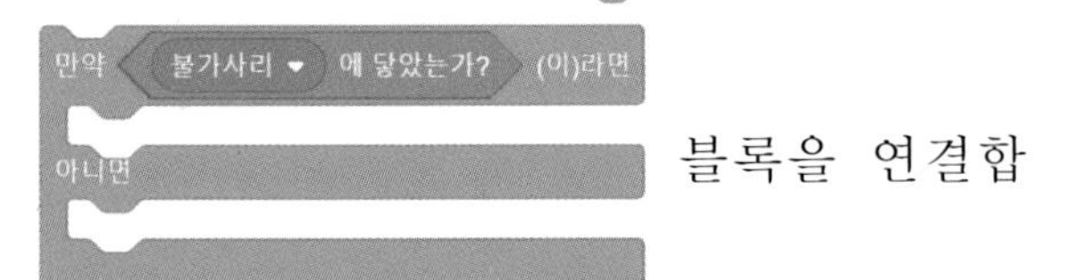

블록을 연결합니다. 그리고 계속 조건을 검사할 수 있도록

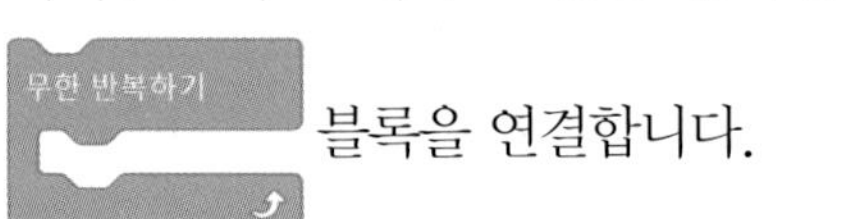

블록을 연결합니다.

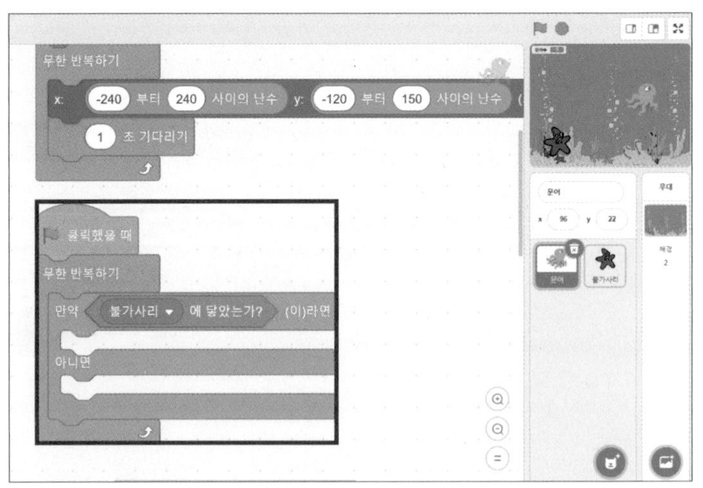

06 문어( )가 불가사리( )에 닿으면 문어의 모양이 바뀌도록 모양을 문어_1 ▾ (으)로 바꾸기 블록과 모양을 문어_2 ▾ (으)로 바꾸기 블록을 다음과 같이 연결합니다.

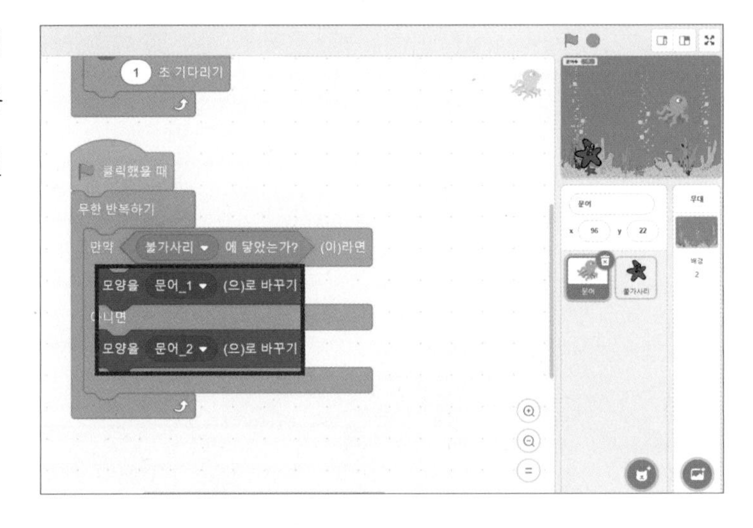

tip

[모양] 탭에서는 문어의 모양을 확인할 수 있으며, 필요한 경우 모양을 추가할 수도 있습니다.

07 문어( )를 클릭할 때마다 '문어수' 변수를 1씩 더하기 위하여 

블록을 연결합니다.

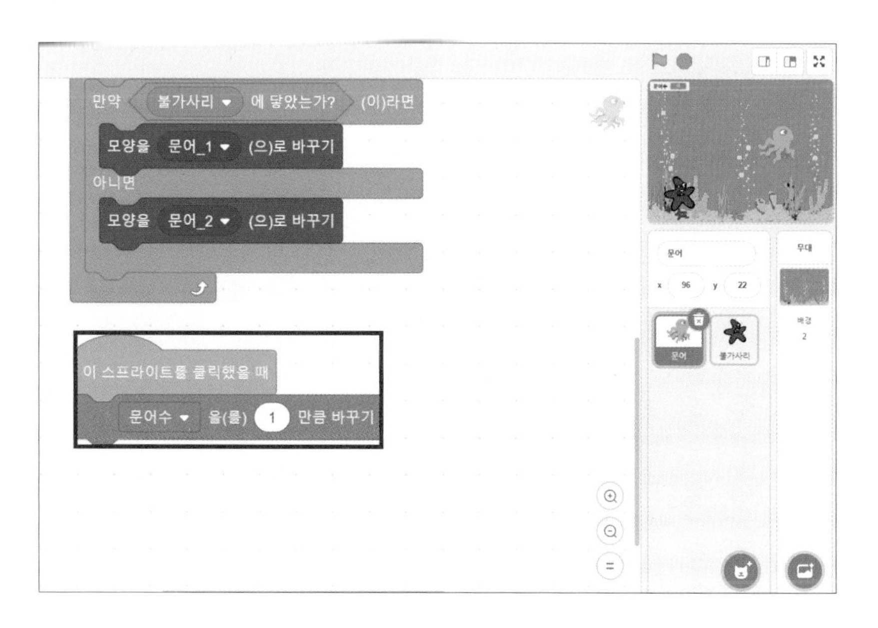

tip

실행 화면에 보이는 [문어수]를 통하여 문어 스프라이트의 총 클릭 횟수를 알 수 있습니다.

문어수 0

08 코드 조립이 완성되면 [시작하기( )]를 클릭하여 무작위의 위치에 문어( )가 나타나고 불가사리( )에 닿으면 모양을 바꾸는지, 또한 클릭할 때마다 '문어수' 변수가 1씩 증가하는지 확인합니다.

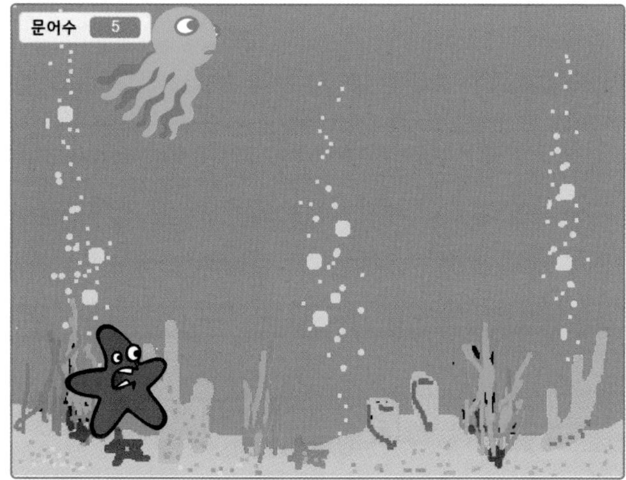

문제 06 코딩 풀이

정답 파일 PART05₩기출유형따라하기 1회₩정답

★학습 개념 순차, 반복, 선택, 소리, 장면

★성취 기준 2.2.9 장면 연결 등을 통해 두 개 이상의 장면을 구성할 수 있다.

동영상 강의

핵심 블록 설명

배경을 장면1 ▾ (으)로 바꾸기 : 선택한 배경으로 변경합니다.

배경이 장면2 ▾ (으)로 바뀌었을 때 : 변경된 배경으로 시작되면 연결된 블록들을 실행합니다.

풀이 따라하기

01 스크래치가 실행되면 [파일]–[Load from your computer(컴퓨터에서 가져오기)]를 선택합니다.

02 [열기] 대화 상자가 나타나면 'PART05₩기출유형따라하기 1회' 폴더에서 '8_.sb3' 파일을 선택하고 [열기]를 클릭합니다.

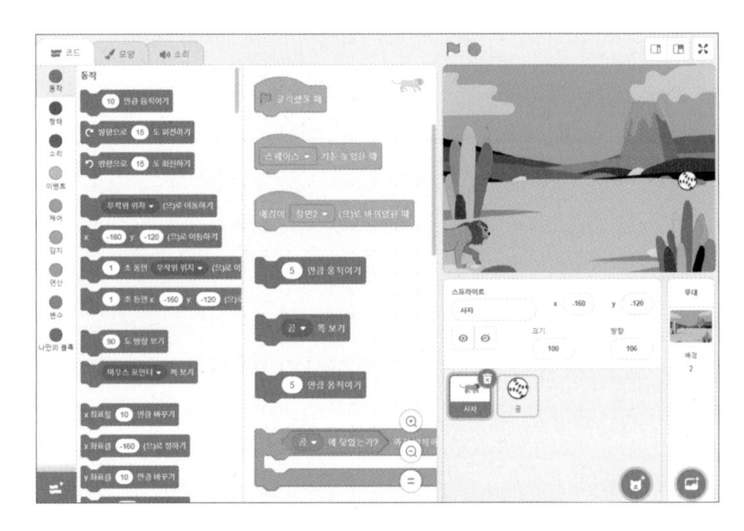

tip

<조건>에 '스크래치 프로그램 화면의 [스크립트 영역]에 주어진 명령어 블록만을 모두 사용한다.'라고 명시된 문제는 [스크립트 영역]에 주어진 명령어 블록만 사용해야 합니다.

03 사자( ) 스프라이트를 선택합니다. 시작 시 배경이 '장면1'이 되도록 [클릭했을 때] 블록에 [배경을 장면1 ▾ (으)로 바꾸기] 블록을 연결합니다. 그리고 사자( )의 시작 위치와 크기를 정하기 위해 [x: -160 y: -120 (으)로 이동하기] 블록과 [크기를 100 %로 정하기] 블록을 연결합니다.

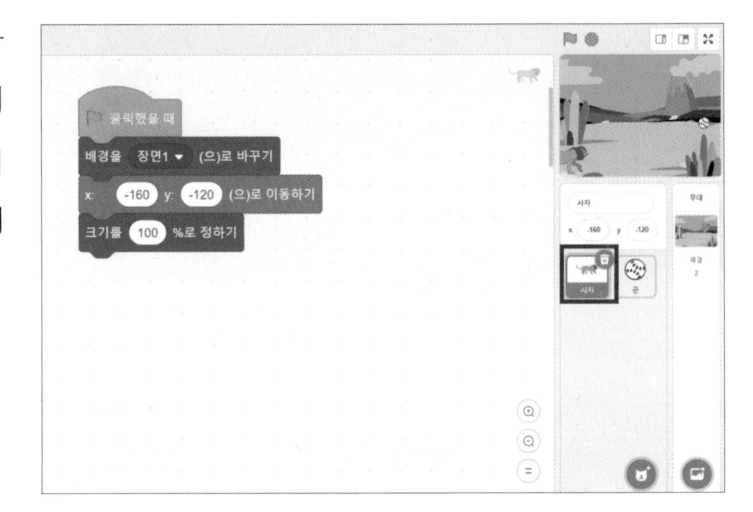

04 사자( )가 달리는 것처럼 움직이도록 [모양을 사자1 ▾ (으)로 바꾸기] 블록과 [0.5 초 기다리기] 블록을 연결하고, 다시 [모양을 사자2 ▾ (으)로 바꾸기] 블록과 [0.5 초 기다리기] 블록을 연결합니다. 또한, 사자가 계속 달리는 것처럼 보이도록 [무한 반복하기] 블록을 연결합니다.

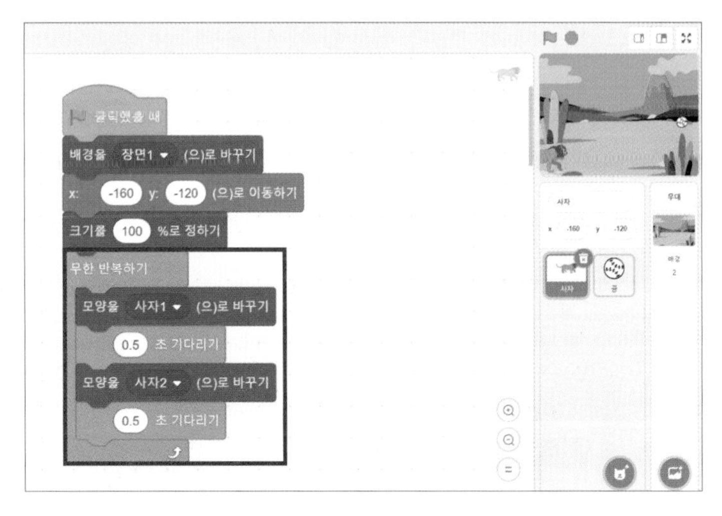

05 스페이스 키를 누르면 사자가 공 쪽을 바라보도록 [스페이스 ▾ 키를 눌렀을 때] 블록에 [공 ▾ 쪽 보기] 블록을 연결합니다.

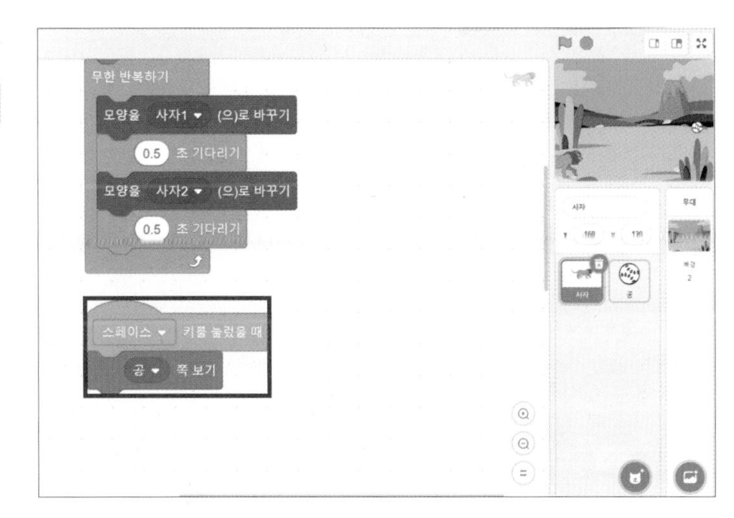

06 스페이스 키를 눌렀을 때 또한 사자가 ( )가 공( )에 닿을 때까지 5만큼씩 움직이고 크기도 −0.5만큼씩 바꾸도록

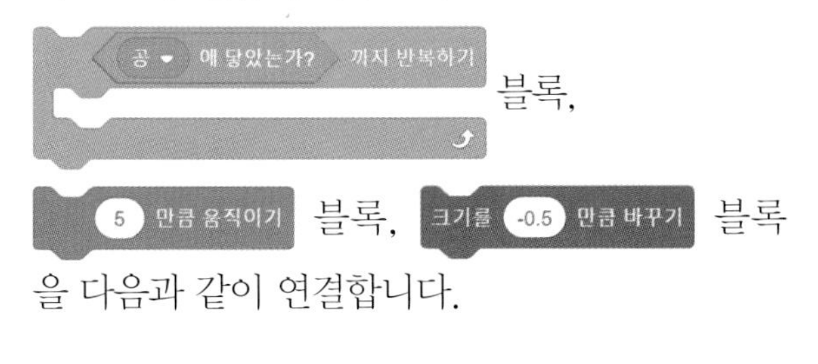

블록, [5 만큼 움직이기] 블록, [크기를 -0.5 만큼 바꾸기] 블록을 다음과 같이 연결합니다.

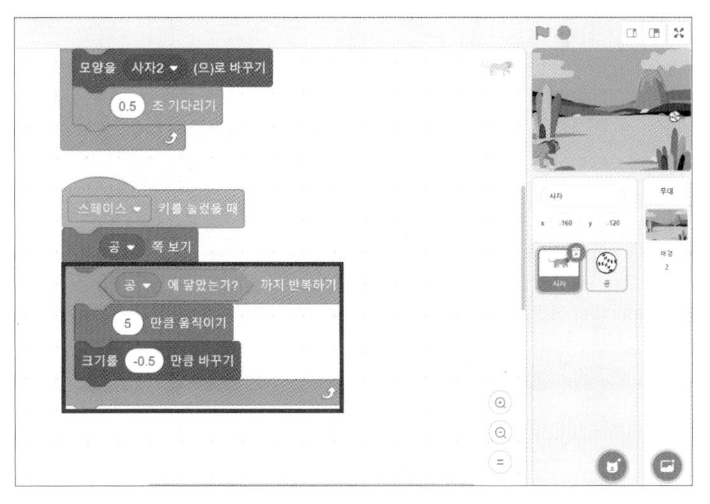

07 그리고 사자( )가 공( )에 닿으면 "공이다!"라고 0.5초 동안 말하도록 [공이다! 을(를) 0.5 초 동안 말하기] 블록을 연결하고, 이어 배경이 '장면2'로 바뀌도록 [배경을 장면2 ▾ (으)로 바꾸기] 블록을 연결합니다.

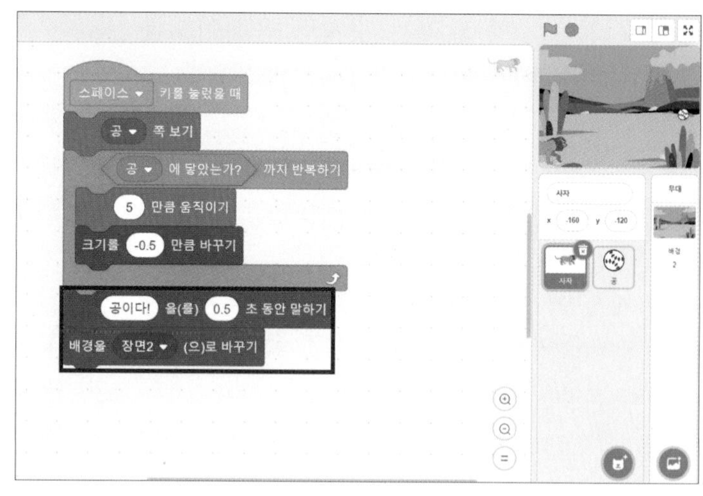

tip

다음 장면으로 이동하기 위해서 무대의 배경에 '장면1'과 '장면2'의 배경을 미리 만들어둡니다.

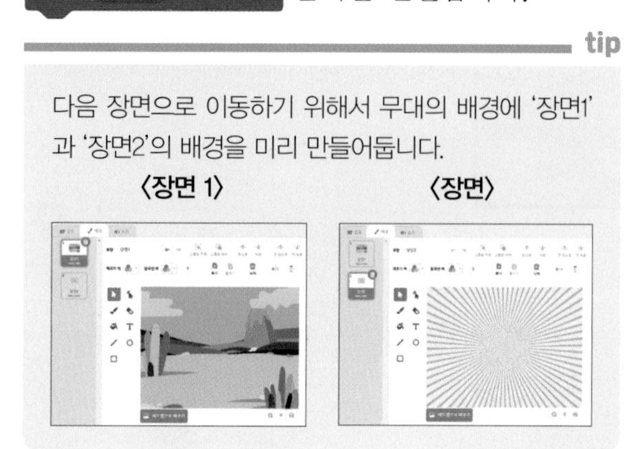

08 배경이 '장면2'로 바뀌면 사자( )가 5만큼씩 움직이기를 300번 반복하도록 [배경이 장면2 ▾ (으)로 바뀌었을 때] 블록에 [300 번 반복하기] 블록과 [5 만큼 움직이기] 블록을 연결하고, 움직이는 중에 벽에 닿으면 튕기도록 [벽에 닿으면 튕기기] 블록도 연결합니다.

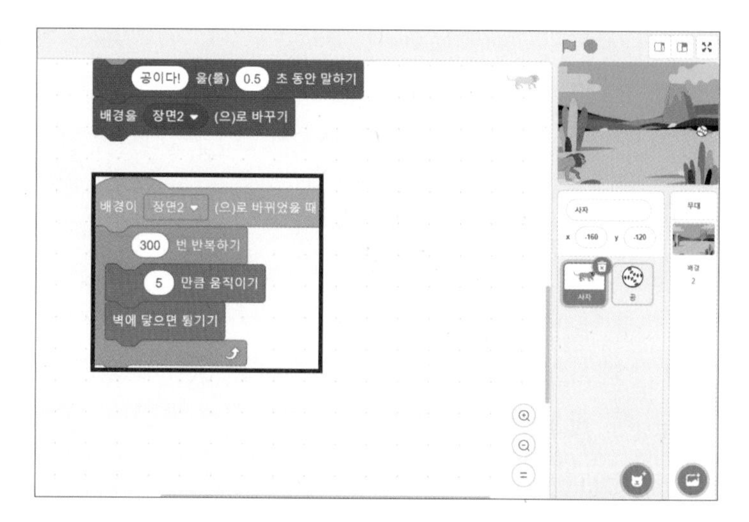

09 사자( )가 반복 횟수만큼 움직인 후 모든 동작을 멈추도록 [멈추기 모두 ▾] 블록을 연결합니다.

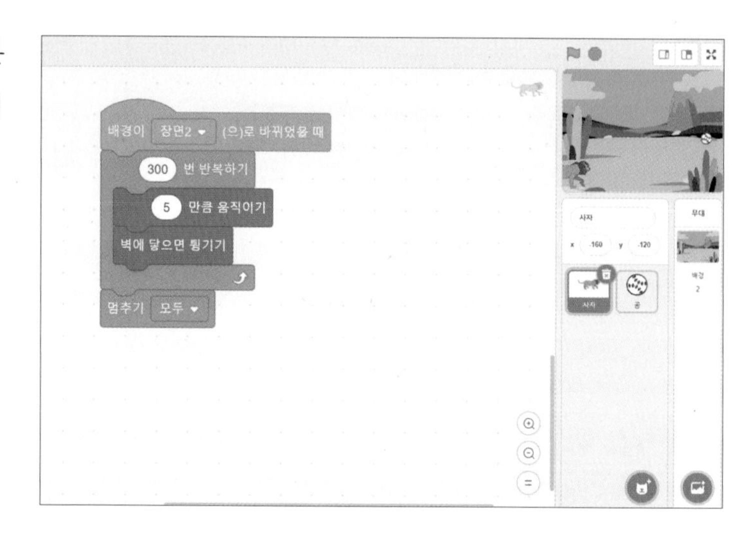

10 공( ) 스프라이트를 선택합니다.

공( )의 시작 위치를 지정하기 위하여 클릭했을 때 블록에 x: 190 y: -20 (으)로 이동하기 블록을 연결합니다.

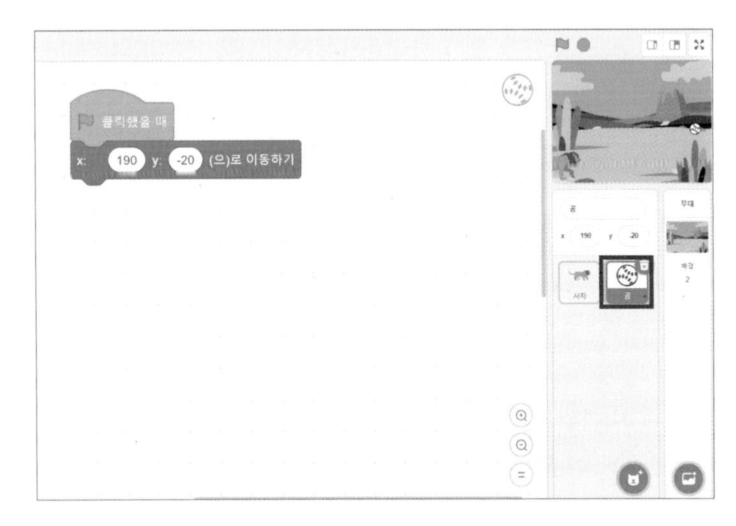

11 배경이 '장면2'로 바뀌면 공( )의 크기를 20%로 줄이기 위하여 배경이 장면2 (으)로 바뀌었을 때 블록에 크기를 20 %로 정하기 블록을 연결합니다. 이어 공( )이 사자( )와 함께 움직이도록 무한 반복하기 블록에 사자 (으)로 이동하기 블록을 연결합니다.

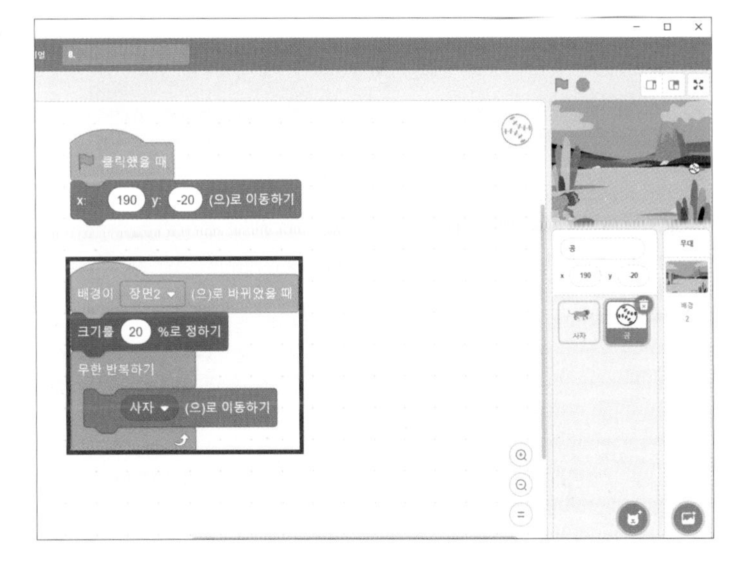

13 코드 조립을 완성하면 [시작하기( )]를 클릭하여 사자( )가 달리는 것처럼 움직이며, 스페이스 키를 누르면 사자가 공( )을 향하여 공에 닿을 때까지 크기를 줄이며 달려가는지, 또 공에 닿으면 "공이다!"라고 0.5초 동안 말하고, 배경이 바뀌는지 확인합니다. 또한, 배경이 바뀌면 사자가 공을 물고 움직이는지도 확인합니다.

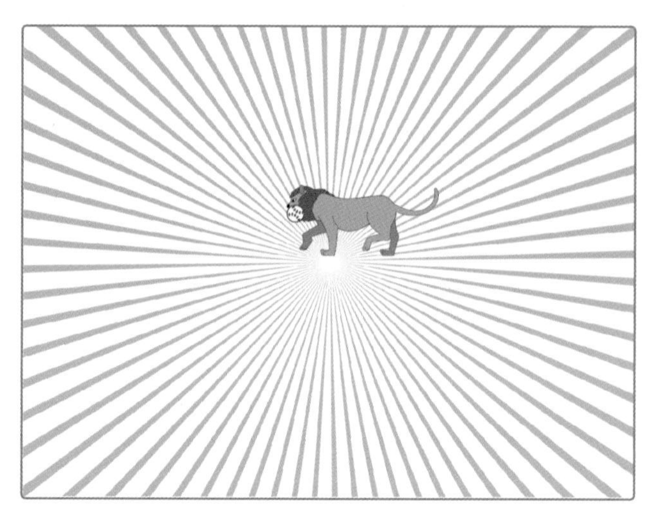

문제 09 코딩 풀이

정답 파일 PART05₩기출유형따라하기 1회₩정답

★학습 개념 순차, 반복, 선택, 신호

★성취 기준 2.3.5 이벤트의 개념을 이용하여 프로그래밍 할 수 있다.

동영상 강의

핵심 블록 설명

- [끈 ▾ (으)로 이동하기] : 스프라이트가 선택한 스프라이트의 위치로 이동합니다.
- [0.5 초 동안 x: 0 y: 0 (으)로 이동하기] : 스프라이트가 입력한 시간 동안 입력한 x좌표, y좌표의 위치로 이동합니다.
- [꿀꺽도넛 ▾ 신호 보내기] : 목록에 선택된 신호를 보냅니다.
- [꿀꺽도넛 ▾ 신호를 받았을 때] : 해당 신호를 받으면 연결된 블록들을 실행합니다.

풀이 따라하기

01 스크래치가 실행되면 [파일]–[Load from your computer(컴퓨터에서 가져오기)]를 선택합니다.

02 [열기] 대화 상자가 나타나면 'PART05₩기출유형따라하기 1회' 폴더에서 '9..sb3' 파일을 선택하고 [열기]를 클릭합니다.

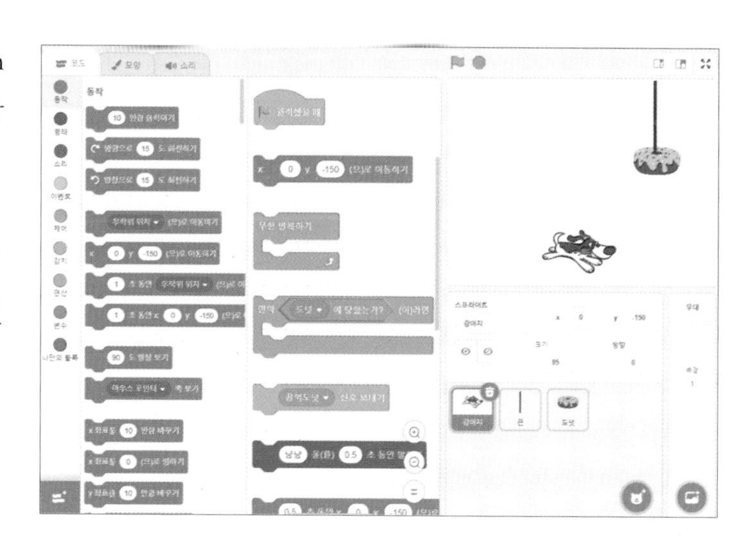

03 끈( ) 스프라이트를 선택합니다. [시작하기( )]를 클릭했을 때 끈( )이 움직이도록 [클릭했을 때] 블록에 [5 만큼 움직이기] 블록을 연결합니다.

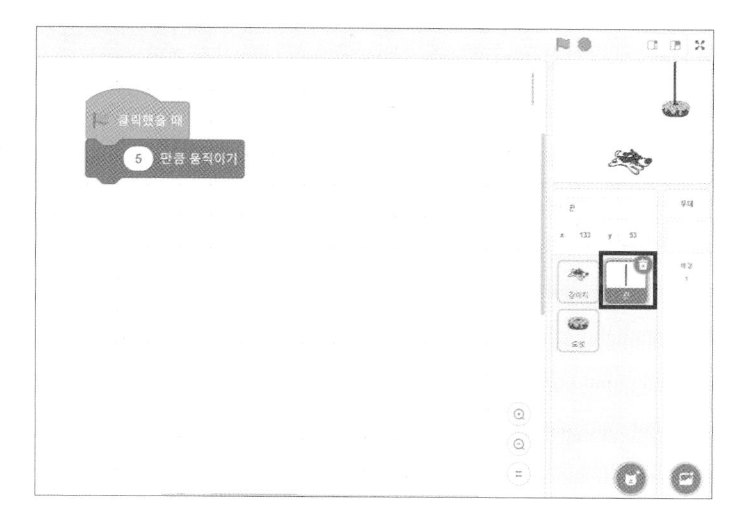

04 끈(![])이 벽에 닿으면 끈이 다시 실행 화면에 반대 쪽에서 나타나도록

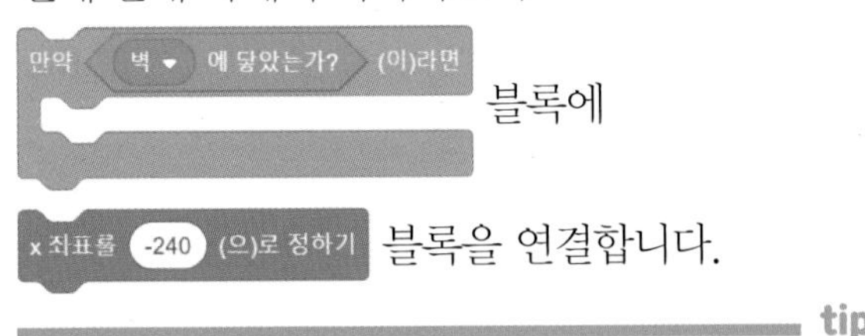

블록에 [x 좌표를 -240 (으)로 정하기] 블록을 연결합니다.

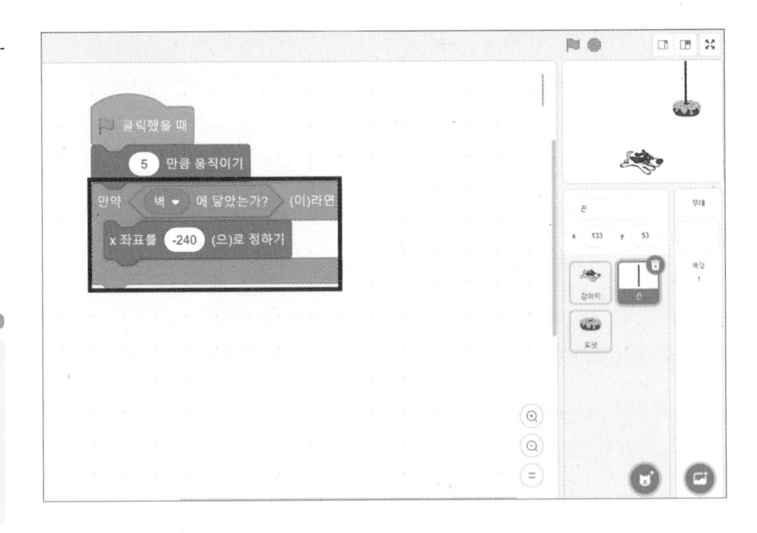

tip

끈이 벽에 닿으면 x좌표를 −240 위치로 바꾸는 이유는 스크래치 화면의 x좌표가 −240~240이므로, 끈이 보이는 화면을 다시 시작하는 위치인 −240으로 이동하도록 하는 것입니다.

05 끈(![])이 계속해서 움직이며 실행 화면에서 사라졌다 다시 나타나도록 [무한 반복하기] 블록을 연결합니다.

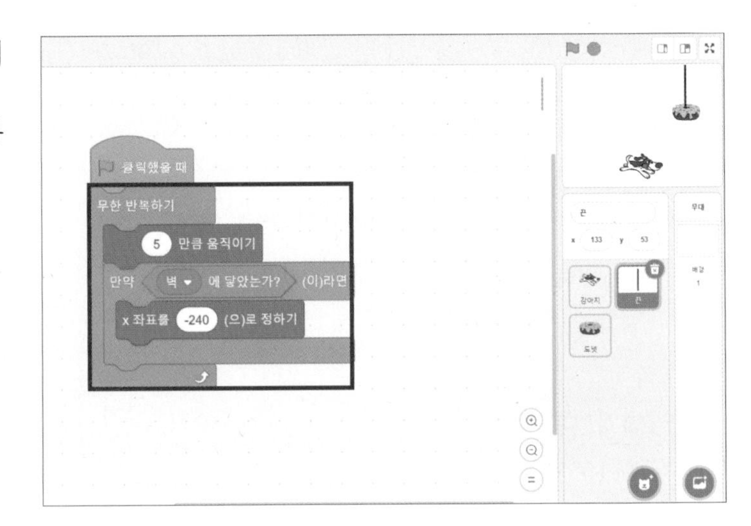

06 도넛(![]) 스프라이트를 선택합니다. 도넛(![])이 끈(![])에 매달려 있도록 [클릭했을 때] 블록에 [끈 ▾ (으)로 이동하기] 블록을 연결합니다. 또한, 도넛(![])이 끈(![])과 함께 움직이도록 [무한 반복하기] 블록을 연결합니다.

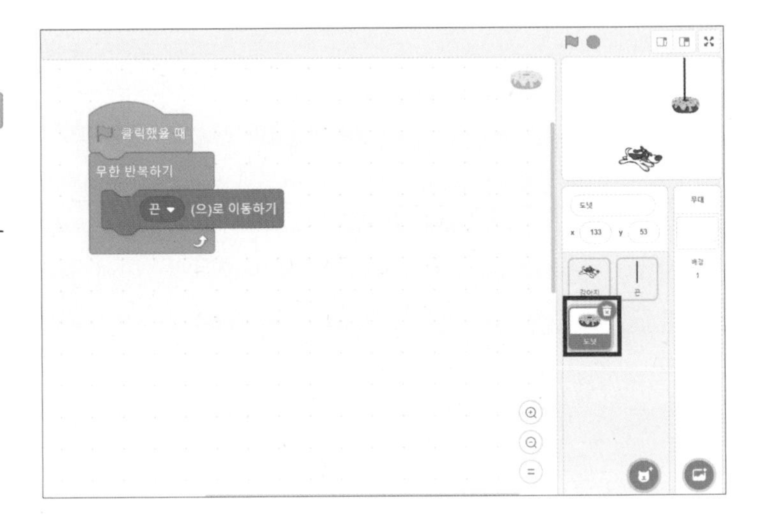

07 강아지( ) 스프라이트를 선택합니다. 스페이스 키를 누르면 강아지( ) 모양이 바뀌면서 점프하듯 위로 올라가도록 [스페이스 ▾ 키를 눌렀을 때] 블록에 [다음 모양으로 바꾸기] 블록을 연결하고, [0.5 초 동안 x: 0 y: 0 (으)로 이동하기] 블록을 연결합니다.

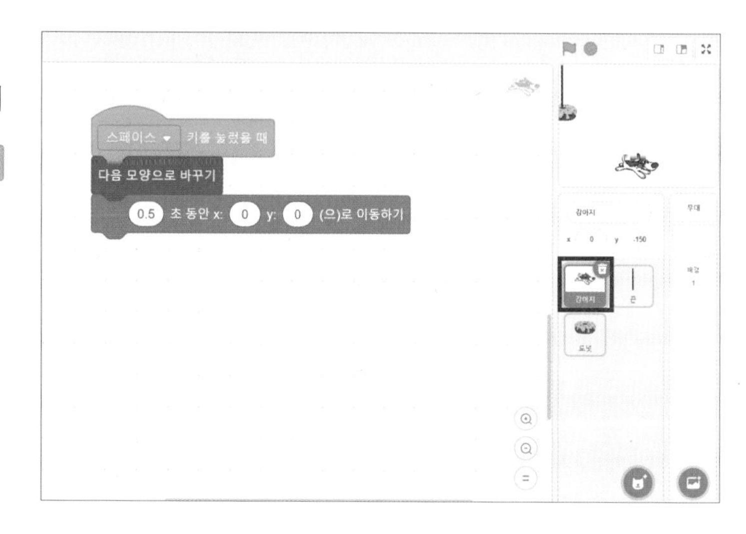

08 점프한 강아지( )가 다시 아래로 내려오도록 [0.5 초 동안 x: 0 y: -150 (으)로 이동하기] 블록을 연결하고, 모양도 원래대로 돌아오도록 [다음 모양으로 바꾸기] 블록을 연결합니다.

tip

강아지가 점프하여 움직이는 것은 위아래의 변화를 나타내므로 y좌표의 값이 증가하였다가 감소하는 것입니다.

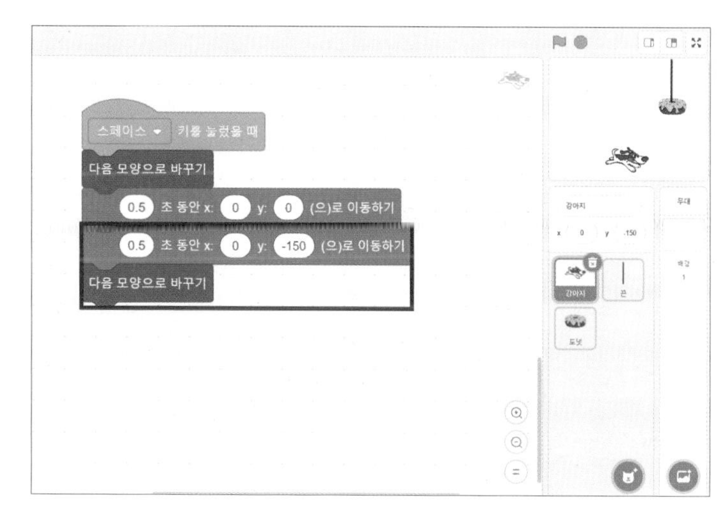

09 강아지( )의 시작 위치를 지정하기 위해 [클릭했을 때] 블록에 [x: 0 y: -150 (으)로 이동하기] 블록을 연결합니다. 그리고 강아지( )가 도넛( )을 먹으면 도넛이 사라지도록

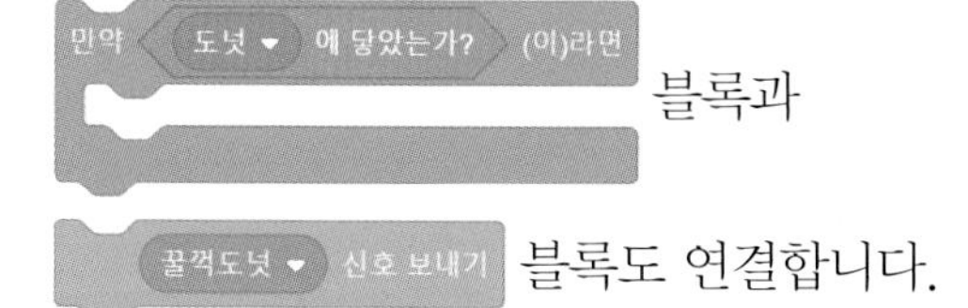

블록과 [꿀꺽도넛 ▾ 신호 보내기] 블록도 연결합니다.

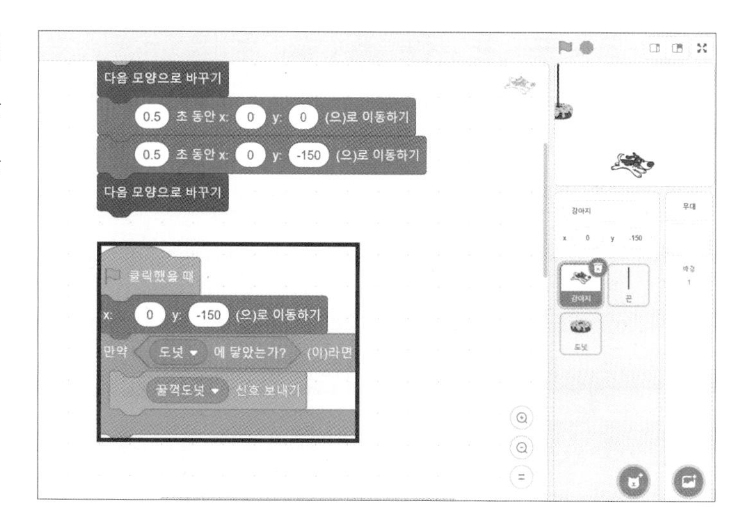

10 강아지( )가 도넛( )을 먹고 “냠냠”이라고 말하도록 [냠냠 을(를) 0.5 초 동안 말하기] 블록을 연결합니다. 그리고 조건을 항상 검사하도록 [무한 반복하기] 블록을 다음과 같이 연결합니다.

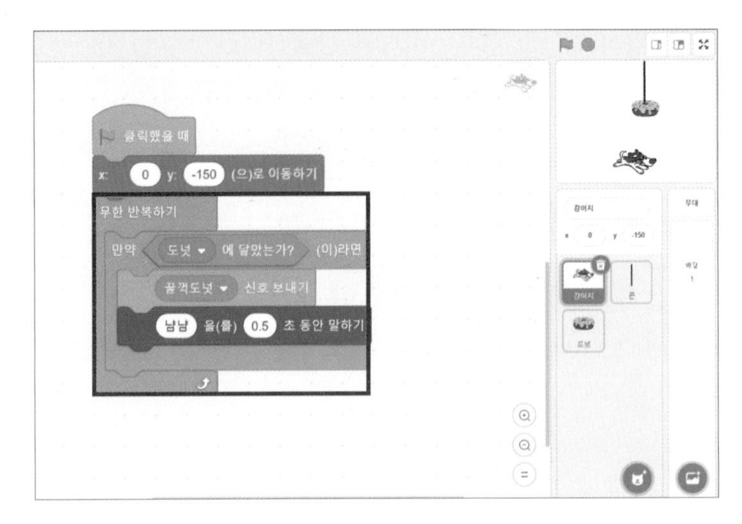

11 다시 도넛( ) 스프라이트를 선택합니다. 도넛( )이 ‘꿀꺽도넛’ 신호를 받으면 실행 화면에서 보이지 않았다가 1초 후 다시 나타나도록 [꿀꺽도넛 신호를 받았을 때] 블록에 [숨기기] 블록, [1 초 기다리기] 블록, [보이기] 블록을 차례로 연결합니다.

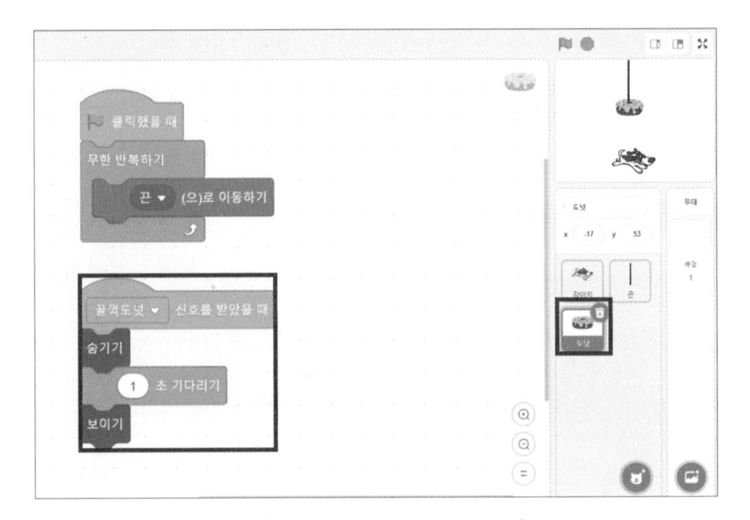

12 코드 조립을 완성하면 [시작하기( )]를 클릭하여 스페이스 키를 누르면 강아지( )가 점프하는지를 확인합니다. 또한, 강아지( )가 도넛( )에 닿으면 “냠냠”이라고 말하고 도넛( )은 1초간 사라지는지 확인합니다.

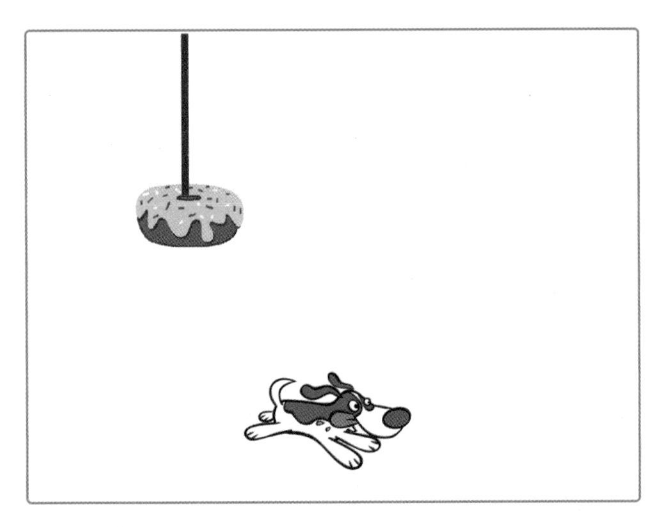

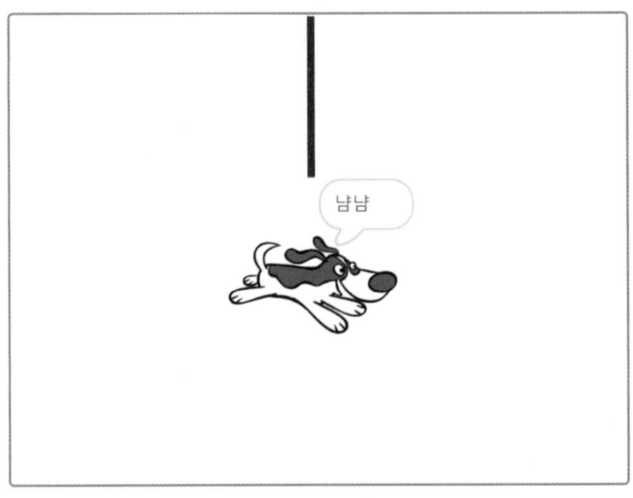

문제 10 **코딩 풀이**

정답 파일 PARTO5₩기출유형따라하기 1회₩정답

동영상 강의

★학습 개념 순차, 반복, 선택, 말하기, 초시계
★성취 기준 2.1.2. 자료의 입출력문을 작성할 수 있다.

핵심 블록 설명

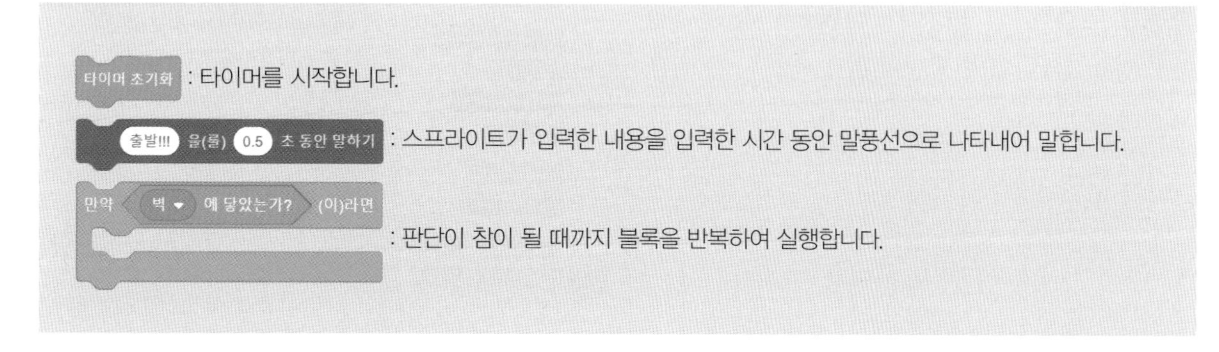

풀이 따라하기

01 스크래치가 실행되면 [파일]–[Load from your computer(컴퓨터에서 가져오기)]를 선택합니다.

02 [열기] 대화 상자가 나타나면 'PART05₩기출유형따라하기 1회' 폴더에서 '10..sb3' 파일을 선택하고 [열기]를 클릭합니다.

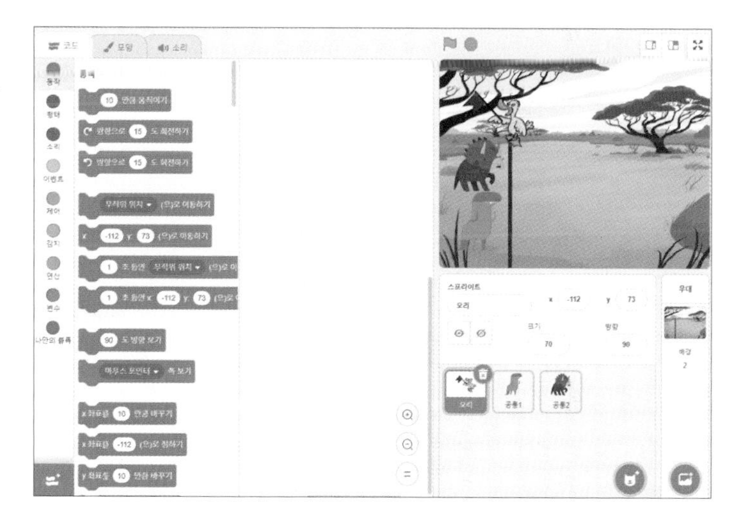

tip

〈조건〉에 '스크래치 프로그램 화면 [블록 모음]에서 필요한 블록을 가져다 사용한다.'라고 명시된 문제는 [블록 모음]에서 블록을 직접 가져다 사용해야 합니다.

오리 스프라이트 코딩

03 오리( ) 스프라이트를 선택합니다. [시작하기( )]를 클릭했을 때 오리( )가 깃발을 내리고 있는 모양에서 시작하도록 [이벤트( )] 카테고리의 [클릭했을 때] 블록과 [형태( )] 카테고리의 [모양을 오리_준비 (으)로 바꾸기] 블록을 가져와 연결합니다.

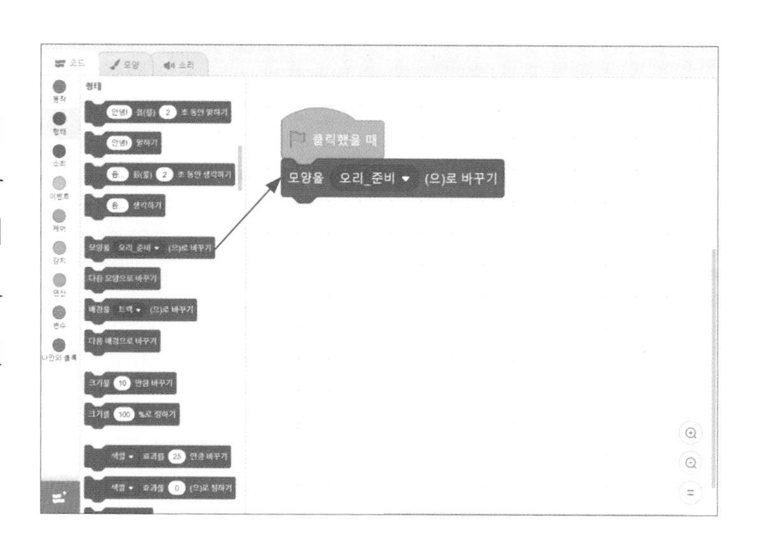

04 오리()가 달리기 시합의 준비를 알리기 위해 "준비~~~"라고 1.5초 동안 말하도록 [형태()] 카테고리의 안녕! 을(를) 2 초 동안 말하기 블록을 연결하고, '안녕!'을 '준비~~'로, '2'초를 '1.5'초로 입력하여 변경합니다.

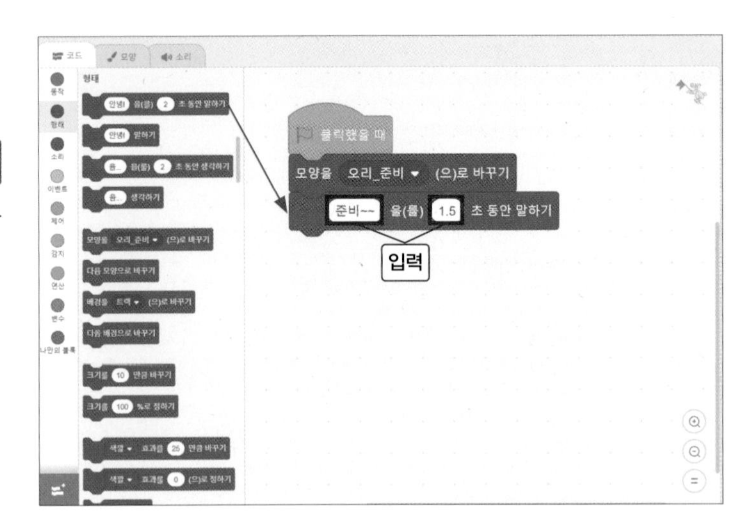

05 오리()가 달리기 시합의 출발을 알리도록 [형태()] 카테고리의 다음 모양으로 바꾸기 블록을 연결합니다.

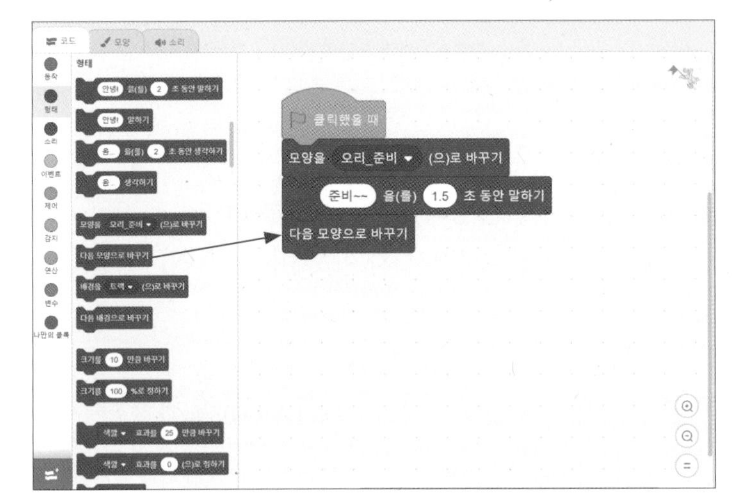

06 달리기 시합이 출발하는 시점에 초시계의 동작을 시작하기 위해 [감지()] 카테고리의 타이머 초기화 블록을 연결합니다. 그리고 오리()가 "출발!!!"이라고 0.5초 동안 말하도록 [형태()] 카테고리의 안녕! 을(를) 2 초 동안 말하기 블록을 연결하고, '안녕!'을 '출발!!!'로, '2'를 '0.5'로 입력하여 변경합니다.

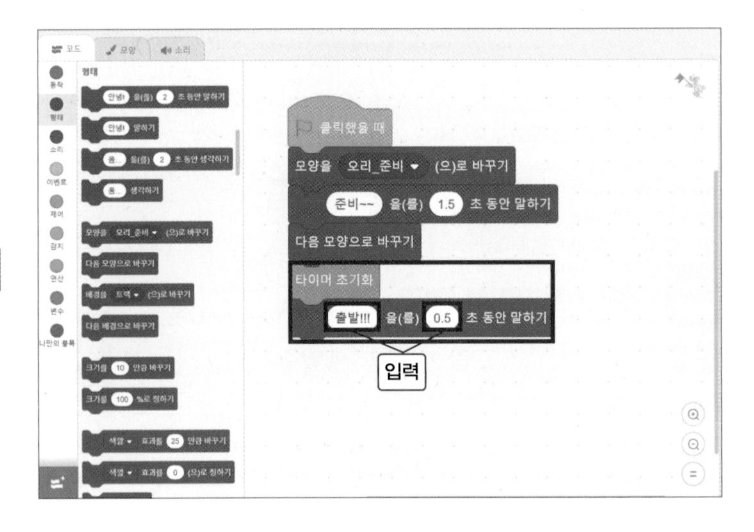

공룡1 스프라이트 코딩

07 공룡1( ) 스프라이트를 선택합니다. 공룡1( )의 시작 위치를 정하기 위해 [이벤트( )] 카테고리의 [클릭했을 때] 블록과 [동작( )] 카테고리의 [x: -170 y: -85 (으)로 이동하기] 블록을 가져와 연결합니다. 그리고 공룡1( )이 2초를 기다리도록 [제어( )] 카테고리의 [1 초 기다리기] 블록을 연결하고, '1'초를 '2'초로 입력하여 변경합니다.

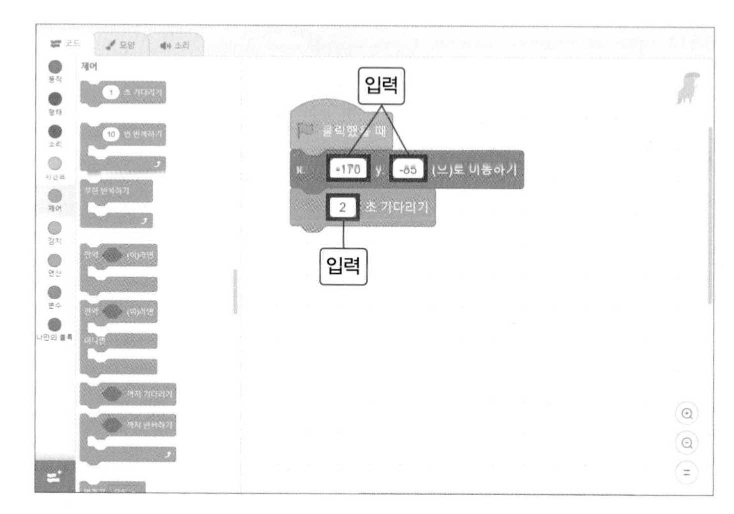

why

공룡1( )이 2초를 기다리는 이유는 오리( )가 달리기 시합을 위해 "준비~~~", "출발!!!"을 말하는 시간을 기다리기 위함입니다. 즉, 오리( )가 달리기 시합의 출발을 알린 후 공룡1( )이 달려야 하기 때문입니다.

08 공룡1( )이 벽에 닿을 때까지 달리도록 [제어( )] 카테고리의  블록을 연결한 후 [감지( )] 카테고리의 [마우스 포인터 ▾ 에 닿았는가?] 블록을 [벽 ▾ 에 닿았는가?] 블록으로 변경하여 삽입합니다.

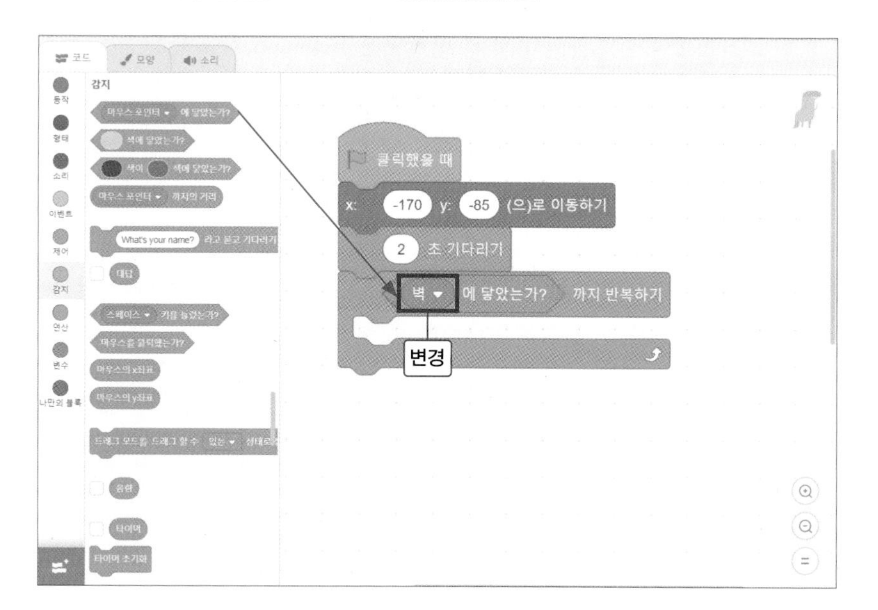

09 [동작(동작)] 카테고리의 10 만큼 움직이기 블록을 연결합니다. 이때 속도의 변화를 주기 위하여 '10'에 [연산(연산)] 카테고리의 1 부터 10 사이의 난수 블록을 끼워 넣습니다.

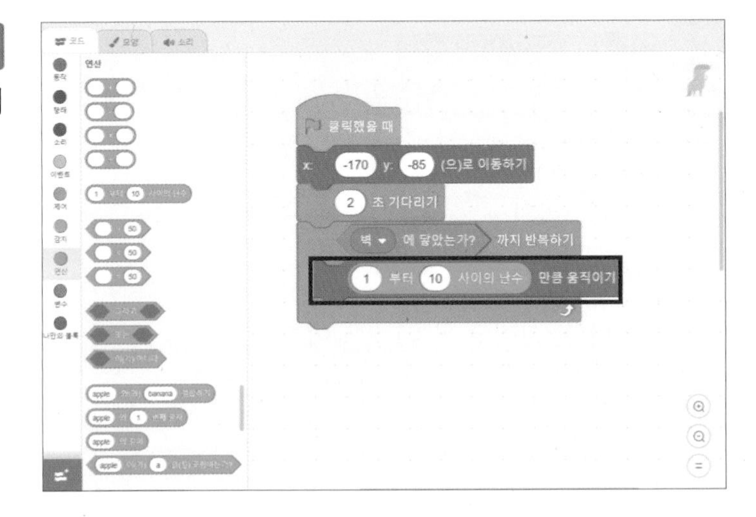

10 공룡1(공룡1)이 달리는 것처럼 0.2초마다 모양을 바꾸기 위해 [형태(형태)] 카테고리의 다음 모양으로 바꾸기 블록과 [제어(제어)] 카테고리의 1 초 기다리기 블록을 연결한 다음 '1'초을 '0.2'초로 입력하여 변경합니다.

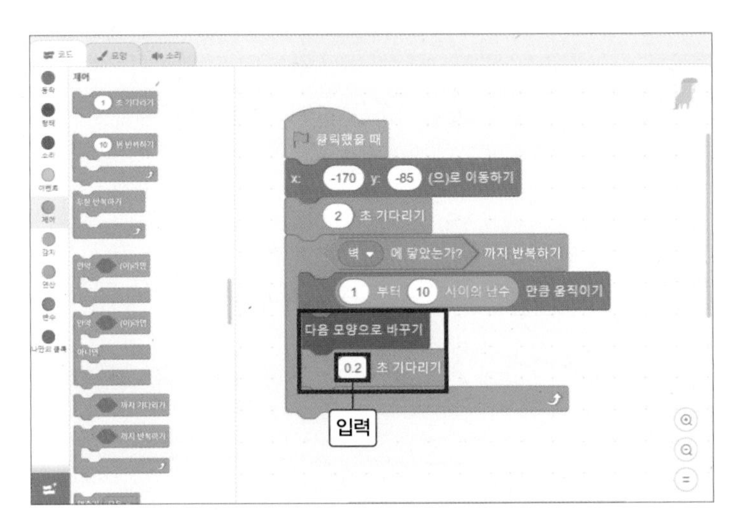

11 공룡1(공룡1)이 벽에 닿으면 도착점에 도달했다고 보고 타이머 값을 나타내기 위해 [형태(형태)] 카테고리의 안녕! 말하기 블록을 연결한 다음 '안녕!'의 위치에 [감지(감지)] 카테고리의 타이머 블록을 끼워 넣습니다.

tip

공룡1(공룡1)과 공룡2(공룡2)의 달리기 시합의 결과를 알기 위해서는 공룡1과 공룡2가 각각 도착한 시간을 알아야 합니다. 따라서 공룡1과 공룡2에 타이머 값을 표시하도록 합니다.

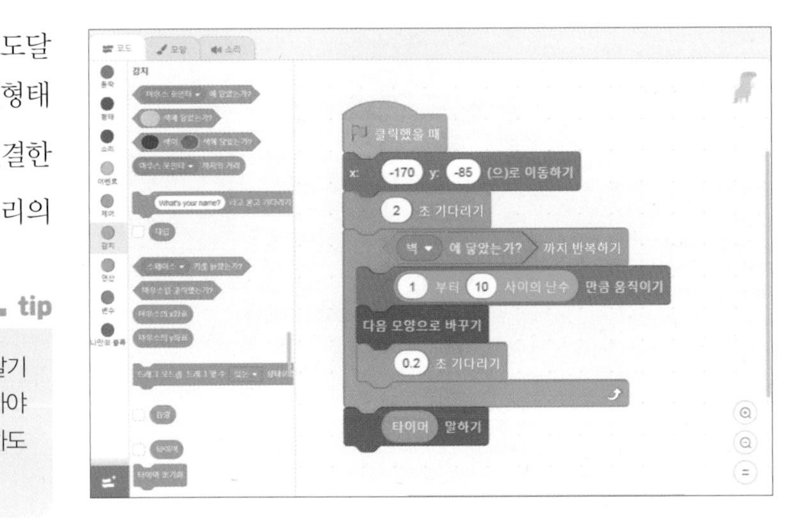

12 공룡2( ) 스프라이트의 코드는 공룡1( ) 스프라이트의 코드와 거의 동일하므로 공룡1( )의 코드를 복사하여 사용하겠습니다. 공룡1( )의 [클릭했을 때] 블록 부분을 짚고 드래그하여 코드 전체를 공룡2( ) 스프라이트 위에 둡니다. 이로써 공룡2( )에 공룡1( )의 코드가 복사되었습니다.

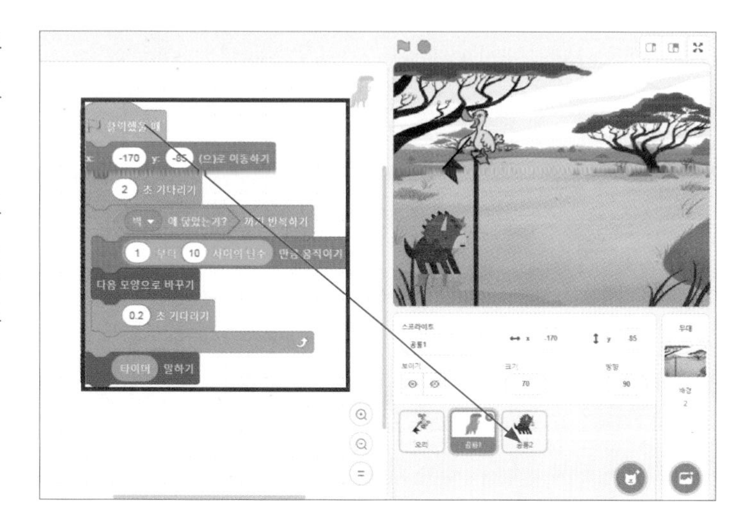

공룡2 스프라이트 코딩

13 공룡2( ) 스프라이트를 선택하면, 복사된 코드를 확인할 수 있습니다. 이제 공룡2( )의 시작 위치를 지정하기 위해 [x: -170 y: -85 (으)로 이동하기] 블록을 [x: -170 y: 0 (으)로 이동하기]처럼 입력하여 변경합니다.

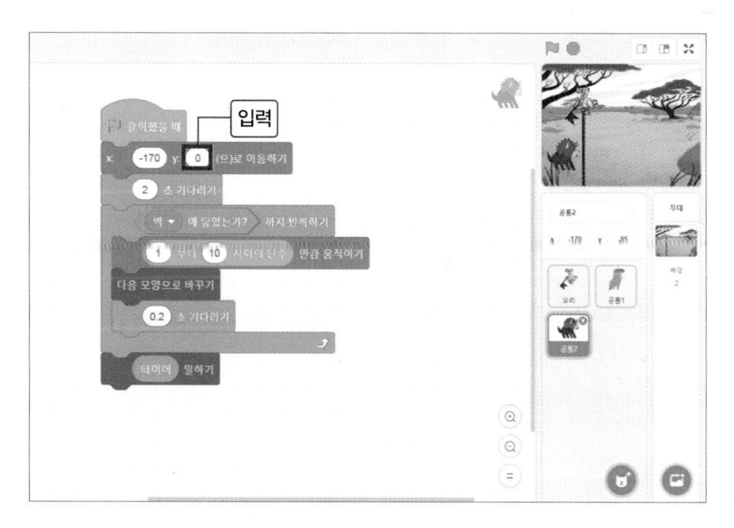

14 코드 조립이 완성되면, [시작하기( )]를 클릭하여 오리( )가 "준비~~~", "출발!!!"이라고 말하면서 깃발을 올림과 동시에 달리기가 시작되는지 확인합니다. 그리고 공룡1( )과 공룡2( )는 오리( )가 말하는 2초 후에 달리기 시작하고, 도착하면 달린 시간이 제대로 나타나는지 확인합니다.

최신 기출 유형 따라하기 2회

SW코딩자격(3급)

- Software Coding Qualification Test -

SW	시험 시간	급수	응시일	수험 번호	성명
스크래치 3.0 이상	45분	3	년 월 일		

시험자 유의 사항

- 수험자는 감독관의 안내에 따라 문제지와 시험용 SW 등의 이상 여부를 확인해야 합니다.
- 문제지는 시험이 끝난 후 답안지와 함께 제출해야 하며, 미제출 시 실격 처리 됩니다.
- 제한된 시간 내에 시험을 완료하여야 합니다.
- 시험 시작 후에는 화장실 출입이 불가하며, 시험 시간 중에는 퇴실할 수 없습니다.
- 시험 시간 중 고사실 내에서 휴대 전화기, 디지털카메라, MP3 등 전자 기기를 소지한 경우, 해당자의 시험을 무효로 처리하오니 절대 휴대하지 않도록 합니다.
- 부정 응시 및 문제 유출에 해당하는 행위 즉, 답안을 타인에게 전달 및 외부로 반출하는 경우, 자격기본법 제 32조에 의거 부정행위로 간주되어 해당자의 시험을 무효처리하며 민/형사상의 책임을 물을 수 있습니다.

답안 작성 요령

- 답안 작성 절차
  – 바탕화면(Desktop) / SW3–시험 / 수험번호–성명 / 파일에 답안을 작성 또는 작업 후 저장
- 시험을 완료한 수험자는 감독관의 안내에 따라 ①시험지를 제출하고 ②답안 파일을 저장한 후 퇴실합니다.

한 국 생 산 성 본 부

문제 01 지영은 민호에게 "반복되는 말"을 줄여 말하고 싶어 한다. 〈보기〉를 참고하여 〈문제〉의 빈칸을 완성하시오. (10점)

보기

〈지영의 생각〉

'붓과 팔레트와 스케치북'을 계속 말하려니 힘드네.
한 번만 이야기 하고, 이후에 같은 내용을 말할 때에는 '붓 등등'이라고 해야지.
그런데, 민호에게 '붓과 필레트와 스케치북'을 짧게 줄여 '붓 등등'으로 대신하여 말한다는 말은 언제쯤 하는 게 좋을까 고민되네.

문제

※답안 작성 요령 : 〈보기〉를 참고하여, ①번은 아래의 (가)~(다) 중 적당한 위치를 골라 적으시오. ②번은 직접 적당한 말을 적어 넣으시오.

아래의 (가)~(다) 중 지영이 민호에게 "민호야, '붓과 팔레트와 스케치북'은 말이 너무 길어서, '붓 등등'으로 줄일게"라는 이야기를 언제쯤 하는 것이 좋을지 선택하시오. (①)
또한, 지영이 반복되는 내용을 줄여서 말하기로 한 후 다시 정리해 말했을 때 (②)에 들어갈 말은 무엇인지 적으시오.

민호야, 이번 일요일에 참가하기로 한 미술대회에 [붓과 팔레트와 스케치북]을 준비해 오래.
(가)
나는 [　　　　]을 학교에 사물함에 두고 다녀서 미리 챙겨 놓으려고 해.
(나)
일요일 대회 전에 [　　　　]을 집에 가져가야 할 것 같아.
(다)
너도 사물함에 [(②)]을 두고 다니던데 미리 챙겨 두는 편이 좋을 거야.

정답	① ( )	② ( )

문제 02 **지후는 다음 주까지 숙제로 '나의 미래 직업'이라는 주제로 글을 써서 내야 한다. 〈보기〉를 참고하여 〈문제〉의 빈칸을 완성하시오. (10점)**

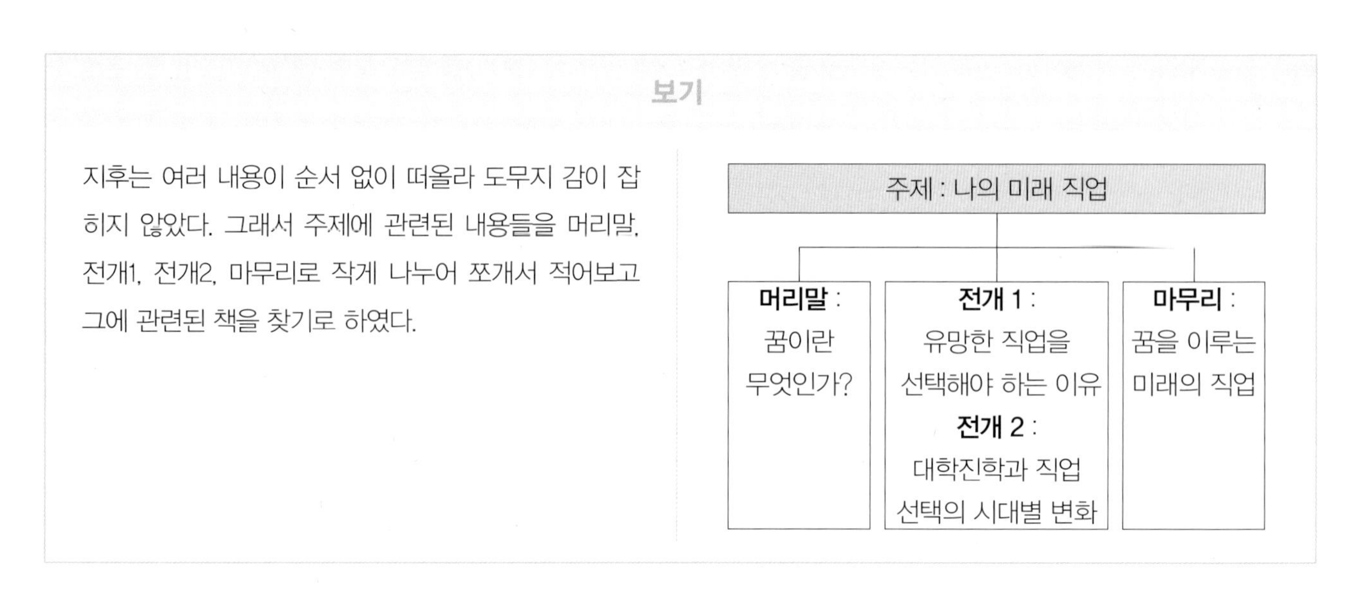

보기

지후는 여러 내용이 순서 없이 떠올라 도무지 감이 잡히지 않았다. 그래서 주제에 관련된 내용들을 머리말, 전개1, 전개2, 마무리로 작게 나누어 쪼개서 적어보고 그에 관련된 책을 찾기로 하였다.

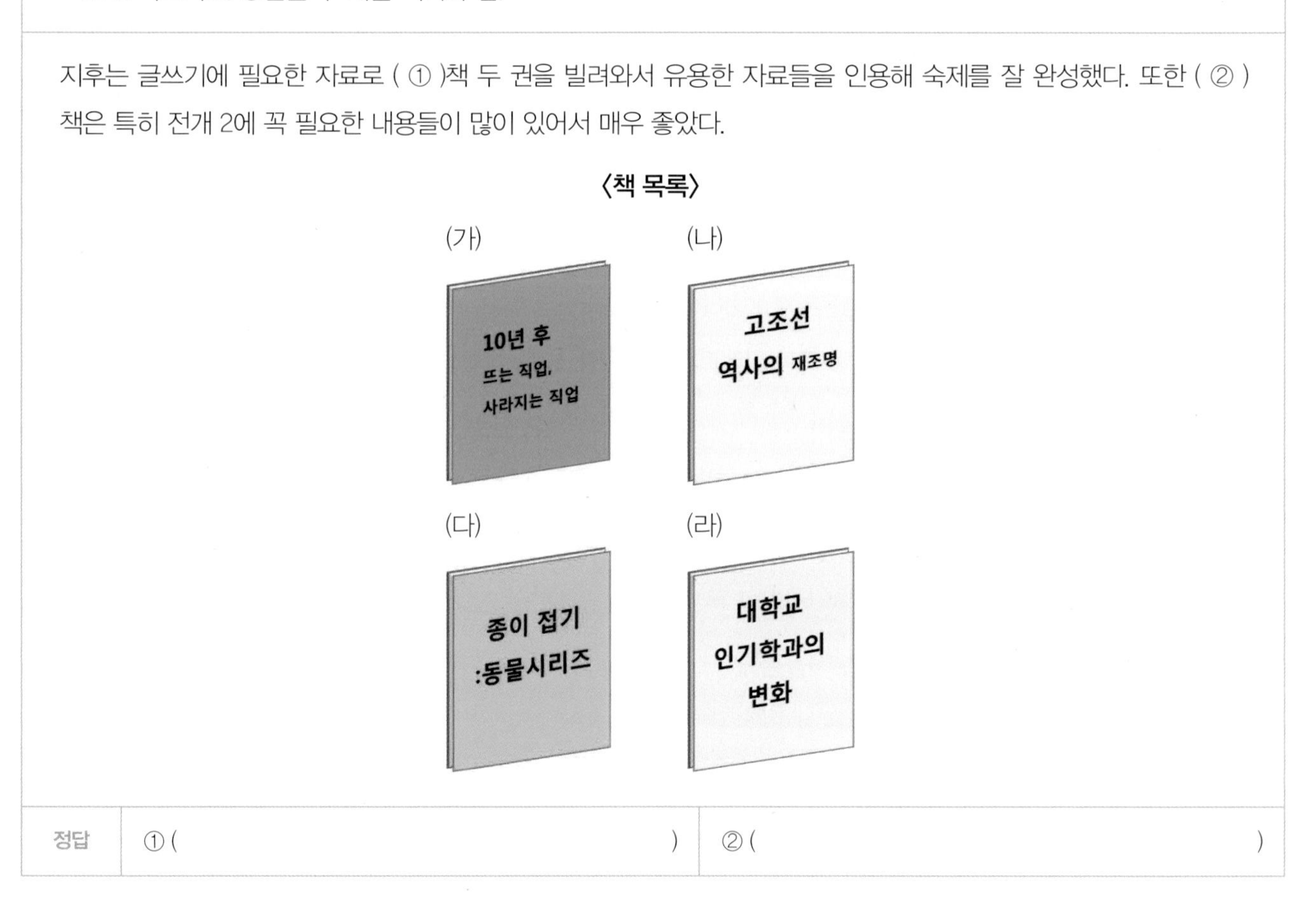

문제

※답안 작성 요령 : 〈보기〉를 참고하여, ①, ②번 빈칸에 들어갈 내용을 〈책 목록〉 중에서 골라 (가)~(라) 중 알맞은 기호로 적으시오. ①번은 두 개를 적어야 함.

지후는 글쓰기에 필요한 자료로 (①)책 두 권을 빌려와서 유용한 자료들을 인용해 숙제를 잘 완성했다. 또한 (②) 책은 특히 전개 2에 꼭 필요한 내용들이 많이 있어서 매우 좋았다.

〈책 목록〉

정답	① ( )	② ( )

문제 03 영희는 동생에게 숫자카드를 사용해 더하기를 가르쳐 주고 있다. 〈보기〉를 참고하여 〈문제〉의 빈칸을 완성하시오. (10점)

보기

〈영희의 퀴즈〉

영희 : 동생아, 언니가 카드들을 내려놓을 거야. 잘 살펴보고, 숫자가 보이지 않게 뒤집어 놓은 카드는 어떤 숫자일까 맞춰봐. 카드들이 커지는 규칙을 생각해보면 맞출 수 있어.

〈카드의 순서〉

(①)	5	9	13	17
21	(②)	29	33	37

문제

※답안 작성 요령 : ①과 ②번에 해당하는 답을 숫자로 순서대로 적어 넣으시오.

영희는 숫자카드들을 하나씩 내려놓은 뒤 동생에게 퀴즈를 내고 있다. 〈카드의 순서〉에 놓인 숫자들을 보고 규칙에 따라 어떤 숫자가 들어 가야하는지 적어 넣으시오.

숫자가 보이지 않게 뒤집어 놓은 첫 번째 카드에는 (①)이/가 뒤집어진 두 번째 카드에는 (②)이/가 들어가야 한다.

정답	① ( )	② ( )

문제 04 은정이가 음료수 자동판매기 앞에서 음료수를 고르는 중이다. 보기를 참고하여 〈문제〉의 빈칸을 완성하시오. (10점)

보기

〈음료수 자동판매기 사용 방법〉

〈영희의 퀴즈〉

영희 : 동생아, 언니가 카드들을 내려놓을 거야. 잘 살펴보고, 숫자가 보이지 않게 뒤집어 놓은 카드는 어떤 숫자일까 맞춰봐. 카드들이 커지는 규칙을 생각해보면 맞출 수 있어.

(마) 돈을 넣는다.

(바) 음료수가 나온다.

(사) 음료수가 나오지 않는다.

(아) 넣은 돈이 음료수 가격과 같은가?

문제

※답안 작성 요령 : 〈보기〉를 참고하여 작성하되, 〈음료수 자동판매기 사용방법〉에서 적절한 내용을 골라 (가)~(아)의 기호로 적으시오.

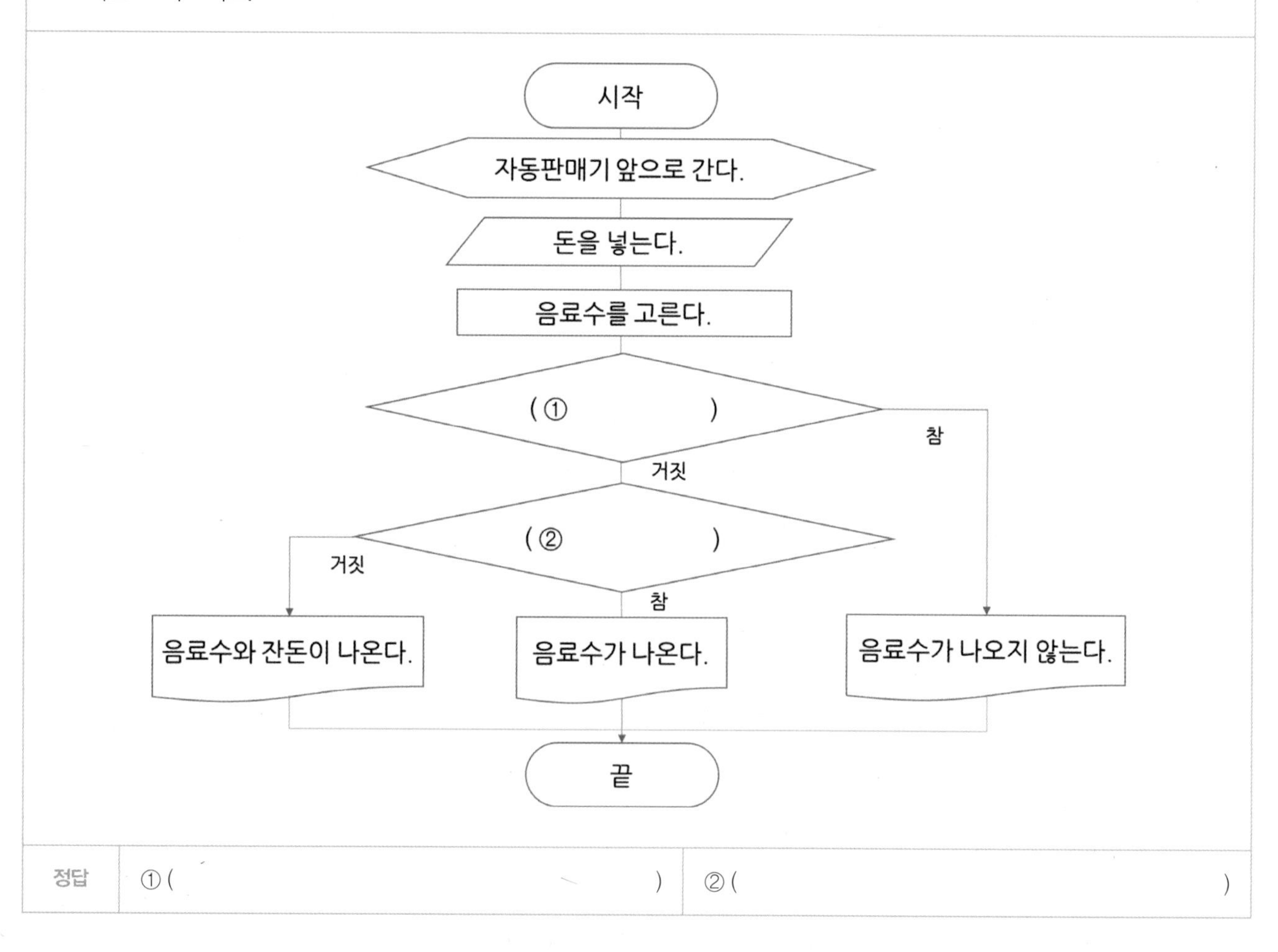

정답	① ( )	② ( )

문제 05

전기가 통하는 물건을 찾으려 한다. 〈보기〉 내용을 참고하여 문제를 푸시오. (10점)

보기

〈전기가 통하는 물건 찾기〉

(가) 전기가 통하는 물건이다.
(나) 연결할 물건을 준비한다.
(다) 전기가 통하지 않는 물건이다.
(라) 스위치 사이에 물건을 연결한다.
(마) 전구에 불이 켜지는가?

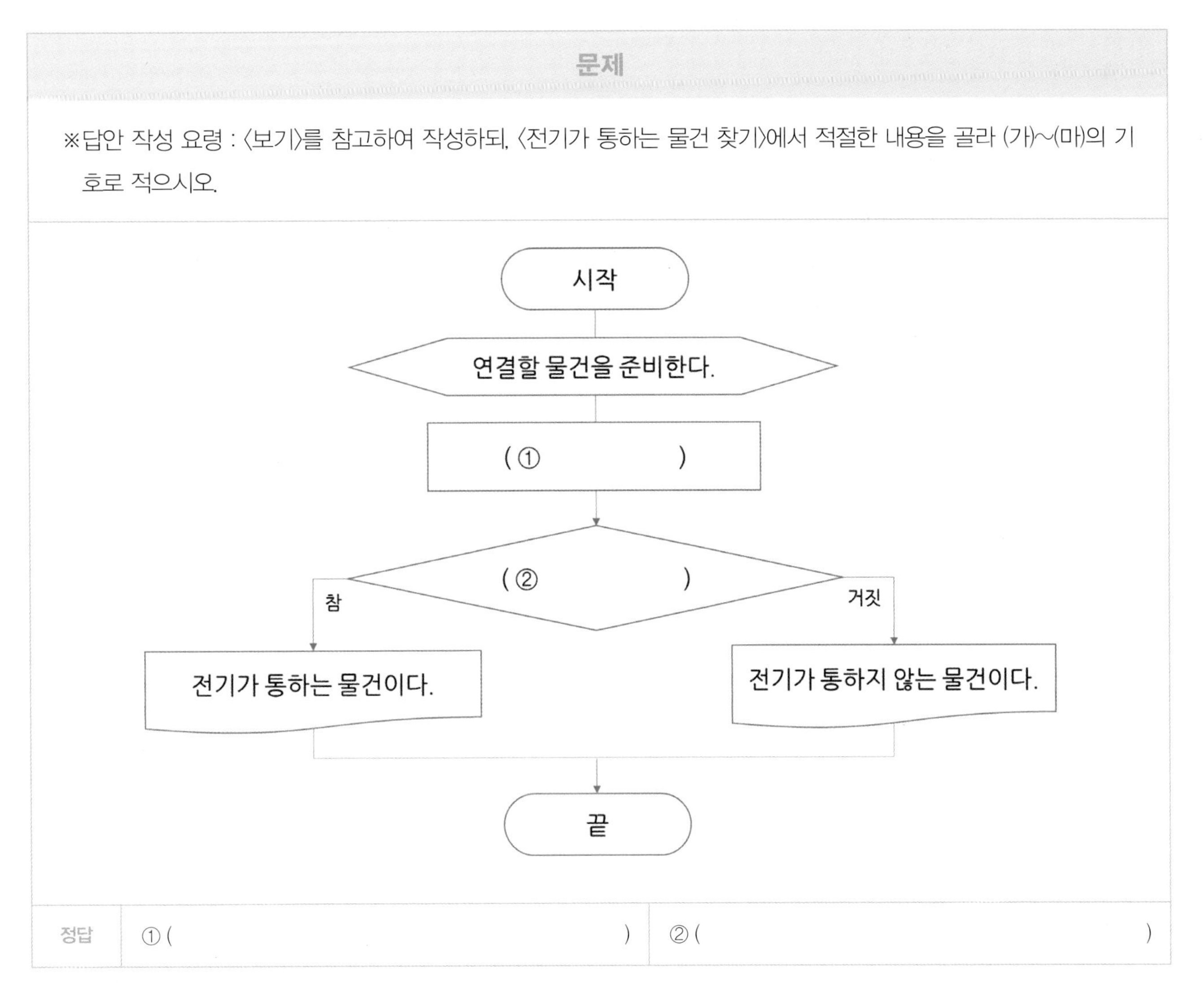
문제

※답안 작성 요령 : 〈보기〉를 참고하여 작성하되, 〈전기가 통하는 물건 찾기〉에서 적절한 내용을 골라 (가)~(마)의 기호로 적으시오.

정답	① ( )	② ( )

프로그래밍 작업 가이드

- 문제 파일 위치 : PART05₩기출유형따라하기 2회
- [수험번호-성명] 폴더를 마우스 오른쪽 버튼으로 클릭한 후, [이름 바꾸기]를 클릭
  → 본인의 [수험번호-성명]으로 수정하시오. (예: 10041004-홍길동)
- 본인의 [수험번호-성명]으로 수정된 폴더 안의 파일을 문항 별로 더블클릭하여 프로그램을 실행합니다.
- 문항 별 조건에 따라 작업을 완료하였으면, 파일〉저장하기 버튼을 클릭하여 저장합니다.

문제 **06** 색연필이 다양한 색으로 그리기를 하도록, 아래 〈조건〉에 맞게 코딩하시오. (10점)

조건

- 스크래치 프로그램 화면의 [스크립트 영역]에 주어진 명령어 블록만을 모두 사용한다.
- 🏁 버튼을 클릭하면 색연필의 순서를 맨 앞쪽으로 바꾸고, 색연필의 모양은 '색연필_검정'으로, 색연필의 펜 색깔은 검정색으로 정한다.
- 색연필이 계속해서 마우스 포인터 위치로 이동한다.
- 마우스를 클릭하면 그리고, 마우스를 클릭하지 않았을 때는 그리지 않는다.
- 빨강물감 스프라이트를 마우스로 클릭하면 '빨강' 신호를 보낸다.
- 파랑물감 스프라이트를 마우스로 클릭하면 '파랑' 신호를 보낸다.
- 노랑물감 스프라이트를 마우스로 클릭하면 '노랑' 신호를 보낸다.
- 색연필이 '빨강' 신호를 받으면 '색연필_빨강' 모양으로 바꾸고 펜 색깔을 빨강색으로 설정한다.
- 색연필이 '파랑' 신호를 받으면 '색연필_파랑' 모양으로 바꾸고 펜 색깔을 파랑색으로 설정한다.
- 색연필이 '노랑' 신호를 받으면 '색연필_노랑' 모양으로 바꾸고 펜 색깔을 노랑색으로 설정한다.
- 키보드의 스페이스 키를 누르면 그려진 모든 것을 지운다.

파일럿 고양이가 먹구름 낀 하늘을 날도록, 아래 〈조건〉에 맞게 코딩하시오. (10점)

조건

- 스크래치 프로그램 화면의 [스크립트 영역]에 주어진 명령어 블록만을 모두 사용한다.
- 버튼을 클릭하면 파일럿 고양이가 5만큼씩 반복하여 움직이고 화면 끝에 닿으면 튕기도록 한다.
- 파일럿 고양이가 먹구름에 닿은 동안에는 투명도 효과를 5만큼 주고, 먹구름을 빠져나오면 투명도 효과를 0으로 정한다.
- 버튼을 클릭하면 번개는 3초마다 복제하기를 한다.
- 번개가 복제되었을 때 (1)~(4)의 동작을 실행한다.
  (1) 번개가 화면에 보인다.
  (2) 번개가 x좌표는 –120에서 80사이의 난수, y좌표는 120 위치로 이동한다.
  (3) 번개가 벽에 닿을 때까지 y좌표를 –5만큼씩 반복하여 움직이도록 한다.
  (4) 번개가 벽에 닿으면 모양을 숨기고 복제본을 삭제한다.

고양이가 달리는 것처럼 움직이고 배경이 지나가는 것처럼 나무가 움직이도록, 아래 〈조건〉에 맞게 코딩하시오. (10점)

조건

- 스크래치 프로그램 화면의 [스크립트 영역]에 주어진 명령어 블록만을 모두 사용한다.
- 버튼을 클릭하면 '나무횟수' 변수를 1로 정한다.
- 나무는 (1)~(3)까지 명령을 계속 반복하여 실행한다.
  (1) 나무의 x좌표를 180으로 설정한다.
  (2) 나무가 벽에 닿을 때까지 x좌표를 –3만큼 바꾼다.
  (3) 나무가 벽에 닿으면 '나무횟수' 변수를 1만큼 바꾼다.
- 고양이는 0.5초마다 다음 모양으로 바꾸기를 무한 반복한다.
- 돌멩이는 다음을 무한 반복하여 실행한다.
  (1) 돌멩이를 숨긴다
  (2) '나무횟수' 변수를 2로 나눈 나머지가 0이면 돌멩이가 화면에 보인다.

선택한 연산 방식대로 로봇이 계산하여 결과를 알려주도록, 아래 〈조건〉에 맞게 코딩하시오. (10점)

조건

- 스크래치 프로그램 화면의 [스크립트 영역]에 주어진 명령어 블록만을 모두 사용한다.
- [깃발] 버튼을 클릭하면 '계신결과' 변수와 '연산자' 변수는 실행 화면에서 보이지 않도록 설정한다.
- 로봇이 "나는야 무엇이든 계산해주는 척척로봇!"이라고 2초 동안 말한다.
- 로봇이 "두 수를 입력해봐."라고 2초 동안 말한다.
- 로봇이 "첫 번째 수는?"이라고 묻고 대답을 기다리고, 대답을 입력하면 대답을 '숫자1' 변수로 정한다.
- 로봇이 "두 번째 수는?"이라고 묻고 대답을 기다리고, 대답을 입력하면 대답을 '숫자2' 변수로 정한다.
- 로봇이 "무슨 계산을 해줄까? 덧셈은 1, 뺄셈은 2를 눌러봐."라고 묻고 대답을 기다리고, 대답을 입력하면 대답을 '연산자' 변수로 정한다.
- 만약 '연산자' 변수가 1이면 '계산결과' 변수를 '숫자1' 더하기 '숫자2'의 값으로 정하고, "덧셈 계산 결과는 '계산결과'"라고 4초 동안 말한다.
- 만약 연산자 값이 2라면 '계산결과' 변수를 '숫자1' 빼기 '숫자2'의 값으로 정하고, "뺄셈 계산 결과는 '계산결과'"라고 4초 동안 말한다.

문제 10 자동차를 클릭하면 자동차들이 차고지로 이동하고, 심판은 제일 마지막에 도착한 자동차를 말하도록, 아래 〈조건〉에 맞게 코딩하시오. (10점)

조건

- 스크래치 프로그램 화면 [블록 모음]에서 필요한 블록을 가져다 사용한다.
- [깃발] 버튼을 클릭하면 '차고지' 리스트는 보이지 않으며, 파랑 자동차는 x좌표 −240, y좌표 −10에, 보라 자동차는 x좌표 −240, y좌표 −70에, 초록 자동차는 x좌표 −240, y좌표 −105에 위치한다.
- 모든 항목을 '차고지' 리스트에서 삭제한다.
- 심판은 '차고지' 리스트의 길이가 3이 될 때까지 기다리고, "제일 마지막에 들어온 자동차는 (차고지 리스트의 3번째 항목)"라고 말한다. 예) "제일 마지막에 들어온 자동차는 초록 자동차"
- 파랑 자동차 스프라이트를 클릭하면 다음의 (1)~(2)를 실행한다.
  (1) 검정색에 닿을 때까지 5만큼씩 반복하여 움직인다.
  (2) 파랑 자동차가 검정색에 닿으면 파랑 자동차 항목을 '차고지' 리스트에 추가한다.
- 보라 자동차 스프라이트를 클릭하면 다음의 (1)~(2)를 실행한다.
  (1) 검정색에 닿을 때까지 5만큼씩 반복해서 움직인다.
  (2) 보라 자동차가 검정색에 닿으면 보라 자동차 항목을 '차고지' 리스트에 추가한다.
- 초록 자동차 스프라이트를 클릭하면 다음의 (1)~(2)를 실행한다.
  (1) 검정색에 닿을 때까지 5만큼씩 반복해서 움직인다.
  (2) 초록 자동차가 검정색에 닿으면 초록 자동차 항목을 '차고지' 리스트에 추가한다.

시험 종료

- 본인의 수험번호–성명 폴더 내에 작업한 답안 파일이 정상적으로 저장되었는지 확인합니다.
  → 시험 종료 후, 감독관이 답안파일을 수거합니다.
- 수험번호, 성명을 잘못 기재하였거나, 답안 파일을 잘못 저장하여 발생한 문제나 불이익에 대한 일체의 책임은 수험자에게 있습니다.
- 감독관의 안내에 따라 시험지를 제출하고 퇴실합니다.

문제 01 문제 풀이

★ 학습 개념 문제 해결 방법의 탐색, 텍스트 압축
★ 성취 기준 1.2.2. 다양한 문제 해결 방법을 찾아낼 수 있다.

핵심 정리

긴 말을 반복해 사용하지 않아도 되도록 방법을 찾고 간단하게 줄여서 사용하는 문제 해결 방법의 탐색을 익힐 수 있는 문제입니다. '텍스트 압축' 기술은 실생활에서도 컴퓨터에서 많은 내용을 저장하거나 전송할 때 특히나 유용하게 사용됩니다. 줄여서 말하기를 하면 시간이 덜 걸리듯이 인터넷을 사용해 많은 양의 글자들을 전송할 때 반복되는 것들을 위와 같이 대표적인 짧은 단어나 기호로 만들어 보내면 속도가 빨라지고, 저장할 때는 저장 공간을 절약할 수 있게 됩니다. 마찬가지로, 소프트웨어 코딩을 할 때에도 같은 내용을 계속 반복하여 코드를 작성하는 것은 비효율적이므로, 위와 같은 원리를 적용하여 코딩에 활용하면 훨씬 간단하고 보기 좋게 작성할 수 있습니다.

풀이

정답 ① (가), ② 붓 등등
해설 줄여 말하기를 하기 이전에 줄여서 말할 것을 설명해줘야 민호가 알아들을 수 있습니다. 그러므로 (가)부분에서 먼저 설명한 후, 이후부터 '붓과 팔레트와 스케치북'을 '붓 등등'으로 줄여서 말하면 될 것입니다. 또한 ②번은 줄여 말하기 한다고 설명해준 이후이므로, '붓 등등'이라고 말하면 됩니다.

문제 02 문제 풀이

★ 학습 개념 문제 표현, 문제 분해
★ 성취 기준 1.2.1. 상황 속에서 문제를 정확하게 표현할 수 있다.

핵심 정리

기출문제에서 나오는 '문제 분해'에 관한 내용은 한 번에 해결하기 힘든 복잡한 내용을 부분별로 다루기 쉬운 수준으로 잘게 쪼개어 해결책을 찾도록 생각을 유도하는 문제입니다. 그러므로 세분화하여 나눈 내용들이 어떤 기준으로 나누어지고 어떤 내용들 끼리 분류되었는지를 파악하는 것이 중요합니다.

풀이

정답 ① (가), (라), ② (라)
해설 지후가 도서관에서 빌려온 책은 (가) 10년 후 뜨는 직업, 사라지는 직업, (라) 대학교 인기학과의 변천사 두 가지입니다. 머리말부터 마무리까지 지후가 글을 쓸 내용들을 정리해 놓은 개요를 보면, (나), (다) 책에는 해당 내용이 거의 없을 것입니다. '나의 미래 직업'이라는 글쓰기 숙제를 해결해야 하는 상황에서 주제만 생각하면, 막연하고 생각이 두서없이 떠올라 어떤 자료를 수집해야 할지도 감이 잡히지 않을 것입니다. 이런 상황에서 문제 분해를 합니다. 즉, 글을 머리말, 전개1, 전개2, 마무리로 나누고 파악해 보면 쉬워집니다. 어떤 자료가 필요한지도 한눈에 파악할 수 있게 됩니다. 특히 분해해 놓은 전개2에는 (라) 책의 내용이 유용하게 사용될 수 있을 것입니다.

문제 03

문제 풀이

★ 학습 개념 문제 해결 방법 비교와 선택, 패턴찾기

★ 성취 기준 1.2.2. 다양한 문제 해결 방법을 찾아낼 수 있다.

핵심 정리

'패턴 찾기'에 관련된 문제는 일정한 규칙으로 커지는 수, 또는 정해진 규칙만큼 변하는 도형, 또는 반복되는 작업의 파악에 대한 문제 등이 있습니다. 일정한 규칙으로 커지는 수의 패턴을 알기 위해서는 첫 번째 수와 두 번째 나오는 두 개의 수만 비교하지 말고, 두 번째와 세 번째, 세 번째와 네 번째 수 등 각각의 관계를 비교하여 어떤 규칙으로 변화하는지 규칙을 찾아내는 것이 필요합니다.

풀이

정답 ① 1, ② 25

해설 첫 번째 카드는 모르는 상태입니다. 그러나 '5 → 9 → 13 → 17 → 21' 로 카드에 적힌 숫자가 커지고 있는 상황입니다. 어떤 규칙으로 숫자가 커지고 있는지 알아보기 위해 비교를 해보면, 각각의 수가 이전의 수보다 4씩 커지고 있음을 알 수 있습니다. 그렇다면 숫자 5가 적힌 카드 앞의 ① 번 카드에 들어갈 숫자는 무엇인지 알 수 있습니다. 어떤 수보다 4 만큼 큰 수가 5라면 그 어떤 수는 바로 1이 됩니다. 또한 ②번 카드 역시 21보다 4 만큼 커진 수를 적어 넣으면 됩니다. 그러므로 ②번 카드에 들어갈 수는 25가 됩니다.

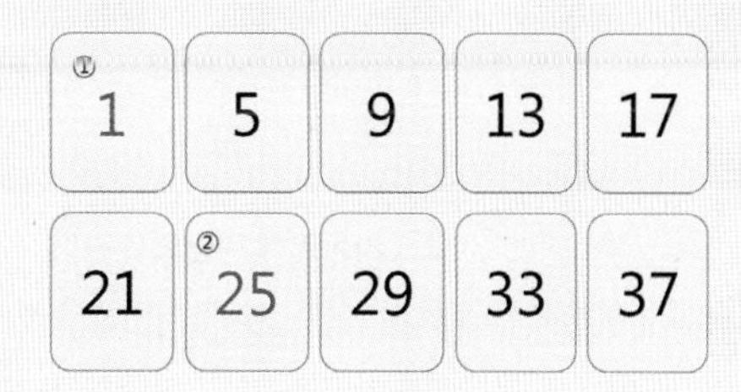

문제 04

문제 풀이

★ 학습 개념 알고리즘 개념과 중요성, 순서도 작성

★ 성취 기준 1.3.2. 알고리즘이 갖추어야 할 조건을 이해하고 다양한 알고리즘을 작성할 수 있다.

핵심 정리

조건 선택에 대한 '알고리즘' 순서도를 이해하고 작성할 수 있는지 알아보는 문제입니다. 조건 선택은 '참'과 '거짓' 상황에 따라 처리되는 방법이 다르게 갈라집니다. 순서도의 기호별 쓰임새를 알고 있어야 합니다. 이 문제에서와 같이 선택에 해당되는 순서도 기후 이외에 준비, 출력 등의 기호의 쓰임새에 대해서도 알아둡시다.

풀이

정답 ① (나), ② (아)

해설 은정이가 음료수 자동판매기에서 음료수를 살 수 있다는 것은, 자동판매기 안에 있는 아래와 같은 알고리즘으로 만들어진 소프트웨어 프로그램이 작동되고 있음을 사용경험상 알고 있다는 것입니다. 판단기호들이 문제의 빈칸으로 되어 있을 경우, 출력되는 값을 확인하면 어떤 조건내용이 들어있는지 찾을 수 있습니다. ①번은 음료수가 나오지 않는 상황이 참이 되려면 어떤 조건인지 생각해 보면 됩니다. 즉, '(나) 넣은 돈이 음료수 가격보다 적은가?' 라는 내용이 들어가면 됩니다. ②번 역시 '음료수가 나온다.'라는 상황이 참이고, '음료수와 잔돈이 나온다'라는 상황이 거짓이 되는 상황을 생각해 봅시다. 보기 중 '(아) 넣은 돈이 음료수 가격과 같은가?' 라는 조건을 넣으면 참과 거짓인 경우 출력 값이 제대로 맞게 진행되는 것을 확인 할 수 있습니다.

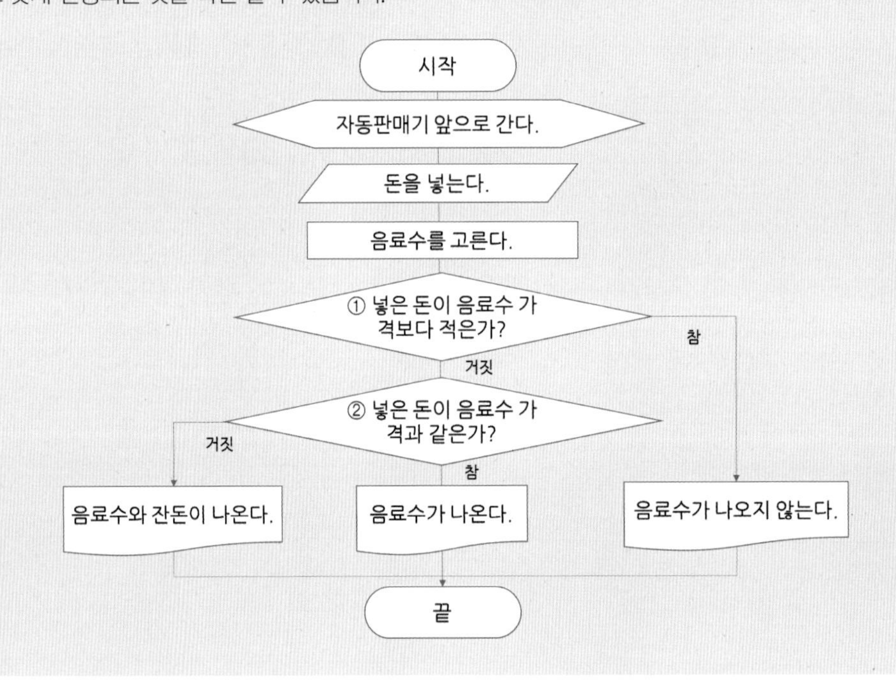

문제 05

문제 풀이

★ 학습 개념 알고리즘 개념과 중요성, 순서도 작성

★ 성취 기준 1.3.2. 알고리즘이 갖추어야 할 조건을 이해하고 다양한 알고리즘을 작성할 수 있다.

핵심 정리

평상시 일상 문제나 수업 중 배운 내용에 대해서도 알고리즘을 설계하고 순서도로 바르게 작성할 수 있도록 연습해 보도록 합시다. 특히 선택기호 부분에서 참과 거짓에 따라 처리가 되는 부분이 오류가 없는지 살펴보고, 순서도의 흐름상 처리 결과가 옳게 나오는지도 살펴봅시다.

풀이

정답 ① (라) ② (마)

해설 전기가 통하는 물건인지 알아보기 위해 먼저 준비한 물건 중에서, 먼저 궁금한 물건을 하나 골라 스위치 사이에 연결해 봅니다. ①에는 '(라) 스위치 사이에 물건을 연결한다.' 내용을 넣습니다. 전구에 불이 들어오면, 전기가 통하는 물건입니다. 또한 전구에 불이 켜지지 않으면 전기가 통하지 않는 물건입니다. 그러므로 참과 거짓으로 나뉘게 하는 판단 기호 ②번 안에는 '(마)전구에 불이 켜지는가?' 내용을 넣으면 됩니다.

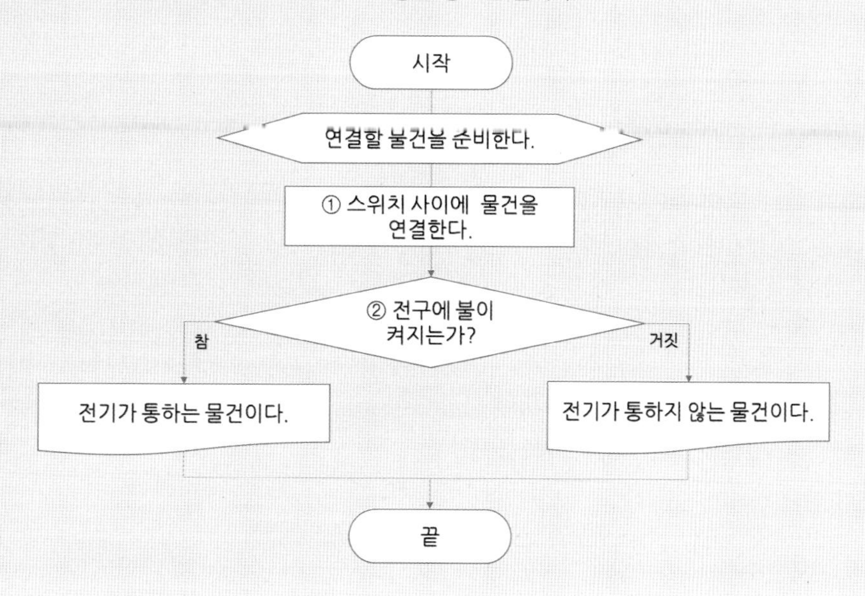

문제 06 코딩 풀이

정답 파일 PARTO5₩기출유형따라하기 2회₩정답

동영상 강의

★학습 개념 순차, 반복, 신호

★성취 기준 2.2.5. 이벤트의 개념을 이용하여 프로그래밍할 수 있다.

핵심 블록 설명

- [마우스 포인터 ▾ (으)로 이동하기] : 스프라이트가 마우스 포인터의 위치로 이동합니다.
- [펜 색깔을 ● (으)로 정하기] : 그러지는 선의 색을 선택한 색으로 정합니다.
- [모양을 색연필_빨강 ▾ (으)로 바꾸기] : 스프라이트를 선택한 모양으로 바꿉니다.
- [노랑 ▾ 신호 보내기] : 추가한 신호 목록 중 선택된 신호를 보냅니다.
- [노랑 ▾ 신호를 받았을 때] : 해당 신호를 받으면 이 블록 아래 연결된 블록들을 실행합니다.

풀이 따라하기

01 스크래치가 실행되면 [파일]-[Load from your computer(컴퓨터에서 가져오기)]를 선택합니다.

02 [열기] 대화 상자가 나타나면 'PART05₩기출유형따라하기 2회' 폴더에서 '6..sb3' 파일을 선택하고 [열기]를 클릭합니다.

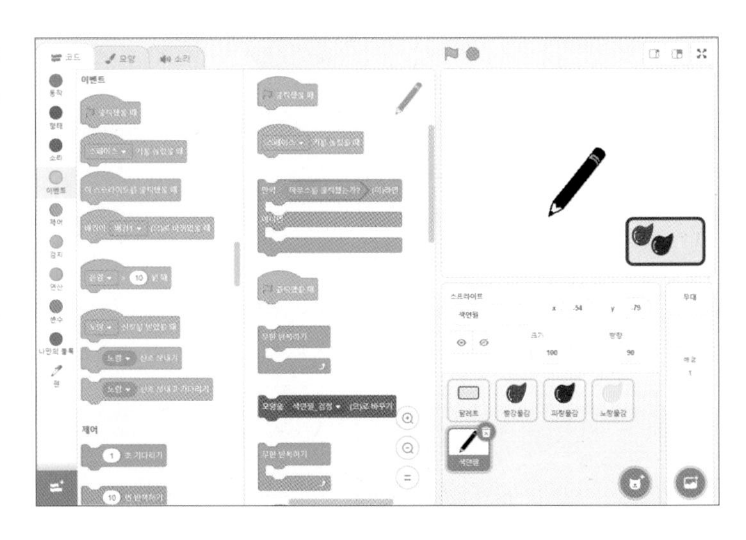

03 색연필( ) 스프라이트를 선택합니다. 시작 시 색연필( )이 실행 화면의 가장 앞에 있도록 [클릭했을 때] 블록에 [맨 앞쪽 ▾ 으로 순서 바꾸기] 블록을 연결합니다. 또한 시작 시 색연필( )의 모양과 펜 색깔을 지정하기 위해 [모양을 색연필_검정 ▾ (으)로 바꾸기] 블록과 [펜 색깔을 ● (으)로 정하기] 블록도 연결합니다.

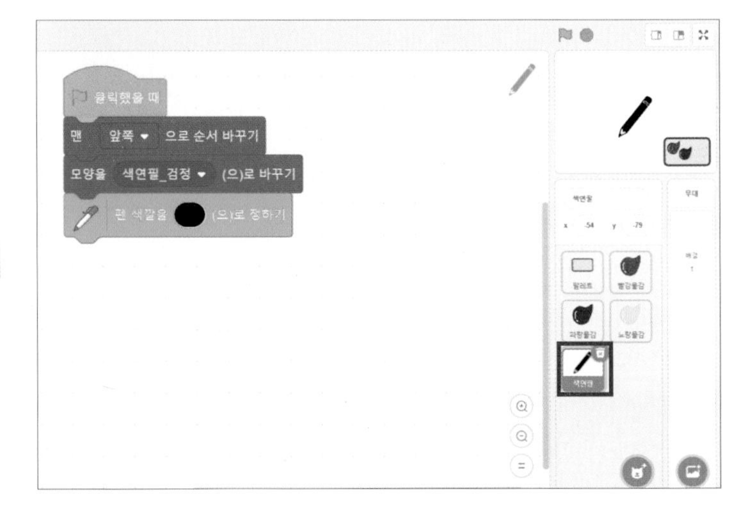

04 색연필( )이 마우스 포인터의 위치에 따라 움직이도록 [마우스 포인터 ▾ (으)로 이동하기] 블록을 [무한 반복하기] 블록에 연결합니다.

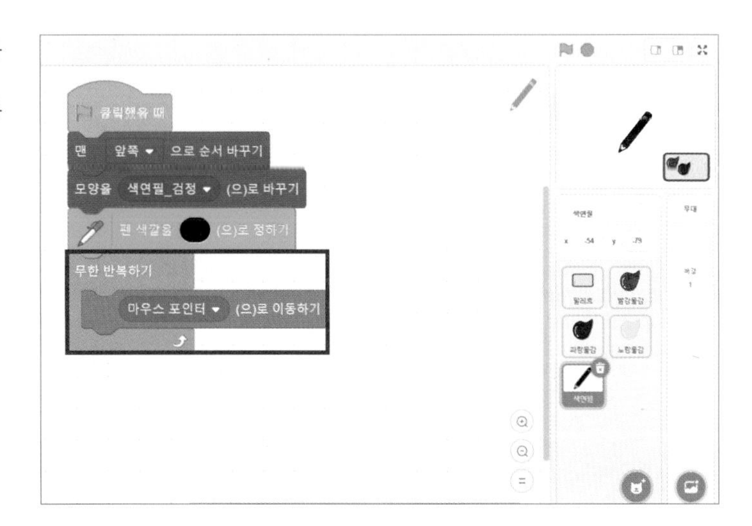

tip

[마우스 포인터 ▾ (으)로 이동하기] 블록의 ▾을 클릭하면 마우스 포인터 혹은 필요한 스프라이트 위치로 이동할 수 있도록 선택할 수 있습니다.

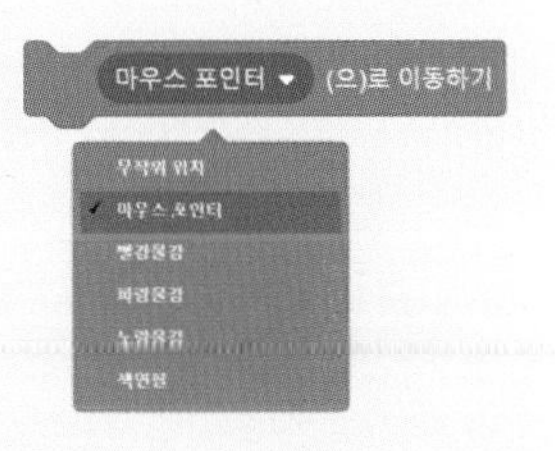

05 마우스를 클릭할 때만 그림을 그릴 수 있도록, [클릭했을 때] 블록에

블록을 연결합니다.

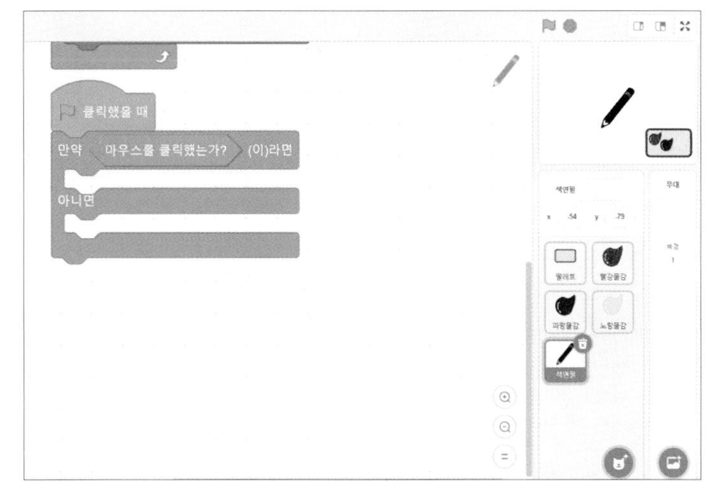

tip

그림을 그릴 때 색연필의 연필심 끝에서 그려지도록 모양의 중심을 변경합니다. [모양] 탭에서 색열필을 움직여 색연필의 끝과 화면의 중심점( )이 서로 일치하도록 조절합니다.

06 마우스를 클릭하면 펜을 내려서 그림을 그리도록 [펜 내리기] 블록을 연결하고, 마우스를 클릭하지 않으면 펜을 올려서 그림을 그리지 않도록 [펜 올리기] 블록을 연결합니다.
그리고 마우스를 클릭하였는지 조건을 항상 검사하기 위하여 [무한 반복하기] 블록을 연결합니다.

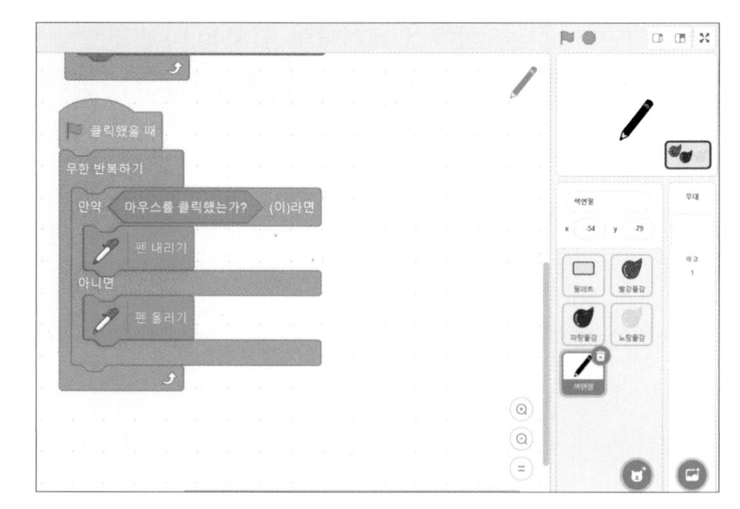

07 스페이스 키를 누르면 그려진 그림이 모두 지워지도록 [스페이스 ▾ 키를 눌렀을 때] 블록에 [모두 지우기] 블록을 연결합니다.

tip

이 블록을 사용하면 키보드에 있는 여러 키 중에서 원하는 이벤트 상황을 선택할 수 있습니다.

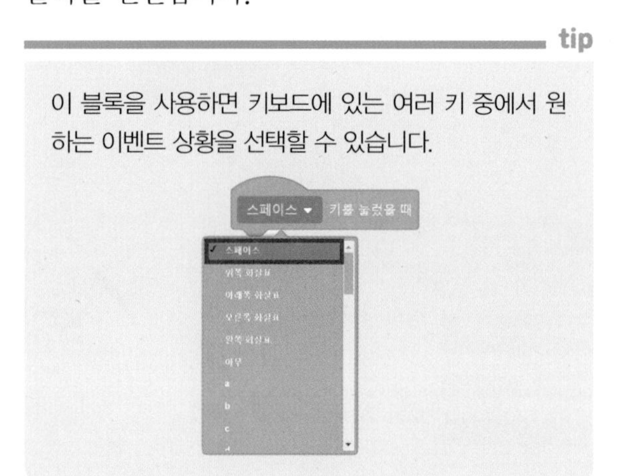

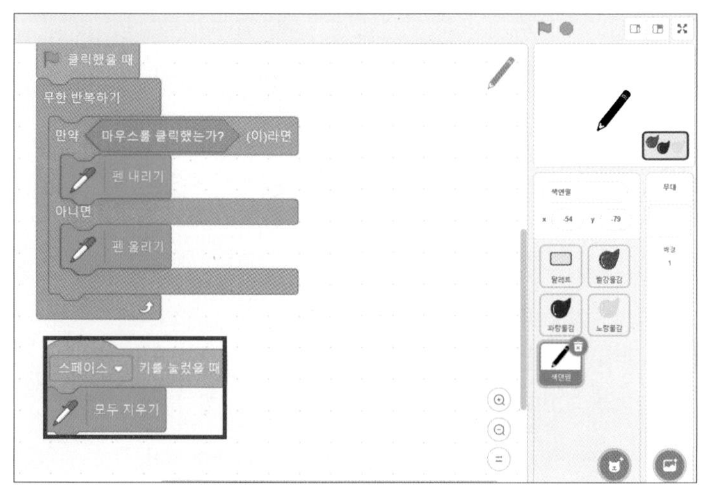

08 빨강물감( ) 스프라이트를 선택합니다. 빨강물감( ) 스프라이트를 클릭했을 때 '빨강' 신호를 보내기 위하여 [이 스프라이트를 클릭했을 때] 블록과 [빨강 ▾ 신호 보내기] 블록을 연결합니다.

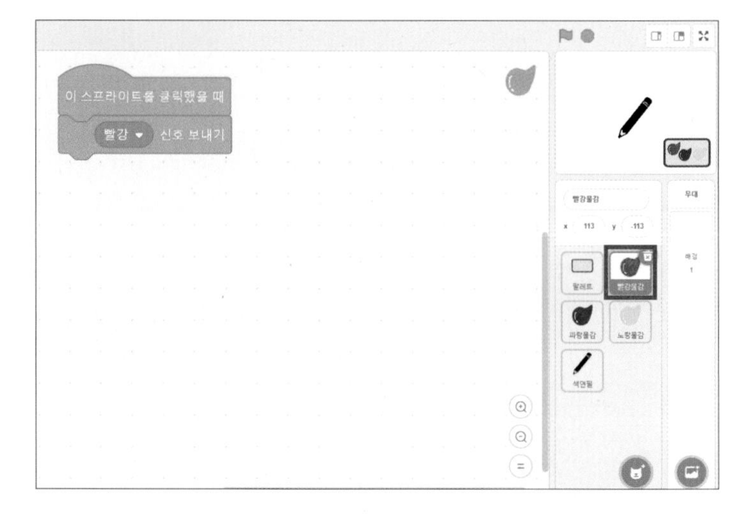

tip

새로운 신호를 만들어 사용해야 한다면 다음과 같이 만들어 사용합니다. [이벤트( )] 카테고리의 신호 보내기 블록을 가져온 후 새로운 메시지 이름을 추가해 사용합니다.

09 파랑물감( ) 스프라이트를 선택합니다. 파랑물감( ) 스프라이트를 클릭했을 때 '파랑' 신호를 보내기 위하여 [이 스프라이트를 클릭했을 때] 블록과 [파랑 ▾ 신호 보내기] 블록을 연결합니다.

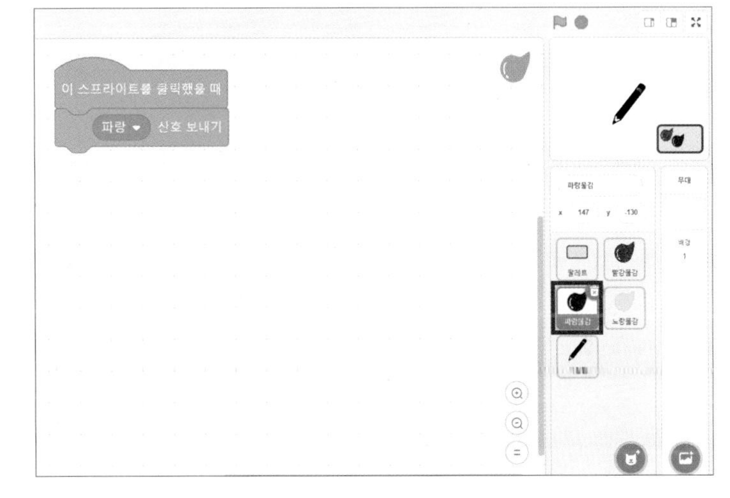

10 노랑물감( ) 스프라이트를 선택합니다. 노랑물감( ) 스프라이트를 클릭했을 때 '노랑' 신호를 보내기 위하여 [이 스프라이트를 클릭했을 때] 블록과 [노랑 ▾ 신호 보내기] 블록을 연결합니다.

11 다시 색연필( ) 스프라이트를 선택합니다. 색연필( )이 '빨강' 신호를 받았을 때 색연필의 모양과 색을 빨강으로 바꾸기 위하여 [빨강 ▾ 신호를 받았을 때] 블록에 [모양을 색연필_빨강 ▾ (으)로 바꾸기] 블록과 [펜 색깔을 ● (으)로 정하기] 블록을 연결합니다.

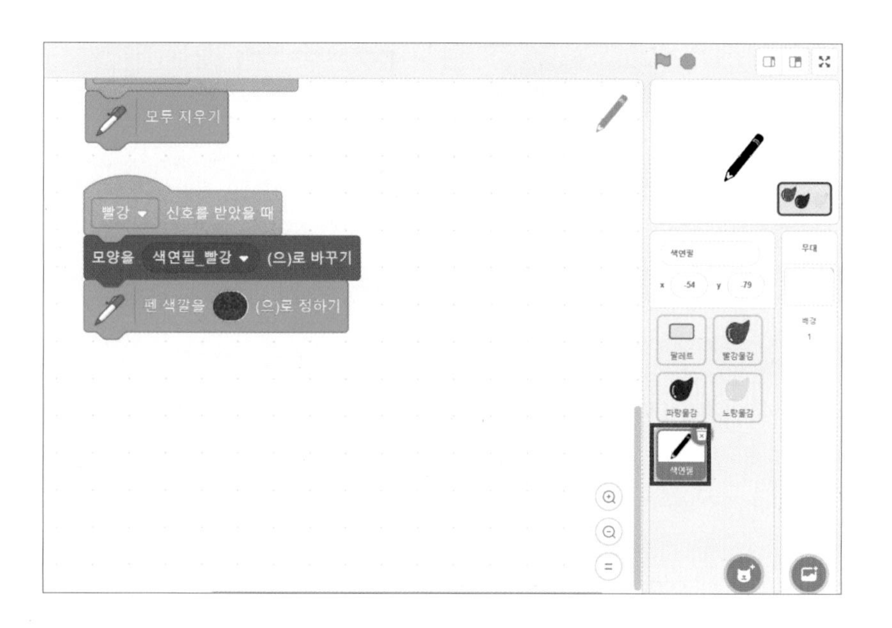

12 색연필( )이 '파랑' 신호를 받았을 때 색연필의 모양과 색을 파랑으로 바꾸기 위하여 [파랑 ▾ 신호를 받았을 때] 블록에 [모양을 색연필_파랑 ▾ (으)로 바꾸기] 블록과 [펜 색깔을 ● (으)로 정하기] 블록을 연결합니다.

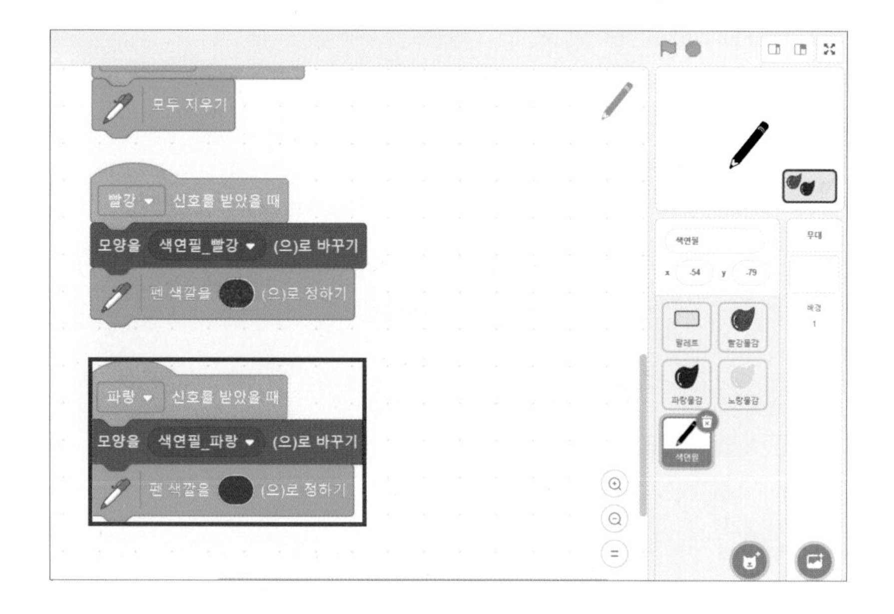

13 색연필( )이 '노랑' 신호를 받았을 때 색연필의 모양과 색을 노랑으로 바꾸기 위하여 [노랑 ▾ 신호를 받았을 때] 블록에 [모양을 색연필_노랑 ▾ (으)로 바꾸기] 블록과 [펜 색깔을 ( )(으)로 정하기] 블록을 연결합니다.

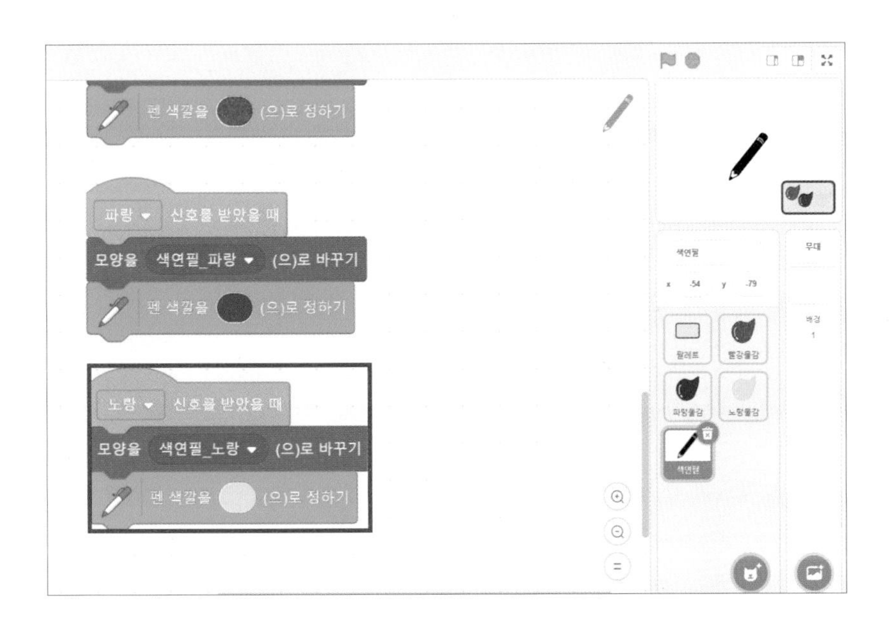

14 코드 조립이 완성되면 [시작하기( )]를 클릭하여 색연필( )이 마우스 포인터를 따라다니고, 팔레트의 빨강, 파랑, 노랑 물감을 클릭하면 색연필의 모양과 색이 바뀌는지를 확인합니다. 그리고 마우스를 클릭하면 그림이 그려지고 클릭하지 않으면 그림이 그려지지 않으며, 스페이스 키를 누르면 그린 그림이 모두 지워지는지를 확인합니다.

문제 코딩 풀이 **정답 파일** PARTO5₩기출유형따라하기 2회₩정답

07

★학습 개념 순차, 반복, 선택, 무작위 수, 복제, 투명도
★성취 기준 2.2.5. 이벤트의 개념을 이용하여 프로그래밍할 수 있다.

동영상 강의

핵심 블록 설명

- 투명도 ▾ 효과를 (5) 만큼 바꾸기 : 스프라이트에 투명도 효과를 입력한 값만큼 줍니다.
- 투명도 ▾ 효과를 (0) (으)로 정하기 : 스프라이트에 투명도 효과를 입력한 값(0~100 사이의 범위)만큼 설정합니다.
- 나 자신 ▾ 복제하기 : 선택한 스프라이트의 복제본을 만듭니다.
- 복제되었을 때 : 새로운 복제본이 생성되었을 때 아래에 연결된 블록을 실행합니다.
- 이 복제본 삭제하기 : 생성된 복제본을 삭제합니다.

풀이 따라하기

01 스크래치가 실행되면 [파일]–[Load from your computer(컴퓨터에서 가져오기)]를 선택합니다.

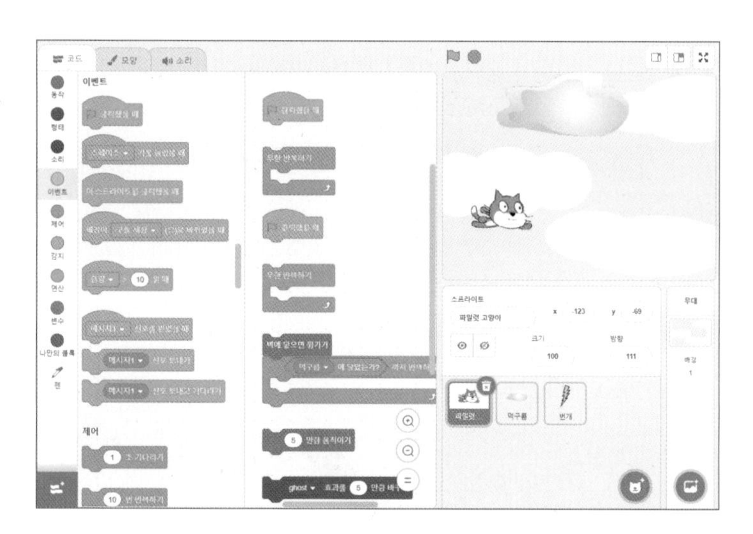

02 [열기] 대화 상자가 나타나면 'PART05₩기출유형따라하기 2회' 폴더에서 '7..sb3' 파일을 선택하고 [열기]를 클릭합니다.

tip

<조건>에 '스크래치 프로그램 화면의 [스크립트 영역]에 주어진 명령어 블록만을 모두 사용한다.'라고 명시된 문제는 [스크립트 영역]에 주어진 명령어 블록만 사용해야 합니다.

03 파일럿 고양이( ) 스프라이트를 선택합니다. 시작 시 파일럿 고양이( )가 자유롭게 하늘을 날도록 [클릭했을 때] 블록에 [(5) 만큼 움직이기] 블록과 [벽에 닿으면 튕기기] 블록을 연결하고 [무한 반복하기] 블록을 연결합니다.

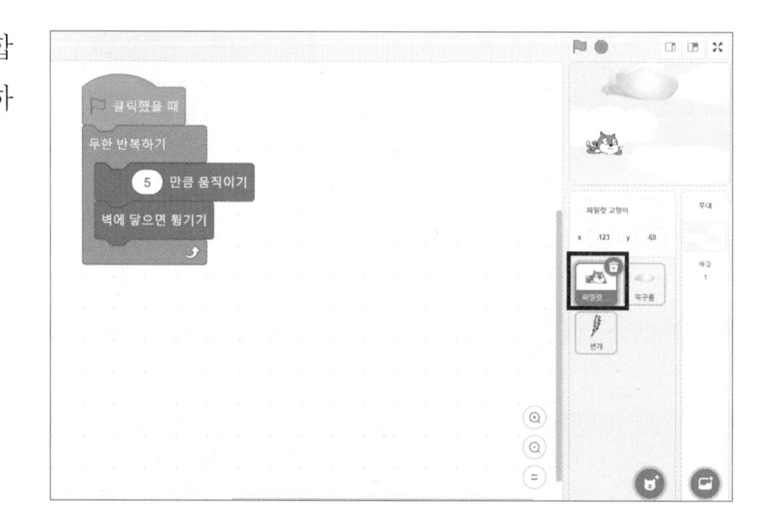

04 파일럿 고양이( )가 먹구름( )에 닿지 않는 동안에는 선명하게 보이도록 [클릭했을 때] 블록에

블록과 [투명도 ▾ 효과를 0 (으)로 정하기] 블록을 연결합니다.

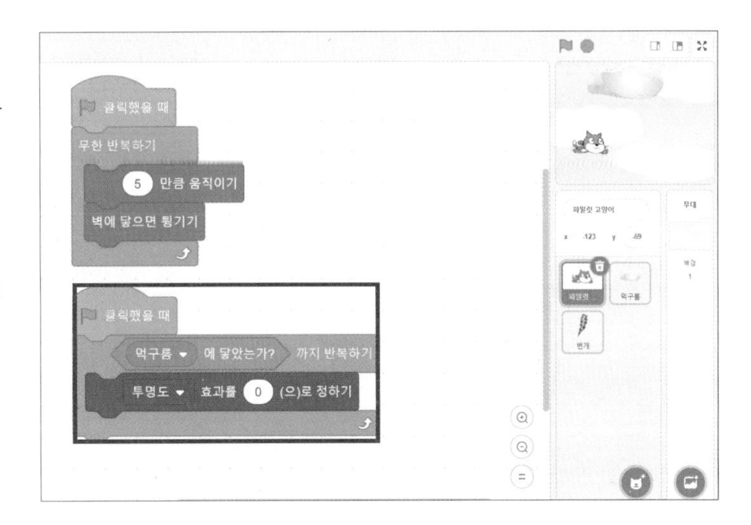

05 파일럿 고양이( )가 먹구름( )에 닿은 후 점점 투명해지도록

블록을 연결합니다.

tip

파일럿 고양이( )가 먹구름( )에 닿으면 투명도의 효과를 5만큼씩 반복하여 투명하게 바뀌고, 먹구름에서 나오면 투명도의 효과를 0으로 설정하여 불투명하게(선명하게) 보이도록 설정하는 것입니다.

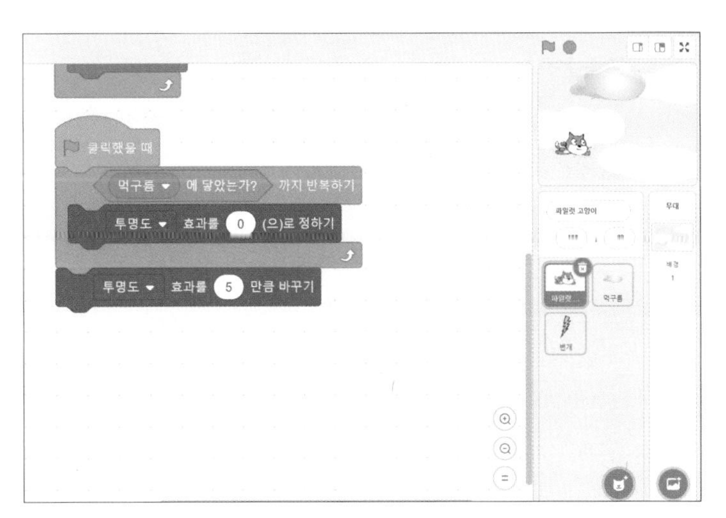

06 파일럿 고양이( )가 먹구름( )에 닿았는지의 조건을 항상 검사하기 위하여

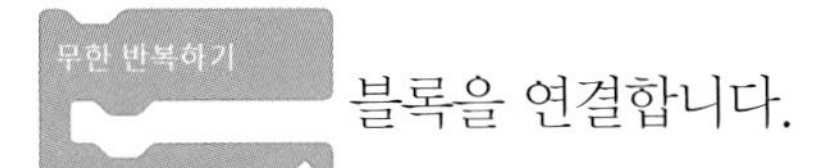

블록을 연결합니다.

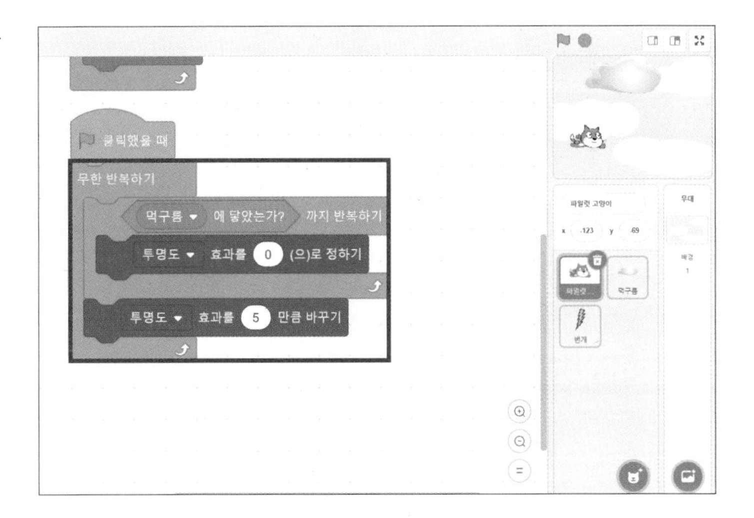

07 번개( ) 스프라이트를 선택합니다. 시작 시 3초마다 번개가 치도록 [클릭했을 때] 블록에 [3 초 기다리기] 블록과 [나 자신 ▾ 복제하기] 블록, 그리고 [무한 반복하기] 블록을 연결합니다.

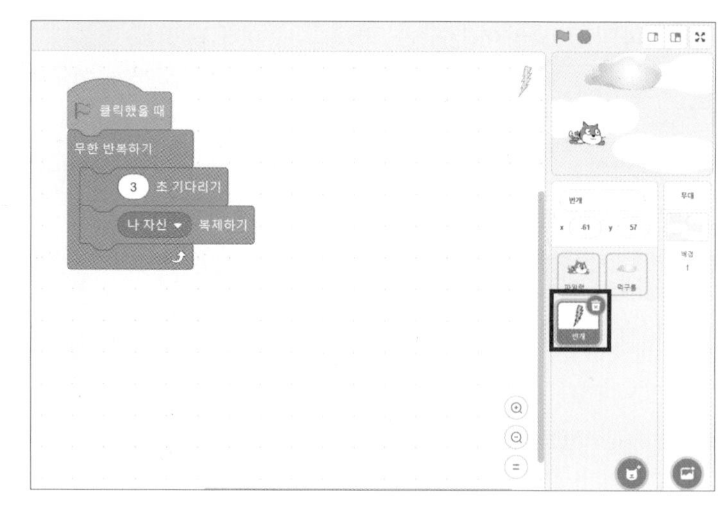

tip

복제본을 만들어 사용하면 여러 스프라이트를 추가하는 것보다 간단하게 블록을 조합하여 스프라이트를 실행시킬 수 있습니다.

08 복제본이 처음 생성되었을 때 번개( )가 화면에 보이도록 [복제되었을 때] 블록에 [보이기] 블록을 연결합니다.

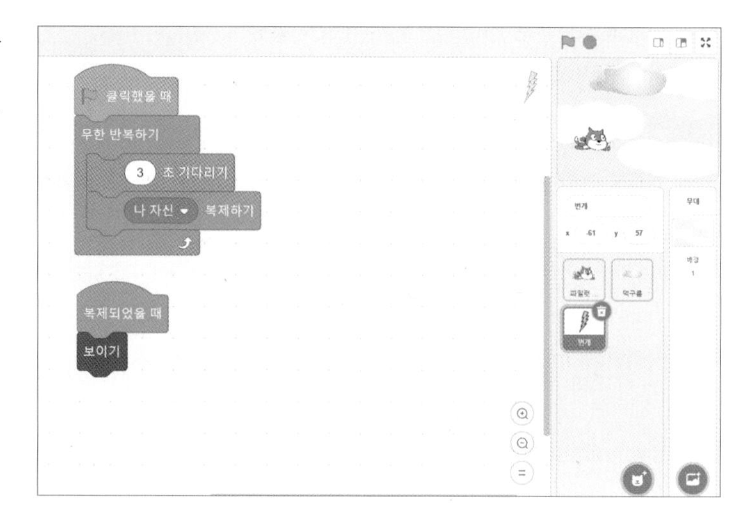

09 번개( )가 먹구름의 위치에서 나타나도록 [x: -120 부터 80 사이의 난수 y: 120 (으)로 이동하기] 블록을 연결합니다.

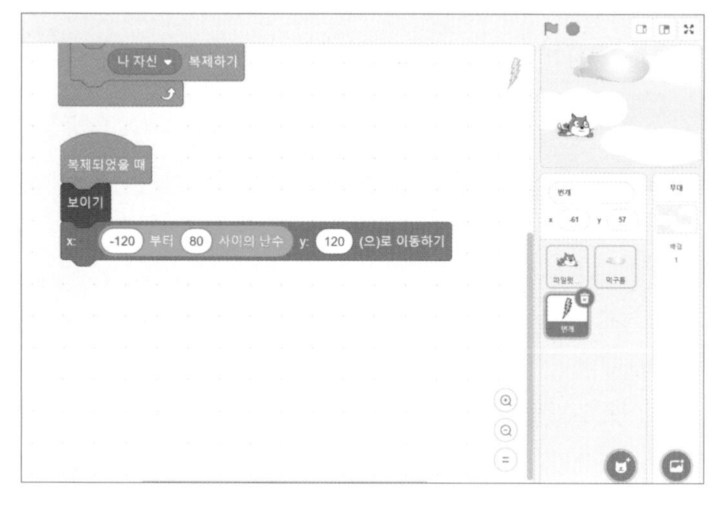

tip

먹구름 위치의 범위를 확인해보면 x좌표는 −120~80 사이이며, y좌표는 120 정도의 위치임을 확인할 수 있습니다.

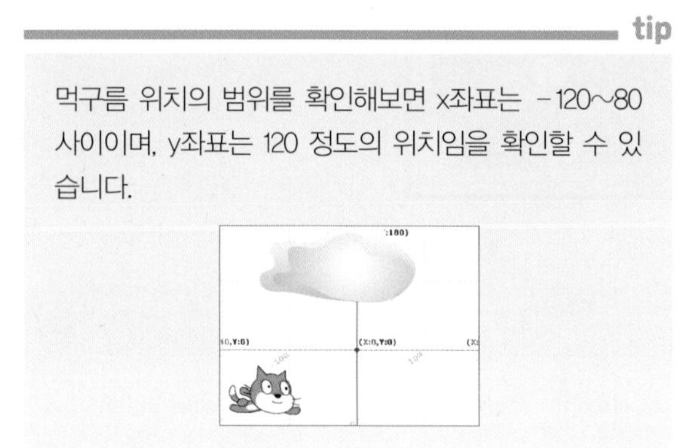

10 번개( )가 하늘에서 아래로 내려치도록

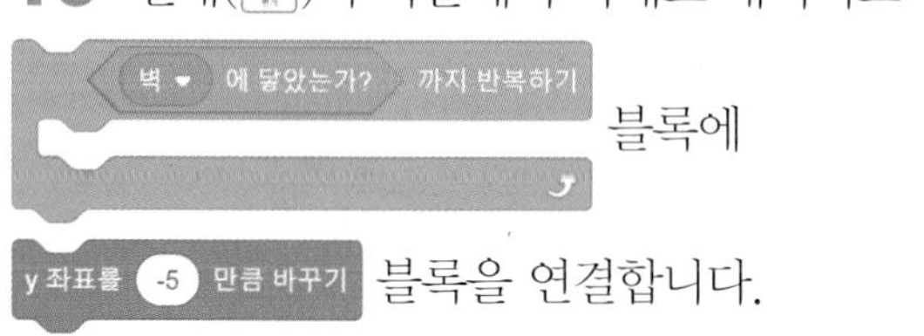

블록에 y 좌표를 -5 만큼 바꾸기 블록을 연결합니다.

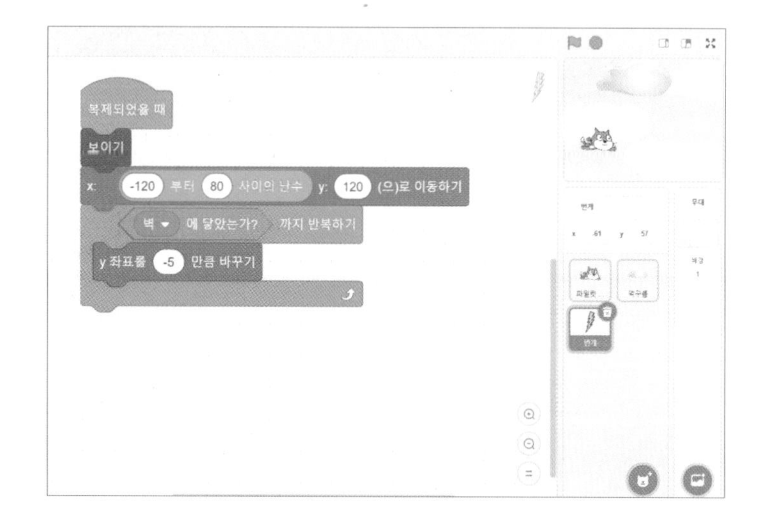

11 번개( )가 바닥으로 떨어진 후 사라지도록 숨기기 블록을 연결하고, 이 복제본 삭제하기 블록을 연결합니다.

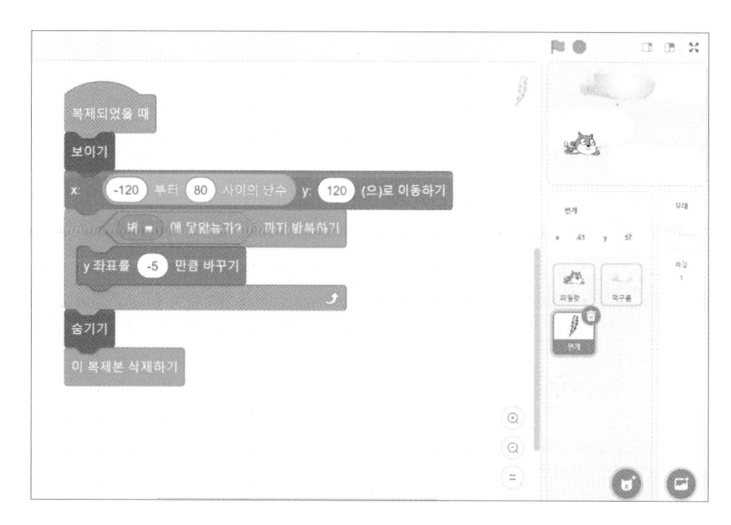

12 코드 조립이 완성되면 [시작하기( )]를 클릭하여 파일럿 고양이( )가 하늘을 날다가 먹구름( )을 벗어나면 선명해지고 먹구름에 닿은 후 점점 투명해지는지 확인하고, 먹구름( )에서 번개( )가 3초마다 치는지도 확인합니다.

문제 **코딩 풀이** **정답 파일** PART05₩기출유형따라하기 2회₩정답

08

★학습 개념 순차, 반복, 선택, 비교 연산

★성취 기준 2.2.7. 좌표를 활용하여 배경이 계속해서 이어지는 효과를 만들 수 있다.

동영상 강의

핵심 블록 설명

[x 좌표를 -3 만큼 바꾸기] : 스프라이트의 x좌표를 설정한 값만큼 바꿉니다.

[x 좌표를 180 (으)로 정하기] : 스프라이트가 입력한 x좌표 위치로 이동합니다.

풀이 따라하기

01 스크래치가 실행되면 [파일]–[Load from your computer(컴퓨터에서 가져오기)]를 선택합니다.

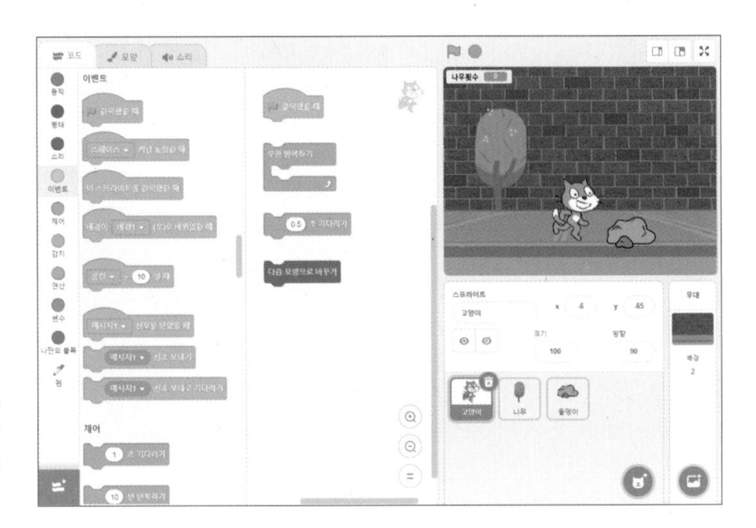

02 [열기] 대화 상자가 나타나면 'PART05₩기출유형따라하기 2회' 폴더에서 '8..sb3' 파일을 선택하고 [열기]를 클릭합니다.

tip

〈조건〉에 '스크래치 프로그램 화면의 [스크립트 영역]에 주어진 명령어 블록만을 모두 사용한다.'라고 명시된 문제는 [스크립트 영역]에 주어진 명령어 블록만 사용해야 합니다.

03 고양이() 스프라이트를 선택합니다. 시작 시 고양이()가 0.5초마다 다음 모양으로 바꾸도록 [클릭했을 때] 블록에 [0.5 초 기다리기] 블록과

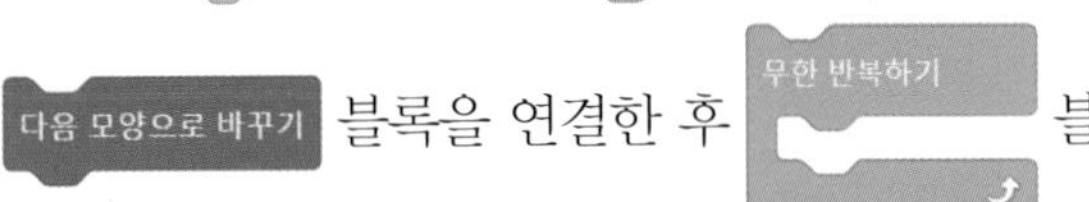

[다음 모양으로 바꾸기] 블록을 연결한 후 [무한 반복하기] 블록을 연결합니다.

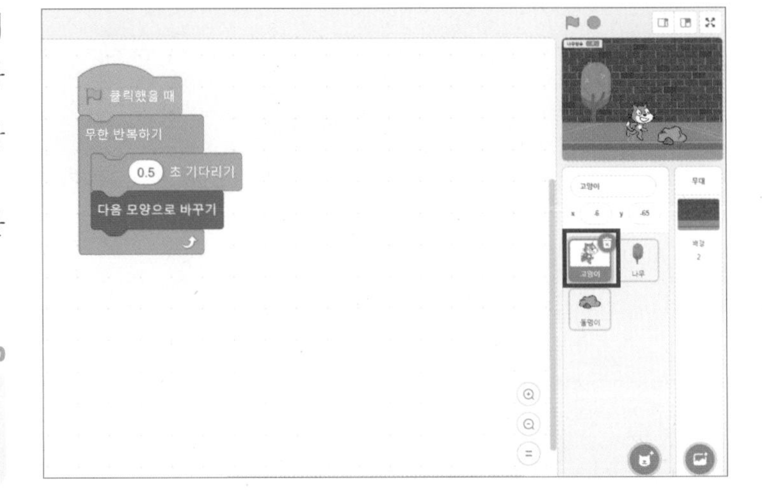

tip

나무가 움직일 때 고양이도 달리는 것처럼 나타내기 위해서 0.5초마다 다음 모양을 바꾸어 표현합니다.

04 나무( ) 스프라이트를 선택합니다. 시작 시 '나무횟수' 변수를 1로 초기화하기 위하여 [클릭했을 때] 블록에 [나무횟수 ▾ 을(를) 1 로 정하기] 블록을 연결합니다.

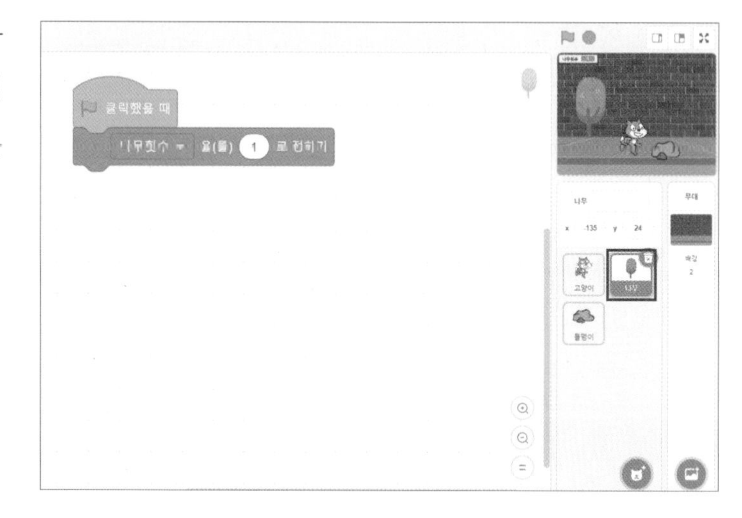

05 나무( )가 지나가면 다시 화면 오른쪽에서 나타나도록 [x 좌표를 180 (으)로 정하기] 블록에

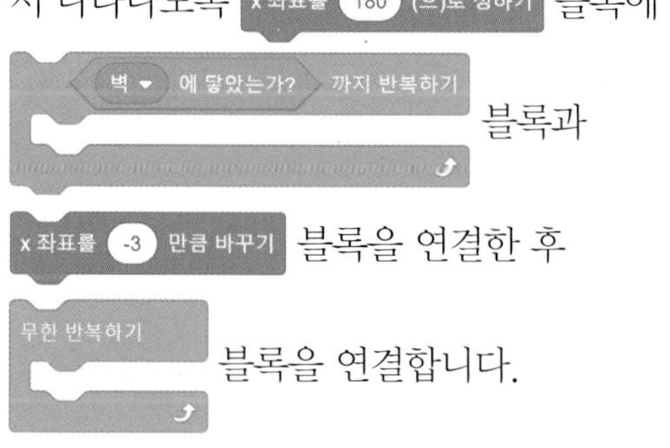

[벽 ▾ 에 닿았는가? 까지 반복하기] 블록과 [x 좌표를 -3 만큼 바꾸기] 블록을 연결한 후 [무한 반복하기] 블록을 연결합니다.

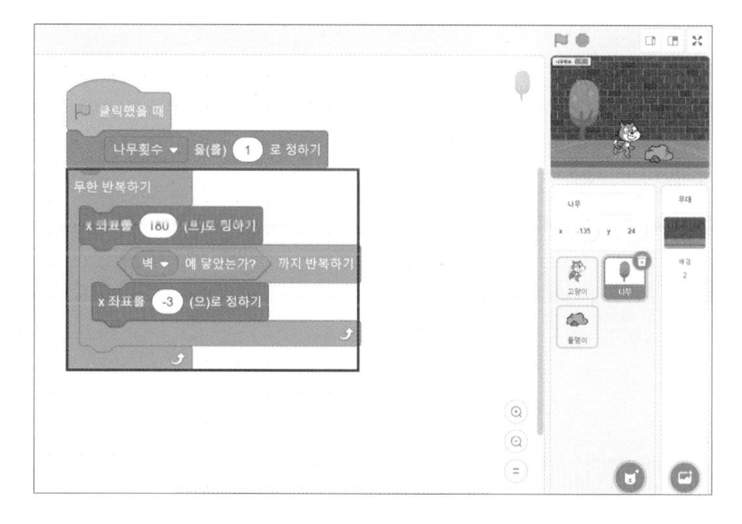

06 나무( )가 화면을 지날 때마다 나무의 횟수를 1씩 증가하여 세도록 [나무횟수 ▾ 을(를) 1 만큼 바꾸기] 블록을 연결합니다.

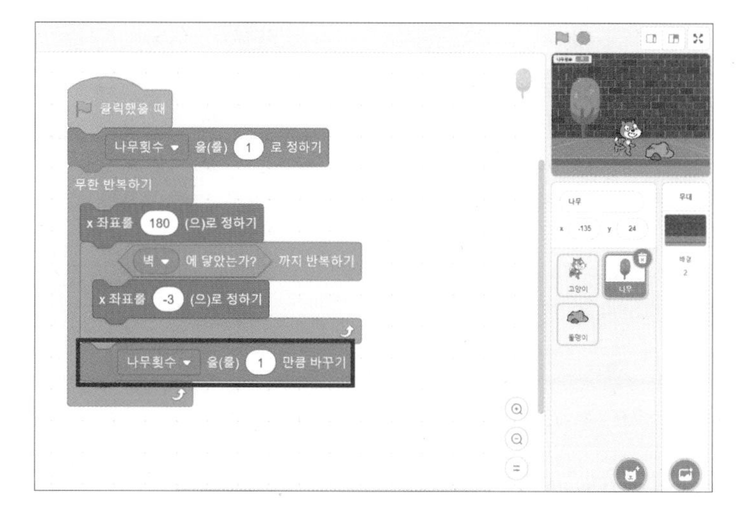

07 돌멩이( ) 스프라이트를 선택합니다. 돌멩이( )가 '나무횟수'를 2로 나눈 나머지가 0인 경우(2의 배수)에만 나타나도록 다음과 같이 

블록에 숨기기 블록을 연결하고, 

블록과 보이기 블록을 연결한 후 

블록에 연결합니다.

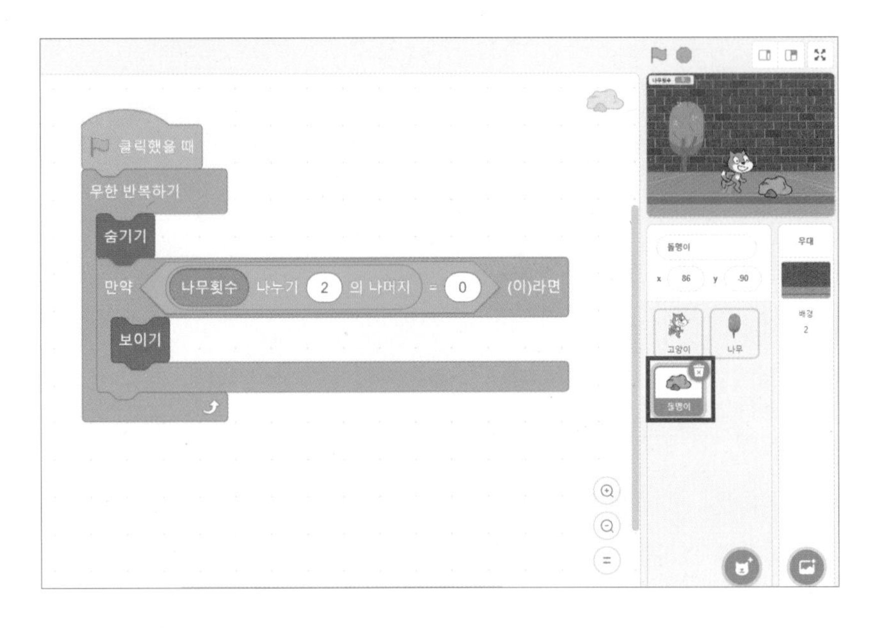

08 코드 조립이 완성되면 [시작하기( )]를 클릭하여 고양이( )가 달리는 것처럼 움직이고, 나무( )는 지나가는 것처럼 이동하며, '나무횟수' 변수가 2, 4, 6...와 같이 2의 배수일 때 돌멩이( )가 화면에 나타나는지를 확인합니다.

09

★학습 개념 순차, 반복, 선택, 비교연산, 산술연산, 변수

★성취 기준 2.2.6. 변수를 활용하여 프로그래밍할 수 있다.

동영상 강의

핵심 블록 설명

- 첫번째 수는? 라고 묻고 기다리기 : 해당 스프라이트가 입력한 문자를 말풍선으로 묻고 대답을 입력받습니다.
- 숫자1 ▾ 을(를) 대답 로 정하기 : 선택한 변수의 값을 [대답]으로 정합니다.
- 만약 연산자 = 1 (이)라면 : 변수 값이 1과 같으면 참으로 판단합니다.
- 숫자1 + 숫자2 : 입력한 두 수(숫자1과 숫자2)를 더한 값입니다.
- 덧셈 계산 결과는 와(과) 계산결과 결합하기 : 입력된 두 값(텍스트와 계산결과 값)을 결합합니다.

풀이 따라하기

01 스크래치가 실행되면 [파일]-[Load from your computer(컴퓨터에서 가져오기)]를 선택합니다.

02 [열기] 대화 상자가 나타나면 'PART05₩기출유형따라하기 2회' 폴더에서 '9..sb3' 파일을 선택하고 [열기]를 클릭합니다.

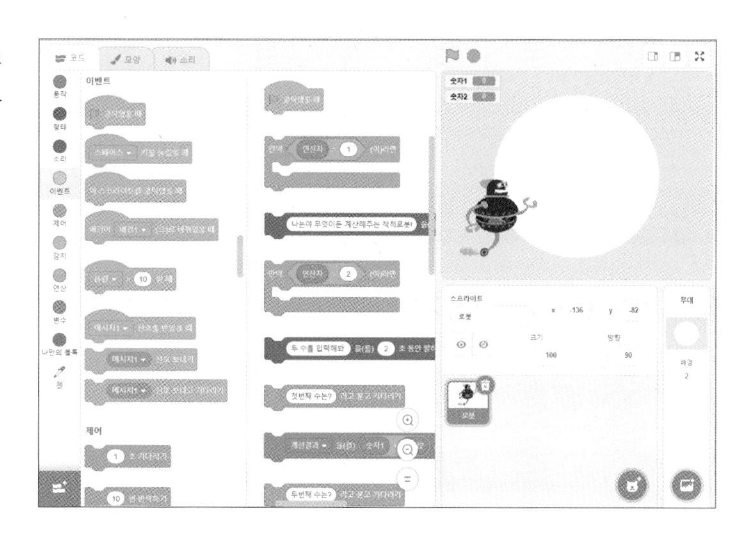

03 로봇( ) 스프라이트를 선택합니다. 시작 시 '계산결과' 변수와 '연산자' 변수가 화면에 보이지 않도록 [클릭했을 때] 블록에 [계산결과 ▾ 변수 숨기기] 블록과 [연산자 ▾ 변수 숨기기] 블록을 연결합니다.

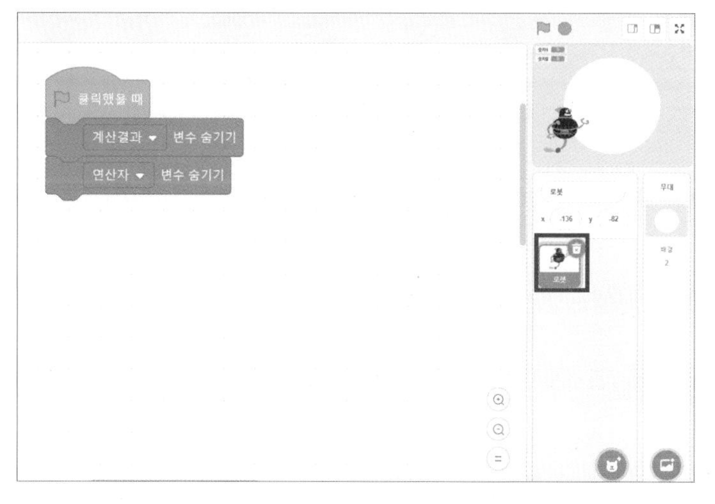

tip

변수가 화면에 보이지 않도록 하기 위해서는 블록을 활용할 수도 있고, [변수( )] 카테고리에서 각 변수 블록의 체크 박스를 선택 해제하여 변수가 화면에 보이지 않도록 할 수 있습니다.

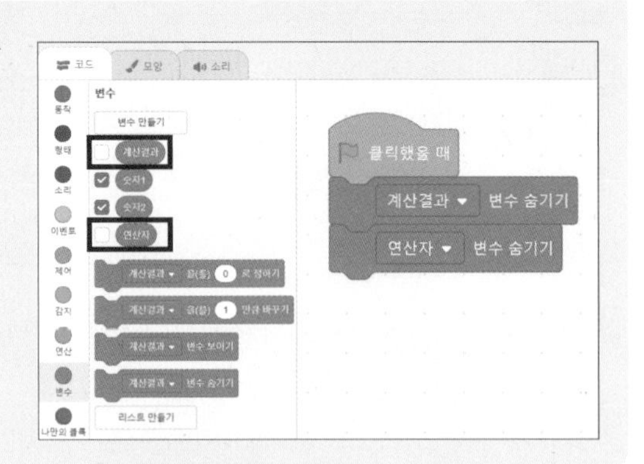

04 로봇( )이 내용을 설명하도록

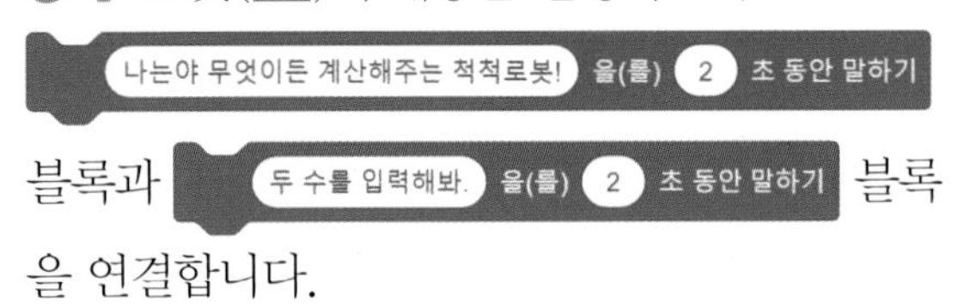

블록과 [두 수를 입력해봐. 을(를) 2 초 동안 말하기] 블록을 연결합니다.

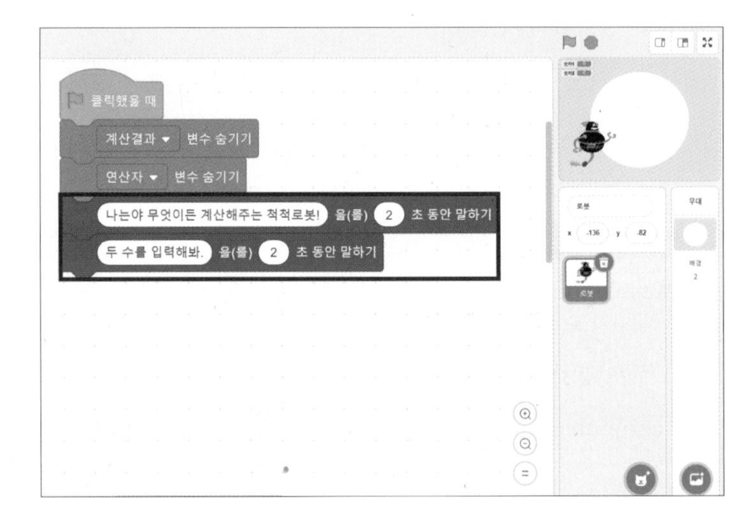

why

말하기 블록은 내용을 읽을 수 있는 충분한 시간을 주기 위하여 너무 길지 않도록 문장을 나누고 각각 2초 동안 말하도록 설정합니다.

05 로봇( )이 첫 번째 수를 입력하라고 묻도록 [첫번째 수는? 라고 묻고 기다리기] 블록을 연결합니다.

tip

[첫번째 수는? 라고 묻고 기다리기] 블록은 실행자가 대답을 입력할 수 있는 창이 나타나게 합니다. 첫 번째 수를 키보드로 입력하고 ✔를 클릭합니다.

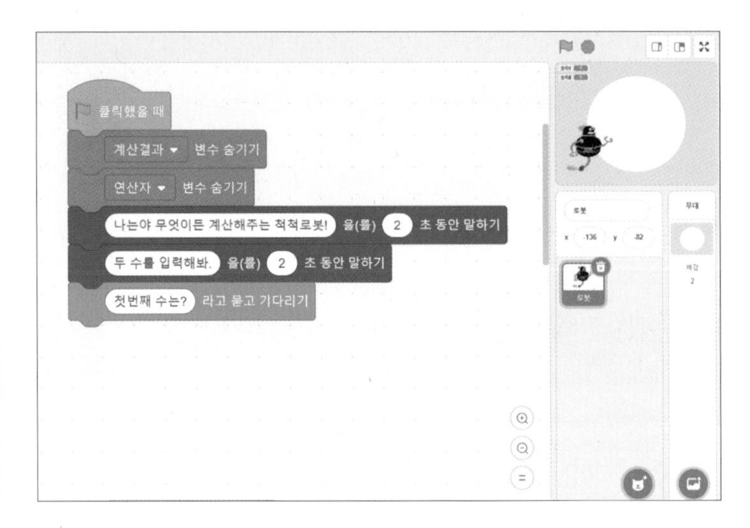

06 입력한 대답을 '숫자1' 변수로 정하기 위해서 [숫자1 ▾ 을(를) 대답 로 정하기] 블록을 연결합니다.

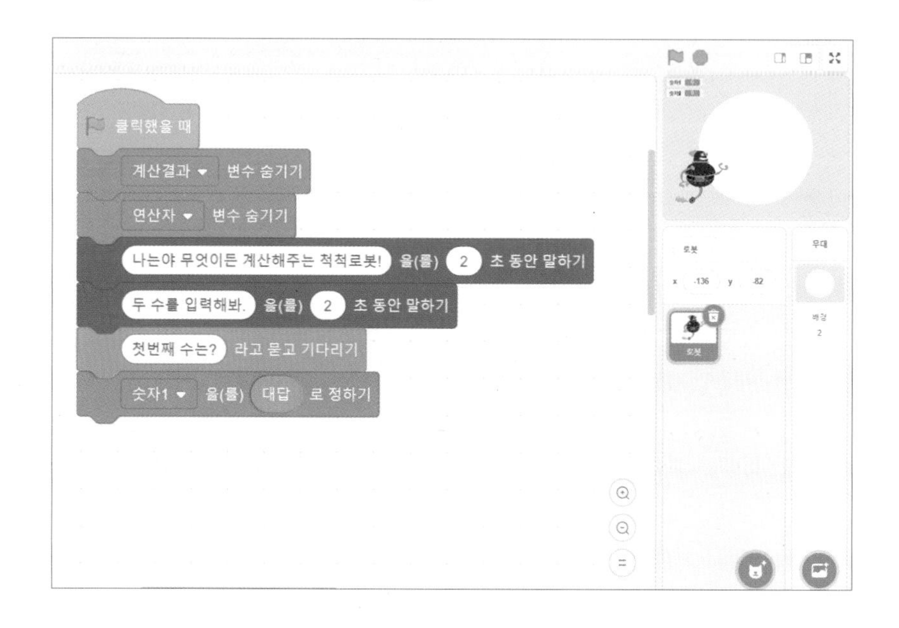

why

직접 입력한 숫자가 '대답'에 저장되고, 그 '대답' 값을 '숫자1' 변수로 정하는 것입니다.

07 로봇( )이 두 번째 수를 입력하라고 묻도록 [두번째 수는? 라고 묻고 기다리기] 블록을 연결합니다. 그리고 그 대답을 '숫자2' 변수로 정하기 위해서 [숫자2 ▾ 을(를) 대답 로 정하기] 블록을 연결합니다.

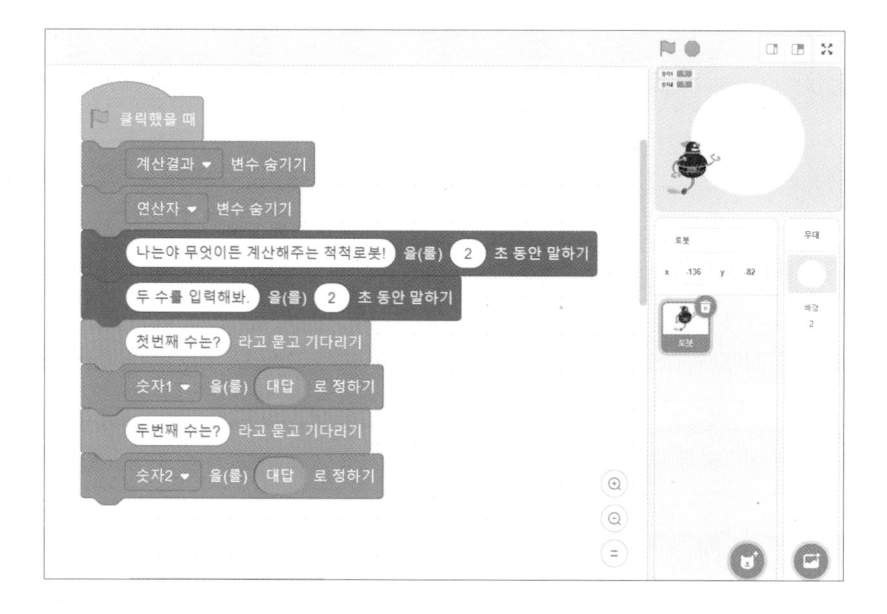

08 로봇( )이 연산자를 선택하라고 묻도록 [무슨 계산을 해줄까? 덧셈은 1, 뺄셈은 2를 눌러봐. 라고 묻고 기다리기] 블록을 연결합니다. 그리고 입력한 대답을 '연산자' 변수로 정하기 위해서 [연산자 ▾ 을(를) 대답 로 정하기] 블록을 연결합니다.

09 '연산자' 변수가 1일 때 덧셈 연산을 하기 위해서 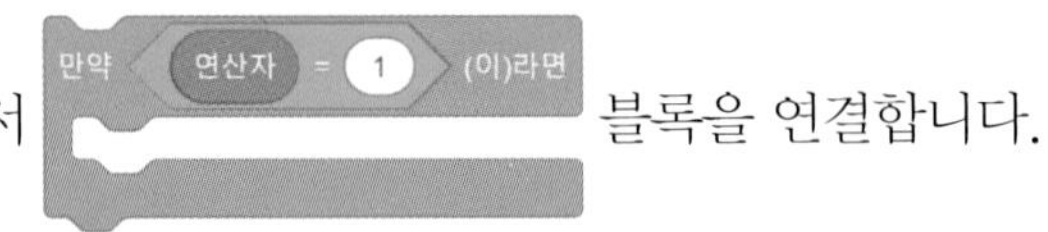 블록을 연결합니다.

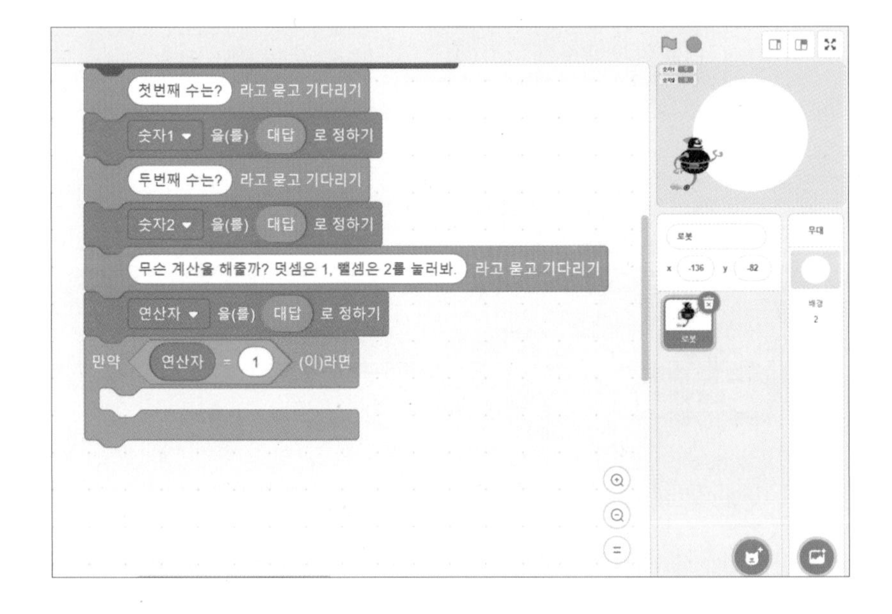

10 덧셈 계산의 결과를 구하기 위하여 [계산결과 ▾ 을(를) (숫자1) + (숫자2) 로 정하기] 블록을 연결합니다. 그리고 로봇( ) 이 덧셈 계산의 결과를 알려 주도록 [(덧셈 계산 결과는) 와(과) (계산결과) 결합하기 을(를) 4 초 동안 말하기] 블록을 연결합니다.

11 '연산자' 변수가 2일 땐 뺄셈 계산을 하기 위해서 [만약 (연산자 = 2) (이)라면] 블록을 연결합니다. 그리고 그 계산 결과를 구하기 위하여 [계산결과 ▾ 을(를) (숫자1) - (숫자2) 로 정하기] 블록을 연결하고, 로봇( )이 뺄셈 계산의 결과를 알려 주기 위하여 [(뺄셈 계산 결과는) 와(과) (계산결과) 결합하기 을(를) 4 초 동안 말하기] 블록을 연결합니다.

12 코드 조립이 완성되면 [시작하기( )]를 클릭하여 로봇( )의 설명을 듣고 질문에 대답합니다. 로봇이 입력한 대로 연산을 수행하여 올바르게 결과를 알려주는지 확인합니다.

10

★학습 개념 순차, 반복, 선택, 이벤트, 리스트

★성취 기준 2.2.5. 이벤트의 개념을 이용하여 프로그래밍할 수 있다.

동영상 강의

핵심 블록 설명

- [차고지 ▾ 리스트 숨기기] : 선택한 리스트 창을 화면에서 보이지 않도록 숨깁니다.
- [차고지 ▾ 의 길이] : 선택한 리스트가 가진 항목의 개수 값입니다.
- [차고지 ▾ 리스트의 (1) 번째 항목] : 선택한 리스트에 입력한 항목 중에서 선택한 항목의 값입니다.
- [(파랑자동차) 을(를) 차고지 ▾ 에 추가하기] : 입력한 값이 선택한 리스트의 마지막 항목으로 추가됩니다.

풀이 따라하기

01 스크래치가 실행되면 [파일]–[Load from your computer(컴퓨터에서 가져오기)]를 선택합니다.

02 [열기] 대화 상자가 나타나면 'PART05₩기출유형따라하기 2회' 폴더에서 '10..sb3' 파일을 선택하고 [열기]를 클릭합니다.

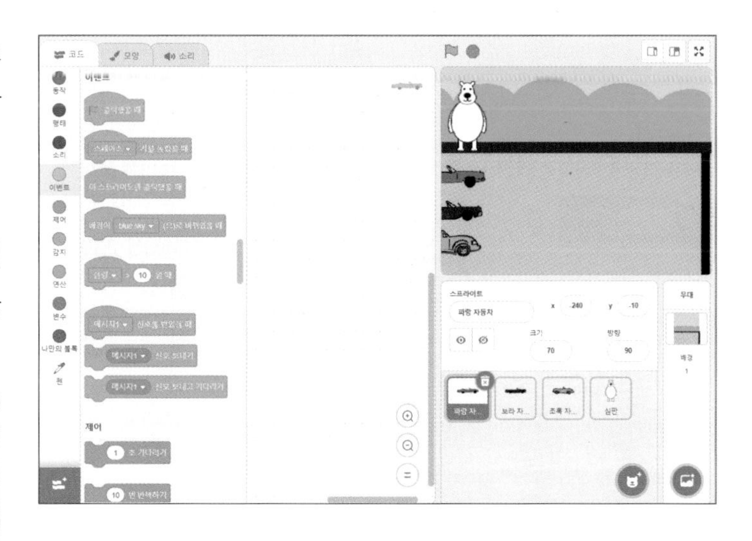

tip

〈조건〉에 '스크래치 프로그램 화면 [블록 모음]에서 필요한 블록을 가져다 사용한다.'라고 명시된 문제는 [블록 모음]에서 블록을 직접 가져다 사용해야 합니다.

심판 스프라이트 코딩

03 심판( ) 스프라이트를 선택합니다. 시작 시 '차고지' 리스트가 화면에 보이지 않도록 [이벤트( )] 카테고리의 [클릭했을 때] 블록과 [변수( )] 카테고리의 [차고지 ▾ 리스트 숨기기] 블록을 가져와 연결합니다. 그리고 리스트 항목을 초기화하기 위해 [변수( )] 카테고리의 [차고지 ▾ 의 항목을 모두 삭제하기] 블록을 연결합니다.

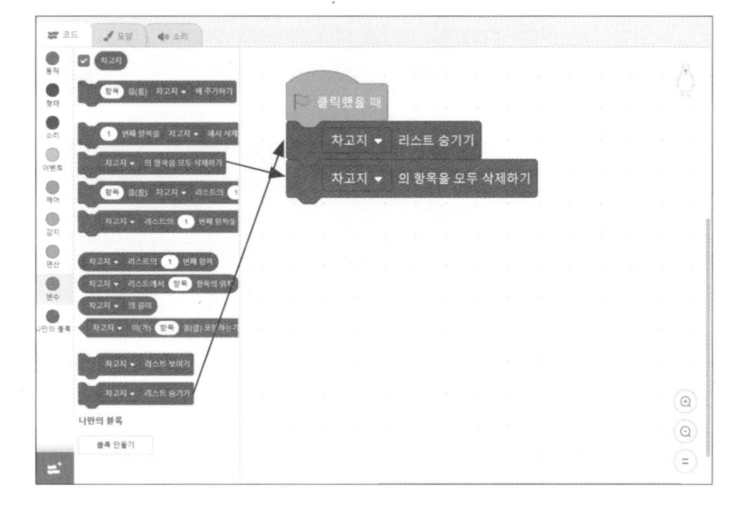

tip

리스트 추가해 사용하기

리스트가 필요한 경우 [변수( )] 카테고리 에서 [리스트 만들기]를 누르고 새로운 리스트 이름을 입력하여 사용합니다.

04 '차고지' 리스트에 자동차 3대가 모두 들어오는 것을 확인하기 위해 [제어( )] 카테고리의 [까지 기다리기] 블록에 [연산( )] 카테고리의 [( ) = (50)] 블록을 끼워 넣어 연결합니다. 연산 블록의 왼쪽 빈칸에는 [변수( )] 카테고리의 [차고지 ▾ 의 길이] 블록을 끼워 넣고 오른쪽 빈칸의 '50'은 '3'으로 입력하여 변경합니다.

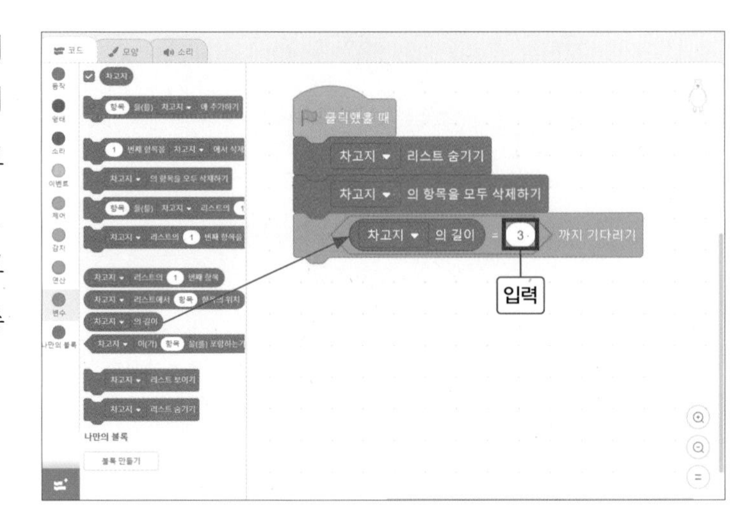

05 제일 마지막에 들어온 버스를 문장으로 나타내기 위하여 [형태( )] 카테고리의 [안녕! 말하기] 블록을 연결합니다. '안녕!'에 [연산( )] 카테고리의 [apple 와(과) banana 결합하기] 블록을 끼워 넣습니다. 다시 'apple' 칸에는 '제일 마지막에 들어온 자동차는'으로 입력하고 'banana' 칸에는 [변수( )] 카테고리의 [차고지 ▾ 리스트의 1 번째 항목] 블록을 끼워 넣고, '1'번째를 '3'번째로 입력하여 변경합니다.

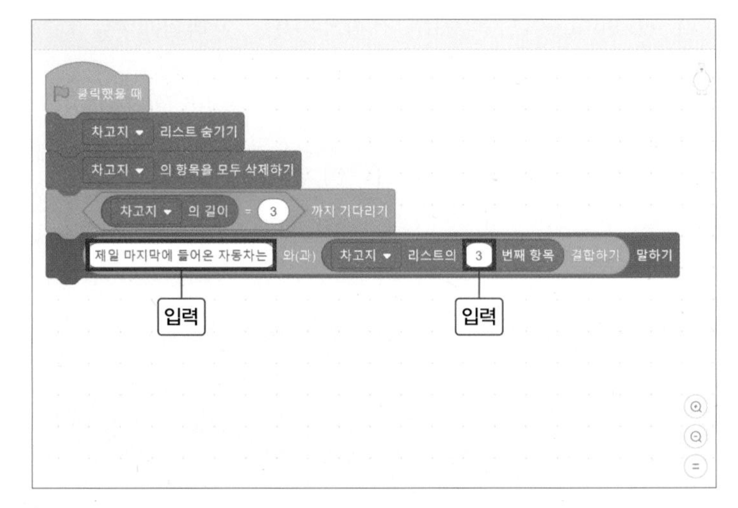

why

자료 형태가 다른 여러 가지를 한 문장으로 연결할 때는 [apple 와(과) banana 결합하기] 블록을 사용합니다. 이 문제에서는 '텍스트'와 리스트 값을 결합하여 한 문장으로 만들었습니다.

[제일 마지막에 들어온 자동차는 와(과) ( ) 결합하기] 블록과 [차고지 ▾ 리스트의 3 번째 항목] 블록을 결합하여

[제일 마지막에 들어온 자동차는 와(과) 차고지 ▾ 리스트의 3 번째 항목 결합하기] 블록을 만든 것처럼 블록을 조합하는 방법을 익혀두기 바랍니다.

파랑 자동차 스프라이트 코딩

06 파랑 자동차( ) 스프라이트를 선택합니다. 파랑 자동차( )의 출발 지점을 지정하기 위하여 [이벤트( )] 카테고리의  블록과 [동작( )] 카테고리의 x: -240 y: -10 (으)로 이동하기 블록을 가져와 연결합니다.

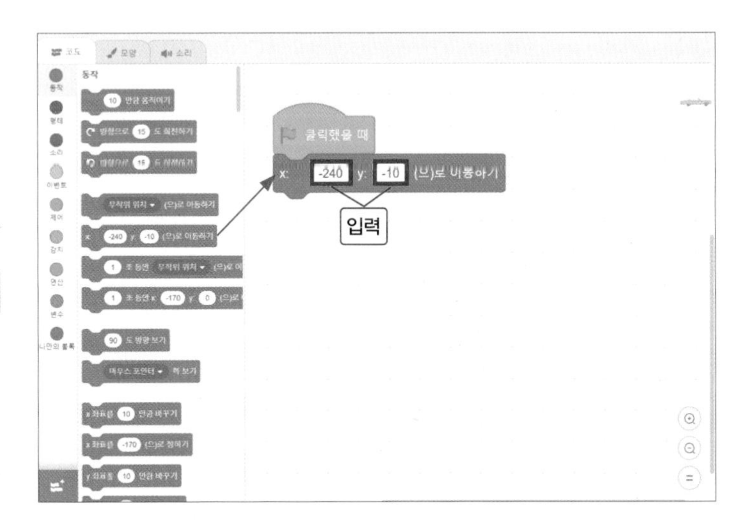

07 파랑 자동차( )를 클릭하면 검은 선에 도착할 때까지 이동하도록 [이벤트( )] 카테고리의  블록과 [제어( )] 카테고리의 까지 반복하기 블록을 가져와 연결하고, [감지( )] 카테고리의 색에 닿았는가? 블록을 끼워 넣고 색을 검정색으로 변경합니다. 그리고 [동작( )] 카테고리의 10 만큼 움직이기 블록도 연결하고 '10'을 '5'로 입력하여 변경합니다.

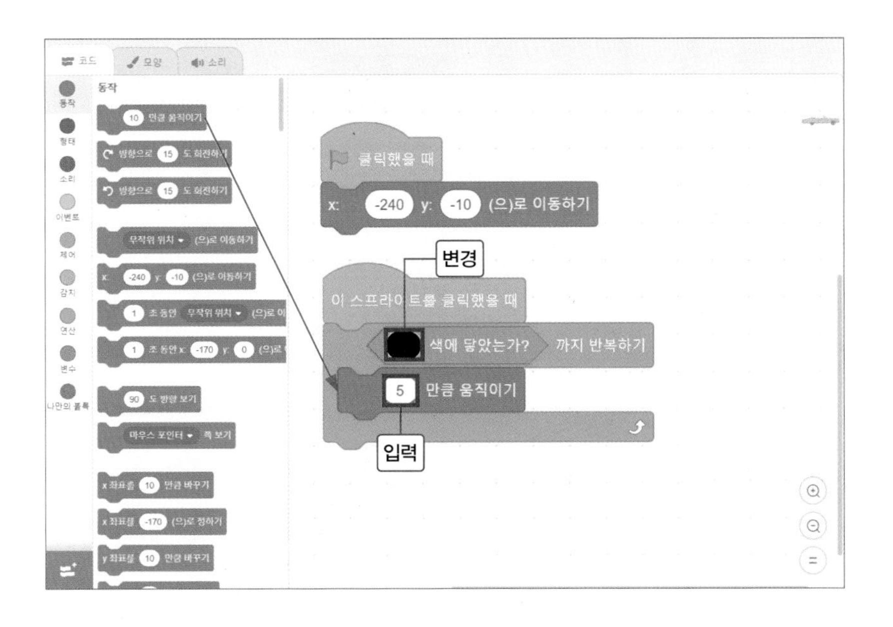

tip

색을 바꾸는 방법

색에 닿았는가? 블록의 색을 실행 화면에 있는 특정 색으로 지정하고자 할 때는 부분을 마우스로 클릭한 후 아이콘을 클릭하고 실행 화면 중의 원하는 부분의 색을 찍으면 됩니다. 검은색 결승선을 찍으면 의 색이 검은색으로 바뀌어, 색에 닿았는가? 처럼 색상이 바뀐 블록을 만들 수 있습니다.

08 파랑 자동차( )가 도착했을 때 '차고지' 리스트 항목에 '파랑자동차' 항목을 넣도록 [변수( )] 카테고리의 [항목 을(를) 나의 리스트 ▾ 에 추가하기] 블록을 연결하고 [파랑자동차 을(를) 차고지 ▾ 에 추가하기]처럼 '파랑자동차'를 입력하고, '차고지' 리스트로 변경합니다.

why

순서를 정하지 않고 리스트에 항목을 넣으면 1번째, 2번째, 3번째...와 같이 순서대로 리스트에 추가됩니다.

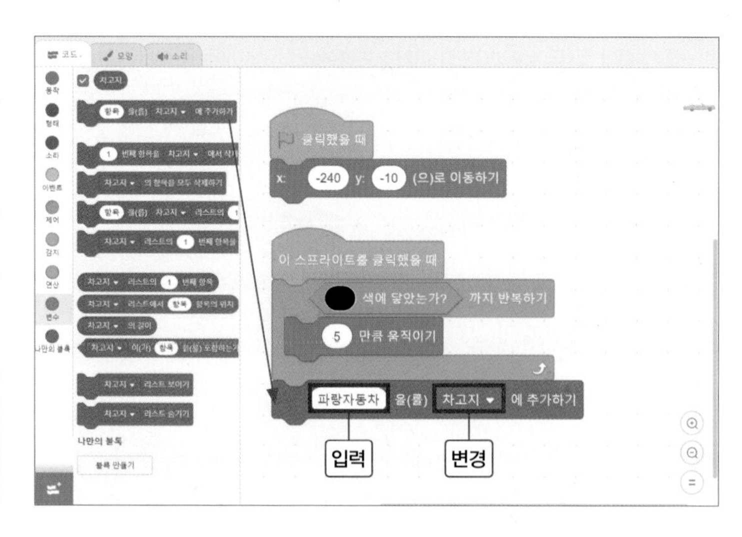

보라 자동차 스프라이트 코딩

09 **6~8**번을 참고하여, 보라 자동차( )가 도착했을 때 '차고지' 리스트 항목에 '보라 자동차'를 추가하도록 다음과 같이 코드를 작성합니다.

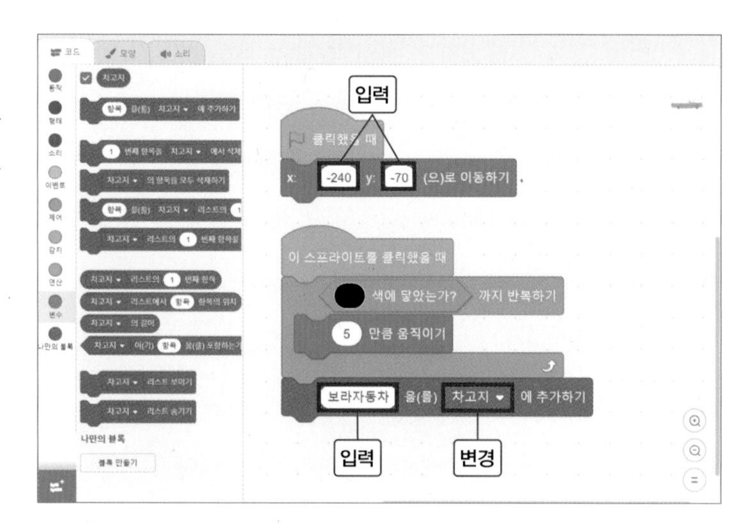

초록 자동차 스프라이트 코딩

10 초록 자동차( )도 **6~8**번을 참고하여, 도착했을 때 '차고지' 리스트 항목에 '초록 자동차'를 추가하도록 다음과 같이 코드를 작성합니다.

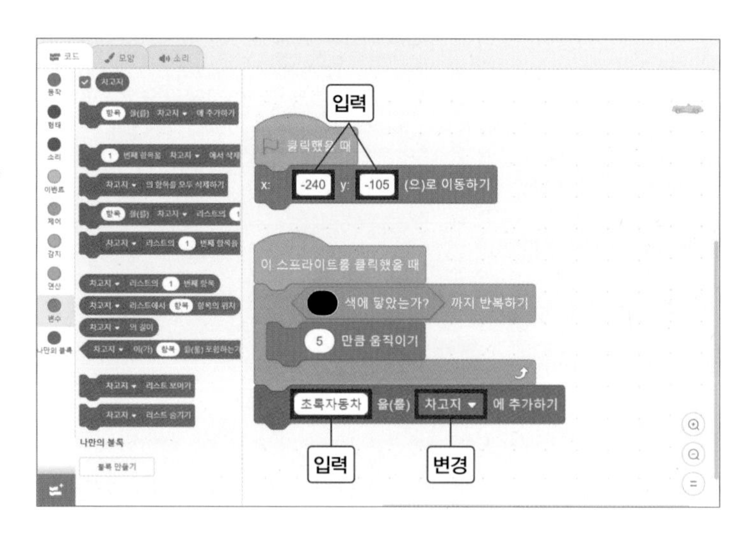

11 코드 조립이 완성되면 [시작하기( )]를 클릭하고, 파랑 자동차( ), 보라 자동차( ), 초록 자동차( )를 클릭했을 때 자동차들이 오른쪽으로 이동하는지 확인합니다. 그리고 자동차가 모두 도착한 후 심판( )이 제일 마지막에 들어온 자동차를 말하는지 확인합니다.

최신 기출 유형 문제 1회

최신 기출 유형 문제 2회

최신 기출 유형 문제 3회

최신 기출 유형 문제 4회

최신 기출 유형 문제 5회

최신 기출 유형 문제 6회

PART 6

최신 기출 유형 문제

최신 기출 유형 문제 1회

SW코딩자격(3급)

- Software Coding Qualification Test -

SW	시험 시간	급수	응시일	수험 번호	성명
스크래치 3.0 이상	45분	3	년 월 일		

시험자 유의 사항

- 수험자는 감독관의 안내에 따라 문제지와 시험용 SW 등의 이상 여부를 확인해야 합니다.
- 문제지는 시험이 끝난 후 답안지와 함께 제출해야 하며, 미제출 시 실격 처리 됩니다.
- 제한된 시간 내에 시험을 완료하여야 합니다.
- 시험 시작 후에는 화장실 출입이 불가하며, 시험 시간 중에는 퇴실할 수 없습니다.
- 시험 시간 중 고사실 내에서 휴대 전화기, 디지털카메라, MP3 등 전자 기기를 소지한 경우, 해당자의 시험을 무효로 처리하오니 절대 휴대하지 않도록 합니다.
- 부정 응시 및 문제 유출에 해당하는 행위 즉, 답안을 타인에게 전달 및 외부로 반출하는 경우, 자격기본법 제 32조에 의거 부정행위로 간주되어 해당자의 시험을 무효처리하며 민/형사상의 책임을 물을 수 있습니다.

답안 작성 요령

- 답안 작성 절차
  – 바탕화면(Desktop) / SW3–시험 / 수험번호–성명 / 파일에 답안을 작성 또는 작업 후 저장
- 시험을 완료한 수험자는 감독관의 안내에 따라 ①시험지를 제출하고 ②답안 파일을 저장한 후 퇴실합니다.

한국생산성본부

문제 01 민서는 디지털 신호를 이용하여 친구에게 암호로 약속 메시지를 전달하려고 한다. 〈보기〉를 참고하여 〈문제〉의 빈칸을 완성하시오. (10점)

보기

〈십진수를 이진수로 변환하기〉

십진수	이진수
0	0000
1	0001
2	0010
3	0011
4	0100

〈민서가 친구와 약속한 암호〉

십진수	암호
0	학교 후문
1	토스트가게
2	분식집
3	놀이터
4	학교 운동장

문제

※답안 작성 요령 : 〈보기〉를 참고하여, 빈칸 ①과 ②를 채워 넣으시오.

민서가 친구에게 암호를 넣어 메시지를 작성하였다. 보안을 강화하기 위하여 메시지를 축약하고, 암호를 이진수로 변환하려고 한다.
(변환 전) "수업 끝나고 학교 후문에서 만나서 토스트 먹고 같이 학교 운동장에 가서 줄넘기하자."
→ (변환 후) "수업 끝나고 (①)에서 만나서 간식 먹고 (②)에 가자"

정답	① ( )	② ( )

문제 02 연수가 구슬로 목걸이 만들기를 하고 있다. 몇 가지 구슬을 일정한 규칙대로 끼워서 모양을 만들고 있다. 아래 〈보기〉를 참고하여 문제의 빈칸을 완성하시오. (10점)

보기

〈구슬목걸이 만들기〉

아래 그림은 연수가 만들고 있는 목걸이의 일부분이다.

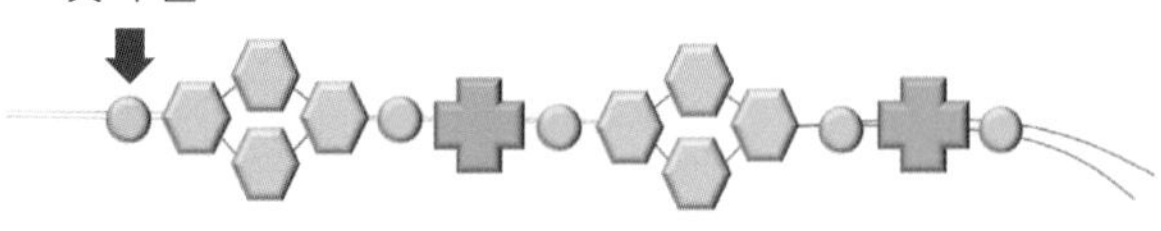

〈패턴 찾기〉

왼쪽 그림을 보면, 첫 구슬을 기준으로 해서 일정한 패턴으로 구슬을 끼우고 있다. 현재까지 끼운 것은 패턴을 두 번 반복하고 구슬 하나를 더 끼운 상태이다.

문제

※답안 작성 요령 : 〈보기〉를 참고하여 작성하되, ①번은 (가)~(라) 중에서 선택해서 적고, ②번은 알맞은 숫자를 적어 넣으시오.

위의 그림과 같이 계속해서 같은 패턴으로 반복해 구슬을 끼우려고 한다. 끝의 노란 구슬을 포함해 한 패턴을 더 완성하려면, 어떤 모양의 구슬 몇 개씩이 더 필요할지 생각해 보고, 아래 (가)~(다) 중 고르시오. (　①　) 번

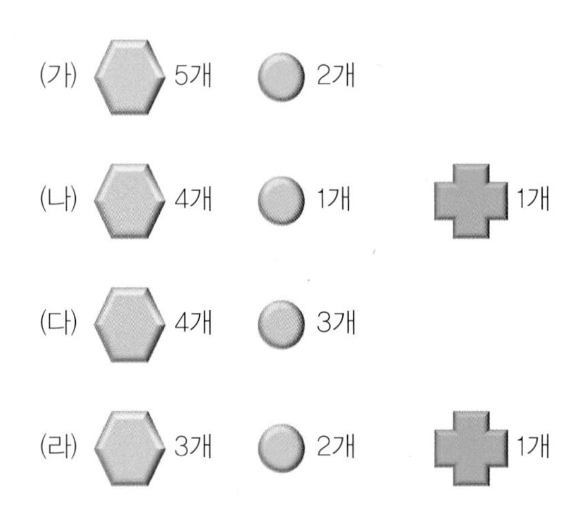

위의 그림에서 한 패턴을 완성하는 데 필요한 구슬은 모두 7개이다. 연수는 60cm 이상의 목걸이를 갖고 싶어 한다. 한 패턴의 길이가 10 cm이라면, 적어도 한 패턴을 (　②　)번 이상 반복해서 만들어야 한다.

정답	① ( )	② ( )

문제 03 **원철은 수업시간에 배운 삼각형의 특징을 정리하고 있다. 〈보기〉를 참고하여 〈문제〉의 빈칸을 완성하시오. (10점)**

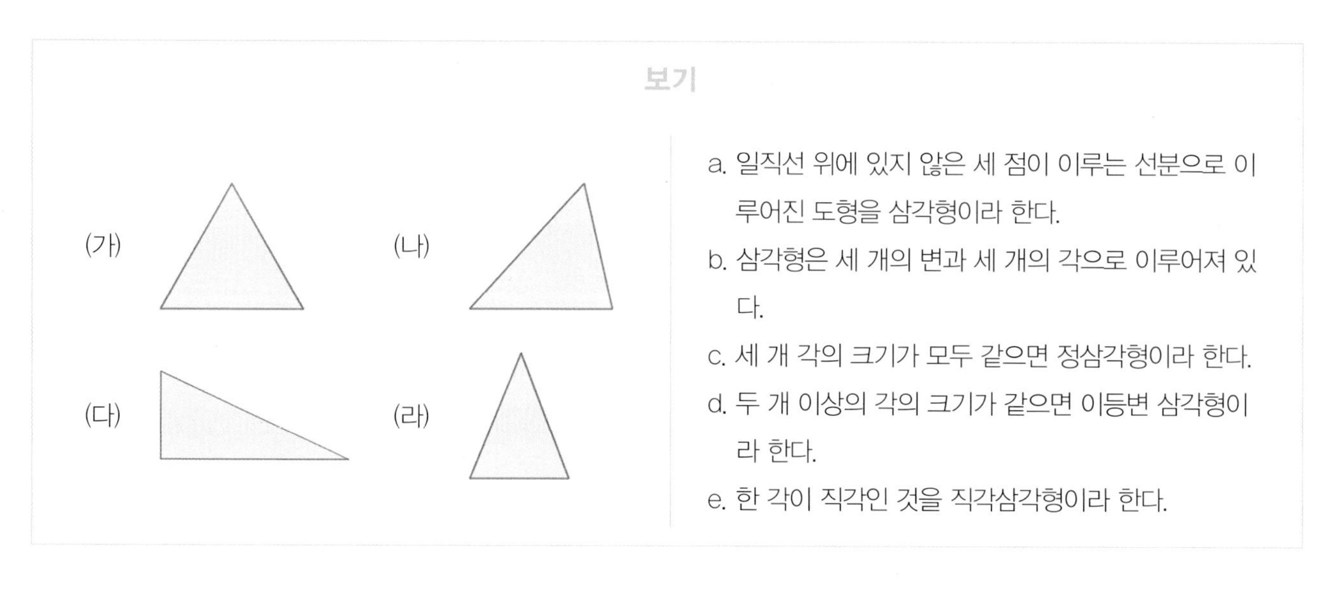

문제

※답안 작성 요령 : 〈보기〉를 참고하여, 빈칸 ①과 ②를 채워 넣으시오.

위 보기의 내용을 참조하여, (가)~(라) 중 이등변 삼각형이 아닌 것을 모두 고르시오. (　①　)

정삼각형과 이등변 삼각형 두 가지에 모두 해당되는 내용을 a~e 중에서 모두 고르시오. (　②　)

정답	① (　　　)	② (　　　)

가까운 미래에는 운전자 없이 도로 위를 달릴 수 있는 '자율 주행 자동차'가 나올 것이다. 〈보기〉를 참고하여 〈문제〉의 빈칸을 완성하시오. (10점)

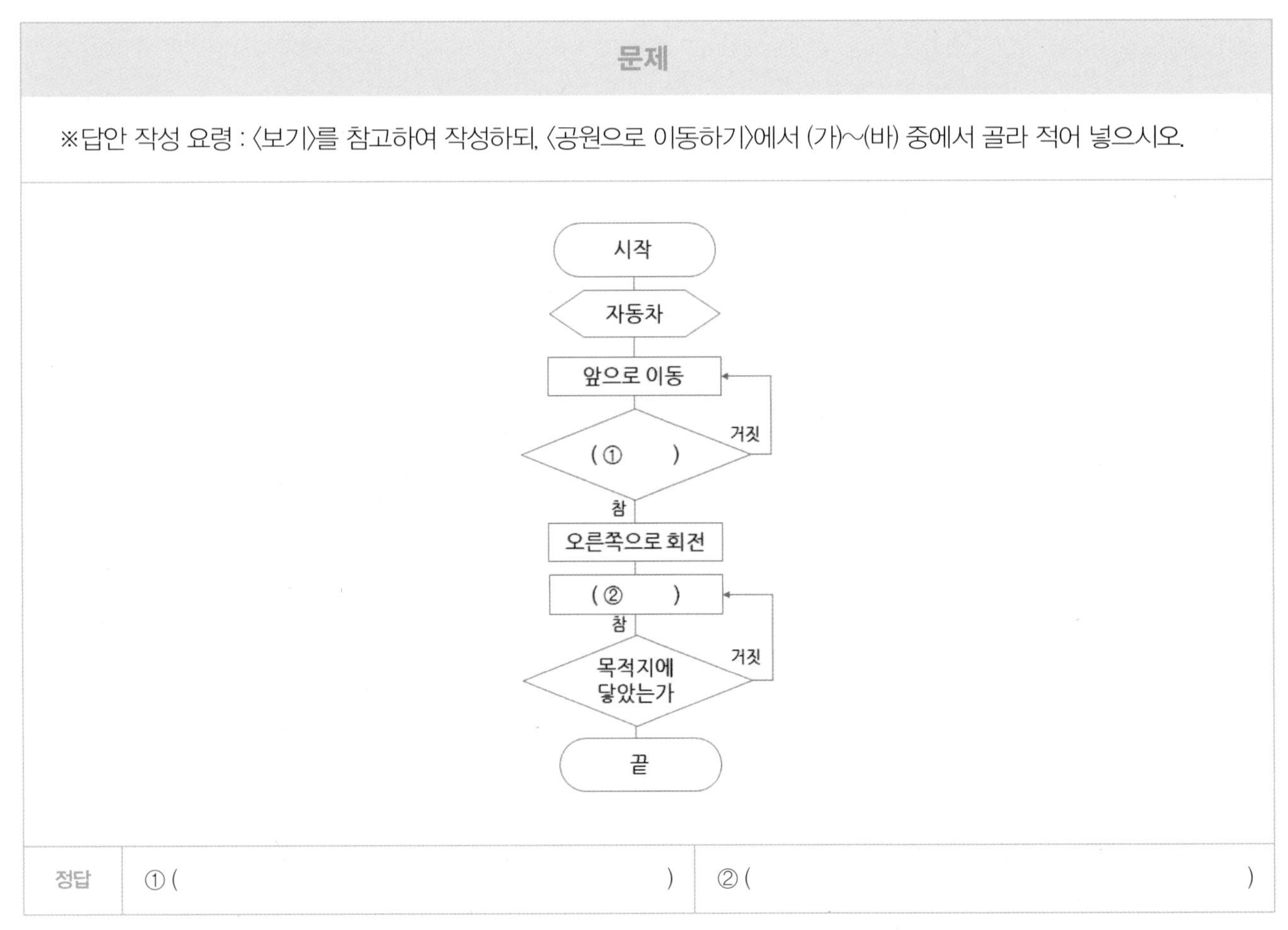

정답	① ( )	② ( )

문제 05 민재가 친구들과 놀이터에 모여서 어떤 놀이를 할지 정하고 있다. 〈보기〉를 참고하여 〈문제〉의 빈칸을 완성하시오. (10점)

보기

〈놀이에 필요한 최소 인원〉

– 2인 : 딱지치기
– 3인 : 술래잡기
– 4인 : 피구

(가) 3명 이상 모였는가
(나) 4명 이상 모였는가
(다) 딱지치기로 정한다
(라) 피구 놀이로 정한다
(마) 술래잡기로 정한다

문제

※답안 작성 요령 : 〈보기〉를 참고하여 작성하되, 〈놀이에 필요한 최소인원〉을 참고하여 (가)~(마) 중에서 골라 적어 넣으시오.

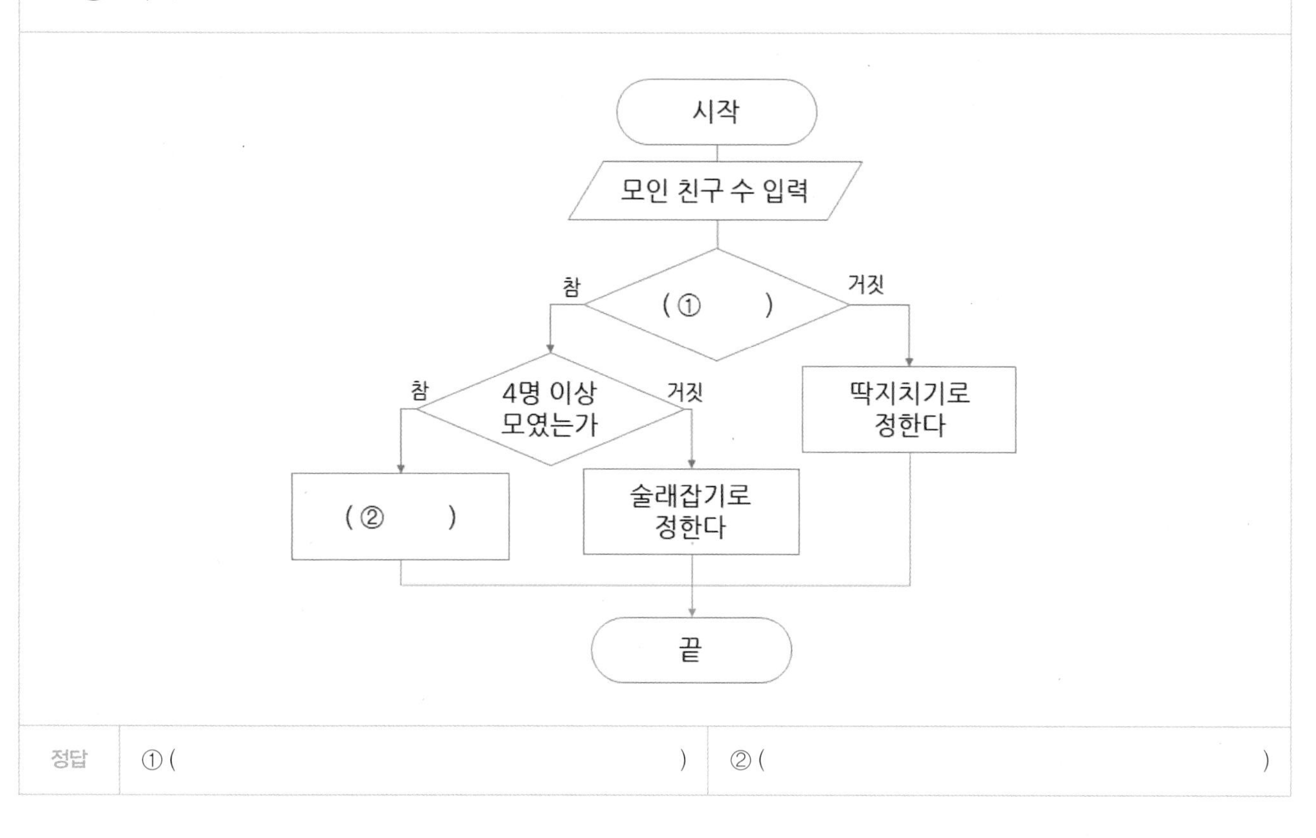

정답	① ( )	② ( )

프로그래밍 작업 가이드

- 문제 파일 위치 : PART06₩기출유형문제 1회
- [수험번호-성명] 폴더를 마우스 오른쪽 버튼으로 클릭한 후, [이름 바꾸기]를 클릭
  → 본인의 [수험번호-성명]으로 수정하시오. (예: 10041004-홍길동)
- 본인의 [수험번호-성명]으로 수정된 폴더 안의 파일을 문항 별로 더블클릭하여 프로그램을 실행합니다.
- 문항 별 조건에 따라 작업을 완료하였으면, 파일〉저장하기 버튼을 클릭하여 저장합니다.

문제 06 고양이가 성 밖으로 나가 토끼를 만나도록, 아래 〈조건〉에 맞게 코딩하시오. (10점)

조건

- 스크래치 프로그램 화면의 [스크립트 영역]에 주어진 명령어 블록만을 모두 사용한다.
- 버튼을 클릭하면 고양이의 위치를 x좌표 -160, y좌표 -70으로 정하고, 모양을 '모양1'로, 배경을 '배경1'로 바꾼다. 토끼는 모습을 숨기고 x좌표 -100, y좌표 -20 위치로 이동한다.
- 고양이는 5만큼씩 30번 반복하여 이동하고 1초 후 모양을 '모양2'로, 배경을 '배경2'로 바꾼다.
- 배경이 '배경2'로 바뀌면 고양이는 "엇! 토끼다~"라고 2초 동안 말한다. 그리고 토끼는 화면에 나타나고 벽에 닿을 때까지, 20만큼 움직이고 0.2초 후 다음 모양으로 바꾸기를 계속 반복하고, 토끼가 벽에 닿으면 다시 모양을 숨긴다.

조르단이 벤에게 축구공을 패스하도록, 아래 〈조건〉에 맞게 코딩하시오. (10점)

조건

- 스크래치 프로그램 화면의 [스크립트 영역]에 주어진 명령어 블록만을 모두 사용한다.
- 버튼을 클릭하면 축구공은 x좌표 5, y좌표 −130에 위치하고, 축구공의 크기는 80%로 정한다. 조르단은 x좌표 −40, y좌표 −90에 위치하고, 조르단의 모양은 '조르단a'로 정하며, 벤은 x좌표 −190, y좌표 80에 위치한다.
- 축구공이 조르단에게 닿으면 다음을 (1)~(3)을 차례로 실행한다.
  (1) 축구공이 벤 쪽을 본다.
  (2) 축구공이 20만큼 움직이고 크기를 −2만큼 줄이기를 10번 반복한다.
  (3) 축구공이 −2만큼 움직이기를 10번 반복한다.
- 스페이스 키를 누르면 조르단은 '조르단b' 모양으로 바꾸었다가 1초 후 다시 '조르단a' 모양으로 바꾼다.
- 벤은 3만큼 움직이기를 100번 반복하고, 축구공에 닿으면 '이 스크립트'를 멈춘다.

문제 08

박쥐가 코끼리에게 불을 꺼달라고 부탁하면 코끼리가 불을 꺼주도록, 아래 〈조건〉에 맞게 코딩하시오. (10점)

조건

- 스크래치 프로그램 화면의 [스크립트 영역]에 주어진 명령어 블록만을 모두 사용한다.
- 버튼을 클릭하면 코끼리는 '코끼리1', 불은 '불1'로 모양을 정한다.
- 박쥐는 0.2초마다 다음 모양으로 5번 반복하여 바꾼 후 "어머 ! 불이 났나봐~"라고 2초 동안 말한다.
- 박쥐를 클릭하면 "코끼리야, 불 좀 꺼줄래?"라고 2초 동안 말하고 '불끄기' 신호를 보낸다.
- '불끄기' 신호를 받으면 코끼리는 "알았어."라고 2초 동안 말하고 모양을 '코끼리2'로 바꾼 후 '물발사' 신호를 보내고 1.5초 후 모양을 '코끼리1'로 바꾼다.
- '물발사' 신호를 받으면 불은 1초 기다린 후 모양을 '불2'로 바꾼다.

꽃이 아래로 떨어지도록, 아래 〈조건〉에 맞게 코딩하시오. (10점)

조건

- 스크래치 프로그램 화면의 [스크립트 영역]에 주어진 명령어 블록만을 모두 사용한다.
- 🏁 버튼을 클릭하면 꽃이 x좌표는 –100부터 100사이의 난수, y좌표는 100의 위치로 이동한다.
- 병아리는 0.3초마다 다음 모양 바꾸기를 무한 반복한다.
- 꽃이 아래로 떨어지도록 y좌표를 –3만큼 바꾸기를 무한 반복하고, 만약 꽃이 병아리나 벽에 닿으면 다시 x좌표는 –100부터 100 사이의 난수, y좌표는 100의 위치로 이동한다.

풍선이 하늘로 올라갈수록 크기가 작아지도록, 아래 〈조건〉에 맞게 코딩하시오. (10점)

조건

- 스크래치 프로그램 화면 [블록 모음]에서 필요한 블록을 가져다 사용한다.
- 🏁 버튼을 클릭하면 풍선은 1초마다 '나 자신'을 복제한다.
- 풍선이 복제되었을 때 (1)~(3)을 차례로 실행한다.
  (1) 풍선이 화면에 나타나고, x좌표 –200부터 200 사이의 난수, y좌표 0의 위치로 이동하고 크기를 100%로 정한다.
  (2) 풍선이 벽에 닿을 때까지 y좌표를 2만큼 바꾸고, 크기를 –1만큼 바꾸기를 반복한다.
  (3) 풍선이 벽에 닿으면 모양을 숨기고 이 복제본을 삭제한다.

시험 종료 전

- **본인의 수험번호–성명 폴더 내에 작업한 답안 파일이 정상적으로 저장되었는지 확인합니다.**
  → 시험 종료 후, 감독관이 답안 파일을 수거합니다.
- **수험번호, 성명을 잘못 기재하였거나, 답안 파일을 잘못 저장하여 발생한 문제나 불이익에 대한 일체의 책임은 수험자에게 있습니다.**
- **감독관의 안내에 따라 시험지를 제출하고 퇴실합니다.**

최신 기출 유형 문제 2회

SW코딩자격(3급)

- Software Coding Qualification Test -

SW	시험 시간	급수	응시일	수험 번호	성명
스크래치 3.0 이상	45분	3	년 월 일		

시험지 유의 사항

- 수험자는 감독관의 안내에 따라 문제지와 시험용 SW 등의 이상 여부를 확인해야 합니다.
- 문제지는 시험이 끝난 후 답안지와 함께 제출해야 하며, 미제출 시 실격 처리 됩니다.
- 제한된 시간 내에 시험을 완료하여야 합니다.
- 시험 시작 후에는 화장실 출입이 불가하며, 시험 시간 중에는 퇴실할 수 없습니다.
- 시험 시간 중 고사실 내에서 휴대 전화기, 디지털카메라, MP3 등 전자 기기를 소지한 경우, 해당자의 시험을 무효로 처리하오니 절대 휴대하지 않도록 합니다.
- 부정 응시 및 문제 유출에 해당하는 행위 즉, 답안을 타인에게 전달 및 외부로 반출하는 경우, 자격기본법 제 32조에 의거 부정행위로 간주되어 해당자의 시험을 무효처리하며 민/형사상의 책임을 물을 수 있습니다.

답안 작성 요령

- 답안 작성 절차
  – 바탕화면(Desktop) / SW3–시험 / 수험번호–성명 / 파일에 답안을 작성 또는 작업 후 저장
- 시험을 완료한 수험자는 감독관의 안내에 따라 ①시험지를 제출하고 ②답안 파일을 저장한 후 퇴실합니다.

한 국 생 산 성 본 부

문제 01 정우는 컴퓨터 바탕화면에 파일들이 많아서 '정우폴더'라는 이름으로 폴더를 만들어 파일들을 정리 중이다. 〈보기〉를 참고하여 〈문제〉의 빈칸을 완성하시오. (10점)

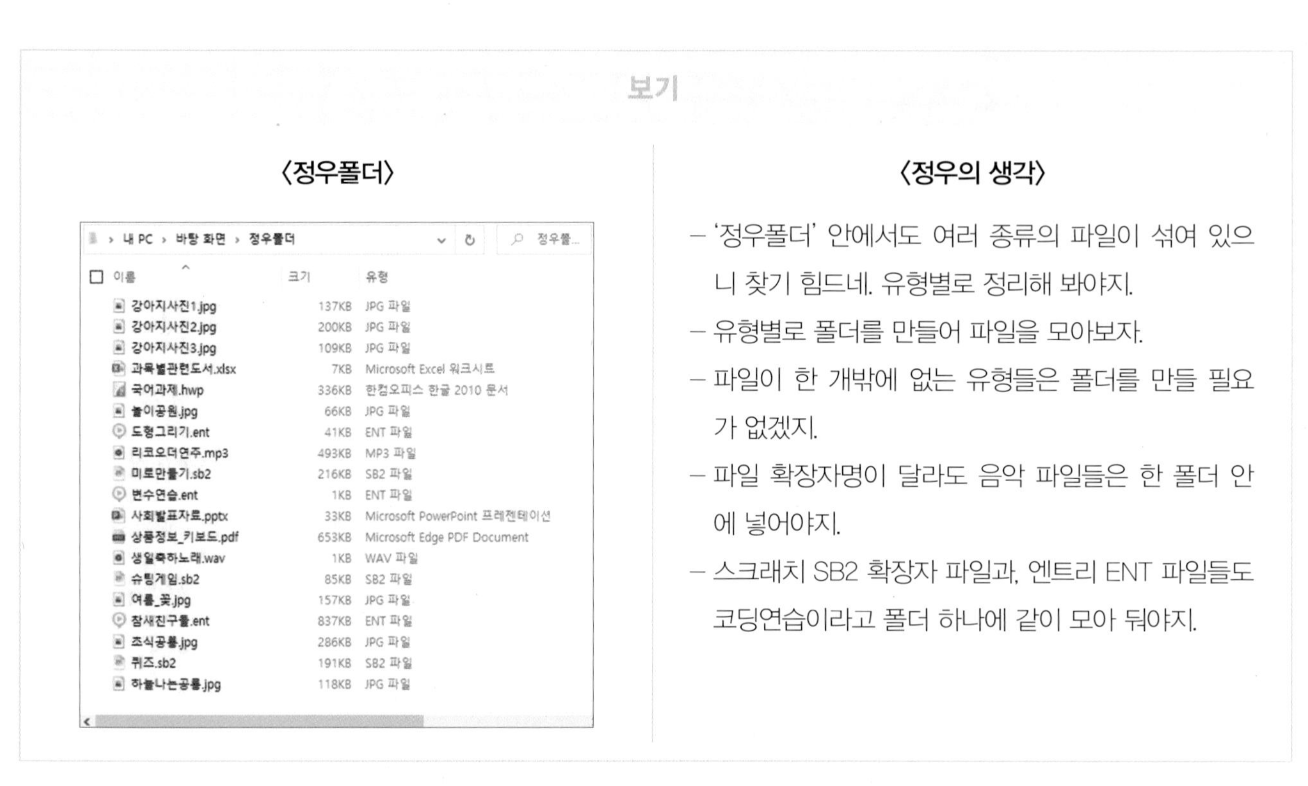

보기

〈정우폴더〉

이름	크기	유형
강아지사진1.jpg	137KB	JPG 파일
강아지사진2.jpg	200KB	JPG 파일
강아지사진3.jpg	109KB	JPG 파일
과목별관련도서.xlsx	7KB	Microsoft Excel 워크시트
국어과제.hwp	336KB	한컴오피스 한글 2010 문서
놀이공원.jpg	66KB	JPG 파일
도형그리기.ent	41KB	ENT 파일
리코오더연주.mp3	493KB	MP3 파일
미로만들기.sb2	216KB	SB2 파일
변수연습.ent	1KB	ENT 파일
사회발표자료.pptx	33KB	Microsoft PowerPoint 프레젠테이션
상품정보_키보드.pdf	653KB	Microsoft Edge PDF Document
생일축하노래.wav	1KB	WAV 파일
슈팅게임.sb2	85KB	SB2 파일
여름_꽃.jpg	157KB	JPG 파일
참새친구들.ent	837KB	ENT 파일
조식공룡.jpg	286KB	JPG 파일
퀴즈.sb2	191KB	SB2 파일
하늘나는공룡.jpg	118KB	JPG 파일

〈정우의 생각〉

- '정우폴더' 안에서도 여러 종류의 파일이 섞여 있으니 찾기 힘드네. 유형별로 정리해 봐야지.
- 유형별로 폴더를 만들어 파일을 모아보자.
- 파일이 한 개밖에 없는 유형들은 폴더를 만들 필요가 없겠지.
- 파일 확장자명이 달라도 음악 파일들은 한 폴더 안에 넣어야지.
- 스크래치 SB2 확장자 파일과, 엔트리 ENT 파일들도 코딩연습이라고 폴더 하나에 같이 모아 둬야지.

문제

※답안 작성 요령 : 〈보기〉를 참고하여, 빈칸 ①과 ②를 채워 넣으시오.

정우는 유형별로 파일 정리를 하기 위해 새 폴더를 몇 개 더 만들어야 할까요? (①)

새로 만든 폴더에 파일들을 분류해 이동시킨 후, 크기순으로 나열했을 때 한 개씩 남아있는 파일 중 세 번째로 크기가 큰 파일 이름은 무엇인가요? (②)

정답	① ( )	② ( )

4학년이 시작되는 교실에서 민수와 친구들은 시간표를 보고 이런 저런 대화를 나누고 있다. 〈보기〉를 참고하여 〈문제〉의 빈칸을 채우시오. (10점)

보기

〈시간표〉

	월	화	수	목	금
1교시	국어	수학	과학	국어	국어
2교시	미술	영어	영어	과학	수학
3교시	미술	국어	국어	사회	사회
4교시	수학	도덕	수학	음악	도덕
5교시	음악	체육		국어	과학
6교시		체육		창제	

〈4학년 친구들의 대화〉

민수 : 6교시인 요일은 일주일 중 이틀이나 되네.

영희 : 이런, 수요일은 제일 늦게 끝나네.

지수 : 같은 과목이 연속해 2교시하는 수업은 미술 한 과목이야. 난 연속해 하는 수업이 좋은데.

지호 : 국어는 월요일부터 금요일까지 매일 하는구나.

문제

※답안 작성 요령 : 〈보기〉를 참고하여 시간표를 잘못 이해한 친구의 이름을 〈4학년 친구들의 대화〉에서 찾아 ①, ②에 적어 넣으시오.(순서 상관 없음)

선생님께서 친구들의 대화를 듣고 있다가, "(①)야, (②)야,
선생님이랑 시간표 보면서 다시 한 번 살펴볼까?" 라고 웃으며 말씀 하셨다.
선생님께서는 친구들이 잘못 이해한 내용을 알기 쉽게 잘 설명해 주셨다.

정답	① ( )	② ( )

문제 03 컴퓨터는 화면에 그림을 표현할 때, 숫자로, 색칠할 위치와 칸의 수를 정하여 명령을 내리면 해당 칸을 채워 그림으로 나타낸다. 아래 〈보기〉를 보고 〈문제〉의 빈칸을 완성하시오. (10점)

※답안 작성 요령 : 위의 보기를 참고로 하여 숫자로 이미지를 표현하는 규칙을 살펴보고, 아래의 빈칸에 들어갈 숫자를 채워 넣으시오.

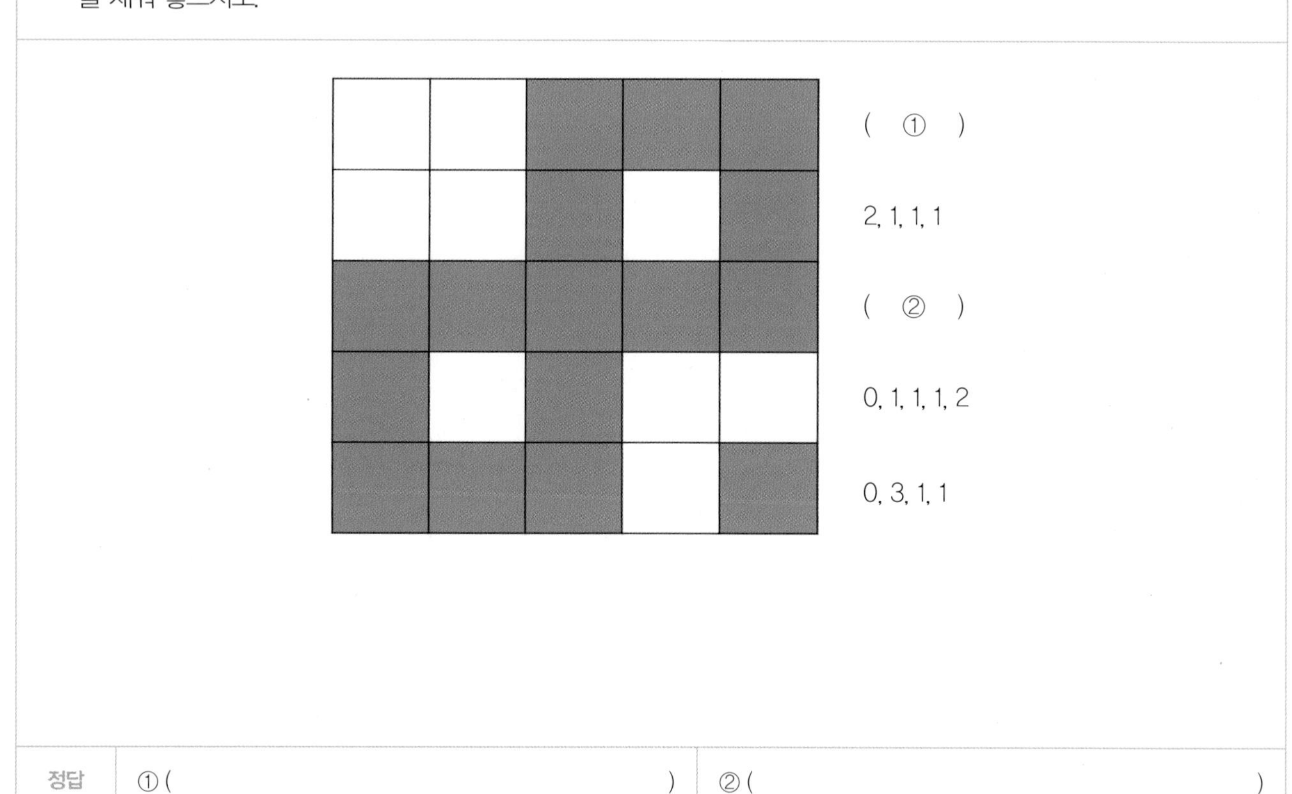

정답	① ( )	② ( )

문제 04

1부터 1씩 커지는 숫자를 10까지 더하여 어떤 값이 나오는지를 알아보고자 한다. 〈보기〉를 참고하여 〈문제〉의 빈칸을 완성하시오. (10점)

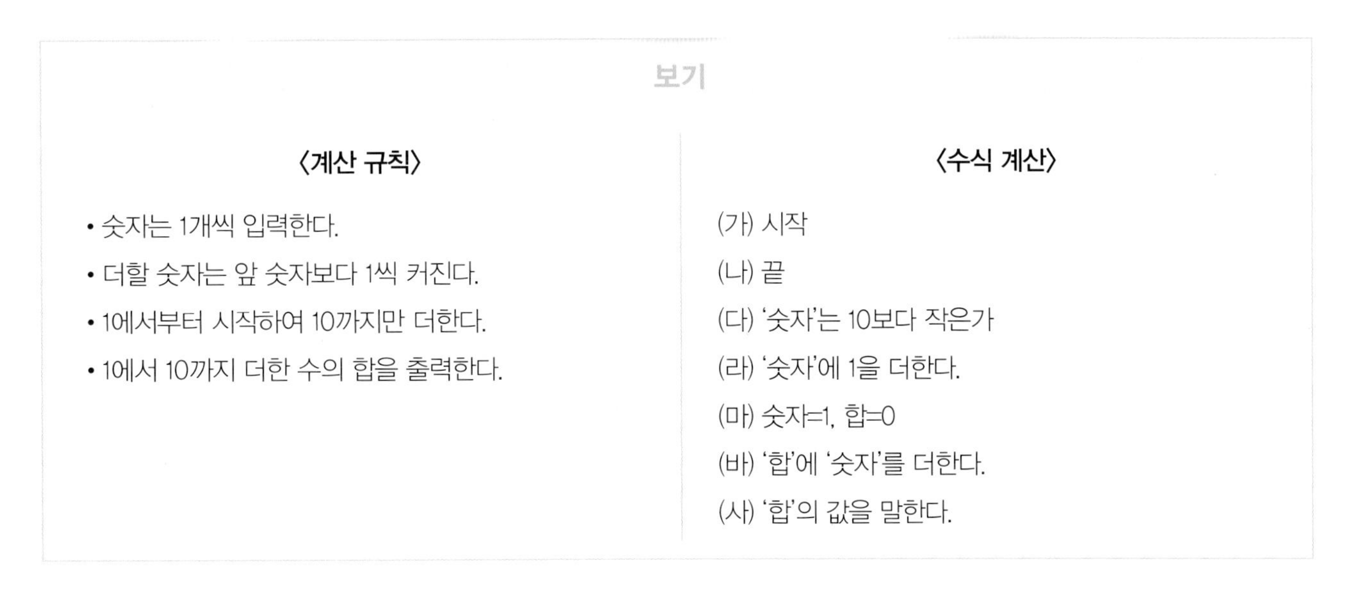

보기

〈계산 규칙〉

- 숫자는 1개씩 입력한다.
- 더할 숫자는 앞 숫자보다 1씩 커진다.
- 1에서부터 시작하여 10까지만 더한다.
- 1에서 10까지 더한 수의 합을 출력한다.

〈수식 계산〉

(가) 시작
(나) 끝
(다) '숫자'는 10보다 작은가
(라) '숫자'에 1을 더한다.
(마) 숫자=1, 합=0
(바) '합'에 '숫자'를 더한다.
(사) '합'의 값을 말한다.

문제

※답안 작성 요령 : 〈보기〉를 참고하여 작성하되, 〈수식 계산〉에서 (가)~(사) 중에서 골라 적어 넣으시오.

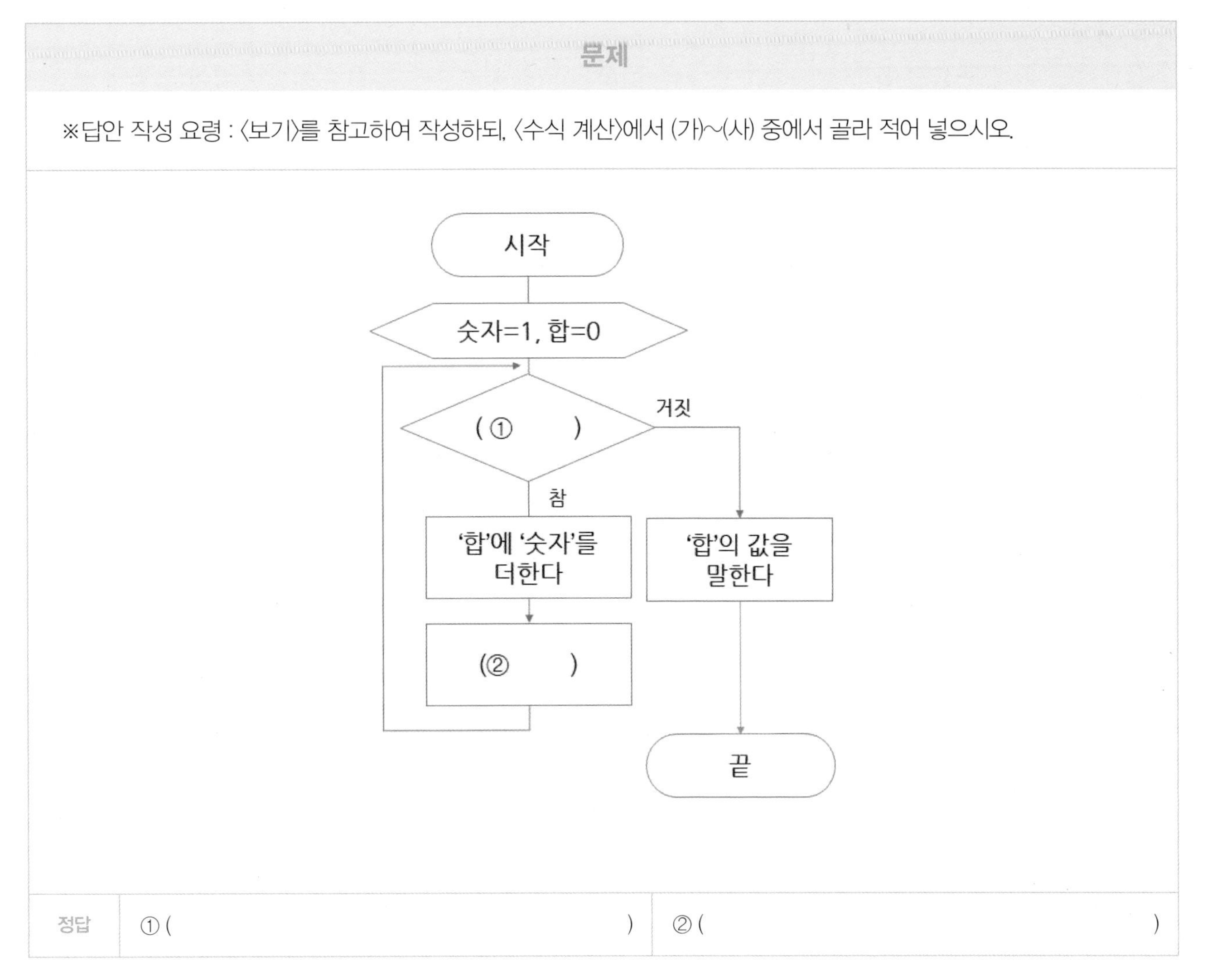

정답	① ( )	② ( )

문제 **05** **영희는 어버이날 선물로 1만원짜리 카네이션을 사려고 한다. 〈보기〉를 참고하여 〈문제〉의 빈칸을 완성하시오. (10점)**

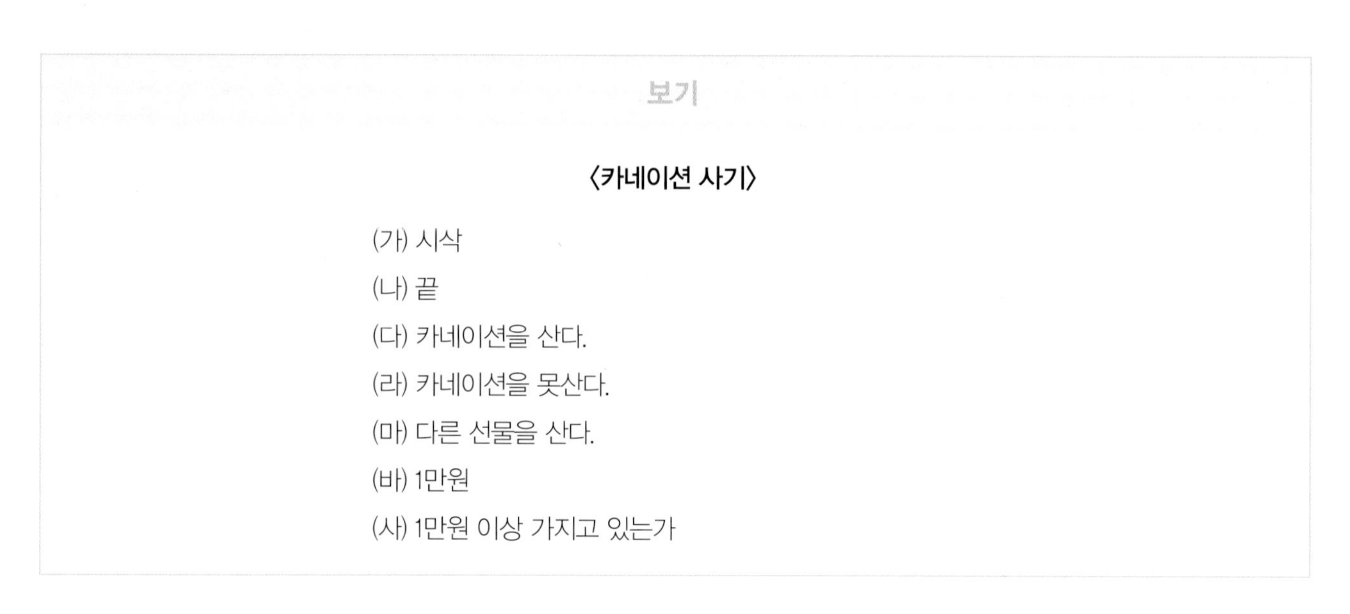

보기

〈카네이션 사기〉

(가) 시작

(나) 끝

(다) 카네이션을 산다.

(라) 카네이션을 못산다.

(마) 다른 선물을 산다.

(바) 1만원

(사) 1만원 이상 가지고 있는가

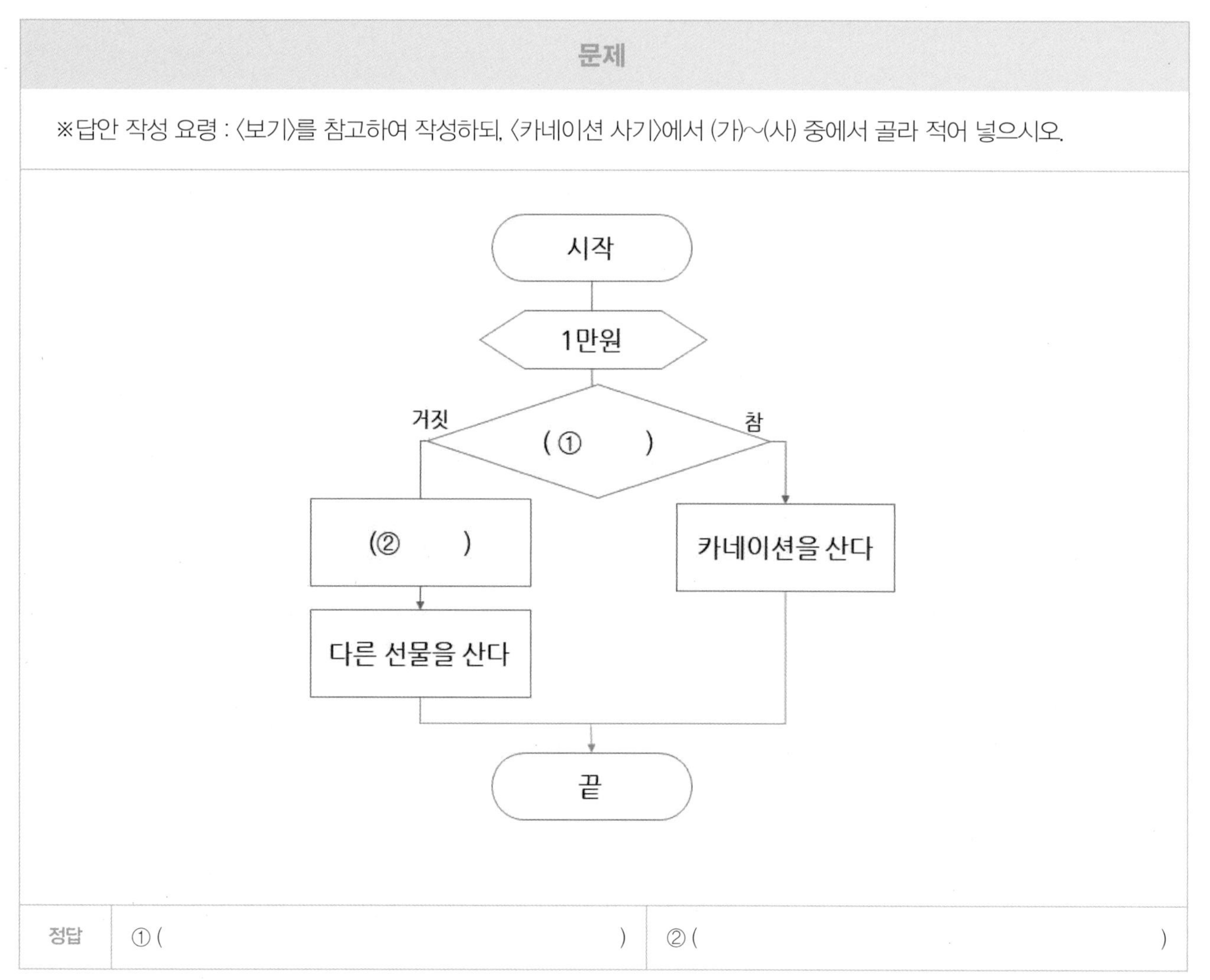

문제

※답안 작성 요령 : 〈보기〉를 참고하여 작성하되, 〈카네이션 사기〉에서 (가)~(사) 중에서 골라 적어 넣으시오.

정답	① ( )	② ( )

프로그래밍 작업 가이드

- 문제 파일 위치 : PART06₩기출유형문제 2회
- [수험번호-성명] 폴더를 마우스 오른쪽 버튼으로 클릭한 후, [이름 바꾸기]를 클릭
  → 본인의 [수험번호-성명]으로 수정하시오. (예: 10041004-홍길동)
- 본인의 [수험번호-성명]으로 수정된 폴더 안의 파일을 문항 별로 더블클릭하여 프로그램을 실행합니다.
- 문항 별 조건에 따라 작업을 완료하였으면, 파일〉저장하기 버튼을 클릭하여 저장합니다.

문제 06 버스가 신호등 신호에 따라 움직이도록, 아래 〈조건〉에 맞게 코딩하시오. (10점)

조건

- 스크래치 프로그램 화면의 [스크립트 영역]에 주어진 명령어 블록만을 모두 사용한다.
- 버튼을 클릭하면 차신호등의 모양을 '모양1'로, 사람신호등의 모양을 '모양2'로 정하고, 버스는 x좌표 -100, y좌표 -100 위치로 이동한다.
- 버스는 횡단보도까지의 거리가 50보다 작을 때까지 x좌표를 2만큼 바꾸기를 반복하여 움직인 후 3초를 기다렸다가 '신호 변경' 신호를 보낸다.
- '신호 변경' 신호를 받으면 차신호등은 모양을 '모양2'로, 사람신호등은 모양을 '모양1'로 바꾸고, 버스는 x좌표를 2만큼 바꾸기를 반복한다.

나비가 고슴도치와 대화를 한 후 꿀단지로 날아가도록, 아래 〈조건〉에 맞게 코딩하시오. (10점)

조건

- 스크래치 프로그램의 [스크립트 영역]에 주어진 명령어 블록만을 모두 사용한다.
- 버튼을 클릭하면 나비는 x좌표 170, y좌표 50에 위치한다.
- 나비가 "고슴도치야, 안녕?"이라고 2초 동안 말하면, 고슴도치는 나비가 말하는 2초 동안 기다렸다가 "안녕~ 나비야!"라고 2초 동안 말한다.
- 다시 나비가 2초 기다렸다가 "달콤한 향기가 나. 혹시 근처에 꽃밭이 있니?"라고 2초 동안 말하면, 고슴도치는 나비가 말하는 2초 동안 기다렸다가 "근처에 꽃밭은 없는데.... 저기 테이블에 꿀단지가 있긴 하던데..."라고 2초 동안 말한다.
- 나비가 또 2초 기다렸다가 "정말? 내가 날아가서 확인해볼게."라고 2초 동안 말하고, 꿀단지 쪽을 바라보면서 꿀단지에 닿을 때까지 3만큼씩 움직이기를 반복한다.

물고기가 상어에 닿으면 모양을 바꾸고 움직이도록, 아래 〈조건〉에 맞게 코딩하시오. (10점)

조건

- 스크래치 프로그램 화면의 [스크립트 영역]에 주어진 명령어 블록만을 모두 사용한다.
- 버튼을 클릭하면 상어의 모양을 '상어1'로 바꾼다.
- 상어는 10만큼씩 반복하여 움직이고, 벽에 닿으면 튕기도록 한다.
- 상어가 물고기에 닿으면 다음 모양으로 바꾸기를 0.5초마다 4번 반복한다.
- 물고기는 5만큼씩 반복하여 움직이고, 벽에 닿으면 튕기도록 한다.
- 물고기가 상어에 닿으면 다음 모양으로 바꾸기를 1초마다 반복한다.

퀴즈로봇이 좋아하는 숫자를 맞추도록, 아래 〈조건〉에 맞게 코딩하시오. (10점)

조건

- 스크래치 프로그램 화면의 [스크립트 영역]에 주어진 명령어 블록만을 모두 사용한다.
- 버튼을 클릭하면, '좋아하는 숫자' 변수는 숨기고, '좋아하는 숫자' 변수를 1부터 5사이의 난수로 정한다.
- 퀴즈로봇이 "1~5 중 내가 좋아하는 숫자는?"이라고 묻고 기다린다.
- '대답'한 숫자가 '좋아하는 숫자' 변수와 같다면 "맞아, 정답이야."라고 2초 동안 말하고, 정답을 맞춘 후에는 퀴즈로봇이 더 이상 물어보지 않도록 모두 멈춘다.
- '대답'한 숫자가 '좋아하는 숫자' 변수와 같지 않다면 "틀렸어. 다시 맞춰봐."라고 2초 동안 말하고 정답을 맞힐 때까지 계속 반복하여 물어보도록 한다.

시작 버튼을 클릭하면 연필로 그림을 그리도록, 아래 〈조건〉에 맞게 코딩하시오. (10점)

조건

- 스크래치 프로그램 화면 [블록 모음]에서 필요한 블록을 가져다 사용한다.
- 버튼을 클릭하면, 연필은 화면을 모두 지우고, x좌표 80, y좌표 50의 위치로 이동한다.
- 시작 버튼을 클릭하면 '그리기시작' 신호를 보낸다.
- '그리기시작' 신호를 받으면 연필은 펜 색깔을 1부터 200사이의 난수로 정하고, 마우스 포인터로 이동하여 마우스 포인터와 함께 움직이도록 하며, 마우스를 클릭하면 펜을 내려서 그림을 그리고, 그렇지 않으면 펜을 올린다.
- 위쪽 화살표를 누르면 화면을 모두 지우고, 스페이스 키를 누르면 펜 색깔을 10만큼 바꾼다.

시험 종료 전

- 본인의 수험번호–성명 폴더 내에 작업한 답안 파일이 정상적으로 저장되었는지 확인합니다.
  → 시험 종료 후, 감독관이 답안파일을 수거합니다.
- 수험번호, 성명을 잘못 기재하였거나, 답안 파일을 잘못 저장하여 발생한 문제나 불이익에 대한 일체의 책임은 수험자에게 있습니다.
- 감독관의 안내에 따라 시험지를 제출하고 퇴실합니다.

최신 기출 유형 문제 3회

SW코딩자격(3급)

- Software Coding Qualification Test -

SW	시험 시간	급수	응시일	수험 번호	성명
스크래치 3.0 이상	45분	3	년 월 일		

시험자 유의 사항

- 수험자는 감독관의 안내에 따라 문제지와 시험용 SW 등의 이상 여부를 확인해야 합니다.
- 문제지는 시험이 끝난 후 답안지와 함께 제출해야 하며, 미제출 시 실격 처리 됩니다.
- 제한된 시간 내에 시험을 완료하여야 합니다.
- 시험 시작 후에는 화장실 출입이 불가하며, 시험 시간 중에는 퇴실할 수 없습니다.
- 시험 시간 중 고사실 내에서 휴대 전화기, 디지털카메라, MP3 등 전자 기기를 소지한 경우, 해당자의 시험을 무효로 처리하오니 절대 휴대하지 않도록 합니다.
- 부정 응시 및 문제 유출에 해당하는 행위 즉, 답안을 타인에게 전달 및 외부로 반출하는 경우, 자격기본법 제 32조에 의거 부정행위로 간주되어 해당자의 시험을 무효처리하며 민/형사상의 책임을 물을 수 있습니다.

답안 작성 요령

- 답안 작성 절차
  – 바탕화면(Desktop) / SW3–시험 / 수험번호–성명 / 파일에 답안을 작성 또는 작업 후 저장
- 시험을 완료한 수험자는 감독관의 안내에 따라 ①시험지를 제출하고 ②답안 파일을 저장한 후 퇴실합니다.

한 국 생 산 성 본 부

문제 01 서율이와 승재는 가위바위보를 하여 계단을 올라가려고 한다. 〈보기〉를 참고하여 〈문제〉의 빈칸을 완성하시오. (10점)

보기

〈게임 규칙〉

가위를 내서 이기면 계단을 3칸, 바위는 1칸, 보를 내서 이기면 5칸을 올라간다. 비기거나 지면 계단을 올라가지 않는다.

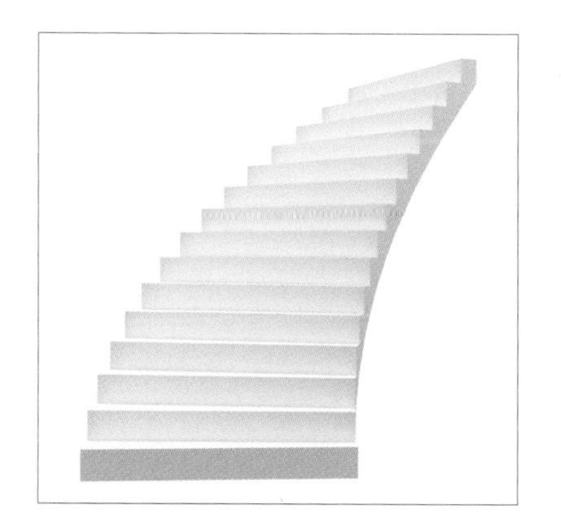

〈게임의 현재 상황〉

- 게임 시작은 계단을 올라가지 않은 상태에서 시작하며, 가위바위보에서 이기면 계단을 올라간다.
- 가위바위보 게임의 첫 번째는 서율이가 가위를 내서 승재를 이기고, 두 번째는 승재가 보를 내서 이겼다. 세 번째는 둘 다 가위를 내서 비겼다.

게임	서율	승재
첫 번째	가위	보
두 번째	바위	보
세 번째	가위	가위

문제

※답안 작성 요령 : 〈보기〉를 참고하여, 빈칸 ①과 ②를 채워 넣으시오.

서율이와 승재가 가위바위보 게임을 하고 있다. 가위바위보 3번 진행한 지금, 누가 몇 칸 더 계단에 올라가 있는가?
현재 (①)가/이가 (②) 칸 더 높은 계단에 올라가 있다.

정답	① ( )	② ( )

문제 02 교통수단이라고 할 수 있는 것에는 공통적인 특징이 있다. 〈보기〉를 참고하여 〈문제〉에 답하시오. (10점)

보기

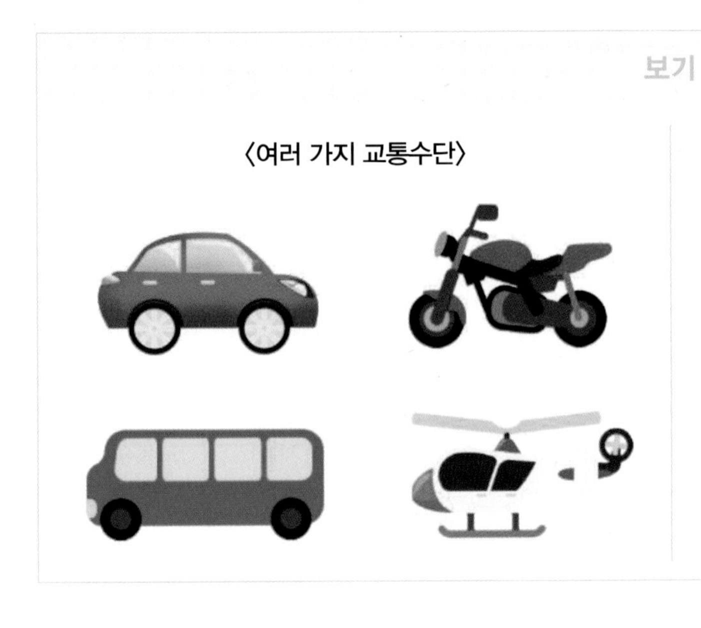

옆의 여러 가지 교통수단들의 공통적인 특징을 알아보기 위해, 아래와 같이 정리하였다.

(가) 엔진이 있다.
(나) 바퀴가 있다.
(다) 사람이 탈 수 있다.
(라) 지상에서 달린다.

문제

※답안 작성 요령 : 〈보기〉를 참고하여 ①과 ②에 들어갈 답을 (가)~(라)의 기호로만 적으시오.(순서 상관 없음)

위의 〈보기〉에서 제시된 교통수단을 나타내는 그림을 보고,
공통적인 것에 해당하는 내용 두 가지를 (가)~(라) 중에서 골라 적으시오.

정답	① ( )	② ( )

민재가 엄마의 심부름을 하게 되었다. 〈보기〉를 참고하여 〈문제〉의 빈칸을 채우시오. (10점)

보기

〈엄마의 심부름〉

엄마 :
"민재야, 저녁 준비를 해야 하는데 심부름 좀 다녀 올래. 엄마가 1만원을 줄게. 내일 아침에 시리얼을 먹어야 하니 우유를 잊어버리지 말고 사와야 한다. 그리고, 저녁에 국수를 해먹어야 하니, 국수는 지금 제일 필요해. 국수를 한 봉지 사와."

민재 :
"엄마, 나 너무 더워서 아이스크림이 꼭 먹고 싶어요. 아이스크림 사먹어도 돼요? 그리고 심부름하고 남은 돈으로 과자도 사먹어도 돼요?"

엄마 :
"그래, 심부름 하고 남으면 아이스크림 하나 사먹어. 그리고도 남으면 과자도 사먹어도 되고."

〈우선순위 정하기〉

민재는 1만원을 들고 심부름을 갔어요.
다음 보기를 보고 (가)~(라) 중 우선순위를 정해 구매해야 할 목록을 순서대로 정리해 보세요.

(가) 아이스크림
(나) 우유
(다) 국수
(라) 과자

문제

※답안 작성 요령 : 〈보기〉를 참고하여 ①과 ②에 들어갈 답을 (가)~(라)의 기호로 적으시오.

민재는 우선순위를 정하여 심부름을 잘 하였다. 어떤 순서로 일을 처리하였는지 아래 빈칸에 들어갈 내용을 순서대로 적으시오.
(다) → (①) → (②) → (라)

정답	① ( )	② ( )

문제 04 온라인 서점에서 책을 구매하는 과정을 다음과 같이 정리하였다. 〈보기〉를 참고하여 〈문제〉의 빈칸을 완성하시오. (10점)

보기

〈온라인 서점에서 책 2권 사기〉

(가) 시작　　(나) 종료
(다) 책 고르기　　(라) 책
(마) 장바구니에 담기　　(바) 값 지불
(사) 배송 정보 입력　　(아) 두 권을 골랐는가

문제

※답안 작성 요령 : 〈보기〉를 참고하여 작성하되, 〈온라인 서점에서 책 2권 사기〉의 (가)~(아) 중에서 골라 적어 넣으시오.

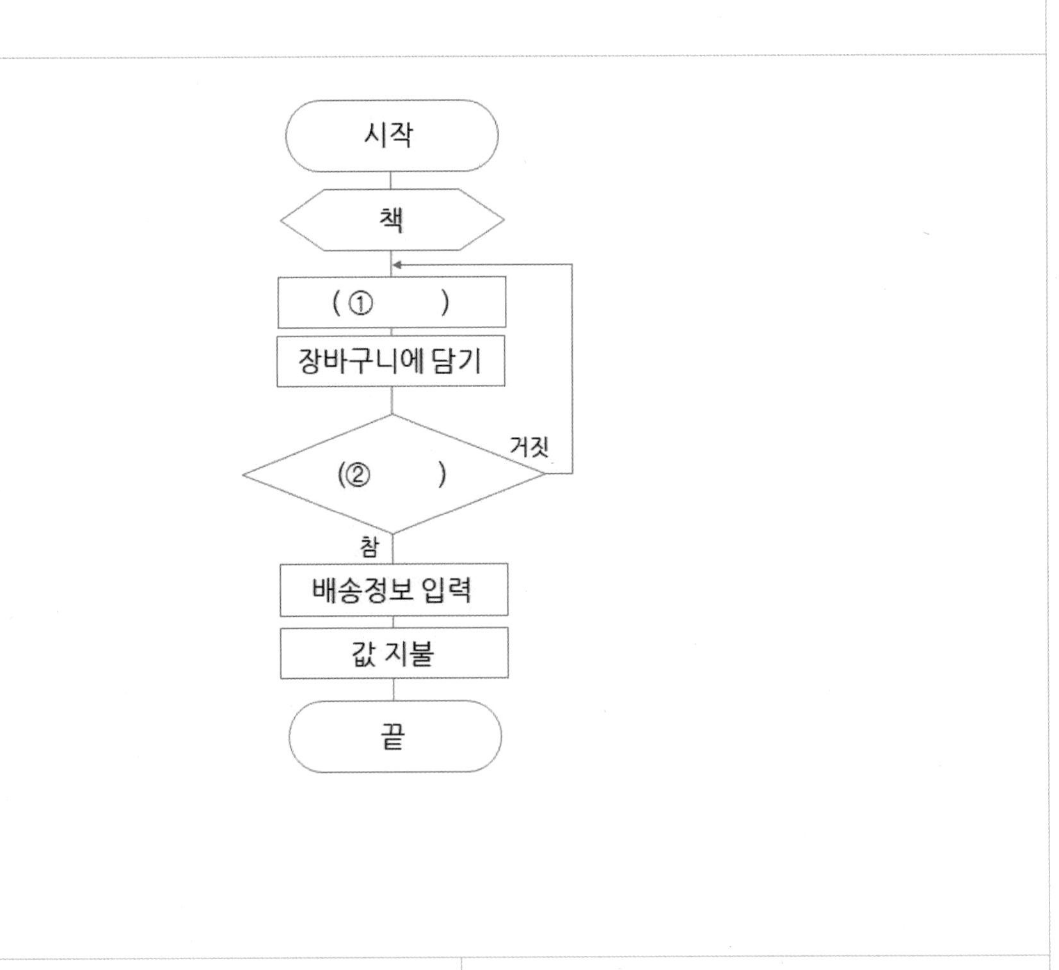

정답	① ( )	② ( )

리트머스 시험지를 활용해 용액이 산성인지 알카리성인지 알아보는 실험에 대한 설명이다. 〈보기〉를 참고하여 〈문제〉의 빈칸을 완성하시오. (10점)

보기

〈리트머스 시험지 특징〉	〈초록색 용액 알아보기〉
리트머스 시험지는 붉은색과 푸른색 두 가지이다. 붉은색 종이는 알칼리성용액에 닿으면 푸른색으로 변한다. 푸른색 종이는 산성용액에 닿으면 붉은색으로 변한다.	(가) 시작 (나) 끝 (다) 초록색 용액 (라) 산성이다 (마) 중성이다 (바) 알칼리성이다 (사) 리트머스 시험지 : 붉은색 → 푸른색 (아) 리트머스 시험지 : 푸른색 → 붉은색

문제

※답안 작성 요령 : 〈보기〉를 참고하여 작성하되, 〈초록색 용액 알아보기〉의 (가)~(아) 중에서 골라 적어 넣으시오.

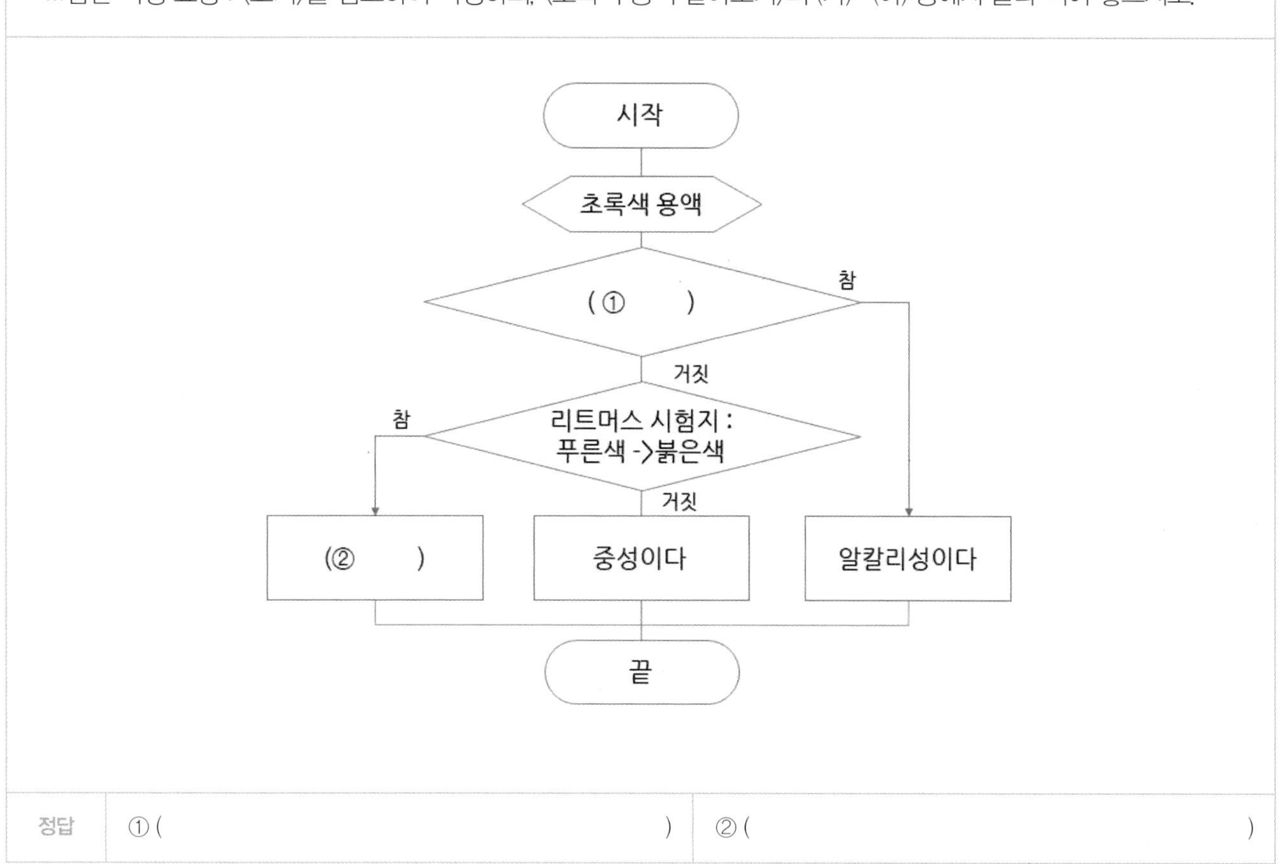

정답	① ( )	② ( )

프로그래밍 작업 가이드

- 문제 파일 위치 : PART06₩기출유형문제 3회
- [수험번호-성명] 폴더를 마우스 오른쪽 버튼으로 클릭한 후, [이름 바꾸기]를 클릭
  → 본인의 [수험번호-성명]으로 수정하시오. (예: 10041004-홍길동)
- 본인의 [수험번호-성명]으로 수정된 폴더 안의 파일을 문항 별로 더블클릭하여 프로그램을 실행합니다.
- 문항 별 조건에 따라 작업을 완료하였으면, 파일>저장하기 버튼을 클릭하여 저장합니다.

문제 06 별들이 조건에 맞게 회전하도록, 아래 〈조건〉에 맞게 코딩하시오. (10점)

조건

- 스크래치 프로그램 화면의 [스크립트 영역]에 주어진 명령어 블록만을 모두 사용한다.
- 🏳 버튼을 클릭하면 빨간별과 노란별의 크기를 100%로 정한다.
- 빨간별이 반시계 방향으로 15° 회전하기를 반복한다.
- 노란별이 마우스 포인터에 닿지 않으면 시계 방향으로 15° 회전하기를 반복한다.
- 노란별이 마우스 포인터에 닿고 마우스를 클릭하면 크기를 -10만큼 바꾸고, 스페이스 키를 누르면 크기를 10만큼 바꾼다.

문제 07 성을 통과해서 신비로운 숲에서 별을 보도록, 아래 〈조건〉에 맞게 코딩하시오. (10점)

조건

- 스크래치 프로그램 화면의 [스크립트 영역]에 주어진 명령어 블록만을 모두 사용한다.
- 🏳 버튼을 클릭하면 배경을 '배경1'로 바꾸고, 성의 크기를 100%로 정하고 화면에 보이도록 한다. 별1과 별2는 화면에 보이지 않도록 숨긴다.
- 스페이스 키를 누르면 성이 크기를 10만큼 바꾸기를 0.1초마다 30번 반복하여 커진 후 화면에 보이지 않도록 숨긴다.
- 성이 사라진 후 무대의 배경을 '배경2'로 바꾼다.
- 배경이 '배경2'로 바뀌면 별1은 1초마다 화면에 보였다가 숨기기를 반복한다.
- 배경이 '배경2'로 바뀌면 별2는 1초마다 화면에서 숨었다 보이기를 반복한다.

얼굴이 움직이도록 아래 〈조건〉에 맞게 코딩하시오. (10점)

조건

- 스크래치 프로그램의 [스크립트 영역]에 주어진 명령어 블록만을 모두 사용한다.
- 버튼을 클릭하면, 얼굴이 그래픽 효과를 지우고, 얼굴의 크기를 100%로 정하며, x좌표 -160, y좌표 -50의 위치로 이동한다. 얼굴2는 크기를 70%로 정하고, x좌표 160, y좌표 50의 위치로 이동한다.
- 얼굴이 벽에 닿을 때까지 3만큼씩 움직이기를 반복하고, 벽에 닿으면 색깔 효과를 10으로 정한 다음 '안녕' 신호를 보낸다.
- '안녕' 신호를 받으면 얼굴2는 벽에 닿을 때까지 -3만큼씩 움직이기를 반복하고, 벽에 닿으면 색깔 효과를 10으로 정한다.

오리가 넘어지지 않고 돌부리를 뛰어넘을 수 있도록, 아래 〈조건〉에 맞게 코딩하시오. (10점)

조건

- 스크래치 프로그램의 [스크립트 영역]에 주어진 명령어 블록만을 모두 사용한다.
- 버튼을 누르면, 오리는 x좌표 -170, y좌표 -60의 위치로 이동한다.
- 오리가 2만큼 반복하여 움직이다가 오리가 돌부리에 닿으면 모양을 '오리3'으로 바꾸고, '이 스프라이트에 있는 다른 스크립트' 멈추기를 한 다음 "아얏!"을 2초 동안 말한 후 '모두' 멈추기를 한다.
- 오리의 모양은 0.1초마다 '오리1'과 '오리2'로 번갈아 바꾼다.
- 오리가 점프를 하도록, 스페이스 키를 누르면 오리가 y좌표를 3만큼 바꾸기를 35번 반복한 다음 y좌표를 -3만큼 바꾸기를 35번 반복한다.

강아지주인이 강아지를 만날 수 있도록, 아래 〈조건〉에 맞게 코딩하시오. (10점)

조건

- 스크래치 프로그램 화면 [블록 모음]에서 필요한 블록을 가져다 사용한다.
- 버튼을 클릭하면 강아지 주인이 x좌표 –180, y좌표 –30의 위치로 이동하고, 모양을 '걷기1'로 바꾸며, 배경은 '방1'로 바꾼다. 그리고 강아지는 화면에 보이지 않게 숨긴다.
- 강아지 주인은 시작 2초 후부터 0.2초마다 다음 모양으로 바꾸기를 무한 반복한다.
- 강아지 주인은 "로디야 어디에 있니?"라고 2초 동안 말한 뒤 벽에 닿을 때까지 2만큼씩 움직이고 벽에 닿으면 다음 배경으로 바뀌도록 한다.
- 배경이 '방2'로 바뀌면 강아지는 화면에 나타난다.
- 배경이 '방2'로 바뀌면 강아지 주인은 x좌표 –180, y좌표 –30에 위치하고, 강아지에 닿을 때까지 2만큼 움직이기를 반복하다가 강아지에 닿으면 "우리 강아지 찾았다"라고 말한 후 '이 스프라이트에 있는 다른 스크립트'를 멈춘다.

시험 종료 전

- 본인의 수험번호–성명 폴더 내에 작업한 답안 파일이 정상적으로 저장되었는지 확인합니다.
  → 시험 종료 후, 감독관이 답안 파일을 수거합니다.
- 수험번호, 성명을 잘못 기재하였거나, 답안 파일을 잘못 저장하여 발생한 문제나 불이익에 대한 일체의 책임은 수험자에게 있습니다.
- 감독관의 안내에 따라 시험지를 제출하고 퇴실합니다.

최신 기출 유형 문제 4회

SW코딩자격(3급)

- Software Coding Qualification Test -

SW	시험 시간	급수	응시일	수험 번호	성명
스크래치 3.0 이상	45분	3	년 월 일		

시험자 유의 사항

- 수험자는 감독관의 안내에 따라 문제지와 시험용 SW 등의 이상 여부를 확인해야 합니다.
- 문제지는 시험이 끝난 후 답안지와 함께 제출해야 하며, 미제출 시 실격 처리 됩니다.
- 제한된 시간 내에 시험을 완료하여야 합니다.
- 시험 시작 후에는 화장실 출입이 불가하며, 시험 시간 중에는 퇴실할 수 없습니다.
- 시험 시간 중 고사실 내에서 휴대 전화기, 디지털카메라, MP3 등 전자 기기를 소지한 경우, 해당자의 시험을 무효로 처리하오니 절대 휴대하지 않도록 합니다.
- 부정 응시 및 문제 유출에 해당하는 행위 즉, 답안을 타인에게 전달 및 외부로 반출하는 경우, 자격기본법 제 32조에 의거 부정행위로 간주되어 해당자의 시험을 무효처리하며 민/형사상의 책임을 물을 수 있습니다.

답안 작성 요령

- 답안 작성 절차
  – 바탕화면(Desktop) / SW3–시험 / 수험번호–성명 / 파일에 답안을 작성 또는 작업 후 저장
- 시험을 완료한 수험자는 감독관의 안내에 따라 ①시험지를 제출하고 ②답안 파일을 저장한 후 퇴실합니다.

한 국 생 산 성 본 부

문제 01 유안이는 과천과학관에 가는 방법을 조사하고 있다. 〈보기〉를 참고하여 〈문제〉의 빈칸을 완성하시오. (10점)

보기

〈과천과학관에 가는 방법〉

가. 집에서 신분당선 판교역으로 걸어간다.
나. 신분당선을 타다가 강남역에서 2호선으로 환승한다.
다. 지하철 2호선을 타고 가다가 사당역에서 4호선으로 환승한다.
라. 4호선을 타고 가다가 대공원역에서 내린다.
마. 과천과학관까지 걸어간다.

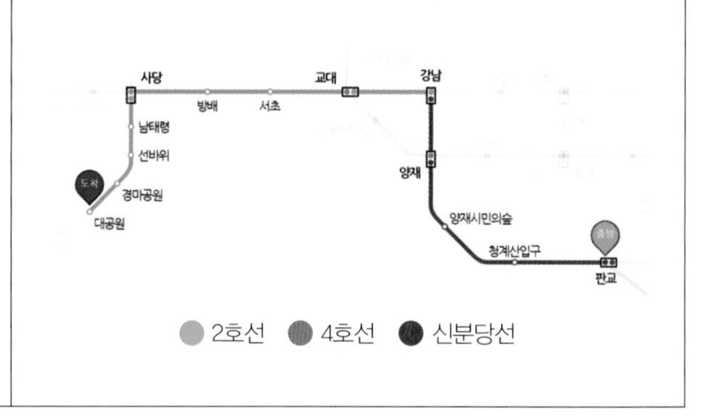

〈컴퓨팅 사고력 요소〉

자료 수집, 자료 분석, 자료 표현, 문제 분해, 추상화, 알고리즘과 절차화, 자동화, 시뮬레이션, 병렬화

문제

※답안 작성 요령 : 〈보기〉를 참고하여, 빈칸 ①과 ②를 채워 넣으시오.

– 〈컴퓨팅 사고력 요소〉 중 (　　①　　)는(은) 〈과천과학관에 가는 방법〉의 가.~마.처럼 지하철을 타고 과학관에 가는 과정을 순서대로 표현한 것이다.

– 〈컴퓨팅 사고력 요소〉 중 (　　②　　)는(은) 〈과천과학관에 가는 방법〉의 지하철 노선도처럼 과천과학관에 가는 경로를 단순화하여 표현한 것이다.

정답	① ( )	② ( )

재성은 동물원을 다녀와 오늘 본 동물들을 이야기하고 있다. 보기를 참고하여 문제의 빈칸을 완성하시오. (10점)

보기

〈재성이가 지우에게 말한 동물들〉	〈추상화〉
사자, 호랑이, 치타, 악어, 뱀, 기린, 독수리, 상어	불필요한 부분은 없애고 꼭 필요한 부분을 기준으로 단순화 시키는 것

문제

※답안 작성 요령 : 〈보기〉를 참고하여, 빈칸 ①번은 (가)~(라) 중 적당한 내용을 골라 기호로 적어 넣으시오. ②는 적당한 말을 〈재성이가 지우에게 말한 동물들〉에서 골라 적어 넣으시오.

다음은 재성이 지우와 대화한 내용이다. 대화 내용 중 〈추상화〉 개념을 고려하여 아래 빈칸을 채우시오.

재성 : 특히 기억나는 동물들을 말하고 보니, 내가 관심 있는 것은 (①)이라고 한마디로 말할 수 있네.
지우 : 그런데 이 동물 (②)만 예외구나. 난 네가 이야기 한 동물 중에 이 동물도 재밌었어.
재성 : 하하하, 맞아. 그 동물 앞에서 나도 한참 구경하다 왔었어.

(가) 털이 있는 동물
(나) 아가미가 있는 동물
(다) 고기를 먹는 동물
(라) 다리가 4개인 동물

정답	① ( )	② ( )

유진은 방문 기념 사탕봉지를 포장 중이다. 〈보기〉를 참고하여 〈문제〉의 빈 칸을 완성하시오. (10점)

보기

〈방문 기념 선물 만들기〉

원 모양 사탕

꽈배기 모양 사탕

하트 모양 사탕

	사탕 개수	각 봉지에 넣을 개수
원 모양	13	1
꽈배기 모양	30	3
하트 모양	24	(　　　)

유진은 원 모양 13개, 꽈배기 모양 30개, 하트 모양 24개를 구입하였다.

문제

※답안 작성 요령 : 〈보기〉를 참고하여, 빈칸 ①과 ②를 채워 넣으시오.

보기의 표에서 각 사탕의 개수를 확인해 다음을 완성하시오. 유진은 생일파티에 친구를 초대해, 방문 기념 사탕 봉지를 주려고 한다. 표의 구성에 맞추어, 친구들에게 최대한 여러 개의 선물 봉지를 포장할 수 있도록 다음을 완성하시오.

한 봉지 안에 들어갈 사탕의 개수를 원 모양 1개, 꽈배기 모양 3개, 하트 모양 (①)개씩 넣으면 (②) 봉지의 포장을 완성해 친구들에게 줄 수 있다.

정답	① ( )	② ( )

채원이는 컵라면을 조리하려고 한다. 〈보기〉를 참고하여 〈문제〉의 빈칸을 완성하시오. (10점)

보기

〈컵라면 조리하기〉

(가) 3분이 지났는가?
(나) 컵라면 포장 비닐을 뜯고 스프를 넣는다.
(다) 뜨거운 물을 붓는다.
(라) 컵라면, 뜨거운 물
(마) 컵라면 뚜껑을 닫는다.
(바) 컵라면 완성

문제

※답안 작성 요령 : 〈보기〉를 참고하여 작성하되, 〈컵라면 조리하기〉의 (가)~(바) 중 적절한 내용을 골라 빈칸 ①과 ②를 채워 넣으시오.

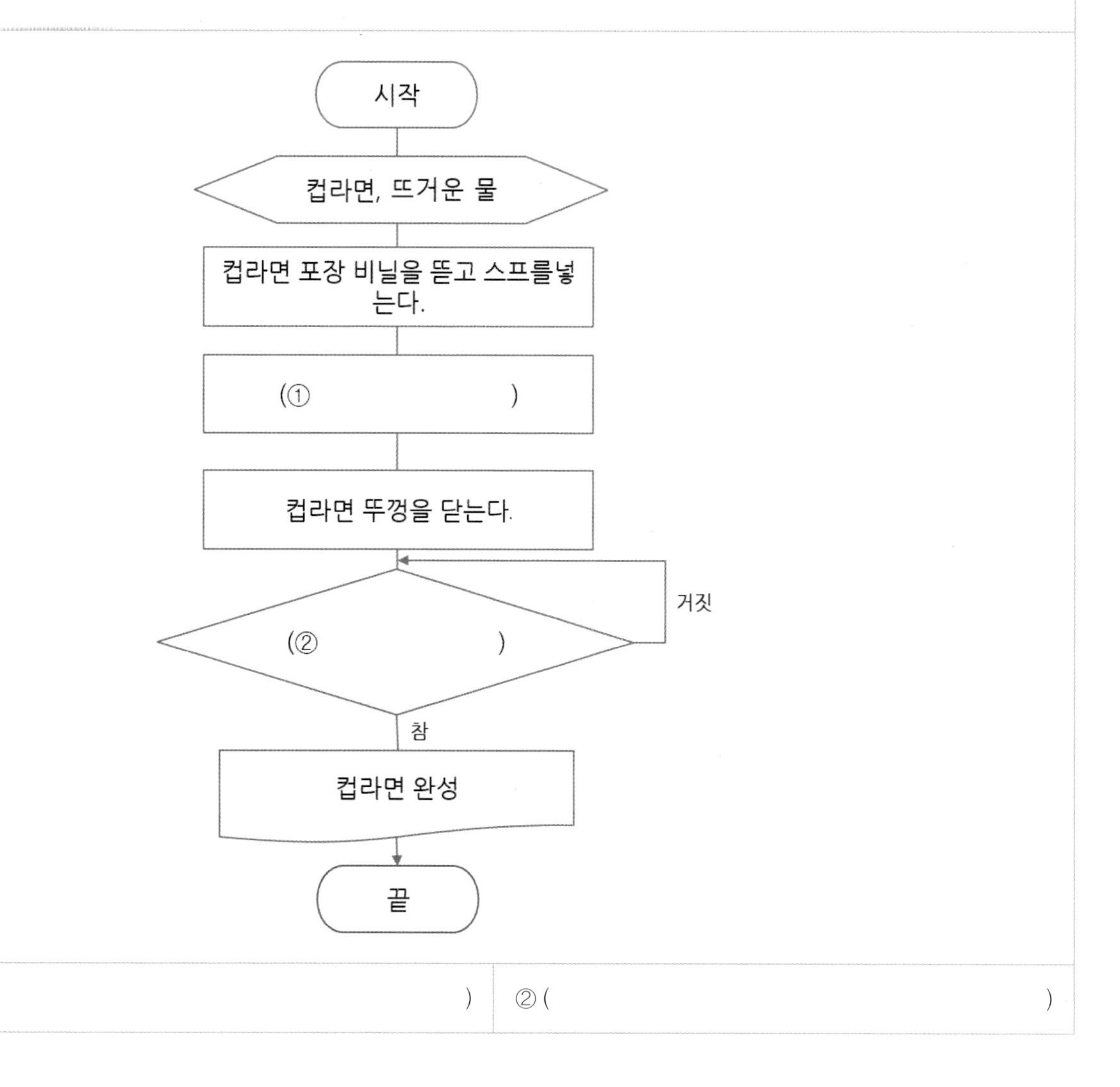

정답	① (　　　　)	② (　　　　)

문제 05 진수는 각도기와 자를 사용해 밑그림을 그리고 있다. 〈보기〉를 참고하여 〈문제〉의 빈칸을 완성하시오. (10점)

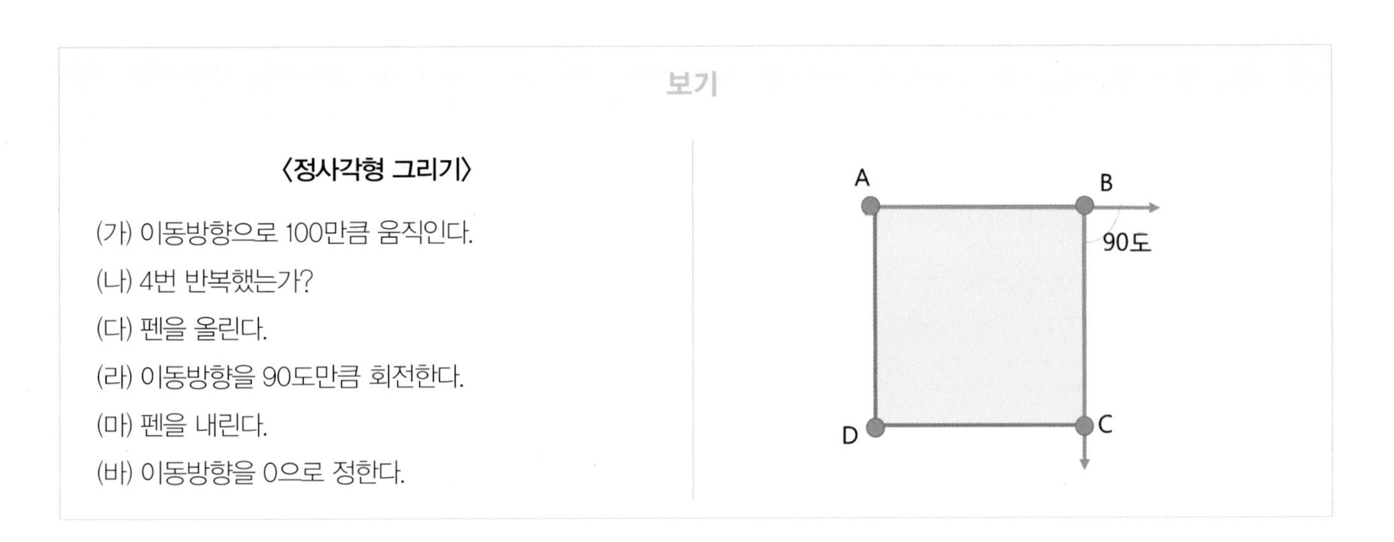

문제

※답안 작성 요령 : 〈보기〉를 참고하여 작성하되, 〈정사각형 그리기〉에서 적절한 내용을 골라 (가)~(바)의 기호로 적으시오.

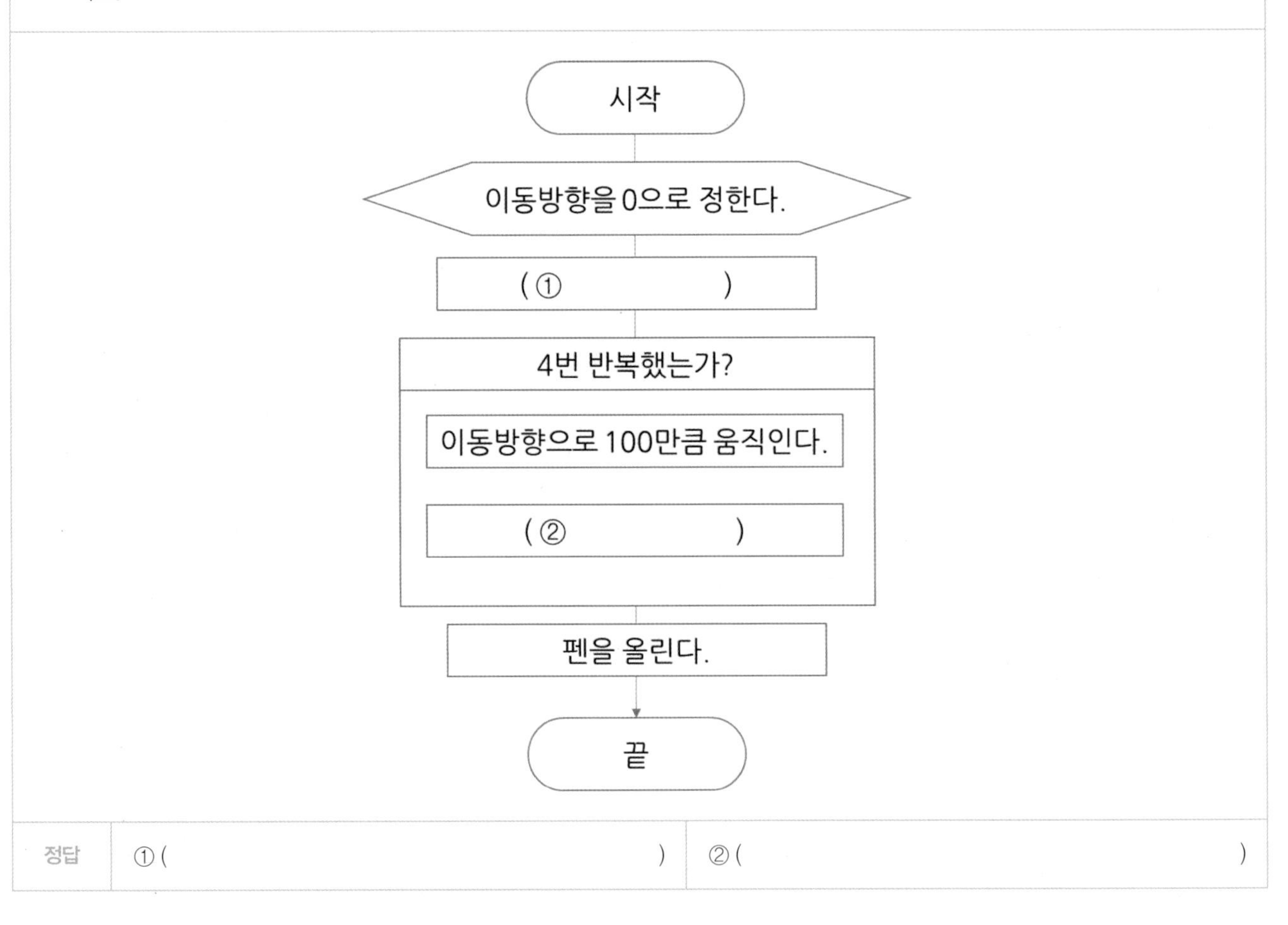

정답 ① ( ) ② ( )

프로그래밍 작업 가이드

- 문제 파일 위치 : PART06₩기출유형문제 4회
- [수험번호–성명] 폴더를 마우스 오른쪽 버튼으로 클릭한 후, [이름 바꾸기]를 클릭
  → 본인의 [수험번호–성명]으로 수정하시오. (예: 10041004–홍길동)
- 본인의 [수험번호–성명]으로 수정된 폴더 안의 파일을 문항 별로 더블클릭하여 프로그램을 실행합니다.
- 문항 별 조건에 따라 작업을 완료하였으면, 파일〉저장하기 버튼을 클릭하여 저장합니다.

문제 06 곰이 스케이트를 타도록, 아래 〈조건〉에 맞게 코딩하시오. (10점)

조건

- 스크래치 프로그램의 [스크립트 영역]에 주어진 명령어 블록만을 모두 사용한다.
- 🏳 버튼을 클릭하면, 곰은 크기를 50%로 정하고, 스케이트는 크기를 50%로 정하고 x좌표 –210, y좌표 121에 위치한다.
- 스케이트가 1초 동안 x좌표 –101, y좌표 –76의 위치로 이동한다.
- 스케이트가 다시 2초 동안 x좌표 114, y좌표 –139의 위치로 이동한 후 "와우"라고 2초 동안 말한다.
- 곰은 계속 반복하여 스케이트의 위치로 이동한다.

꽃게를 클릭하면 '꽃게개수'가 1씩 증가하도록, 아래 〈조건〉에 맞게 코딩하시오. (10점)

조건

- 스크래치 프로그램의 [스크립트 영역]에 주어진 명령어 블록만을 모두 사용한다.
- 버튼을 클릭하면 '꽃게개수' 변수를 0으로 정하고, 꽃게1, 꽃게2, 꽃게3의 회전방식을 '왼쪽-오른쪽'으로 정한다.
- 꽃게1, 꽃게2, 꽃게3은 각각 30°, 60°, 100° 방향 보기를 한다.
- 꽃게1, 꽃게2, 꽃게3은 각각 다음 (1)~(2)를 계속 반복한다.
  (1) 1에서 3사이의 난수만큼 움직인다.
  (2) 벽에 닿으면 튕긴다.
- 꽃게1, 꽃게2, 꽃게3을 클릭하면 각각 다음 (1)~(3)을 실행한다.
  (1) '꽃게개수' 변수를 1만큼 바꾼다.
  (2) 숨기기를 한다.
  (3) 2초 기다린 후 보이도록 한다.

고보가 내는 구구단 문제를 맞힐 수 있도록, 아래 〈조건〉에 맞게 코딩하시오. (10점)

조건

- 스크래치 프로그램의 [스크립트 영역]에 주어진 명령어 블록만을 모두 사용한다.
- 버튼을 클릭하면 '단', '수', '정답' 변수 그리고 '대답'은 화면에 보이지 않는다.
- 버튼을 클릭하면 고보가 모양을 '고보첫모양'으로 바꾸고, "구구단 문제를 맞혀보세요."라고 2초 동안 말한다.
- 고보는 다음 (1)~(7)을 무한 반복한다.
  (1) 모양을 '고보첫모양'으로 바꾼다.
  (2) '단' 변수를 1부터 9사이의 난수로 정한다.
  (3) '수' 변수를 1부터 9사이의 난수로 정한다.
  (4) '정답' 변수를 '단'과 '수'를 곱한 값으로 정한다.
  (5) "(단값)×(수값)=?" 이라고 묻고 기다린다(예 : 2×3=?).
  (6) 만약 입력한 '대답'이 '정답'과 같다면, '고보신남' 모양으로 바꾸고 "정답입니다."라고 2초 동안 말한다.
  (7) 만약 입력한 '대답'이 '정답'과 같지 않다면, '고보시무룩' 모양으로 바꾸고 "오답입니다."라고 2초 동안 말한다.

비오는 날 개구리가 공원을 지나가도록, 아래 〈 조건 〉에 맞게 코딩하시오. (10점)

조건

- 스크래치 프로그램의 [스크립트 영역]에 주어진 명령어 블록만을 모두 사용한다.
- 버튼을 클릭하면 개구리는 x좌표 −180, y좌표 −110에 위치한다.
- 물방울은 다음 (1)~(2)를 10번 반복하여 실행한다.
  (1) x좌표는 −200부터 200사이의 난수, y좌표는 80의 위치로 이동한다.
  (2) 벽에 닿을 때까지 y좌표를 −5만큼 바꾸고, x좌표를 −2만큼 바꾸기를 반복한다.
- 개구리는 다음 (1)~(5)를 계속 반복하여, 점프하면서 화면 오른쪽으로 이동한다.
  (1) y좌표를 5만큼 바꾼다.
  (2) x좌표를 20만큼 바꾼다.
  (3) 0.1초 기다린다.
  (4) y좌표를 −5만큼 바꾼다.
  (5) 1초 동안 기다린다.
- 개구리는 물방울에 닿으면 '투명도' 효과를 20만큼 바꾼 후 1초 기다린다.

고양이가 빨간 벽돌담 길을 지나 큰 길로 가서 버스를 타도록, 아래 〈조건〉에 맞게 코딩하시오. (10점)

조건

- 스크래치 프로그램 화면 [블록 모음]에서 필요한 블록을 가져다 사용한다.
- 버튼을 클릭하면 첫 장면이 시작되어 고양이가 x좌표 −180, y좌표 −60에 위치하며, 무대의 배경은 '배경1'로 바뀌고, 버스는 보이지 않는다.
- 고양이가 0.2초마다 다음 모양으로 바꾸기를 계속 반복하여 달려가는 모습처럼 보인다.
- 고양이가 2만큼 계속 움직이다가 벽에 닿으면 배경을 '배경2'로 바꾼다.
- 고양이가 오른쪽으로 2만큼씩 계속 움직인다.
- 고양이가 버스에 닿으면 "버스를 타야겠다."라고 2초 동안 말하고 '모두' 멈추기를 한다.

시험 종료 전

- 본인의 수험번호−성명 폴더 내에 작업한 답안 파일이 정상적으로 저장되었는지 확인합니다.
  → 시험 종료 후, 감독관이 답안 파일을 수거합니다.
- 수험번호, 성명을 잘못 기재하였거나, 답안 파일을 잘못 저장하여 발생한 문제나 불이익에 대한 일체의 책임은 수험자에게 있습니다.
- 감독관의 안내에 따라 시험지를 제출하고 퇴실합니다.

최신 기출 유형 문제 5회

SW코딩자격(3급)

- Software Coding Qualification Test -

SW	시험 시간	급수	응시일	수험 번호	성명
스크래치 3.0 이상	45분	3	년 월 일		

시험자 유의 사항

- 수험자는 감독관의 안내에 따라 문제지와 시험용 SW 등의 이상 여부를 확인해야 합니다.
- 문제지는 시험이 끝난 후 답안지와 함께 제출해야 하며, 미제출 시 실격 처리 됩니다.
- 제한된 시간 내에 시험을 완료하여야 합니다.
- 시험 시작 후에는 화장실 출입이 불가하며, 시험 시간 중에는 퇴실할 수 없습니다.
- 시험 시간 중 고사실 내에서 휴대 전화기, 디지털카메라, MP3 등 전자 기기를 소지한 경우, 해당자의 시험을 무효로 처리하오니 절대 휴대하지 않도록 합니다.
- 부정 응시 및 문제 유출에 해당하는 행위 즉, 답안을 타인에게 전달 및 외부로 반출하는 경우, 자격기본법 제 32조에 의거 부정행위로 간주되어 해당자의 시험을 무효처리하며 민/형사상의 책임을 물을 수 있습니다.

답안 작성 요령

- 답안 작성 절차
  – 바탕화면(Desktop) / SW3–시험 / 수험번호–성명 / 파일에 답안을 작성 또는 작업 후 저장
- 시험을 완료한 수험자는 감독관의 안내에 따라 ①시험지를 제출하고 ②답안 파일을 저장한 후 퇴실합니다.

한 국 생 산 성 본 부

문제 01 지후는 귀 체온계의 사용설명서와 관련 뉴스 기사 내용을 비교하고 있다. 〈보기〉를 참고하여 〈문제〉의 빈칸을 완성하시오. (10점)

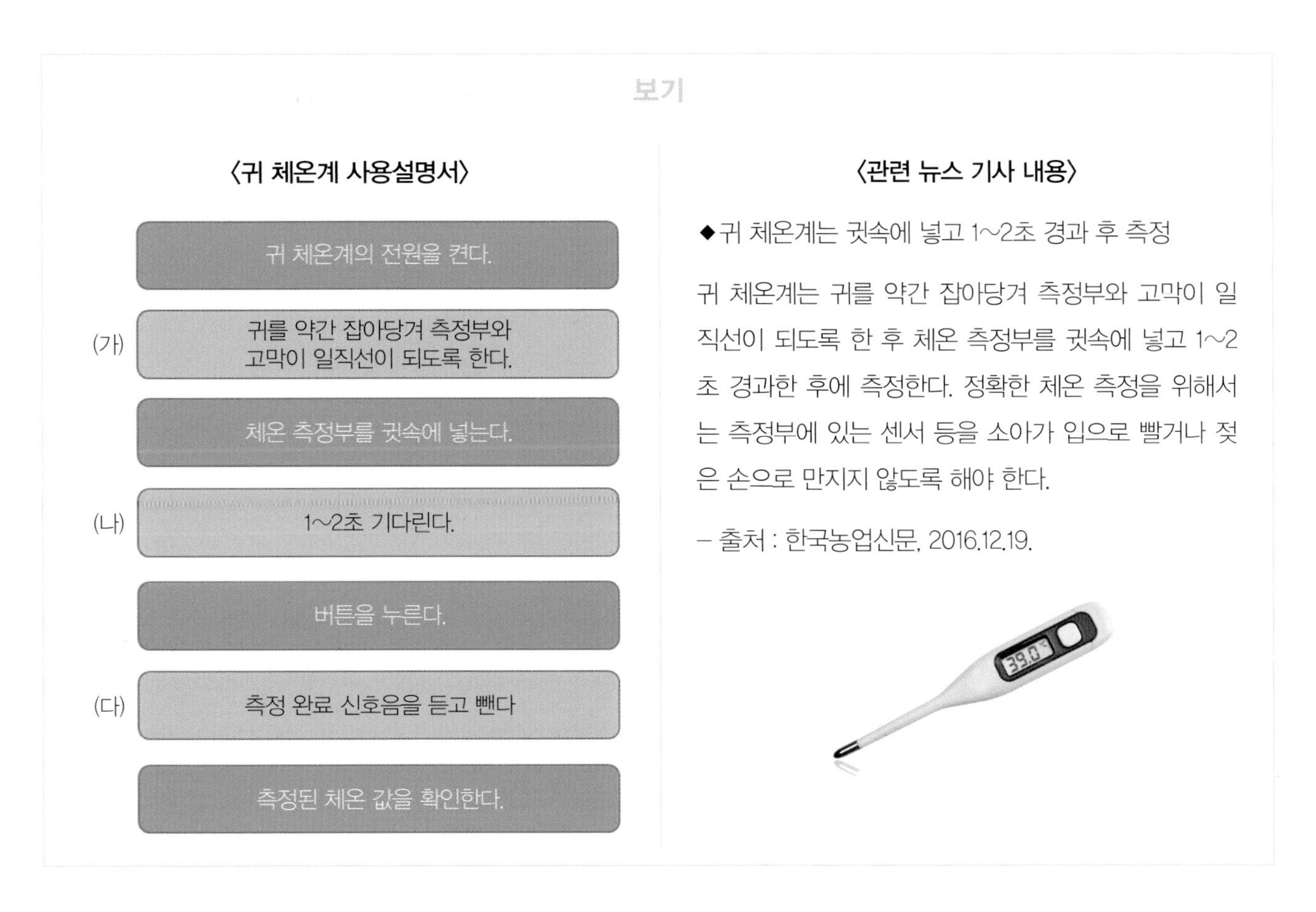

보기

〈귀 체온계 사용설명서〉

귀 체온계의 전원을 켠다.

(가) 귀를 약간 잡아당겨 측정부와 고막이 일직선이 되도록 한다.

체온 측정부를 귓속에 넣는다.

(나) 1~2초 기다린다.

버튼을 누른다.

(다) 측정 완료 신호음을 듣고 뺀다

측정된 체온 값을 확인한다.

〈관련 뉴스 기사 내용〉

◆귀 체온계는 귓속에 넣고 1~2초 경과 후 측정

귀 체온계는 귀를 약간 잡아당겨 측정부와 고막이 일직선이 되도록 한 후 체온 측정부를 귓속에 넣고 1~2초 경과한 후에 측정한다. 정확한 체온 측정을 위해서는 측정부에 있는 센서 등을 소아가 입으로 빨거나 젖은 손으로 만지지 않도록 해야 한다.

– 출처 : 한국농업신문, 2016.12.19.

문제

※답안 작성 요령 : 〈보기〉를 참고하여 작성하되, 〈귀 체온계 사용설명서〉에서 적절한 내용을 골라 ①, ②에 (가)~(다)의 기호로 적으시오.

〈귀 체온계 사용설명서〉에 적힌 내용 중 (가), (나), (다) 내용을 살펴보고, 〈관련 뉴스 기사 내용〉과 비교하여 다음의 빈칸을 (가), (나), (다) 중에 골라 채워 넣으시오.

〈관련 뉴스 기사 내용〉과 〈귀 체온계 사용설명서〉 두 가지에서 공통적으로 강조하는 내용은 측정부와 고막이 일직선이 되게 하라는 내용과 (①)는 내용이다. 또한 (②) 내용은 〈귀 체온계 사용설명서〉에서만 언급하고 있다.

정답	① ( )	② ( )

문제 02 지훈이는 친구들과 단어가 적혀있는 여러 장의 카드로 카드게임 놀이를 하다가, 다음과 같은 12장의 카드를 모으게 되었다. 〈보기〉를 참고하여 〈문제〉의 빈칸을 완성하시오. (10점)

문제

※답안 작성 요령 : 〈보기〉를 참고하여 작성하되, 〈구분〉에서 적절한 내용을 골라 ①은 숫자로 적고, ②는 (가)~(라)의 기호로 적으시오.

지훈이가 가지고 있는 카드들을 한 가지 특징으로 묶고, 그 특징과 관련 없는 나머지 몇 개의 카드들은 다른 친구에게 넘겨주어야 한다. 넘겨주어야 할 카드는 모두 (①)개이며, 지훈이가 가진 카드의 특징을 한마디로 정리하면 (②)이다.

정답	① ( )	② ( )

문제 03 놀이터 터널형 미끄럼틀에서 아이들이 들어가 놀고 있다. 〈보기〉를 참고하여 〈문제〉의 빈칸을 완성하시오. (10점)

보기

〈터널형 미끄럼틀〉

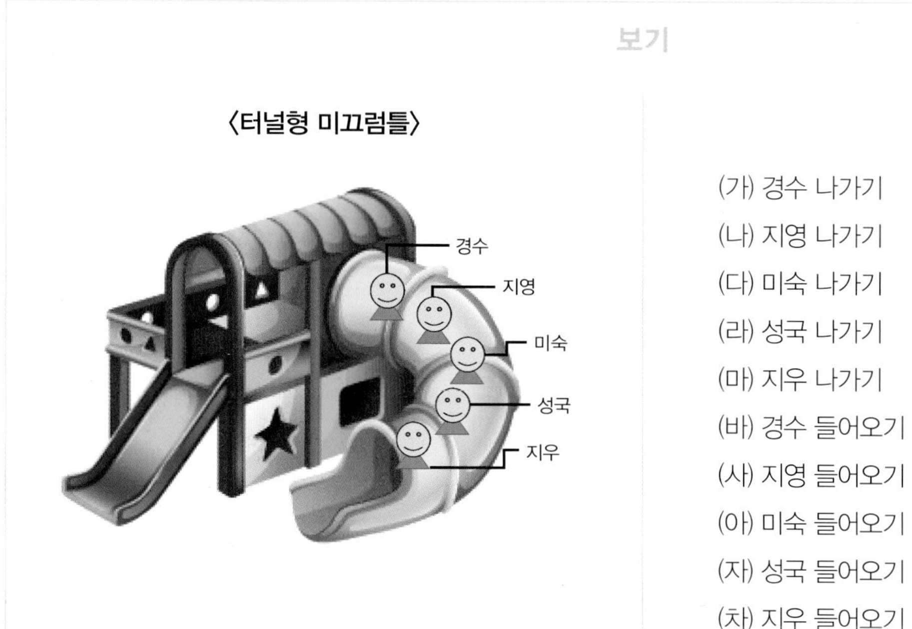

〈움직임〉

(가) 경수 나가기
(나) 지영 나가기
(다) 미숙 나가기
(라) 성국 나가기
(마) 지우 나가기
(바) 경수 들어오기
(사) 지영 들어오기
(아) 미숙 들어오기
(자) 성국 들어오기
(차) 지우 들어오기

문제

※답안 작성 요령 : 〈보기〉를 참고하여 작성하되, 적절한 내용을 골라 ①, ②에 〈움직임〉의 (가)~(차)의 기호로 적으시오.

성국이 갑자기 미끄럼틀 위쪽 방향으로 나가야 한다. 그런데 터널이어서 나가기 쉽지 않다. 성국은 나가서 들어오지 않고, 다른 친구들은 나갔다가 다시 원래 자기 순서 및 자리로 돌아와야 한다면, 어떻게 순차적으로 움직여야 하는가? 아래에서 잘못된 단계인 (①), (②) 두 가지를 삭제해야 결과가 올바르게 된다.

(가) → (나) → (다) → (라) → (마) → (자) → (아) → (사) → (바)

정답	① ( )	② ( )

문제 04 홍채인식 시스템에 홍채정보가 등록된 사람만 문을 통과할 수 있다. 〈보기〉를 참고하여 〈문제〉의 빈칸을 완성하시오. (10점)

보기

〈홍채인식 시스템〉

(가) 출입을 허용하지 않는다.
(나) 홍채영역 이미지만 골라내어 패턴을 분석한다.
(다) 카메라에 눈을 가까이하여 인식시킨다.
(라) 인식된 패턴정보를 코드화 한다.
(마) 시스템에 등록된 홍채패턴 들 중에 같은 정보가 있는가?
(바) 출입을 허용한다.

문제

※답안 작성 요령 : 〈보기〉를 참고하여 작성하되, 〈홍채인식 시스템〉에서 적절한 내용을 골라 ①, ②에 (가)~(바)의 기호로 적으시오.

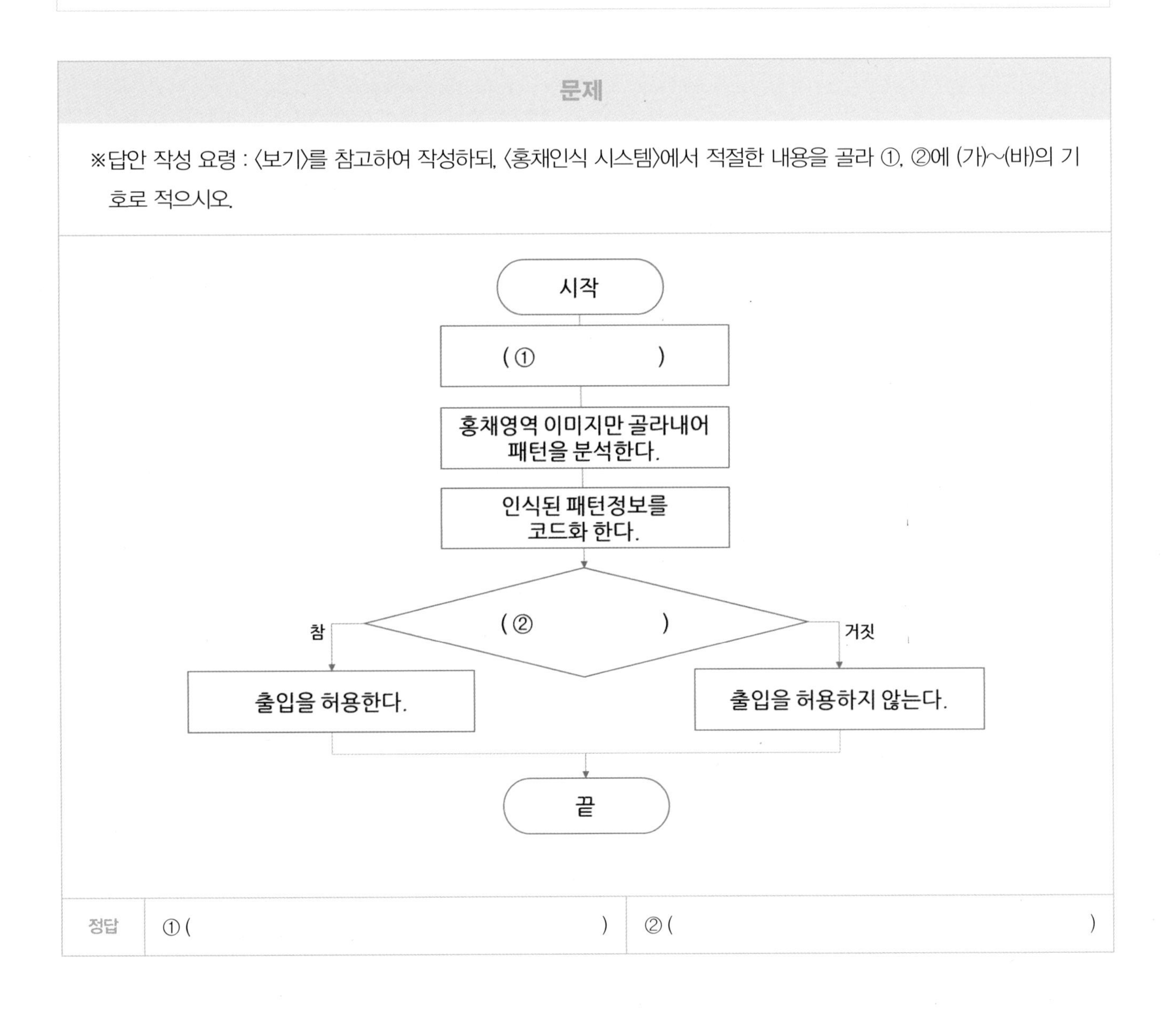

정답	① ( )	② ( )

문제 05 재원이는 재익이와 놀이공원에 가서 함께 놀이기구를 타려고 한다. 〈보기〉를 참고하여 〈문제〉의 빈칸을 완성하시오. (10점)

보기

〈놀이기구 타기〉

(가) 탑승자 키가 140cm 이상인가?
(나) 놀이기구를 탄다.
(다) 친구와 놀이공원 매표소 앞에서 만난다.
(라) 매표소에서 놀이공원 입장권을 산다.
(마) 같이 탈 놀이기구를 고른다.
(바) 다른 놀이기구를 타러 간다.

문제

※답안 작성 요령 : 〈보기〉를 참고하여 작성하되, 〈놀이기구 타기〉의 (가)~(바) 중 적절한 내용을 골라 빈칸 ①과 ②를 채워 넣으시오.

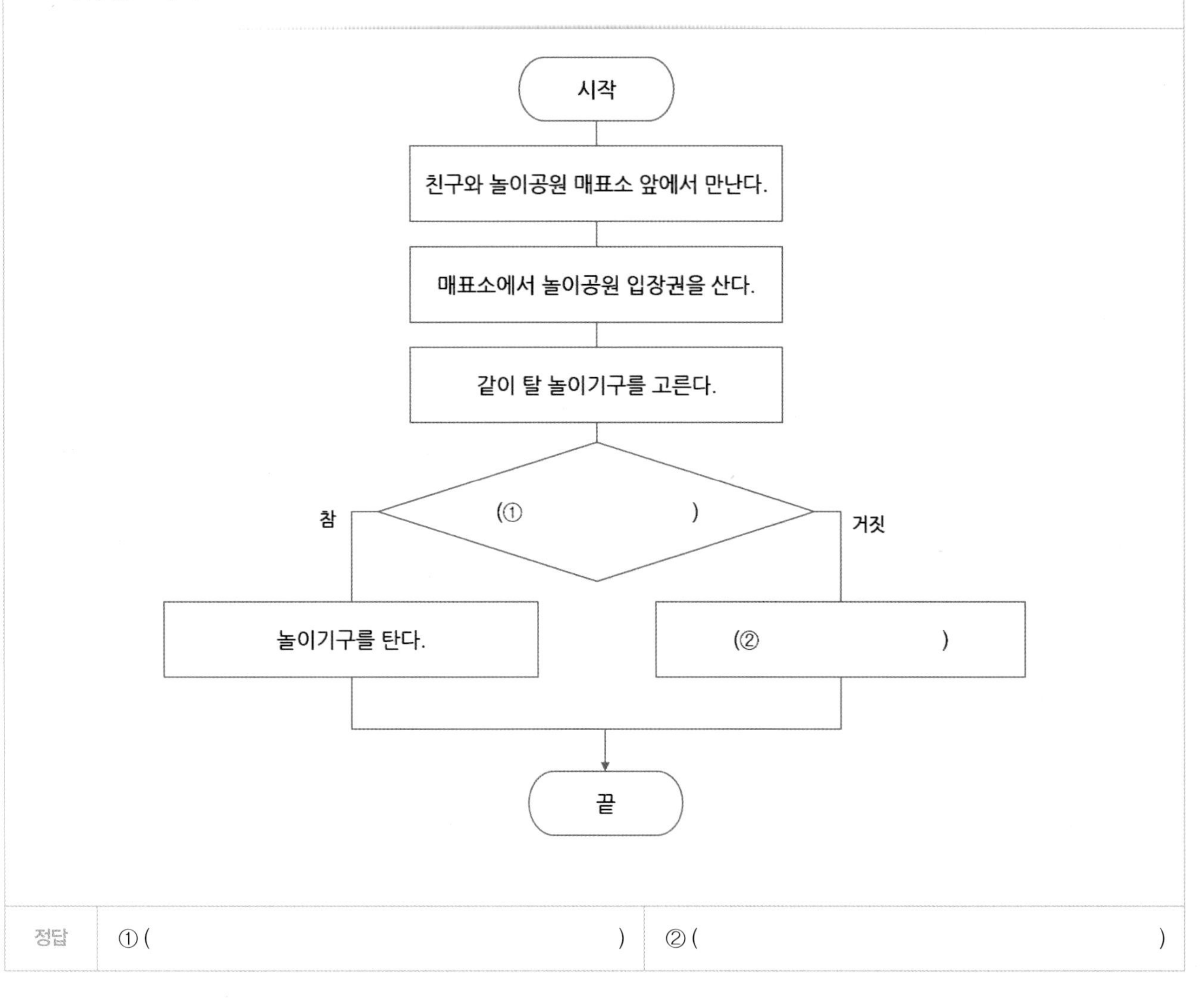

정답	① (　　　　)	② (　　　　)

프로그래밍 작업 가이드

– 문제 파일 위치 : PART06₩기출유형문제 5회
– [수험번호–성명] 폴더를 마우스 오른쪽 버튼으로 클릭한 후, [이름 바꾸기]를 클릭
  → 본인의 [수험번호–성명]으로 수정하시오. (예: 10041004–홍길동)
– 본인의 [수험번호–성명]으로 수정된 폴더 안의 파일을 문항 별로 더블클릭하여 프로그램을 실행합니다.
– 문항 별 조건에 따라 작업을 완료하였으면, 파일〉저장하기 버튼을 클릭하여 저장합니다.

문제 06

기사는 오른쪽으로 이동하며 용을 공격하고, 용은 마법사를 만나 잡히도록, 아래 〈조건〉에 맞게 코딩하시오. (10점)

조건

– 스크래치 프로그램의 [스크립트 영역]에 주어진 명령어 블록만을 모두 사용한다.
– ⚑ 버튼을 클릭하면 기사는 x좌표 –200, y좌표 –100에 위치하고, 용은 모양을 '용1'로 바꾸고 x좌표 140, y좌표 120에 위치하며, 방향은 91°로 정한다.
– 기사는 다음 (1)~(5)를 무한 반복한다.
  (1) 모양을 '기사달려1'로 바꾸고 y좌표를 10만큼 바꾼 후 0.1초 기다린다.
  (2) '기사달려2'로 모양을 바꾸고 y좌표는 –10만큼, x좌표는 10만큼 바꾼 후 0.1초 기다린다.
  (3) (1)~(2)를 3번 반복한다.
  (4) 모양을 '기사공격'으로 바꾼다.
  (5) 'laser1' 소리를 재생하고, 2초 기다린다.
– 용이 계속해서 4만큼 움직이다가 벽에 닿으면 튕긴다.
– 용은 마법사에 닿으면 모양을 '용2'로 바꾸고 '모두' 멈추기를 한다.

물고기는 바닷속에서 좌우로 움직이고 문어는 물고기를 따라다니도록, 아래 〈조건〉에 맞게 코딩하시오. (10점)

조건

- 스크래치 프로그램의 [스크립트 영역]에 주어진 명령어 블록만을 모두 사용한다.
- [깃발] 버튼을 클릭하면 물고기는 회전 방식을 '왼쪽–오른쪽'으로 정하고, 문어는 x좌표 –160, y좌표 –100에 위치한다.
- 물고기는 계속 반복하여 2만큼 움직이고 벽에 닿으면 튕긴다.
- 물고기는 계속 반복하여 다음 모양으로 바꾸기를 1초마다 한다.
- 문어는 계속 반복하여 2초 동안 물고기의 x좌표와 y좌표의 위치로 이동한다.

무당벌레가 미로를 지나 황금열쇠를 찾을 수 있도록, 아래 〈조건〉에 맞게 코딩하시오. (10점)

조건

- 스크래치 프로그램의 [스크립트 영역]에 주어진 명령어 블록만을 모두 사용한다.
- [깃발] 버튼을 클릭하면 '에너지' 변수를 10으로 정하고, 타이머를 초기화하고, 무당벌레가 x좌표 –200, y좌표 –130에 위치한다.
- 키보드의 오른쪽, 왼쪽, 위쪽, 아래쪽 화살표 키를 누르면 무당벌레가 그 방향을 바라보며, x좌표나 y좌표를 5만큼 바꿔 해당 방향으로 이동한다.
- 계속 반복하여 (1)~(3)의 조건을 확인하여 실행한다.
  (1) 타이머가 10을 넘으면 '에너지' 변수는 –1만큼 바뀌고, 1초 기다린다.
  (2) 도넛까지 가는데 10초를 넘으면, '에너지' 변수를 20으로 정한다.
  (3) 도넛까지 가는데 10초 미만이면, '에너지' 변수를 30으로 정한다.
- 계속 반복하여 (1)~(3)의 조건을 확인하여 실행한다.
  (1) 무당벌레가 미로에 닿으면, '에너지' 변수를 –1만큼 바꾼 후 "어이쿠"라고 1초 동안 말한다.
  (2) 무당벌레가 황금열쇠에 닿으면, "성공!"이라고 4초 동안 말한 후 '모두' 멈추기를 한다.
  (3) 에너지가 0 이하가 되면(0보다 크지 않으면), "실패!"라고 4초 동안 말한 후 '모두' 멈추기를 한다.

문제 09 갯벌 속에 있는 조개를 클릭하면 조개를 캐서 살이 꽉 찼는지 확인할 수 있도록, 아래 〈조건〉에 맞게 코딩하시오. (10점)

조건

– 스크래치 프로그램의 [스크립트 영역]에 주어진 명령어 블록만을 모두 사용한다.

– 버튼을 클릭하면 조개는 '조개첫모양'으로 바꾼다.

– '조개캐기' 변수는 화면에서 보이지 않게 하고, 1부터 2사이의 난수로 정한다.

– 조개를 클릭하면 다음 (1)과 (2)를 실행한다.

(1) 만약 '조개캐기' 변수가 1이면, '조개꽉참' 모양을 하고, "싱싱한 조개다!"를 2초 동안 말한다.

(2) '조개캐기' 변수가 1이 아니면, '조개텅빔' 모양을 하고, "에이~ 껍데기네!"를 2초 동안 말한다.

문제 10 원숭이가 타코와 사과를 가져갈 수 있도록, 아래 〈조건〉에 맞게 코딩하시오.(10점)

조건

– 스크래치 프로그램 화면 [블록모음]에서 필요한 블록을 가져다 사용한다.

– 버튼을 클릭하면 원숭이는 x좌표 –100, y좌표 –100에 위치하고, 타코는 x좌표 –20, y좌표 25에 위치한다. 사과는 x좌표 145, y좌표 40에 위치한다.

– 원숭이는 무한 반복하여 다음 (1)~(4)의 조건을 확인하고 참인 경우 해당 명령을 실행한다.

(1) 만약 오른쪽 화살표 키를 누르면 x좌표를 5만큼 바꾼다.

(2) 만약 왼쪽 화살표 키를 누르면 x좌표를 –5만큼 바꾼다.

(3) 만약 위쪽 화살표 키를 누르면 y좌표를 5만큼 바꾼다.

(4) 만약 아래쪽 화살표 키를 누르면 y좌표를 –5만큼 바꾼다.

– 타코는 원숭이에 닿으면 원숭이 위치로 계속 이동한다.

– 사과는 원숭이에 닿으면 원숭이 위치로 계속 이동한다.

시험 종료 전

– 본인의 수험번호–성명 폴더 내에 작업한 답안 파일이 정상적으로 저장되었는지 확인합니다.

→ 시험 종료 후, 감독관이 답안파일을 수거합니다.

– 수험번호, 성명을 잘못 기재하였거나, 답안 파일을 잘못 저장하여 발생한 문제나 불이익에 대한 일체의 책임은 수험자에게 있습니다.

– 감독관의 안내에 따라 시험지를 제출하고 퇴실합니다.

최신 기출 유형 문제 6회

SW코딩자격(3급)

- Software Coding Qualification Test -

SW	시험 시간	급수	응시일	수험 번호	성명
스크래치 3.0 이상	45분	3	년 월 일		

시험자 유의 사항

- 수험자는 감독관의 안내에 따라 문제지와 시험용 SW 등의 이상 여부를 확인해야 합니다.
- 문제지는 시험이 끝난 후 답안지와 함께 제출해야 하며, 미제출 시 실격 처리 됩니다.
- 제한된 시간 내에 시험을 완료하여야 합니다.
- 시험 시작 후에는 화장실 출입이 불가하며, 시험 시간 중에는 퇴실할 수 없습니다.
- 시험 시간 중 고사실 내에서 휴대 전화기, 디지털카메라, MP3 등 전자 기기를 소지한 경우, 해당자의 시험을 무효로 처리하오니 절대 휴대하지 않도록 합니다.
- 부정 응시 및 문제 유출에 해당하는 행위 즉, 답안을 타인에게 전달 및 외부로 반출하는 경우, 자격기본법 제 32조에 의거 부정행위로 간주되어 해당자의 시험을 무효처리하며 민/형사상의 책임을 물을 수 있습니다.

답안 작성 요령

- 답안 작성 절차
  - 바탕화면(Desktop) / SW3-시험 / 수험번호-성명 / 파일에 답안을 작성 또는 작업 후 저장
- 시험을 완료한 수험자는 감독관의 안내에 따라 ①시험지를 제출하고 ②답안 파일을 저장한 후 퇴실합니다.

한 국 생 산 성 본 부

문제 01 철수 엄마는 세탁기 코스를 선택해서 빨래를 하려고 한다. 〈보기〉를 참고하여 〈문제〉의 빈칸을 완성하시오. (10점)

보기

〈철수 엄마의 약속시간〉

철수 엄마는 오늘 점심 약속이 있다. 빨래를 끝내고 늦지 않게 모임에 시간에 맞춰 갈 수 있을지 걱정이다. 옆의 도표는 철수 엄마가 설정해 놓은 평상시의 세탁기 작동 절차이다.

〈세탁기 작동 절차〉

세탁 : 20분

↓

헹굼 : 15분*3회

↓

탈수 : 10분

문제

※답안 작성 요령 : 〈보기〉를 참고하여 작성하되, 〈세탁기 작동 절차〉에서 적절한 내용을 골라 ①, ②에 적어 넣으시오.

〈새롭게 설정한 세탁기 작동 절차〉

시간 단축을 위해 세탁기 코스 선택을 다시 조정하였다. 어떻게 모임에 늦지 않게 갈 수 있었을까?

철수 엄마는 세탁기 코스 선택을 눌러 (①) 코스의 횟수를 1회 줄이기로 했다. 그 후 다시 세탁 완료에 필요한 시간을 계산해 보니, (②)분 정도 줄일 수 있어서 그나마 조금 여유 있게 모임 장소로 출발할 수 있게 되었다.

정답	① ( )	② ( )

문제 02 상봉은 자동으로 공을 쏘아 보내주는 기계로 탁구 연습을 하고 있다. 〈보기〉를 참고하여 〈문제〉의 빈칸을 완성하시오. (10점)

보기

〈탁구 연습 기계가 공을 보낸 순서〉

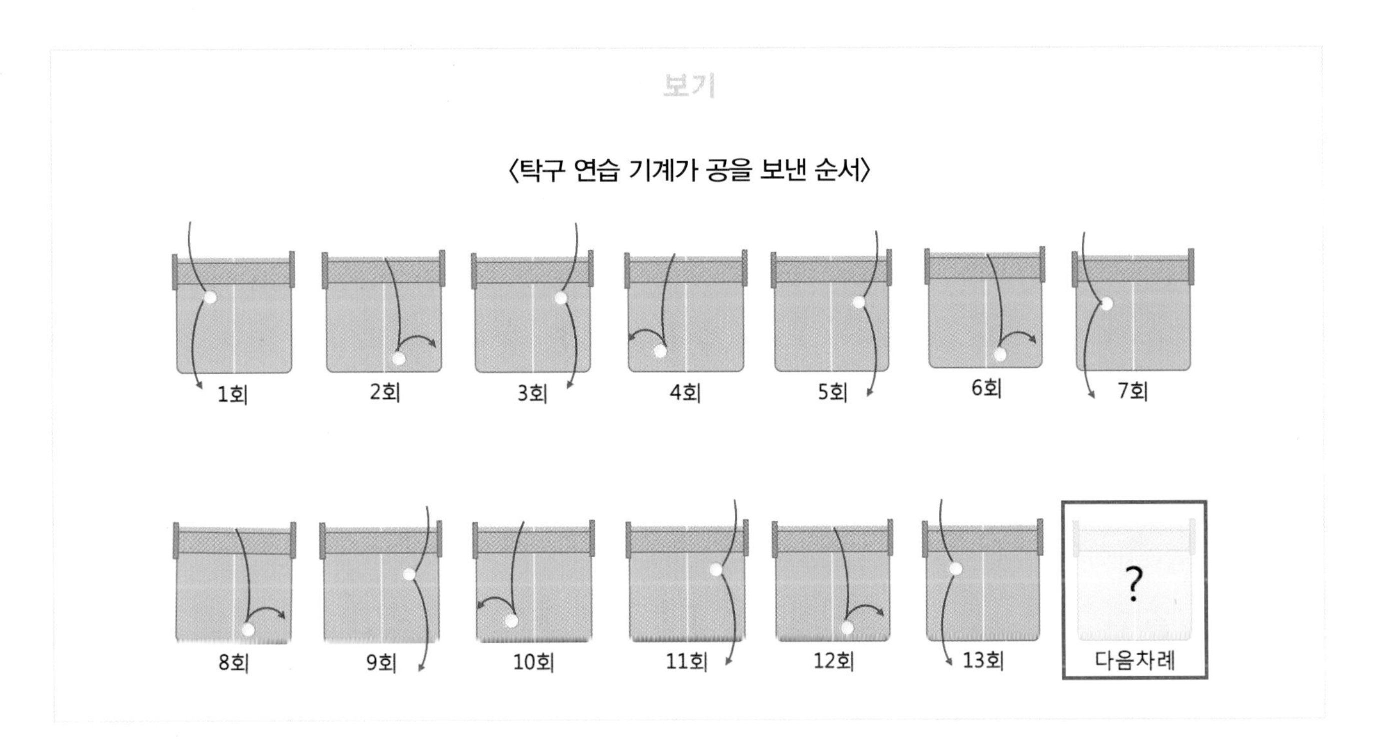

문제

※답안 작성 요령 : 〈보기〉를 참고하여 작성하되, 〈탁구연습 기계가 공을 보낸 순서〉를 살펴보고 적절한 내용을 골라 ①, ②에 (가)~(다)의 기호로 적으시오.

자동으로 공을 보내주는 기계가 '다음 차례'인 14번째로 보낼 때 공은 어느 위치로 오게 될까? 상봉은 '다음 차례'에는 왼쪽 오른쪽 중 (①) 방향의 탁구대 (②) 부분으로 공이 오겠다고 판단하여, 공을 받을 위치로 움직이면 된다.

(가) 왼쪽 (나) 오른쪽 (다) 위쪽 (라) 아래쪽

정답	① ( )	② ( )

문제 03 명탐정 K는 실종된 과학자 J가 남긴 중요한 연구 기록이 담긴 컴퓨터의 파일들을 열기 위해 암호를 맞춰보고 있다. 〈보기〉를 참고하여 〈문제〉의 빈칸을 완성하시오. (10점)

보기

〈과학자 J의 파일 암호〉

파일 이름	암호	암호 해독 결과
기록201912010	24011	해독 성공
기록201912031	24030	해독 성공
기록202001051	02050	해독 성공
기록202003151	06150	해독 성공
기록202007200	(①)	해독 못함
기록202101251	(②)	해독 못함

〈명탐정 K가 알아낸 암호 해독 단서〉

- 파일 이름에서 기록 뒤의 숫자는 연도 네 자리, 월 두 자리, 일 두 자리, 그리고 숫자(0 혹은 1)를 적은 듯하다.
- 연도는 암호와 관계가 없다.
- 파일 이름의 월에 해당하는 숫자의 2배수를 암호에 적었다.
- 맨 끝의 한 자리 숫자에도 규칙이 있다.

문제

※답안 작성 요령 : 〈보기〉를 참고하여, 빈칸 ①과 ②를 채워 넣으시오.

〈보기〉에서 명탐정 K가 알아낸 암호 해독 단서를 참고하여, 표에서 암호해독을 성공하지 못한 나머지 두 개 파일의 암호들을 찾아내어 적어보시오.

- 기록202007200 파일의 암호: (①)
- 기록202101251 파일의 암호: (②)

정답	① ( )	② ( )

문제 04 유나가 풍선 터뜨리기 게임을 만들려고 한다. 〈보기〉를 참고하여 〈문제〉의 빈칸을 완성하시오.(10점)

보기

〈풍선 터뜨리기 게임 만들기〉

(가) 풍선 터진 모양으로 바뀐 후, 0.2초 후 사라지기
(나) 점수가 10점인가?
(다) 미션 성공 출력하기
(라) 1초 후 화면에서 풍선 사라지기
(마) 마우스 클릭했을 때, 마우스 포인터에 풍선이 닿았나?
(바) 점수 1점 증가하기
(사) 점수를 0점으로 정하기
(아) 마우스 클릭해 풍선 터뜨리면, 1점씩 올라간다고 안내문 보여주기
(자) 풍선이 화면 무작위 좌표위치에 나타나기

문제

※답안 작성 요령 : 〈보기〉를 참고하여 작성하되, 〈풍선 터뜨리기 게임 만들기〉에서 적절한 내용을 골라 (가)~(자)의 기호로 빈칸 ①과 ②를 채워 넣으시오.

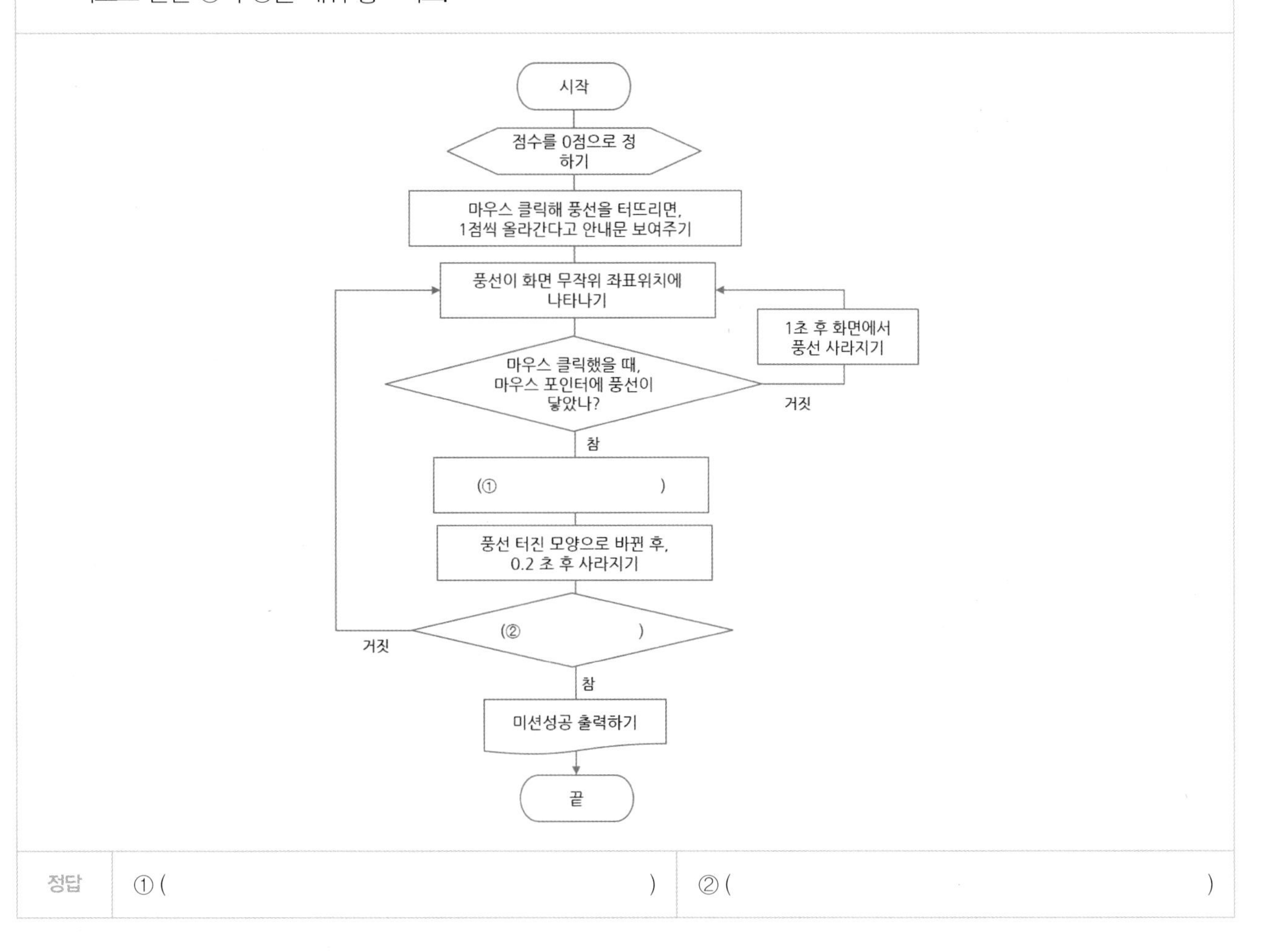

정답	① ( )	② ( )

문제 05 준우는 키에 비해 체중이 적절한지 알려주는 프로그램을 만들려고 한다. 〈보기〉를 참고하여 〈문제〉의 빈칸을 완성하시오.(10점)

보기

〈체질량지수(BMI) 계산하기〉

(가) 체중을 키의 제곱으로 나눈 값을 변수 myBMI 값으로 정한다.
(나) "당신의 체질량지수는 정상입니다." 출력하기
(다) "당신의 체질량지수는 정상범위를 벗어났습니다." 출력하기
(라) 몸무게(kg), 키(m)를 입력한다.
(마) myBMI가 20 이상이고 24 미만인가?
(바) 변수 myBMI를 만든다.

문제

※답안 작성 요령 : 〈보기〉를 참고하여 작성하되, 〈체질량지수(BMI) 계산하기〉에서 적절한 내용을 골라 (가)~(바)의 기호로 빈칸 ①과 ②를 채워 넣으시오.

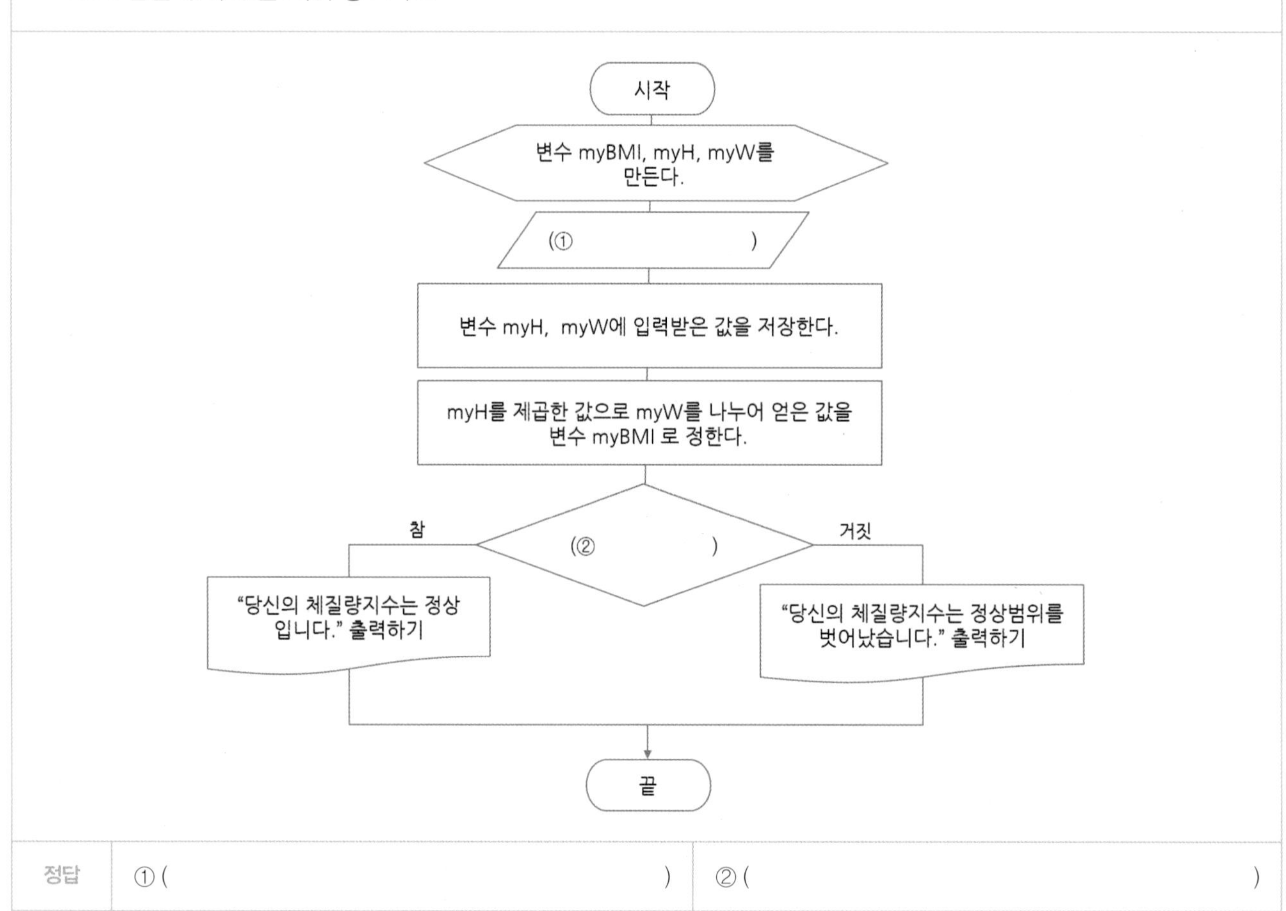

정답	① ( )	② ( )

프로그래밍 작업 가이드

- 문제 파일 위치 : PART06₩기출유형문제 6회
- [수험번호-성명] 폴더를 마우스 오른쪽 버튼으로 클릭한 후, [이름 바꾸기]를 클릭
  → 본인의 [수험번호-성명]으로 수정하시오. (예: 10041004-홍길동)
- 본인의 [수험번호-성명]으로 수정된 폴더 안의 파일을 문항 별로 더블클릭하여 프로그램을 실행합니다.
- 문항 별 조건에 따라 작업을 완료하였으면, 파일>저장하기 버튼을 클릭하여 저장합니다.

분필이 칠판에 그림을 그리도록, 아래 <조건>에 맞게 코딩하시오. (10점)

조건

- 스크래치 프로그램의 [스크립트 영역]에 주어진 명령어 블록만을 모두 사용한다.
- 🏁 버튼을 클릭하면 펜 색깔을 노란색으로, 펜 굵기는 10으로 정하고 분필 모양은 '분필노랑'으로 바꾼다. 타이머는 초기화하고, 분필을 60° 방향 보기로 하여 x좌표 0, y좌표 0에 위치시킨다.
- 화면을 모두 지우고, 펜 내리기를 한다.
- 타이머가 20을 넘을 때까지 반복하여 10만큼 움직이고 벽에 닿으면 튕기기를 한다.
- 타이머가 20을 넘은 후 펜을 올리고, '모두' 멈추기를 한다.
- 오른쪽 화살표 키를 눌렀을 때 펜 색을 100만큼 바꾸고, 모양을 다음 모양으로 바꾼다.

물결이 밀려오면 다이버가 물살에 밀려가도록, 아래 <조건>에 맞게 코딩하시오.(10점)

조건

- 스크래치 프로그램의 [스크립트 영역]에 주어진 명령어 블록만을 모두 사용한다.
- 🏁 버튼을 클릭하면 물결이 '물결1' 모양으로 바뀌고 x좌표 -220, y좌표 100에 위치한다. 그리고 다이버는 x좌표 0, y좌표 -41에 위치하고, 90° 방향을 본다.
- 물결이 1초 동안 x좌표 100, y좌표 10으로 이동하고, '물결2' 모양으로 바꾼 다음 1초 동안 x좌표 350, y좌표 -22로 이동한다.
- 다이버가 1초를 기다린 후 0.5초 동안 x좌표 150, y좌표 0으로 이동하고, 다시 60° 방향을 바라보고 0.5초 동안 x좌표 300, y좌표 50으로 이동한다.

문제 08 마우스 포인터를 램프에 가져가면 불을 켜고 선풍기 날개도 회전할 수 있도록, 아래 〈조건〉에 맞게 코딩하시오. (10점)

조건

- 스크래치 프로그램의 [스크립트 영역]에 주어진 명령어 블록만을 모두 사용한다.
- 🏁 버튼을 클릭하면 램프는 '램프꺼짐' 모양으로 바꾼다.
- 램프는 다음의 (1)~(2)를 계속 반복한다.
  (1) 램프는 마우스 포인터에 닿으면 '불켜기' 신호를 보내고 모양을 '램프켜짐'으로 바꾼다.
  (2) 램프가 마우스 포인터에 닿지 않으면 '불끄기' 신호를 보내고, 모양을 '램프꺼짐'으로 바꾼다.
- '불켜기' 신호를 받으면 선풍기날개는 시계 방향으로 30° 회전하기를 계속 반복한다.
- '불끄기' 신호를 받으면 선풍기날개는 '이 스프라이트에 있는 다른 스크립트' 멈추기를 한다.

문제 09 원숭이가 좌우를 움직여서 번개는 피하고 바나나는 먹을 수 있도록, 아래 〈조건〉에 맞게 코딩하시오. (10점)

조건

- 스크래치 프로그램의 [스크립트 영역]에 주어진 명령어 블록만을 모두 사용한다.
- 🏁 버튼을 클릭하면 '에너지' 변수는 0으로 설정한다.
- 오른쪽 화살표 키를 누르면, 원숭이가 5만큼 움직인다.
- 왼쪽 화살표 키를 누르면, 원숭이가 –5만큼 움직인다.
- 바나나가 (1)~(4)를 무한 반복하여 실행한다.
  (1) x좌표 –200부터 200 사이의 난수, y좌표 140의 위치로 이동한다.
  (2) y좌표를 –2만큼 바꾼다.
  (3) 만약 원숭이에 닿으면, '에너지' 변수를 5만큼 바꾸고 x좌표 –200부터 200 사이의 난수, y좌표 140의 위치로 이동한다.
  (4) 벽에 닿을 때까지 (2)~(3)을 계속 반복한다.
- 번개가 (1)~(4)를 무한 반복하여 실행한다.
  (1) x좌표 –200부터 200 사이의 난수, y좌표 80의 위치로 이동한다.
  (2) y좌표를 –5만큼 바꾼다.
  (3) 만약 원숭이에 닿으면, '에너지' 변수를 –10만큼 바꾸고 x좌표 –200부터 200 사이의 난수, y좌표 80의 위치로 이동한다.
  (4) 벽에 닿을 때까지 (2)~(3)을 계속 반복한다.

오리가 눈을 가리고 친구들을 찾는 게임을 하도록, 아래 〈조건〉에 맞게 코딩하시오. (10점)

조건

- 스크래치 프로그램 화면 [블록 모음]에서 필요한 블록을 가져다 사용한다.
- 🏁 버튼을 클릭하면 오리가 x좌표 –147, y좌표 –86에 위치하고 모양을 '오리1'로 바꾼다.
- 오리가 바라보는 방향을 60부터 100 사이의 난수의 방향으로 한다.
- 오리가 펭귄이나 고양이에 닿을 때까지 계속 10만큼 움직인다.
- 오리가 펭귄이나 고양이에 닿은 후 1초를 기다렸다가, 모양을 '오리2'로 바꾸고 "찾았다!"라고 4초 동안 말한다.

시험 종료 전

- 본인의 수험번호–성명 폴더 내에 작업한 답안 파일이 정상적으로 저장되었는지 확인합니다.
  → 시험 종료 후, 감독관이 답안파일을 수거합니다.
- 수험번호, 성명을 잘못 기재하였거나, 답안 파일을 잘못 저장하여 발생한 문제나 불이익에 대한 일체의 책임은 수험자에게 있습니다.
- 감독관의 안내에 따라 시험지를 제출하고 퇴실합니다.

PART 7

최신 기출 유형 문제 풀이

Chapter

1 : 최신 기출 유형 문제 1회 풀이

문제 01 문제 풀이

★ 학습 개념 이진수

★ 성취 기준 1.1.1. 생활 속에서 소프트웨어가 사용된다는 것을 예를 들어 설명할 수 있다.

풀이

정답 ① 0000, ② 0100

해설 십진수와 이진수 표현을 이해하고, 암호를 적용하면 비밀 메시지를 확인할 수 있습니다.
〈민서가 친구와 약속한 암호〉 표를 이용하여 학교 후문과 학교 운동장 암호에 매칭된 십진수를 찾아보면, 학교 후문은 0, 학교 운동장은 4임을 확인할 수 있습니다. 〈십진수를 이진수로 변환하기〉 표에서 십진수를 이진수로 변환된 수를 확인하여 학교 후문의 암호는 0000, 학교 운동장은 0100임을 확인합니다.

문제 02 문제 풀이

★ 학습 개념 패턴 찾기

★ 성취 기준 1.2.1. 상황 속에서 문제를 정확하게 표현할 수 있다.

풀이

정답 ① 나, ② 6

해설 작은 노란색 구슬 이후의 7개를 패턴에서 세면, 하늘색 육각형 4개, 작은 노란색 구슬 1개, 연두색 십자모양 1개가 됩니다. 한 패턴의 길이가 10cm이므로 60cm 이상이 되려면 6번 이상 반복해야 합니다.

문제 03 문제 풀이

★ 학습 개념 문제 표현, 추상화

★ 성취 기준 1.2.1. 상황 속에서 문제를 정확하게 표현할 수 있다.

풀이

정답 ① (나), (다), ② a, b

해설 두 개의 각이 같은 (라)는 이등변 삼각형입니다. 또한 (가) 정삼각형 역시 3개의 각이 같으므로 두 개 이상이라는 조건에 만족합니다. 따라서 이등변 삼각형에 해당하는 것은 (가)와 (라)이며, 문제는 이등변 삼각형이 아닌 것을 고르는 것이므로 (나)와 (다)를 고릅니다.
정삼각형과 이등변삼각형 두 가지 도형의 설명이 모두 해당되는 것은 a, b입니다. 삼각형에 대한 설명이므로 둘 다 해당됩니다. c는 정삼각형에 대해서만 설명하고 있고, d는 이등변삼각형에 대해서만 설명하고 있어서 해당되지 않습니다. e 역시 직각삼각형에 대해서만 설명하므로 정삼각형과 이등변삼각형에 대한 설명으로 보기에는 적합하지 않습니다.

문제 04 **문제 풀이**

★ 학습 개념 알고리즘
★ 성취 기준 1.3.2. 알고리즘이 갖추어야 할 조건을 이해하고 다양한 알고리즘을 작성할 수 있다.

풀이

정답 ① (마), ② (다)

해설 자동차가 목적지인 공원에 가기 위해서는 '출발'하여 갈림길에 닿았는가를 확인하며 계속 '앞으로' 가다가, 갈림길이라면 '오른쪽으로 회전'하여 '앞으로' 갑니다.

①의 답 '갈림길에 닿았는가?'는 조건 선택에 해당되므로 이를 확인합니다. 또한 ②의 답은 오른쪽으로 회전한 후에는 '앞으로 이동'이라고 명령합니다.

이 문제는 조건선택 상황이 참이 될 때까지 계속해서 반복적으로 작업을 실행해야 하는 상황입니다.

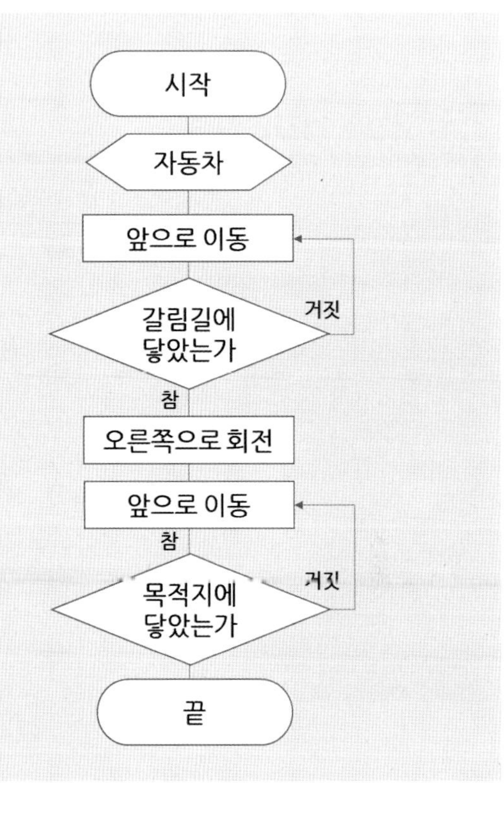

문제 05 **문제 풀이**

★ 학습 개념 알고리즘
★ 성취 기준 1.3.3. 일상생활의 문제해결을 위해 알고리즘을 설계할 수 있다.

풀이

정답 ① (가), ② (라)

해설 인원수라는 조건에 따라 놀이의 종류가 달라집니다. 술래잡기와 피구놀이의 조건을 만족하려면 우선은 인원수가 3명 이상이 되어야 하므로, ①번은 3명이 되어야 합니다. 그리고 4명 이상이 할 수 있는 놀이는 피구놀이이므로 ②번에는 '피구놀이로 정한다'가 되어야 합니다.

판단 조건의 참과 거짓 값에 따라 절차적으로 문제를 해결해 낼 수 있는지 확인해 볼 수 있는 문제입니다.

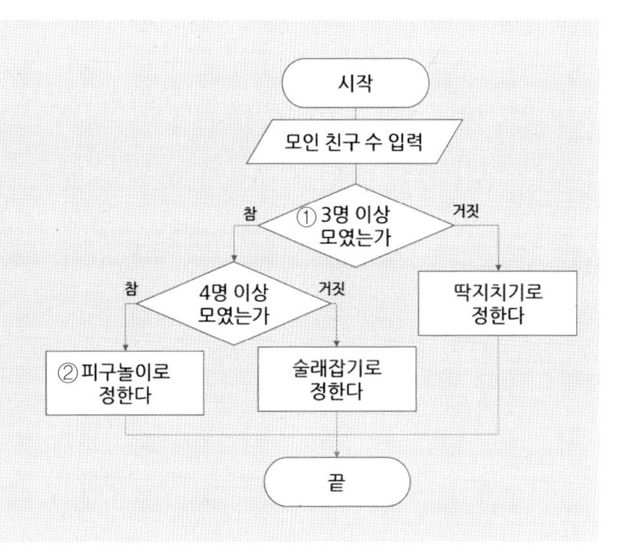

06

★ 학습 개념 순차, 반복, 선택, 장면

★ 성취 기준 2.2.9. 장면 연결 등을 통해 두 개 이상의 장면을 구성할 수 있다.

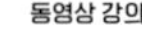

: 고양이 스프라이트

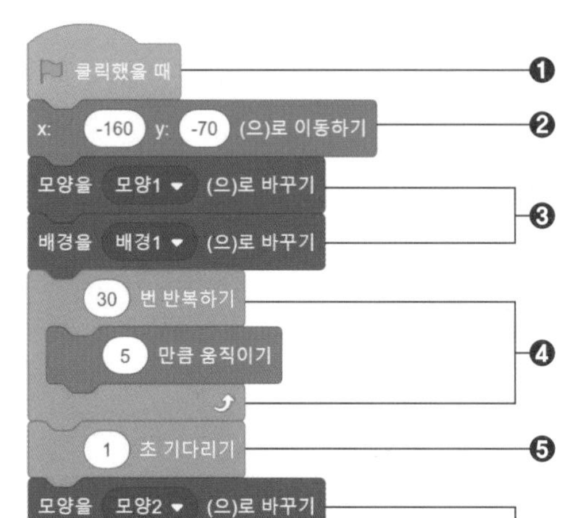

❶ [시작하기( )]를 클릭하면 아래에 연결된 블록을 실행합니다.

❷ 고양이의 시작 위치를 x좌표 −160, y좌표 −70으로 정합니다.

❸ 고양이 모양을 '모양1'로, 무대의 배경은 '배경1'로 바꾸어 고양이가 문을 바라보고 서도록 합니다.

❹ 고양이가 문 쪽으로 다가가도록 5만큼씩 30번 반복하여 움직입니다.

❺ 배경이 바뀌기 전 잠시 1초 기다립니다.

❻ 고양이 모양을 '모양2'로 바꾸어 고양이 뒷모습이 나타나도록 하고, 무대의 배경은 '배경2'로 바꾸어 숲길이 나타나도록 합니다.

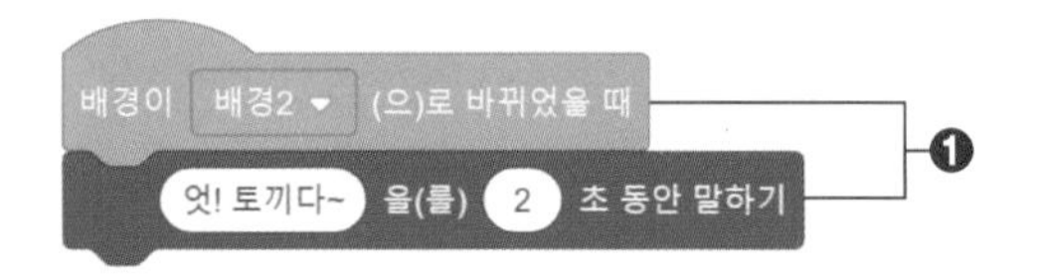

❶ 무대의 배경이 '배경2'로 바뀌면, 고양이가 "엇! 토끼다~"라고 2초 동안 말합니다.

블록 이해하기

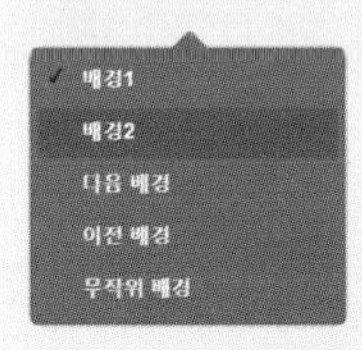

무대의 배경을 바꿀 때 사용하는 블록입니다. 이 블록을 사용하여 고양이가 문 앞쪽으로 걸어간 후 문밖으로 나가 숲길로 들어선 것을 표현하였습니다.

[배경 1]

[배경 2]

: 토끼 스프라이트

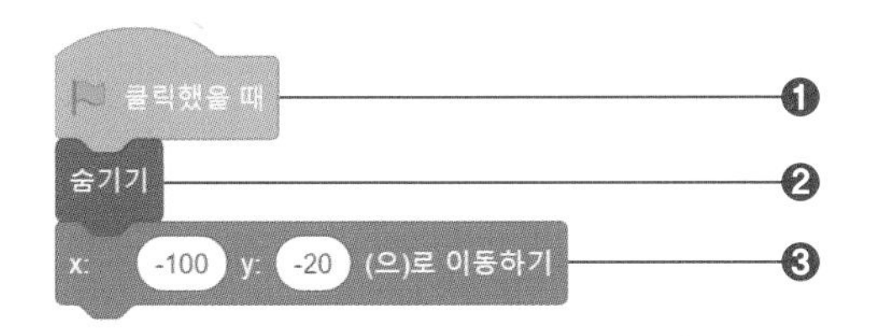

❶ [시작하기( )]를 클릭하면 아래에 연결된 블록을 실행합니다.

❷ 토끼의 모양을 숨겨서 화면에 보이지 않도록 합니다.

❸ 토끼의 시작 위치를 x좌표 -100, y좌표 -20으로 정합니다.

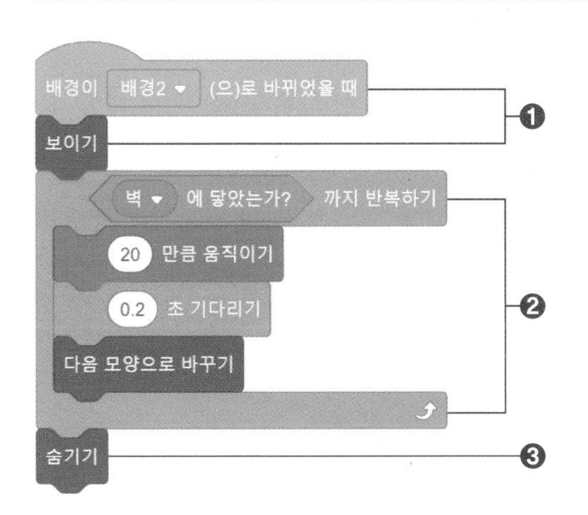

❶ 무대의 배경이 '배경2'로 바뀌었을 때 숨어있던 토끼가 실행 화면에 나타나도록 합니다.

❷ 20만큼 움직이고, 0.2초 기다리고, 다음 모양으로 바꾸기를 벽에 닿을 때까지 반복하여 토끼가 뛰어가는 모습을 표현합니다.

❸ 토끼가 벽에 닿으면 실행 화면에 보이지 않도록 합니다.

07

★ 학습 개념 순차, 반복, 선택

★ 성취 기준 2.2.3. 반복되는 명령을 블록으로 만들 수 있다.

축구공 : 축구공 스프라이트

```
클릭했을 때                                  ❶
x: 5 y: -130 (으)로 이동하기                 ❷
크기를 80 %로 정하기                         ❷
무한 반복하기                                ❻
  만약 <조르단 ▾ 에 닿았는가?> (이)라면      ❸
    벤 ▾ 쪽 보기
    10 번 반복하기                           ❹
      20 만큼 움직이기
      크기를 -2 만큼 바꾸기
    10 번 반복하기                           ❺
      -2 만큼 움직이기
```

❶ [시작하기( )]를 클릭하면 아래에 연결된 블록을 실행합니다.

❷ 시작 시 축구공이 x좌표 5, y좌표 −130에 위치하고 축구공의 크기가 80%가 되도록 합니다.

❸ 축구공이 조르단에 닿으면 벤 쪽을 향하면서 ❹를 실행한 다음 ❺를 실행합니다(스페이스 키를 눌러 조르단이 킥할 때 축구공과 조르단이 닿게 됨).

❹ 축구공이 20만큼 움직이고, 크기를 −2만큼씩 줄이기를 10번 반복하여 축구공이 멀어지면서 작아지는 모습을 표현합니다.

❺ 축구공이 −2만큼 움직이기를 10번 반복하여 축구공이 살짝 튕기는 듯한 모습을 표현합니다.

❻ ❸~❺를 무한 반복합니다. 무한 반복하기 블록을 사용해야 ❸의 조건을 지속적으로 판단하여 명령을 실행합니다.

조르단 : 조르단 스프라이트

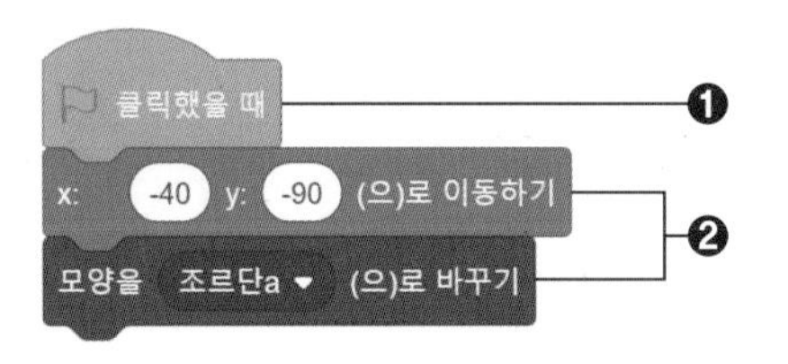

❶ [시작하기( )]를 클릭하면 아래에 연결된 블록을 실행합니다.

❷ 시작 시 조르단이 x좌표 −40, y좌표 −90에 위치하고 '조르단a' 모양(공을 차기 전 모습)이 됩니다.

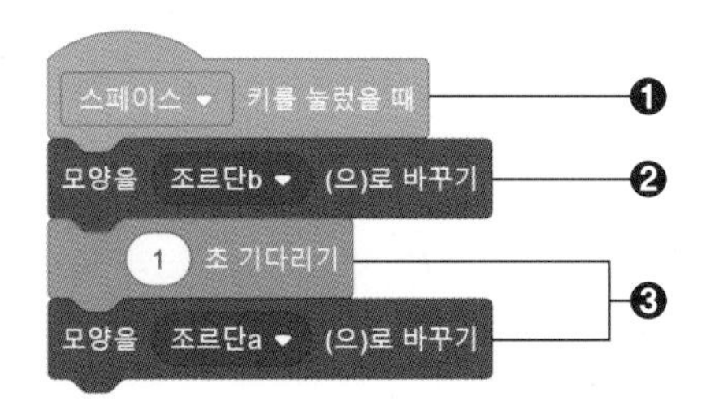

❶ 스페이스 키를 눌렀을 때 아래에 연결된 블록을 실행합니다.

❷ 조르단의 모양을 '조르단b'로 바꿔 축구공을 차는 모습을 표현합니다.

❸ 1초 기다린 후 다시 모양을 '조르단a'로 바꿉니다.

: 벤 스프라이트

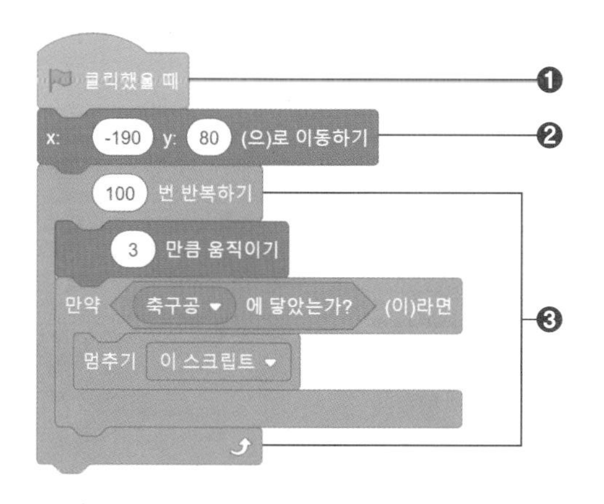

❶ [시작하기( )]를 클릭하면 아래에 연결된 블록을 실행합니다.

❷ 벤의 시작 위치를 x좌표 －190, y좌표 80으로 정합니다.

❸ 벤이 3만큼씩 100번 반복하여 움직이고, 벤이 달리고 있는 동안 축구공에 닿으면 이 스크립트를 멈춰 벤이 그 자리에 멈춰 서게 합니다.

문제 08 코딩 풀이

정답 파일 PART07₩기출유형문제 1회(정답)

★ 학습 개념 순차, 반복, 선택, 이벤트, 신호

★ 성취 기준 2.2.5. 이벤트의 개념을 이용하여 프로그래밍할 수 있다.

동영상 강의

: 박쥐 스프라이트

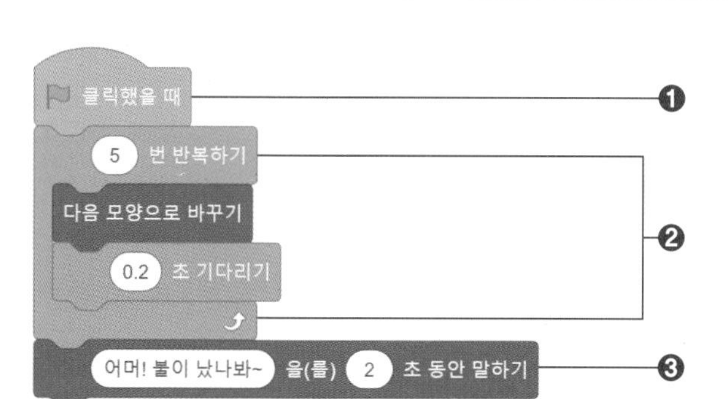

❶ [시작하기( )]를 클릭하면 아래에 연결된 블록을 실행합니다.

❷ 박쥐가 0.2초마다 다음 모양으로 5번 반복하여 바뀌 날갯짓하는 모습을 표현합니다.

❸ "어머! 불이 났나봐~"라고 2초 동안 말합니다.

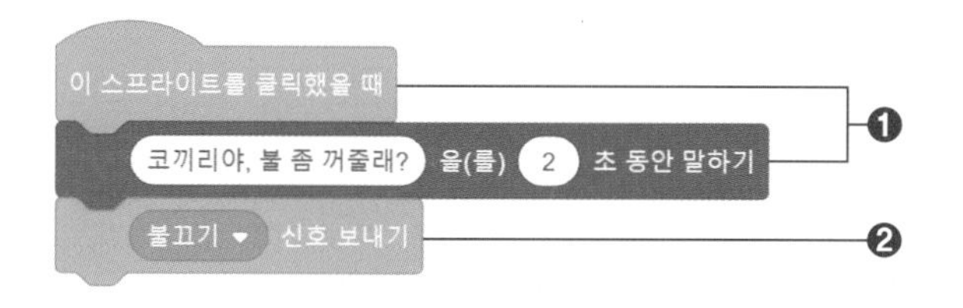

❶ 박쥐를 클릭하면 "코끼리야, 불 좀 꺼줄래?"라고 2초 동안 말합니다.

❷ '불끄기' 신호를 보냅니다.

: 코끼리 스프라이트

❶ [시작하기(🏳)]를 클릭하면 코끼리 모양을 '코끼리1'로 바꿔 불끄기 전 모습이 되게 합니다.

❶ '불끄기' 신호를 받으면 "알았어."라고 2초 동안 말합니다.

❷ 코끼리가 코에서 물을 뿜는 '코끼리2' 모양으로 바꿉니다.

❸ '물발사' 신호를 보냅니다.

❹ 한동안 물을 뿜는 모습을 보여주기 위해 1.5초를 기다린 후 원래 모습으로 바꿉니다.

: 불 스프라이트

❶ [시작하기(🏳)]를 클릭하면 불이 타는 모습이 됩니다.

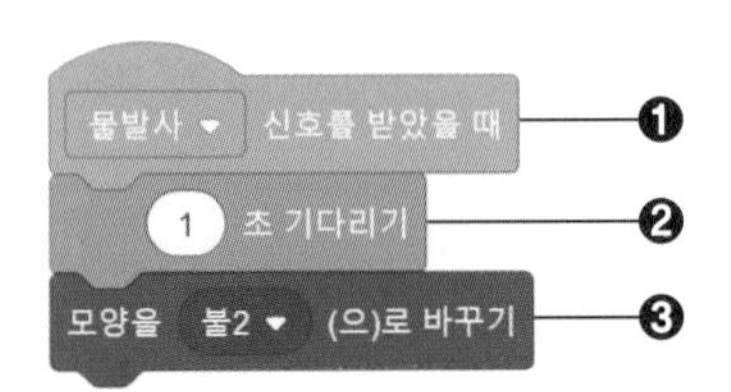

❶ '물발사' 신호를 받았을 때 아래에 연결된 블록을 실행합니다.

❷ 코끼리가 1.5초간 물을 뿜는 동안 불이 꺼지는 모습을 표현하기 위해 1초를 기다립니다.

❸ 불 모양을 불이 꺼진 모양인 '촛불2'로 바꿉니다.

정답 파일 PART07₩기출유형문제 1회(정답)

★ 학습 개념 순차, 반복, 선택, 논리 연산, 난수

★ 성취 기준 2.2.4. 다양한 조건을 고려하여 다른 동작을 하는 프로그램을 만들어 볼 수 있다.

동영상 강의

: 병아리 스프라이트

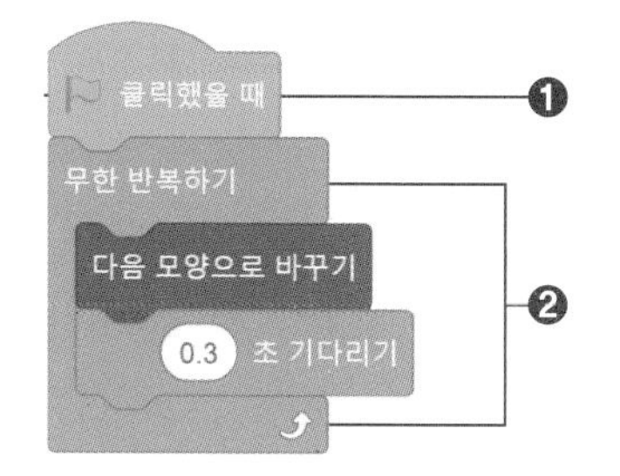

❶ [시작하기( )]를 클릭하면 아래에 연결된 블록을 실행합니다.

❷ 병아리가 0.3초마다 다음 모양으로 바꾸기를 계속 반복하여 병아리가 움직이는 모습을 표현합니다.

: 꽃 스프라이트

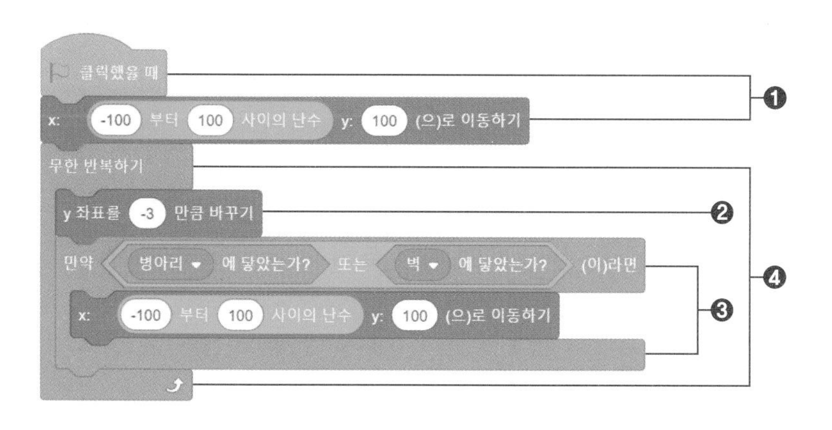

❶ [시작하기( )]를 클릭하면 꽃의 시작 위치를 x좌표 −100부터 100 사이의 난수, y좌표 100으로 정합니다.

❷ 꽃의 좌표를 −3만큼 바꿔 꽃이 떨어지는 모습을 표현합니다.

❸ 꽃이 병아리 또는 벽에 닿으면 꽃을 x좌표 −100부터 100 사이의 난수, y좌표 100으로 이동시켜 꽃의 위치를 초기화합니다.

❹ ❷~❸을 무한 반복하여 꽃잎이 계속 떨어지도록 합니다.

정답 파일 PART07₩기출유형문제 1회(정답)

10

★ 학습 개념 순차, 반복, 선택, 모양

★ 성취 기준 2.2.3. 반복되는 명령을 블록으로 만들 수 있다.

```
클릭했을 때                  ❶
무한 반복하기                ❷
    1 초 기다리기
    나 자신 ▾ 복제하기
```

❶ [시작하기( )]를 클릭하면 아래에 연결된 블록을 실행합니다.

❷ 풍선이 무한 반복하여 1초마다 자신을 복제합니다.

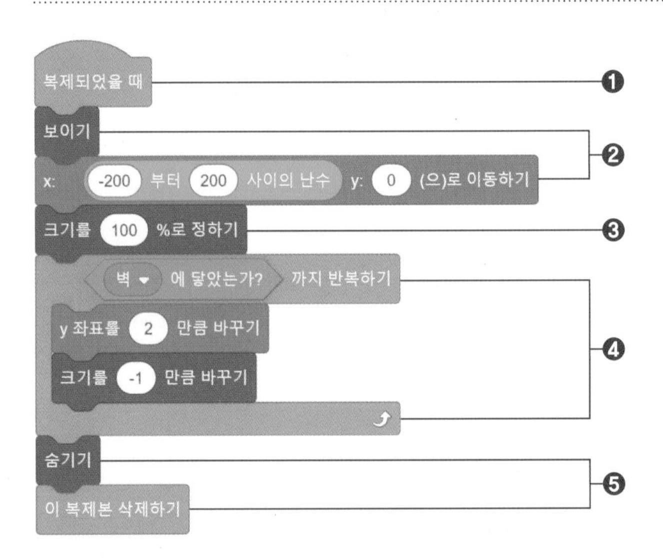

❶ [시작하기( )]를 클릭하면 아래에 연결된 블록을 실행합니다.

❷ 풍선이 x좌표 −200부터 200 사이의 난수, y좌표 0의 위치에서 나타나도록 합니다.

❸ 풍선의 크기를 100%로 정합니다.

❹ 풍선이 벽에 닿을 때까지 반복하여 y좌표를 2만큼씩 바꾸고 크기를 −1씩 줄여 풍선이 하늘로 올라갈수록 크기가 점점 작아지도록 표현합니다.

❺ 풍선이 벽에 닿으면, 화면에 보이지 않도록 숨기고, 복제본을 삭제합니다.

Chapter

2 최신 기출 유형 문제 2회 풀이

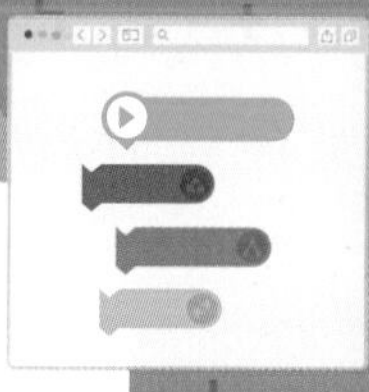

문제 01 문제 풀이

★ 학습 개념 문제 표현

★ 성취 기준 1.2.1. 상황 속에서 문제를 정확하게 표현할 수 있다.

풀이

정답 ① 3개, ② 사회발표자료(또는 사회발표자료.pptx)

해설 그림에 해당하는 jpg는 그림 폴더에, wav와 mp3 파일은 음악 폴더에 ent와 sb2 파일은 코딩연습 폴더에 각 폴더를 만들어 파일들을 이동시킵니다. 그러므로 폴더는 3개가 필요합니다. 그리고 남아있는 하나씩만 있는 파일들을 크기 순서로 나열하면, 사회발표자료.pptx 파일이 3번째로 큰 파일입니다.

이름	유형	크기
상품정보_키보드.pdf	Microsoft Edge P...	653KB
국어과제.hwp	한컴오피스 한글 ...	336KB
사회발표자료.pptx	Microsoft PowerP...	33KB
과목별관련도서.xlsx	Microsoft Excel ...	7KB
그림	파일 폴더	
음악	파일 폴더	
코딩연습	파일 폴더	

〈파일을 정리한 이후의 모습〉

문제 02 문제 풀이

★ 학습 개념 패턴 찾기

★ 성취 기준 1.2.1. 상황 속에서 문제를 정확하게 표현할 수 있다.

풀이

정답 ① 영희, ② 지수

해설 영희는 수요일이 제일 빨리 끝나는 날인데 제일 늦게 끝난다고 이야기 했고, 지수는 월요일에는 미술이 화요일에는 체육이 연속으로 2교시 수업하는데 미술 한 과목만 연속 수업이라고 이야기 했습니다.

시간표를 살펴보고 규칙과 패턴을 찾아내어 정확하게 표현할 수 있는지 알아보는 문제입니다.

문제 03 문제 풀이

★ 학습 개념 이미지 표현

★ 성취 기준 1.1.2. 창의 · 융합시대에서 컴퓨팅 사고력의 필요성을 이해한다.

풀이

정답 ① 2, 3, ② 0, 5

해설 첫 줄은 흰색이 2칸 나온 뒤 검은색이 3칸 나옵니다. 그러므로 2, 3이라고 할 수 있습니다. 또한, 셋째 줄은 검은색부터 나오기 때문에 우선 맨 앞에 0을 씁니다. 그리고 검은색 칸의 수가 5개이므로 0, 5라고 하면 됩니다.

문제 04

문제 풀이

★ 학습 개념 알고리즘

★ 성취 기준 1.3.2. 알고리즘이 갖추어야 할 조건을 이해하고 다양한 알고리즘을 작성할 수 있다.

풀이

정답 ① (다), ② (라)

해설 '숫자'는 1부터 시작합니다. '숫자'의 값이 10보다 작은 것이 참인 경우에는 '합'과 '숫자'를 더합니다. 그리고 '숫자'는 1씩 커집니다. 이를 반복하면 첫 번째 실행 시 0+1, 두 번째 실행 시 1+2, 세 번째 실행 시 (1+2)+3, 네 번째 실행 시 (1+2+3)+4, 다섯 번째 실행 시 (1+2+3+4)+5 이렇게 반복하여 열 번째 실행 시 (1+2+3+4+5+6+7+8+9)+10을 실행할 것입니다. 그리고 1만큼 커져서 위로 올라가 다시 내려올 때 숫자는 11이 되어, 10보다 작냐는 질문에 거짓이 됩니다. 그러므로 더 이상 '합'에 '숫자'를 더하는 실행을 하지 못하고 값을 출력하게 됩니다. 즉, 그 값은 (1+2+3+4+5+6+7+8+9)+10의 결과 값인 55가 출력될 것입니다.

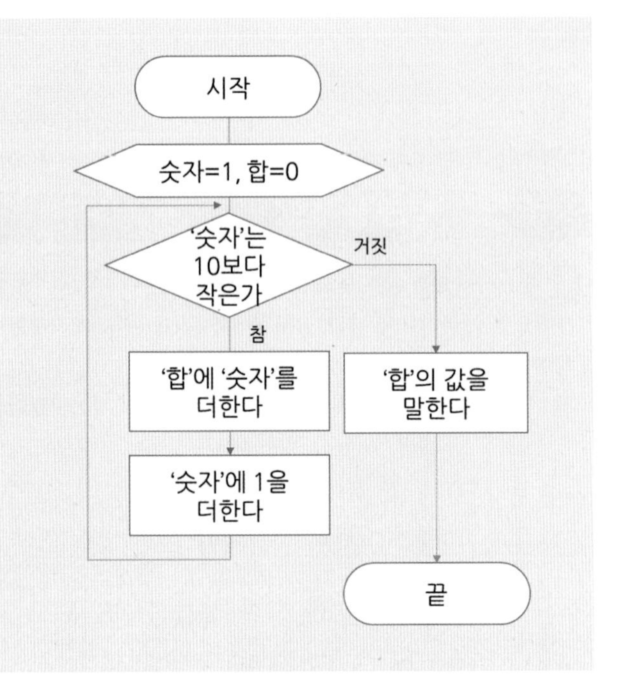

문제 05

문제 풀이

★ 학습 개념 알고리즘

★ 성취 기준 1.3.3. 일상생활의 문제해결을 위해 알고리즘을 설계할 수 있다.

풀이

정답 ① (사), ② (라)

해설 순서도를 보면 1만원을 가지고 있습니다. 조건 분기문이 나와야하므로 선택을 해야하는 질문을 찾으면 ① 1만원 이상 가지고 있는가를 알 수 있고, 1만원 이상 가지고 있으면 카네이션을 산다고 하니 그 반대되는 결과를 찾으면 ② 카네이션을 못산다 임을 알 수 있습니다.

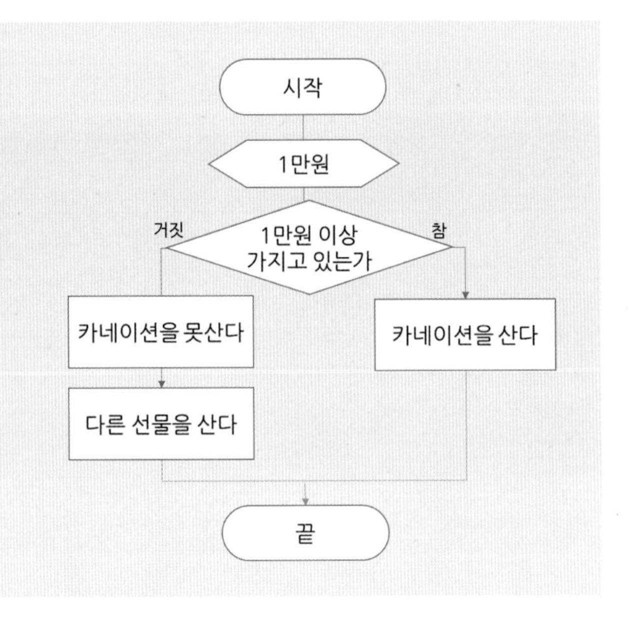

정답 파일 PARTO7₩기출유형문제 2회(정답)

06

★ 학습 개념 순차, 반복, 선택, 비교연산, 신호

★ 성취 기준 2.2.4. 다양한 조건을 고려하여 다른 동작을 하는 프로그램을 만들어 볼 수 있다.

: 차신호등 스프라이트

❶ [시작하기( )]을 클릭했을 때 차신호등의 시작 모양을 '모양1'로 바꿔 빨간불이 되게 합니다.

❶ '신호 변경' 신호를 받았면 차신호등의 모양을 '모양2'로 바꿔 초록불이 되게 합니다.

: 사람신호등 스프라이트

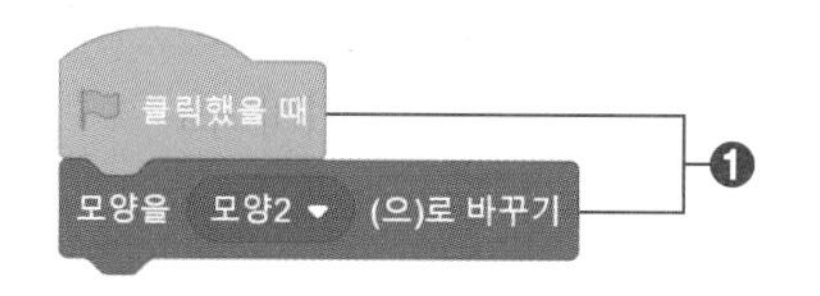

❶ [시작하기( )]를 클릭할 때 사람신호등의 시작 모양을 '모양2'로 바꿔 초록불이 되게 합니다.

❶ '신호 변경' 신호를 받으면 사람신호등의 모양을 '모양1'로 바꿔 빨간불이 되게 합니다.

: 버스 스프라이트

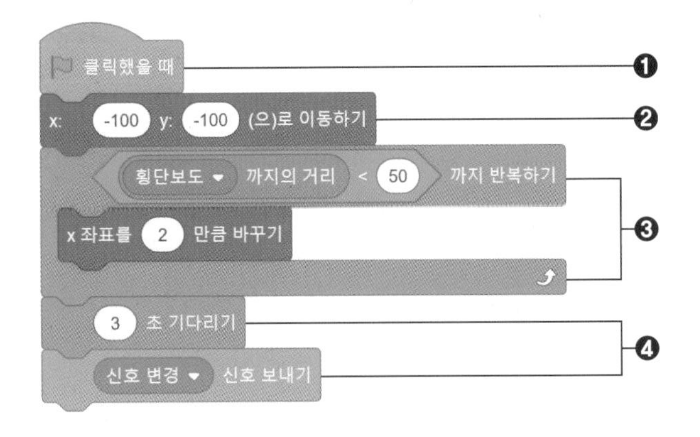

❶ [시작하기( )]를 클릭하면 아래에 연결된 블록을 실행합니다.

❷ 버스의 시작 위치를 x좌표 −100, y좌표 −100으로 정합니다.

❸ 버스와 횡단보도까지의 거리가 50보다 작을 때까지 x좌표를 2만큼씩 바꾸기를 반복하여 버스가 횡단보도로 다가가게 합니다.

❹ 버스가 횡단보도와 가까워지면 3초 동안 멈췄다가 '신호 변경' 신호를 보냅니다.

❶ '신호 변경' 신호를 받으면 버스는 x좌표를 2만큼씩 바꾸면서 다시 움직입니다.

tip

블록 이해하기

횡단보도 까지의 거리 < 50 까지 반복하기
x 좌표를 2 만큼 바꾸기

자동차 스프라이트의 횡단보도까지 거리가 50보다 작아질 때까지 버스가 x좌표로 2만큼씩 반복하라는 명령 블록입니다. 횡단보도까지의 거리를 비교 연산에 넣은 이유는 횡단보도 앞의 정지선에서 멈추는 것을 표현하기 위한 것입니다.

문제 코딩 풀이

정답 파일 PART07₩기출유형문제 2회(정답)

07

★ 학습 개념 순차, 반복, 말하기

★ 성취 기준 2.2.10. 대화하기를 사용하여 스토리를 창작할 수 있다.

나비 : 나비 스프라이트

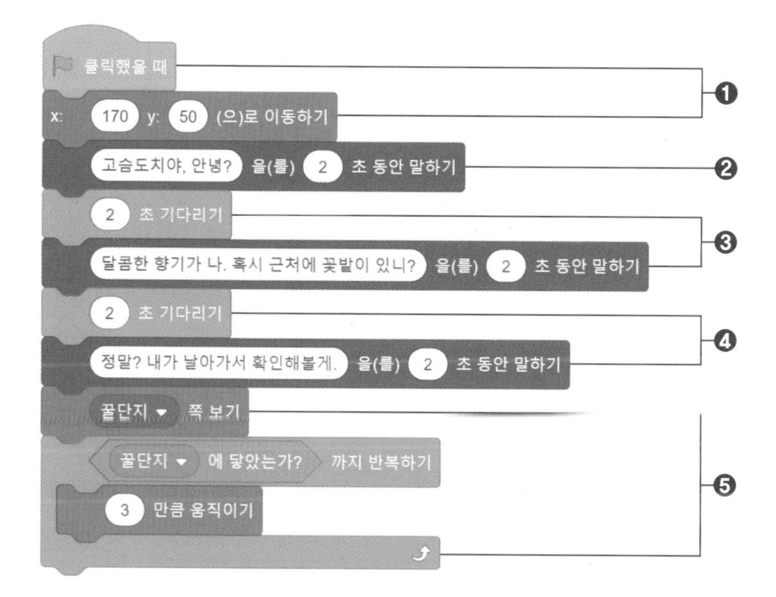

❶ [시작하기( )]을 클릭하면 나비의 시작 위치를 x좌표 170, y좌표 50으로 정합니다.

❷ 나비가 "고슴도치야, 안녕?"이라고 2초 동안 말합니다.

❸ 고슴도치가 말하는 2초를 기다린 후 다시 "달콤한 향기가 나. 혹시 근처에 꽃밭이 있니?"라고 2초 동안 대꾸합니다.

❹ 또 고슴도치가 말하는 2초를 기다리고 "정말? 내가 날아가서 확인해볼게."라고 2초 동안 대답합니다.

❺ 나비가 꿀단지 쪽을 향해 꿀단지에 닿을 때까지 3만큼씩 움직이며 날아갑니다.

고슴도치 : 고슴도치 스프라이트

클릭했을 때 ❶

2 초 기다리기

안녕~ 나비야! 을(를) 2 초 동안 말하기 ❷

2 초 기다리기

근처에 꽃밭은 없는데.... 저기 테이블에 꿀단지가 있긴 하던데... 을(를) 2 초 동안 말하기 ❸

❶ [시작하기(🏳)]를 클릭하면 아래에 연결된 블록을 실행합니다.

❷ 나비가 말하는 2초를 기다린 후 "안녕~ 나비야!"라고 2초 동안 말합니다.

❸ 다시 2초를 기다린 후 "근처에 꽃밭은 없는데.... 저기 테이블에 꿀단지가 있긴 하던데..."라고 2초 동안 대답합니다.

tip

고슴도치야, 안녕? 을(를) 2 초 동안 말하기
2 초 기다리기

2초 기다리기 블록을 연결하는 이유

나비와 고슴도치가 대화합니다. 이때 나비가 2초 동안 말을 하면, 고슴도치는 2초 동안 나비가 말하는 것을 듣습니다. 즉, 상대편 스프라이트가 말하는 동안, 다른 스프라이트가 기다리는 시간을 나타내는 것입니다.

문제 08 코딩 풀이

정답 파일 PART07₩기출유형문제 2회(정답)

★ 학습 개념 순차, 반복, 선택, 모양

★ 성취 기준 2.2.3. 반복되는 명령을 블록으로 만들 수 있다.

동영상 강의

상어 : 상어 스프라이트

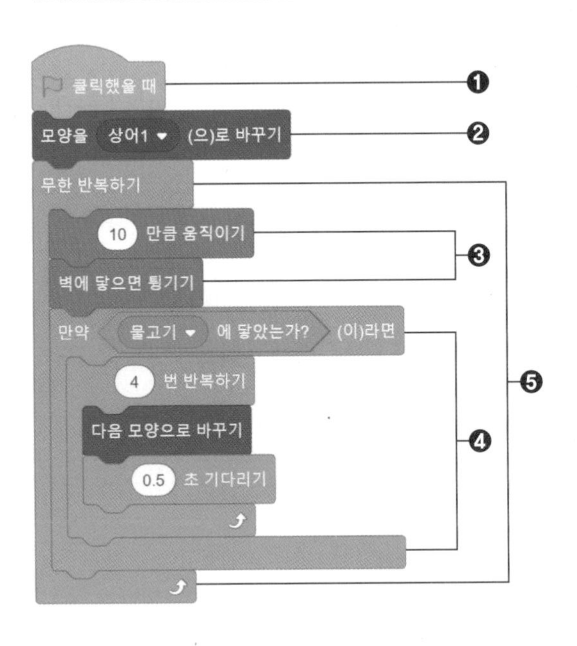

❶ [시작하기(🏳)]를 클릭하면 아래에 연결된 블록을 실행합니다.

❷ 상어의 시작 모양을 '상어1'로 정합니다.

❸ 상어가 10만큼 움직이고, 벽에 닿으면 튕깁니다.

❹ 상어가 물고기에 닿으면 0.5초마다 다음 모양으로 4번 반복하여 바꿉니다.

❺ ❸~❹를 무한 반복하여 상어가 10만큼씩 계속 움직이다가 벽에 닿으면 튕기고 물고기에 닿으면 모양을 바꾸도록 합니다.

: 물고기 스프라이트

❶ [시작하기( )]를 클릭하면 아래에 연결된 블록을 실행합니다.

❷ 물고기가 계속 반복하여 5만큼씩 움직이다가, 벽에 닿을 때마다 튕기도록 합니다.

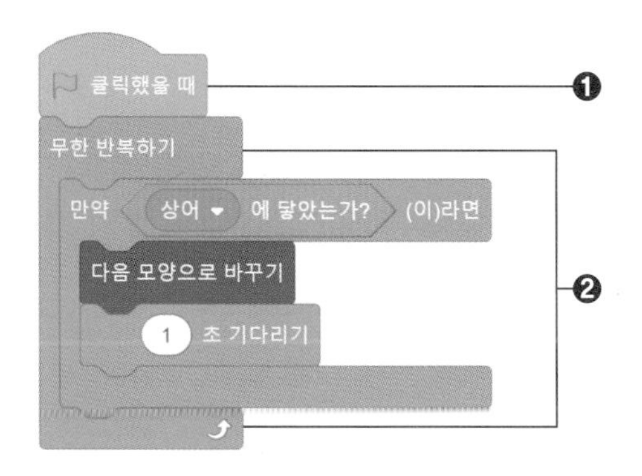

❶ [시작하기( )]를 클릭하면 아래에 연결된 블록을 실행합니다.

❷ 물고기가 상어에 닿을 때마다 1초 간격으로 모양 바꾸기를 합니다.

문제 09 코딩 풀이

정답 파일 PART07₩기출유형문제 2회(정답)

★ 학습 개념 순차, 반복, 선택, 난수, 변수

★ 성취 기준 2.2.6. 변수를 활용하여 프로그래밍 할 수 있다.

동영상 강의

: 퀴즈로봇 스프라이트

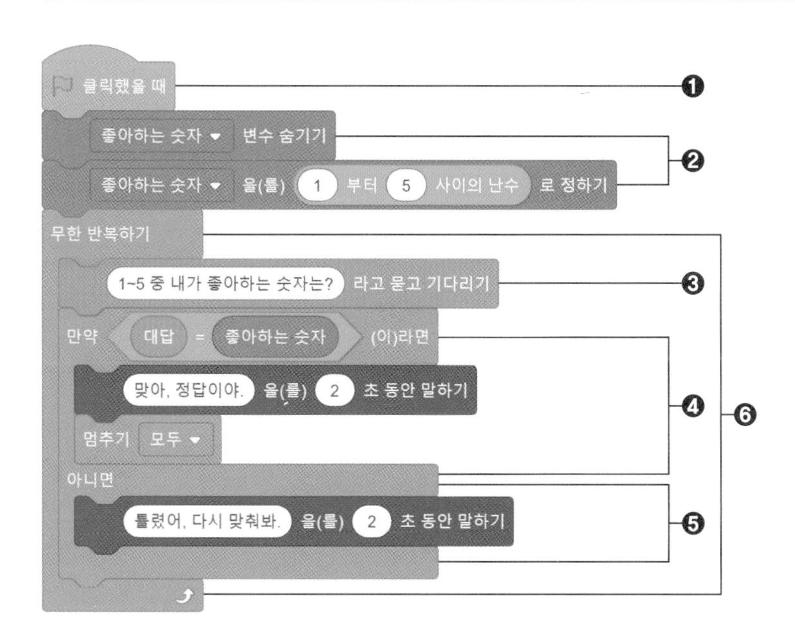

❶ [시작하기(🏳)]를 클릭하면 아래에 연결된 블록을 실행합니다.

❷ '좋아하는 숫자' 변수가 화면에 보이지 않도록 숨기고, '좋아하는 숫자' 변수를 1부터 5 사이의 난수로 정합니다.

❸ 퀴즈로봇이 "1~5 중 내가 좋아하는 숫자는?"이라고 묻고 대답을 기다립니다. 화면 하단에 대답을 입력해 넣을 수 있는 창이 나타납니다.

❹ 만약 입력한 '대답'과 1부터 5사이의 난수 중 정해진 '좋아하는 숫자' 변수가 같다면, "맞아, 성답이야."를 2초 동안 말하고, '모두' 멈추기를 합니다. 정답을 맞힌 후에는 또 물어볼 필요가 없으므로 모든 실행을 중지하는 것입니다.

❺ 입력한 '대답'이 '좋아하는 숫자' 변수와 같지 않다면, "틀렸어, 다시 맞춰봐."라고 2초 동안 말합니다.

❻ ❸~❺를 무한 반복하여 ❸~❺의 조건을 지속해서 판단하고 조건대로 실행하게 됩니다. 정답을 맞힌 경우는 [멈추기 모두 ▾] 블록으로 인해 모든 실행을 멈추게 되지만, 정답을 못 맞힌 경우에는 로봇이 질문을 다시 하게 됩니다.

tip

[좋아하는 숫자] 블록 이해하기

변수의 값을 나타내는 블록입니다. 변수는 변하는 수로, 데이터를 넣고 꺼낼 수 있는 공간을 의미합니다. 이 문제에서는 '좋아하는 숫자' 변수에 퀴즈로봇이 좋아한다고 생각한 숫자를 담아 놓고, 묻고 답하기의 '대답' 값과 비교합니다.

문제 10 코딩 풀이

정답 파일 PART07₩기출유형문제 2회(정답)

★ 학습 개념 순차, 반복, 선택, 이벤트, 신호

★ 성취 기준 2.2.5. 이벤트의 개념을 이용하여 프로그래밍 할 수 있다.

동영상 강의

: 시작버튼 스프라이트

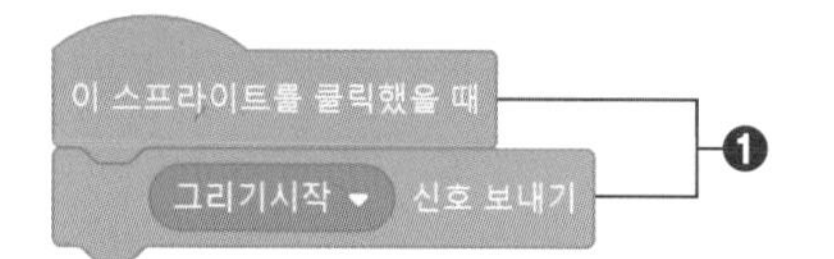

❶ 시작버튼 스프라이트를 클릭하면 '그리기시작' 신호를 보냅니다.

: 연필 스프라이트

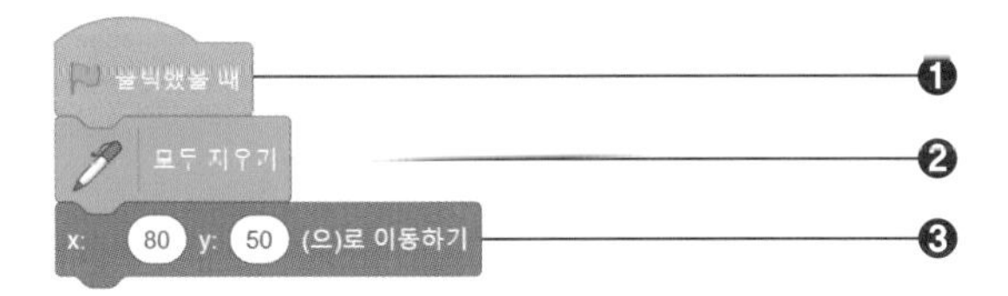

❶ [시작하기( )]를 클릭하면 아래에 연결된 블록을 실행합니다.

❷ 앞서 그렸던 그림이 있으면 실행 화면에서 모두 지웁니다.

❸ 연필의 시작 위치를 x좌표 80, y좌표 50으로 정합니다.

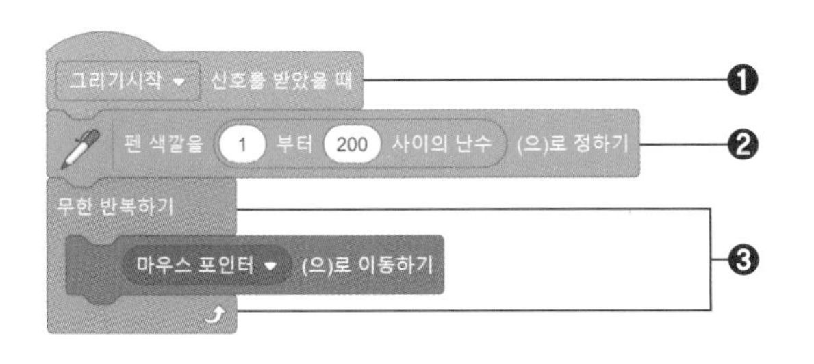

❶ '그리기시작' 신호를 받으면 아래에 연결된 블록을 실행합니다..

❷ 연필의 펜 색깔을 1부터 200 사이의 난수로 정합니다.

❸ 연필이 마우스 포인터 위치로 이동하기를 무한 반복합니다.

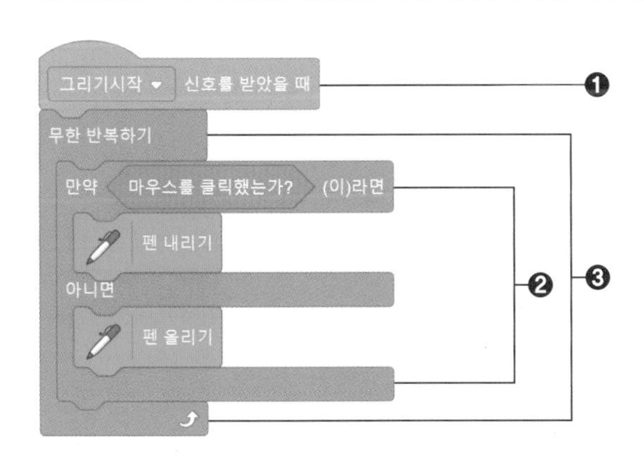

❶ '그리기시작' 신호를 받았을 때 아래에 연결된 블록을 실행합니다.

❷ 마우스를 클릭하면 펜을 내려서 그리고, 클릭하지 않으면 펜을 올려 그리지 않습니다.

❸ ❷를 무한 반복하여 ❷의 조건대로 계속 실행되도록 합니다.

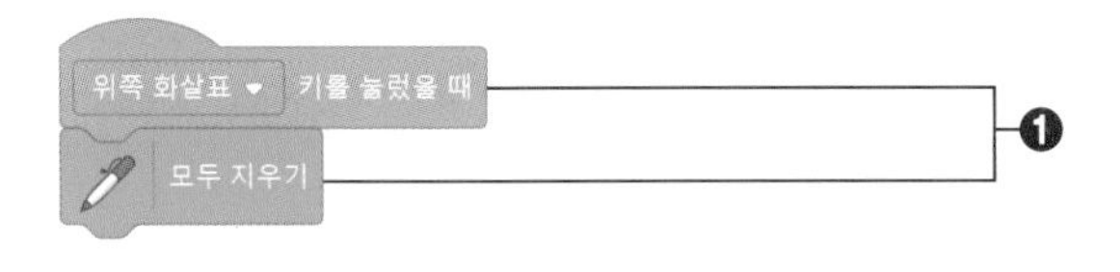

❶ 위쪽 화살표 키를 누르면 실행 화면에 그려진 그림을 모두 지웁니다.

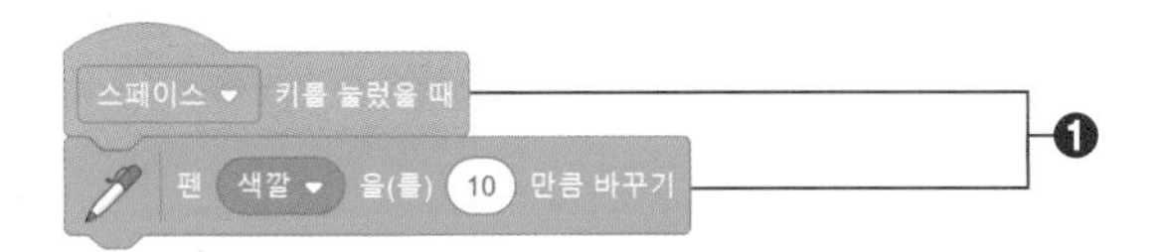

❶ 스페이스 키를 누르면 펜 색깔을 10만큼 바꿉니다.

tip

와 블록 이해하기

시작버튼 스프라이트가 '그리기시작' 신호를 보내면, 연필 스프라이트는 그 신호을 받고 블록 아래에 결합된 블록들을 실행하게 됩니다. 즉, 마우스를 따라다니며, 마우스를 클릭하고 있는 동안 선을 그립니다.

Chapter

3 : 최신 기출 유형 문제 3회 풀이

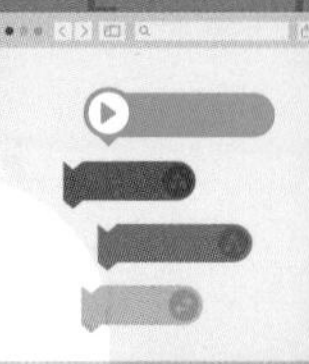

문제 01 문제 풀이

★ 학습 개념 문제 해결

★ 성취 기준 1.2.1. 다양한 문제 해결 방법을 찾아낼 수 있다.

풀이

정답 ① 승재, ② 2칸

해설 서율이와 승재가 가위바위보를 하여 계단을 올라가는 게임을 하고 있는데 〈게임 규칙〉을 확인해보면, 가위바위보 중 어떤 것을 내어서 이겼는지에 따라 계단을 올라가는 개수가 다르며, 비기거나 지면 계단을 올라가지 않습니다.

게임	서율	승재
첫 번째	가위 (+ 3)	보
두 번째	바위	보 (+ 5)
세 번째	가위	가위

첫 번째 게임에서는 서율이가 가위를 내서 이겼으므로 서율이가 3개의 계단을 올라갑니다. 두 번째 게임에서는 승재가 보를 내서 이겼으므로 승재가 5개의 계단을 올라갑니다. 3번째 게임에서는 비겼으므로 둘다 올라가지 않습니다. 따라서, 가위바위보 3번을 진행한 지금, 승재가 2칸 더 높은 계단에 올라갔습니다.

문제 02 문제 풀이

★ 학습 개념 추상화

★ 성취 기준 1.2.1. 상황 속에서 문제를 정확하게 표현할 수 있다.

풀이

정답 (가), (다) 순서 상관없음.

해설 교통수단 중 헬리콥터에는 바퀴가 없고, 지상에서 달릴 수 없습니다. 그러므로 (나)번은 공통점이 될 수 없습니다. '엔진이 있다'와 '사람이 탈 수 있다' 이 두 가지가 위 4가지 교통수단들의 공통점이입니다.
컴퓨팅 사고력에서 추상화의 능력은 이처럼 여러 상황 속의 공통적이고 뺄 수 없는 부분만을 뽑아내는 사고의 과정입니다.

문제 03

문제 풀이

★ 학습 개념 절차적 문제 해결

★ 성취 기준 1.1.2. 창의 · 융합시대에서 컴퓨팅 사고력의 필요성을 이해한다.

풀이

정답 ① (나), ② (가)

해설 엄마의 심부름 중 국수가 제일 우선순위이고, 그 다음 차례는 우유입니다. 민재가 사 먹고 싶어 하는 것은 심부름하고 남은 돈으로 하는 것이며 과자와 아이스크림 중 아이스크림이 꼭 먹고 싶다고 했으므로, 민재의 우선순위는 아이스크림이고 다음이 과자입니다. 엄마의 심부름 목록이 민재의 간식목록보다 우선순위가 높으므로, 순서대로 정리하면 "국수 → 우유 → 아이스크림 → 과자"입니다.

여러 가지의 일들이 있을 때 중요한 순서대로 목록을 정리할 필요가 생깁니다. 이 문제는 실생활에서 컴퓨팅 사고가 적용된 예로 심부름 과정 중에 물건을 사야 할 우선순위를 정하는 방법을 통해 정렬이 무엇인가에 대한 개념을 익힐 수 있는 문제입니다.

문제 04

문제 풀이

★ 학습 개념 알고리즘

★ 성취 기준 1.3.1. 실생활의 사례와 연계하여 알고리즘이 무엇인지 그 의미와 중요성을 알 수 있다.

풀이

정답 ① (다), ② (아)

해설 온라인에서 책을 사기 위한 과정을 순서도로 그려 보면 책을 고르고 장바구니에 담은 후 조건 선택을 판단하는 과정이 필요합니다. 따라서 장바구니에 담기 전에 ① 책 고르기 과정이 필요합니다. ② 두 권을 골랐는지를 확인하고, 두 권을 모두 고른 경우에 배송 정보를 입력하고 값을 지불하여 쇼핑을 마칩니다.

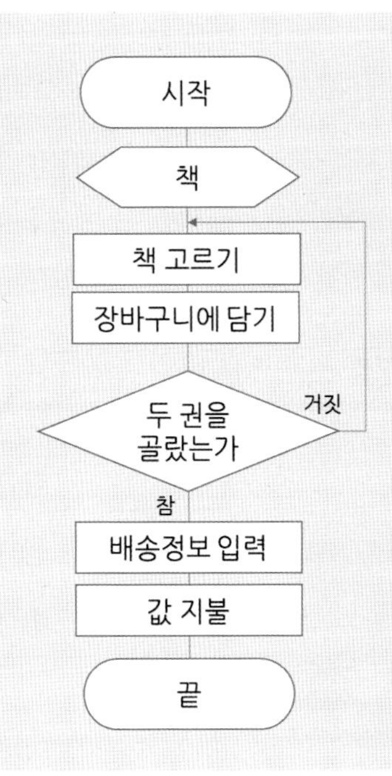

문제 05 문제 풀이

★ 학습 개념 알고리즘

★ 성취 기준 1.3.3. 일상생활의 문제 해결을 위해 알고리즘을 설계할 수 있다.

풀이

정답 ① (사), ② (라)

해설 붉은색 리트머스 시험지는 알칼리성용액에 닿으면 푸른색으로 변하고, 푸른색 리트머스 시험지는 산성용액에 닿으면 붉은색으로 변합니다. 두 번째 분기문에서는 푸른색 리트머스 시험지가 어떻게 변하는지를 분기하므로, 첫 번째 분기문에서는 붉은색 리트머스 시험지가 어떻게 변하는지 확인해야 하므로 ① 리트머스 시험지 : 붉은색->푸른색입니다.

리트머스 시험지가 푸른색에서 붉은색으로 변하면 산성용액이므로 두 번째 분기문의 참인 결과는 ② 산성이다 입니다.

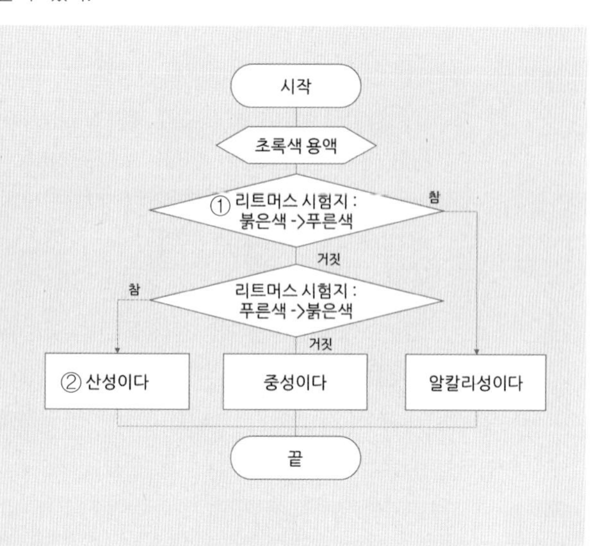

문제 06 코딩 풀이

정답 파일 PART07₩기출유형문제 3회(정답)

★ 학습 개념 순차, 반복, 선택, 논리연산

★ 성취 기준 2.2.4. 다양한 조건을 고려하여 다른 동작을 하는 프로그램을 만들어 볼 수 있다.

동영상 강의

: 빨간별 스프라이트

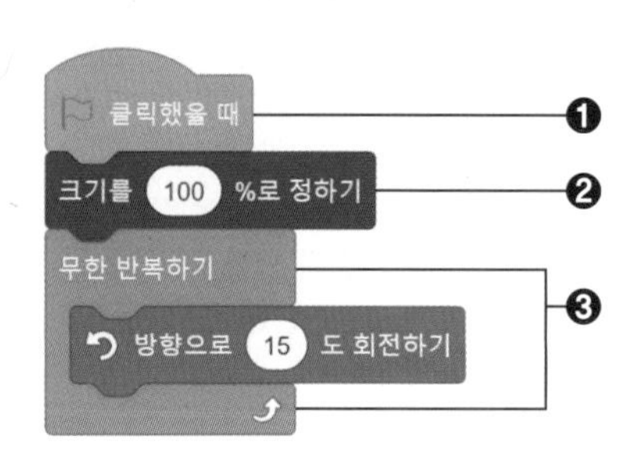

❶ [시작하기( )]를 클릭하면 아래에 연결된 블록을 실행합니다.

❷ 빨간별의 시작 크기를 100%로 정합니다.

❸ 빨간별이 계속해서 반시계 방향으로 15° 회전합니다.

: 노란별 스프라이트

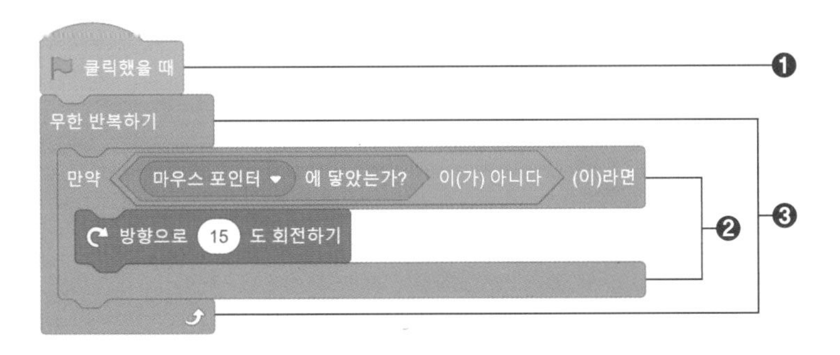

❶ [시작하기(🏳)]를 클릭하면 아래에 연결된 블록을 실행합니다.

❷ 노란별이 마우스 포인터에 닿지 않으면 시계 방향으로 15° 회전합니다.

❸ ❷를 무한 반복합니다.

tip

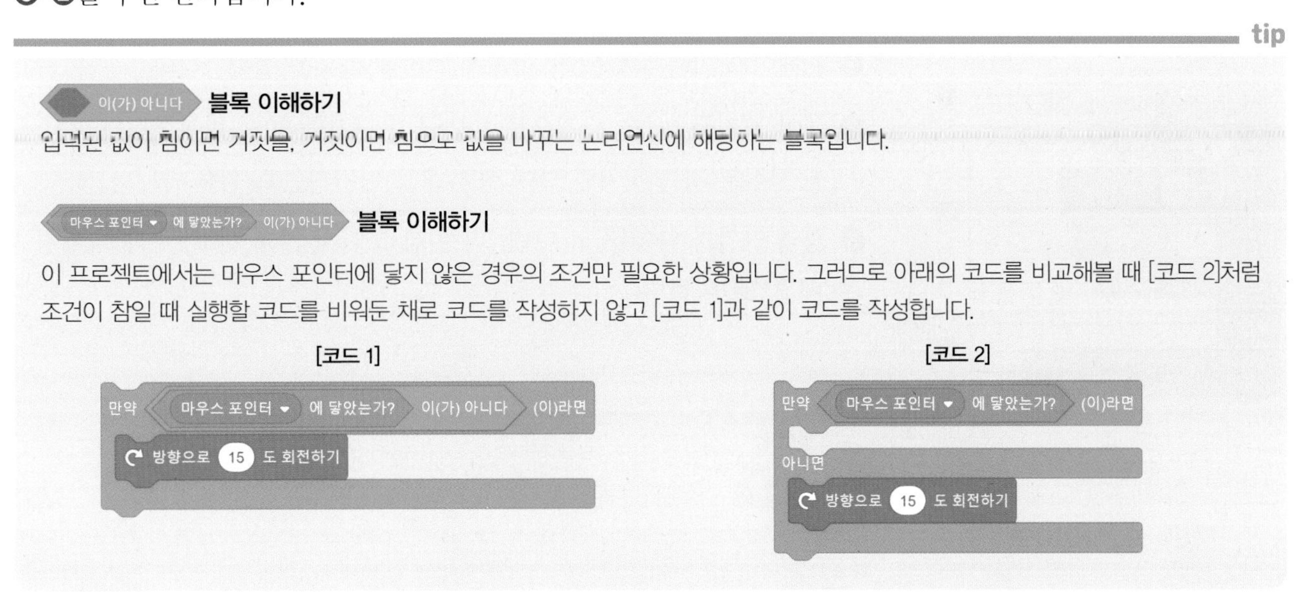

이(가) 아니다 블록 이해하기

입력된 값이 참이면 거짓을, 거짓이면 참으로 값을 바꾸는 논리연산에 해당하는 블록입니다.

마우스 포인터 에 닿았는가? 이(가) 아니다 블록 이해하기

이 프로젝트에서는 마우스 포인터에 닿지 않은 경우의 조건만 필요한 상황입니다. 그러므로 아래의 코드를 비교해볼 때 [코드 2]처럼 조건이 참일 때 실행할 코드를 비워둔 채로 코드를 작성하지 않고 [코드 1]과 같이 코드를 작성합니다.

[코드 1]

[코드 2]

07

★ 학습 개념 순차, 반복, 선택, 모양

★ 성취 기준 2.2.9. 장면 연결 등을 통해 두 개 이상의 장면을 구성할 수 있다.

: 성 스프라이트

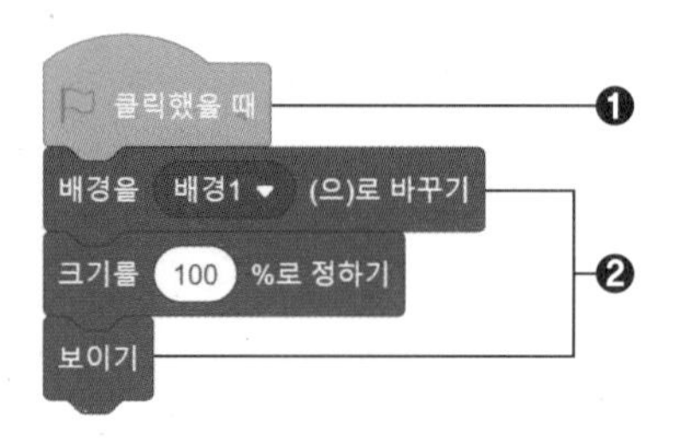

❶ [시작하기( )]를 클릭하면 아래에 연결된 블록을 실행합니다.

❷ 시작 시 성의 배경을 '배경1'로, 크기를 100%로 정하고 화면에 보이도록 설정합니다.

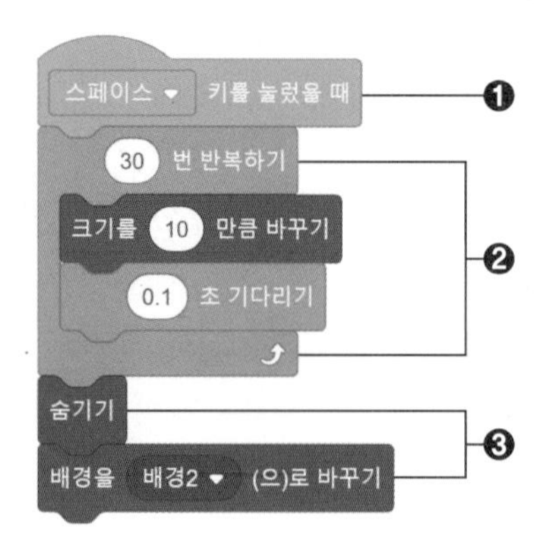

❶ 스페이스 키를 눌렀을 때 아래에 연결된 블록을 실행합니다.

❷ 성이 크기를 0.1초 간격으로 10만큼 바꾸기를 30번 반복합니다. 즉, 성이 점점 커지는 것처럼 보여 성 앞으로 다가가는 느낌을 줍니다.

❸ 성의 크기가 다 커지고 나면, 더 이상 보이지 않게 하고, 무대의 배경을 '배경2'로 바꿉니다.

: 별1 스프라이트

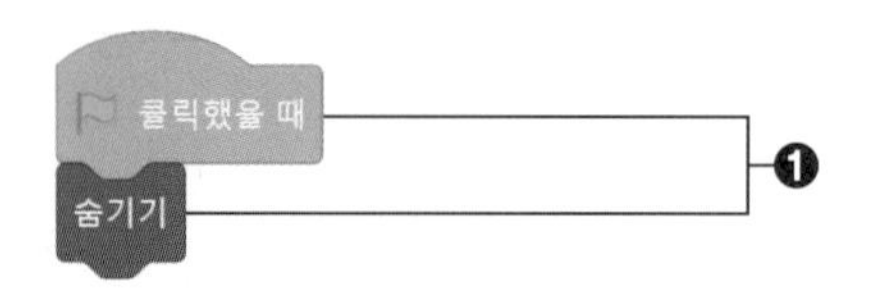

❶ [시작하기( )]를 클릭했을 때 별1이 화면에 보이지 않도록 합니다. 무대의 배경이 '배경2'가 되었을 때 별이 나타나도록 하기 위해 처음 시작 시에는 모습을 숨기도록 한 것입니다.

```
배경이 배경2 (으)로 바뀌었을 때
무한 반복하기
  보이기
  1 초 기다리기
  숨기기
  1 초 기다리기
```

❶ 배경이 '배경2'로 바뀌면, 별1이 1초마다 화면에 보였다가 숨기를 반복하여, 반짝반짝 빛나도록 합니다.

: 별2 스프라이트

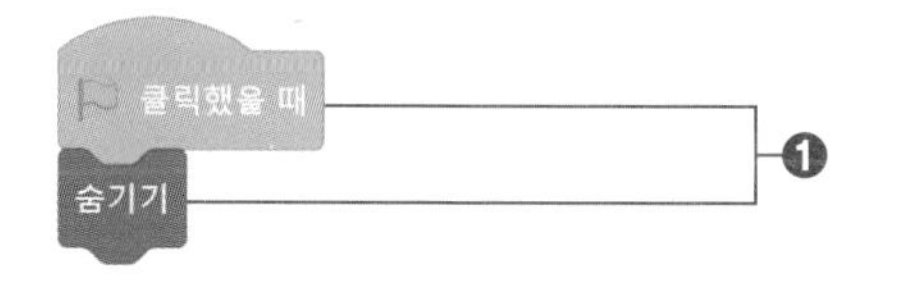

❶ [시작하기( )]를 클릭했을 때 별2가 화면에 보이지 않도록 합니다. 별1과 마찬가지로 별2도 시작 시에는 모습을 숨기도록 한 것입니다.

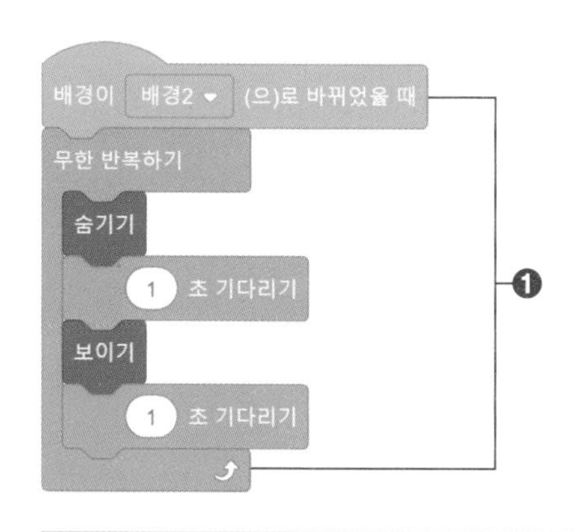

❶ 배경이 '배경2'로 바뀌면, 별2가 1초마다 화면에 숨었다가 보이기를 반복합니다. 숨기기, 보이기 순으로 블록을 조립한 이유는 별1과 별2가 교차하면서 반짝반짝 빛나도록 하기 위함입니다.

tip

장면 전환 이해하기

스크래치는 무대의 배경을 바꿔 새로운 장면을 구성할 수 있습니다. 문제의 [장면 1]에서는 성의 크기가 서서히 커지게 하여 성문으로 다가가 통과하는 장면을 만들었습니다. 이어서 다음 장면인 [장면 2]에서는 무대의 배경을 '배경2'로 바꾸어 신비로운 숲에 들어선 장면을 표현하였습니다. 이렇게 배경이 배경 1 (으)로 바뀌었을 때 이벤트 블록을 사용하여, 새로운 장면을 구성하면 스토리가 이어지는 애니메이션 작품도 만들 수 있습니다.

[장면 1]

[장면 2]

문제 08 코딩 풀이

정답 파일 PARTO7₩기출유형문제 3회(정답)

★ 학습 개념 순차, 반복, 선택, 신호

★ 성취 기준 2.2.3. 반복되는 명령을 블록으로 만들 수 있다.

: 얼굴 스프라이트

❶ [시작하기( )]를 클릭하면 아래에 연결된 블록을 실행합니다.

❷ 시작 시 얼굴 스프라이트에 적용되어 있던 그래픽 효과가 있다면 지우고, 얼굴의 크기를 100%로 정하고, x좌표 −160, y좌표 −50으로 이동합니다.

❸ 얼굴이 벽에 닿을 때까지 3만큼 반복하여 움직입니다.

❹ 얼굴이 벽에 닿으면 색깔 효과를 10으로 정하고, '안녕' 신호를 보냅니다.

tip

[모양] 탭에서 얼굴을 그리는 방법 알아보기

[모양] 탭을 클릭하면, 그림을 그릴 수 있는 화면이 나타납니다. 사각형과 타원 도구를 사용하여 형태를 만들고 색칠하기 도구로 색상도 바꾸어 얼굴 모양의 표정을 만들 수 있습니다.

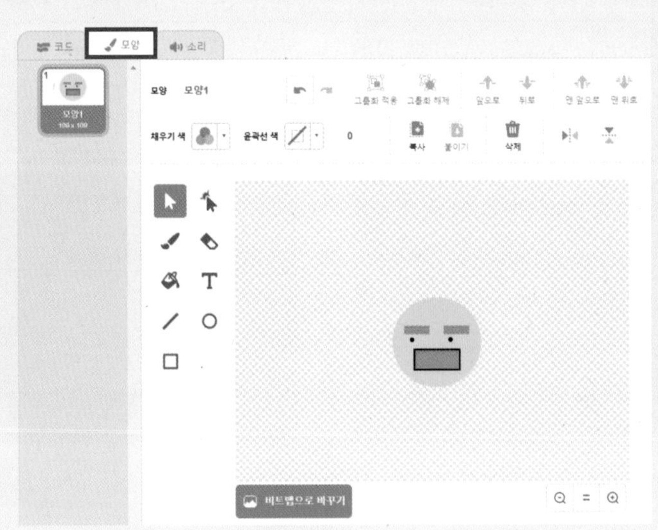

: 얼굴2 스프라이트

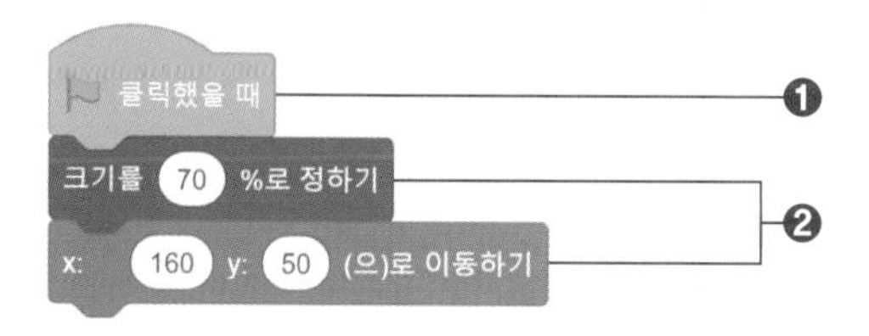

❶ [시작하기(🏳)]를 클릭하면 아래에 연결된 블록을 실행합니다.

❷ 시작 시 얼굴2의 크기를 70%로 정하고, x좌표 160, y좌표 50에 위치하도록 합니다.

```
안녕 ▾ 신호를 받았을 때
벽 ▾ 에 닿았는가? 까지 반복하기
  -3 만큼 움직이기
색깔 ▾ 효과를 10 (으)로 정하기
```

❶ '안녕' 신호를 받았을 때 시작하면 얼굴2가 벽에 닿을 때까지 −3만큼씩 움직이기를 반복합니다.

❷ 얼굴2가 벽에 닿으면 색깔 효과를 10으로 정합니다.

문제 코딩 풀이

정답 파일 PARTO7₩기출유형문제 3회(정답)

09

★ 학습 개념 순차, 반복, 선택, 모양

★ 성취 기준 2.1.2. 주어진 블록을 순차적으로 사용하여 목표물까지 이동할 수 있다.

동영상 강의

: 오리 스프라이트

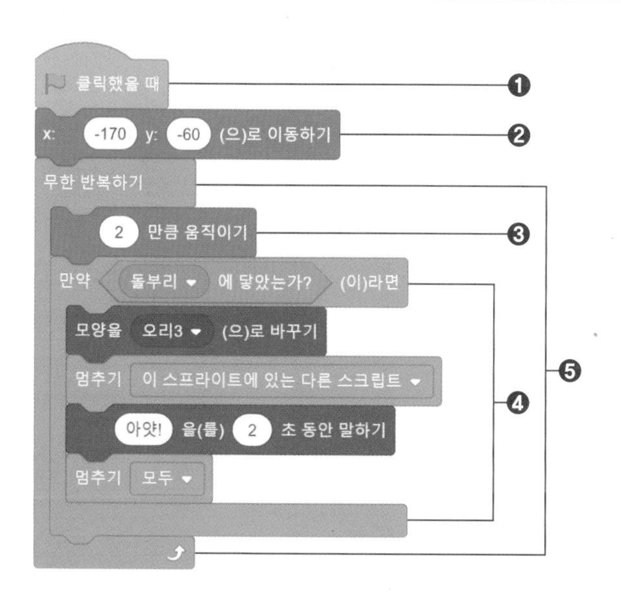

❶ [시작하기(🏳)]를 클릭하면 아래에 연결된 블록을 실행합니다.

❷ 오리의 시작 위치를 x좌표 −170, y좌표 −60으로 정합니다.

❸ 오리가 2만큼 움직입니다.

❹ 오리가 돌부리에 닿으면 모양을 '오리3'으로 바꿔 넘어지는 모습이 되게 하고, 오리 스프라이트에 있는 다른 스크립트를 멈춰 오리가 계속하여 달려가는 모습을 하는 코드를 멈추도록 합니다. 또한 "아얏!"이라고 2초 동안 말한 후에는 모두 멈추기를 하여 프로그램을 종료합니다.

❺ ❸~❹를 무한 반복합니다.

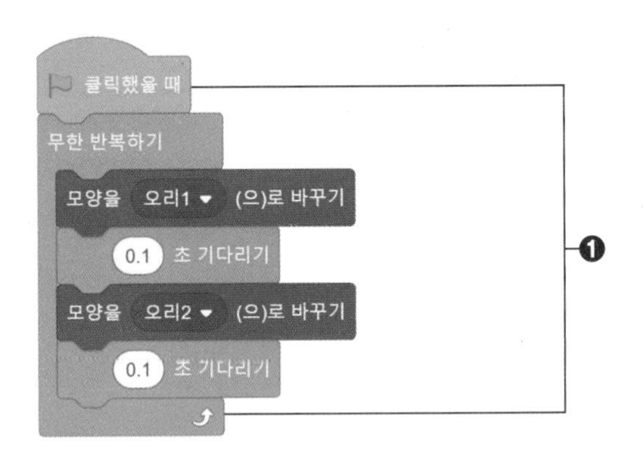

❶ [시작하기( )]을 클릭하면 계속 반복하여 오리가 0.1초마다 모양을 바꿔 오리가 뛰는 모습을 표현합니다.

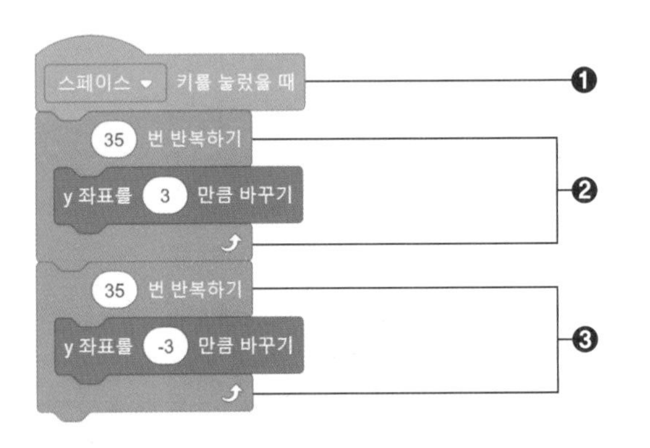

❶ 스페이스 키를 눌렀을 때 아래에 연결된 블록을 실행합니다.

❷ 오리가 y좌표를 3만큼씩 바꾸기를 35번 반복하여 위로 뛰어오르는 동작을 보여줍니다.

❸ 오리가 y좌표를 −3만큼 바꾸기를 35번 반복하여 뛰어오른 뒤 착지하는 동작을 보여줍니다.

tip

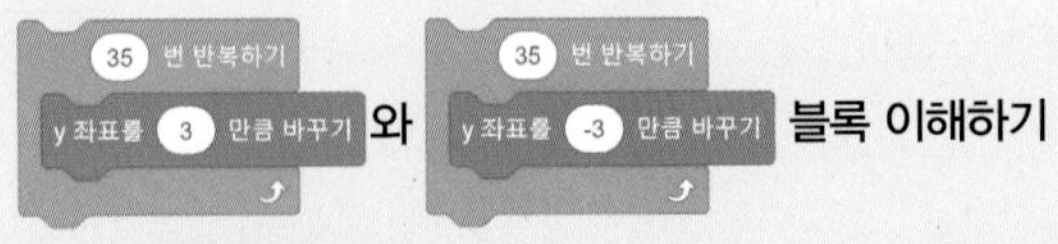

블록 이해하기

오리가 점프하는 것을 나타내는 블록입니다. y좌표를 바꿔 뛰어오르고, 다시 아래로 착지하는 동작을 표현했습니다.

이때 [35 번 반복하기] 블록을 이용한 이유는, 오리가 한번에 위로 105만큼(35*3) 올라갔다가 한번에 −105만큼(35*−3) 내려오면 그 과정이 너무 빨라서 오리가 점프한 것처럼 보이지 않기 때문입니다. 반복하여 좌표를 여러 번 바꾸게 되면 점프하는 동작을 눈으로 확인할 수 있고, 또한 오리가 점프하는 동안에 계속 반복하여 x좌표로 2만큼씩 움직이는 코드도 적용되기 때문에 포물선을 그리는 자연스러운 점프가 됩니다.

10

★ 학습 개념 순차, 반복, 선택, 모양

★ 성취 기준 2.2.3. 반복되는 명령을 블록으로 만들 수 있다.

: 강아지주인 스프라이트

❶ [시작하기( )]를 클릭하면 아래에 연결된 블록을 실행합니다.

❷ 시작 시 강아지주인이 x좌표 –200, y좌표 –30에 위치하고, 모양을 '걷기1'로 바꿉니다.

❸ 2초 기다립니다.

❹ 0.2초마다 다음 모양으로 바꾸기를 계속 반복하여 걷는 모습을 표현합니다.

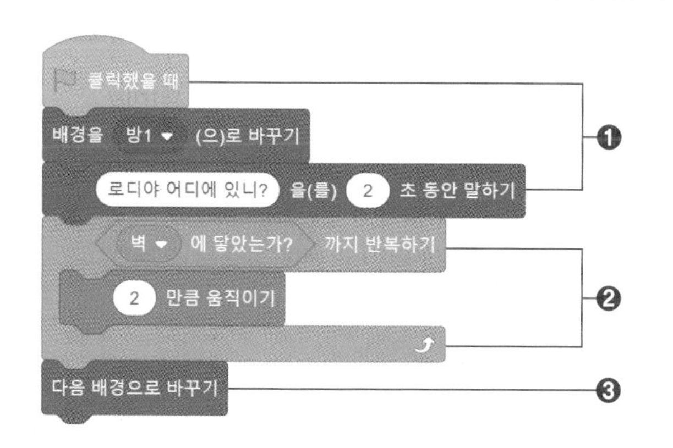

❶ [시작하기( )]를 클릭하면 무대의 배경을 '방1'로 바꾸고, 강아지주인이 "로디야 어디에 있니?라고 2초 동안 말합니다.

❷ 강아지주인이 벽에 닿을 때까지 2만큼씩 반복하여 움직입니다.

❸ 강아지주인이 벽에 닿으면 다음 배경으로 바꿉니다.

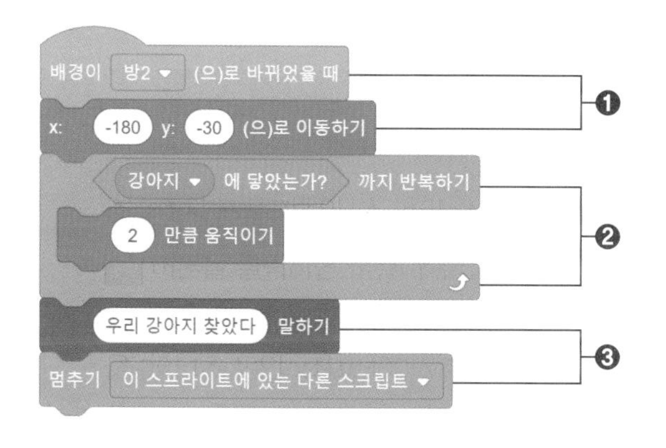

❶ 배경이 '방2'로 바뀌면 강아지주인이 x좌표 –180, y좌표 –30에 위치합니다.

❷ 강아지주인이 강아지에 닿을 때까지 2만큼씩 반복하여 움직입니다.

❸ 강아지주인이 강아지에 닿으면 "우리 강아지 찾았다"라고 말하고, '이 스프라이트에 있는 다른 스크립트'를 멈춰 강아지주인이 걷는 동작을 멈추게 합니다.

: 강아지 스프라이트

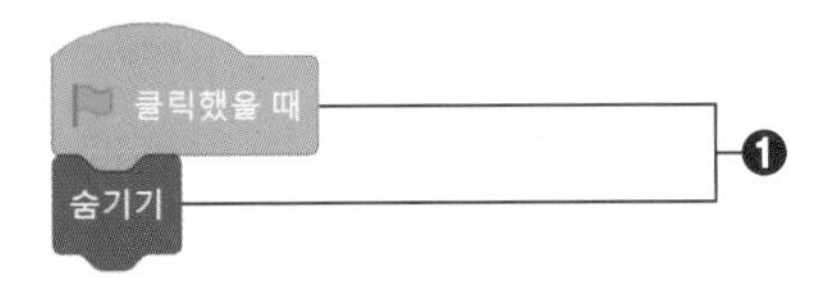

❶ [시작하기( )] 클릭했을 때 강아지가 화면에 보이지 않도록 하여, 배경1에서는 강아지가 안 보이도록 합니다.

❶ 배경이 '방2'로 바뀌면, 강아지가 화면에 나타납니다. 강아지가 마치 '방2'에서 기다리고 있었던 것 같습니다.

Chapter

4 : 최신 기출 유형 문제 4회 풀이

문제 01 문제 풀이

★ 학습 개념 컴퓨팅 사고력

★ 성취 기준 1.1.2. 창의 융합시대에서 컴퓨팅 사고가 무엇인지 설명할 수 있다.

풀이

정답 ① 알고리즘(과 절차화), ② 추상화

해설 컴퓨팅 사고력의 요소는 자료 수집, 자료 분석, 자료 표현, 문제 분해, 추상화, 알고리즘과 절차화, 자동화, 시뮬레이션, 병렬화가 있습니다. 과천과학관에 가는 방법을 순서대로 작성한 것은 알고리즘이며, 과천과학관에 가는 경로를 단순화하여 표현한 것은 추상화 개념입니다.

알고리즘은 문제를 해결하거나 어떤 목표를 달성하기 위해 수행되는 과정을 순서적 단계로 표현한 것이며, 추상화는 문제 해결을 위해 반드시 필요한 핵심 요소를 파악하고 복잡함을 단순화하는 것을 의미합니다.

문제 02 문제 풀이

★ 학습 개념 문제표현, 추상화

★ 성취 기준 1.2.1. 상황 속에서 문제를 정확하게 표현할 수 있다.

풀이

정답 ① (다), ② 기린

해설 재성이가 지우에게 말한 "사자, 호랑이, 치타, 악어, 뱀, 기린, 독수리, 상어" 동물들 중 기린 하나를 뺀 대다수 동물의 공통점은 고기를 먹는 육식동물이라는 점입니다. 그러므로 ①의 답은 '(다) 고기를 먹는 동물'입니다. 털이 있는 동물이라 하기엔 악어, 뱀이 둘이나 있고, 아가미가 있는 동물이라 하기엔 상어 하나 뿐이고, 다리가 4개인 동물이라 하기엔 뱀, 독수리, 상어가 해당되지 않습니다. 그러므로 이 동물 하나가 예외적이라는 것은 '기린'이라고 볼 수 있습니다. 기린은 초식동물이므로 추상화로 표현한 '고기를 먹는 동물'에서 생략될 수 있는 동물입니다.

문제 **03** — 문제 풀이

★ 학습 개념 문제 해결 방법 탐색

★ 성취 기준 1.2.1. 상황 속에서 문제를 정확하게 표현할 수 있다.

풀이

정답 ① 2, ② 10

해설 원 모양 1개, 꽈배기 모양 3개, 하트 모양 2개씩 넣으면 총 10봉지의 선물 포장을 완성할 수 있습니다. 각 봉지 안의 구성이 같아야 한다고 했으므로, 원 모양은 1개씩 넣으면 13봉지를 만들 수 있을 것 같지만, 꽈배기 모양은 3개씩 넣으면 10봉지가 되므로 13봉지는 불가능합니다. 그러므로 꽈배기 모양에 맞춰서 10봉지를 맞추도록 구성해야 합니다. 즉, 하트 모양을 2개씩 넣어 종류별로 같은 수로 구성하여 10봉지를 만들 수 있습니다.

문제 **04** — 문제 풀이

★ 학습 개념 알고리즘

★ 성취 기준 1.3.2 알고리즘이 갖추어야 할 조건을 이해하고 다양한 알고리즘을 작성할 수 있다.

풀이

정답 ① (다) 뜨거운 물을 붓는다. ② (가) 3분이 지났는가?

해설 이 알고리즘은 컵라면을 요리하여 완성하는 과정을 표현한 것입니다. 컵라면 포장 비닐을 뜯고 스프를 넣습니다. 컵라면과 뜨거운 물을 준비하고, 뜨거운 물을 부은 다음 컵라면 뚜껑을 닫습니다. 라면이 익는 시간인 3분이 지나면 컵라면이 완성되도록 순서도에 작성하면 됩니다.

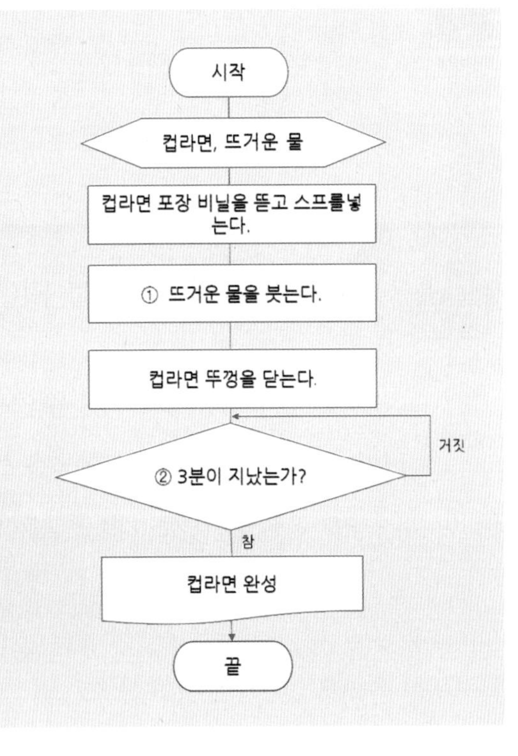

문제 05 문제 풀이

★ 학습 개념 알고리즘 개념과 중요성, 순서도 작성

★ 성취 기준 1.3.2. 알고리즘이 갖추어야 할 조건을 이해하고 다양한 알고리즘을 작성할 수 있다.

풀이

정답 ① (마), ② (라)

해설 정사각형 그리기의 알고리즘에서 보면, 4각형의 변의 개수는 4개이므로 변을 4번 그리며, 또한 외각의 크기인 90도 만큼 회전합니다. 만일 정삼각형을 그리려 한다면 3번 반복하여 선을 그리며 한 외곽인 120도씩 회전하면 정삼각형을 그릴 수 있게 됩니다. 응용해서 다른 다각형을 그리는 순서도도 생각해 봅시다.

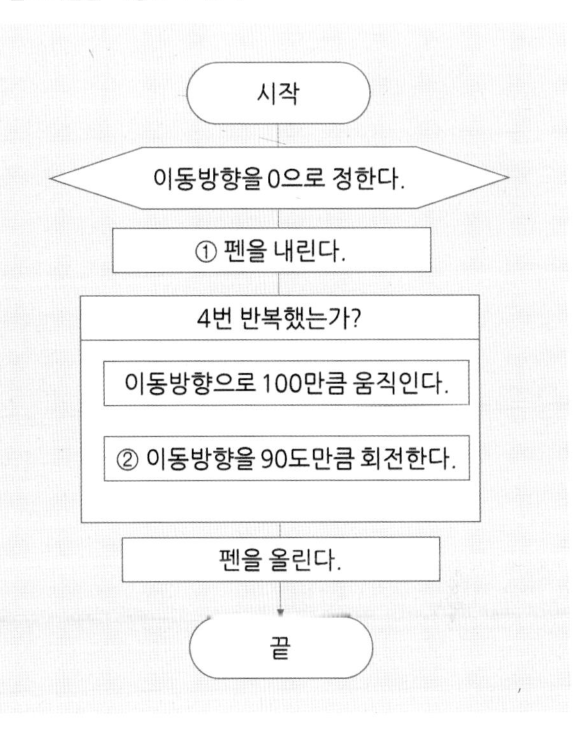

문제 06 코딩 풀이

정답 파일 PART07₩기출유형문제 4회(정답)

★ 학습 개념 순차, 반복, 모양

★ 성취 기준 2.2.2. 주어진 블록을 순차적으로 사용하여 목표물까지 이동할 수 있다.

동영상 강의

스케이트 : 스케이트 스프라이트

❶ [시작하기(⚑)]를 클릭하면 아래에 연결된 블록을 실행합니다.

❷ 스케이트의 시작 크기를 50%로 정합니다.

❸ 스케이트의 시작 위치를 x좌표 −210, y좌표 121로 정합니다.

❹ 스케이트가 1초 동안 x좌표 −101, y좌표 −76의 위치로 이동하고, 2초 동안 x좌표 114, y좌표 −139의 위치로 이동합니다.

❺ "와우"라고 2초 동안 말합니다.

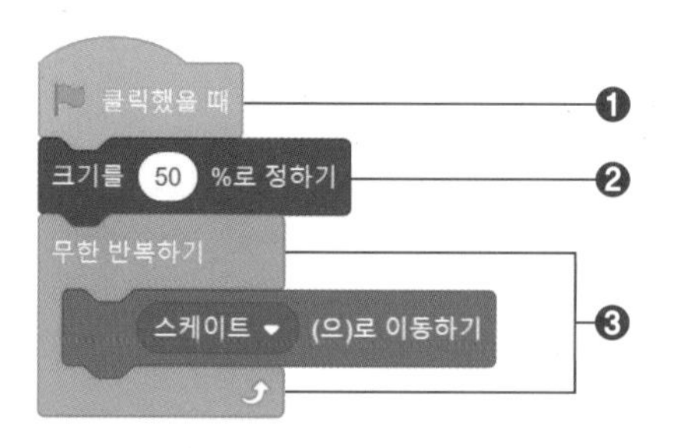

❶ [시작하기(⚑)]를 클릭하면 아래에 연결된 블록을 실행합니다.

❷ 곰의 시작 크기를 50%로 정합니다.

❸ 곰이 스케이트의 위치로 계속 이동하여 스케이트와 곰이 같이 움직이도록 합니다.

문제 07 코딩 풀이

정답 파일 PART07₩기출유형문제 4회(정답)

★ 학습 개념 순차, 반복, 이벤트, 변수, 모양

★ 성취 기준 2.2.6. 변수를 활용하여 프로그래밍 할 수 있다.

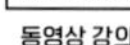

클릭했을 때 / 꽃게개수 을(를) 0 로 정하기 / 회전 방식을 왼쪽-오른쪽 (으)로 정하기 / 30 도 방향 보기 / 무한 반복하기 / 1 부터 3 사이의 난수 만큼 움직이기 / 벽에 닿으면 튕기기

❶ [시작하기(⚑)]를 클릭하면 아래에 연결된 블록을 실행합니다.

❷ 시작하면 '꽃게개수' 변수를 0으로 정합니다.

❸ 꽃게1의 회전 방식을 '왼쪽–오른쪽'으로 정하고, 30° 방향으로 향하게 합니다.

❹ 움직이는 속도를 1에서 3 사이의 난수로 바꾸며 계속 반복하여 움직이게 하고, 움직이다가 벽에 닿으면 튕기게 합니다.

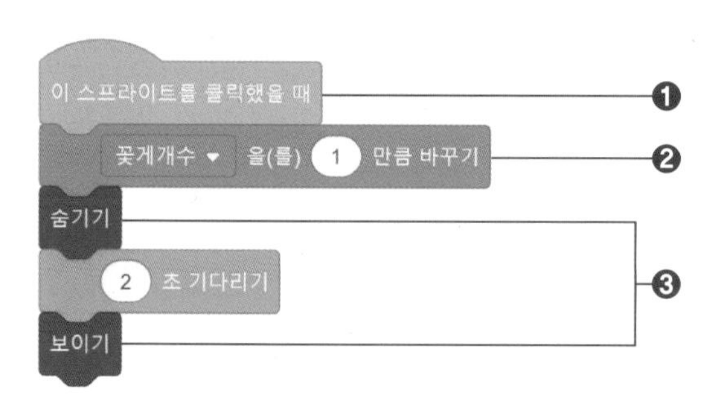

❶ 꽃게1을 클릭하면 아래 연결된 블록을 실행합니다.

❷ '꽃게개수' 변수를 1만큼 바꿔, 꽃게1을 클릭할 때마다 '꽃게개수' 변수를 1만큼 더하도록 합니다.

❸ 클릭된 꽃게1이 사라졌다가 다시 나타나게 하여 새 꽃게가 나타난 것처럼 표현했습니다.

: 꽃게2 스프라이트

❶ [시작하기( )]를 클릭하면 아래에 연결된 블록을 실행합니다.

❷ 꽃게2의 회전방식을 '왼쪽–오른쪽'으로 정하고, 60° 방향으로 향하게 합니다.

❸ 움직이는 속도를 1에서 3 사이의 난수로 바꾸며 계속 반복하여 움직이게 하고, 움직이다가 벽에 닿으면 튕기게 합니다.

❶ 꽃게2를 클릭하면 아래 연결된 블록을 실행합니다.

❷ '꽃게개수' 변수를 1만큼 바꿔, 꽃게1을 클릭할 때마다 '꽃게개수' 변수를 1만큼 더하도록 합니다.

❸ 클릭된 꽃게2가 사라졌다가 다시 나타나게 하여 새 꽃게가 나타난 것처럼 표현했습니다.

: 꽃게3 스프라이트

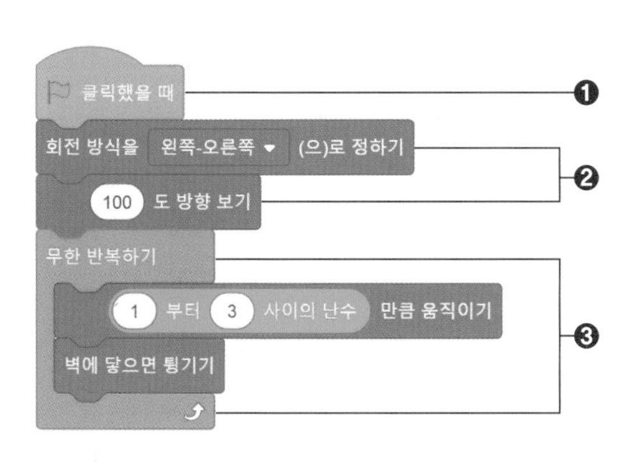

❶ [시작하기( )]를 클릭하면 아래에 연결된 블록을 실행합니다.

❷ 꽃게3의 회전방식을 '왼쪽–오른쪽'으로 정하고, 100° 방향으로 향하게 합니다.

❸ 움직이는 속도를 1에서 3 사이의 난수로 바꾸며 계속 반복하여 움직이게 하고, 움직이다가 벽에 닿으면 튕기게 합니다.

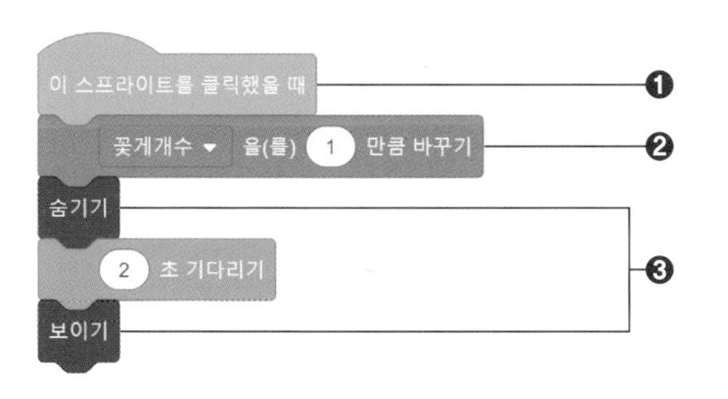

❶ 꽃게3을 클릭하면 아래 연결된 블록을 실행합니다.

❷ '꽃게개수' 변수를 1만큼 바꿔, 꽃게1을 클릭할 때마다 '꽃게개수' 변수를 1만큼 더하도록 합니다.

❸ 클릭된 꽃게3이 사라졌다가 다시 나타나게 하여 새 꽃게가 나타난 것처럼 표현했습니다.

tip

스프라이트 복사하기

코드가 거의 같은 스프라이트를 하나 더 만드는 경우 스프라이트를 복사하면 편리합니다. 스프라이트를 복사할 때에는 복사하고자 하는 스프라이트를 마우스 오른쪽 버튼으로 클릭하고 [복사]를 선택하여 복사합니다. 복사된 스프라이트는 자동으로 이름 뒤에 숫자 1이 더해집니다. 꽃게2 스프라이트를 복사하면 복사된 스프라이트는 자동으로 꽃게3이 되는 것입니다.

꽃게2 스프라이트에서 마우스 오른쪽 클릭–복사선택

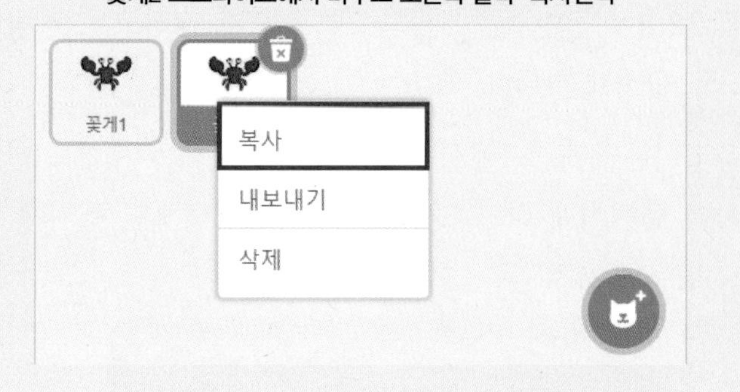

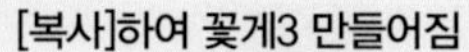

[복사]하여 꽃게3 만들어짐

문제 08 코딩 풀이

정답 파일 PARTO7₩기출유형문제 4회(정답)

★학습 개념 순차, 반복, 선택, 변수, 초시계, 비교연산

★성취 기준 2.2.4. 다양한 조건을 고려하여 다른 동작을 하는 프로그램을 만들어 볼 수 있다.

: 고보 스프라이트

```
클릭했을 때                                                        ❶
모양을 고보첫모양 ▾ (으)로 바꾸기                                    ❷
구구단 문제를 맞춰보세요. 을(를) 2 초 동안 말하기
무한 반복하기                                                      ❼
    모양을 고보첫모양 ▾ (으)로 바꾸기                                ❸
    단 ▾ 을(를) 1 부터 9 사이의 난수 로 정하기
    수 ▾ 을(를) 1 부터 9 사이의 난수 로 정하기
    정답 ▾ 을(를) 단 x 수 로 정하기
    단 와(과) x 결합하기 와(과) 수 와(과) =? 결합하기 결합하기 라고 묻고 기다리기   ❹
    만약 대답 = 정답 (이)라면                                        ❺
        모양을 고보신남 ▾ (으)로 바꾸기
        정답입니다. 을(를) 2 초 동안 말하기
    아니면                                                          ❻
        모양을 고보시무룩 ▾ (으)로 바꾸기
        오답입니다. 을(를) 2 초 동안 말하기
```

❶ [시작하기( )]를 클릭하면 아래에 연결된 블록을 실행합니다.

❷ 고보가 시작 모습을 '고보첫모양'으로 하고, "구구단 문제를 맞춰보세요."라고 2초 동안 말합니다.

❸ 질문할 때 고보가 항상 동일한 표정을 짓도록 '고보첫모양'으로 바꾸기를 적용합니다. 그리고 '단' 변수와 '수' 변수를 1에서 9 사이 난수로 정하고, '정답' 변수를 '단' 곱하기 '수'의 값으로 정하여 질문할 때마다 곱하는 숫자와 정답이 바뀌도록 합니다.

❹ 결합하기 블록을 사용하여, 고보가 "(단값) × (수값) =?"이라고 묻고 대답을 기다리도록 합니다.(예: 2×3=?)

❺ 만약 입력한 '대답'이 '정답'과 같으면 '고보신남'으로 모양을 바꾸고 "정답입니다"를 2초간 말합니다.

❻ 만약 입력한 '대답'과 '정답'이 같지 않으면 '고보시무룩'으로 모양을 바꾸고 "오답입니다"를 2초간 말합니다.

❼ ❸~❻을 계속 반복하여, 고보가 계속해서 곱하기 문제를 내도록 합니다.

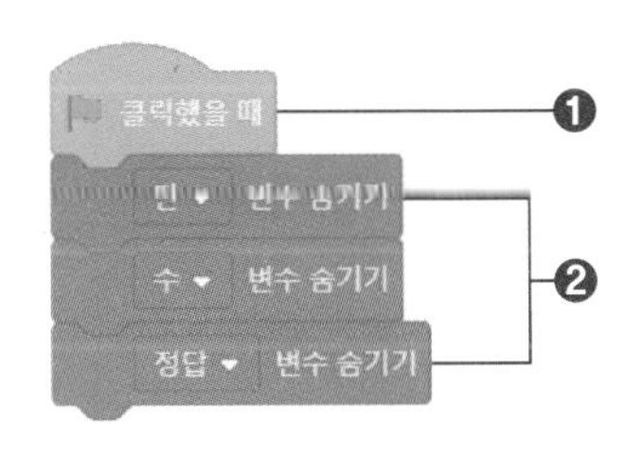

❶ [시작하기( )]를 클릭하면 아래에 연결된 블록을 실행합니다.

❷ '단', '수', '정답' 변수가 실행화면에서 보이지 않도록 합니다.

※ '대답'은 [감지( )] 카테고리의 대답 블록 옆에 있는 체크박스를 체크 해제하여 실행 화면에서 보이지 않도록 합니다(대답).

tip

apple 와(과) banana 결합하기 **결합하기 블록 활용하기**

결합하기 블록을 사용하면 다른 형태의 자료 값을 하나의 문장으로 말할 수 있습니다. 주로 변수의 값과 텍스트를 결합하여 한 문장으로 나타낼 때 이 블록을 사용합니다.

결합하기 명령블록으로 [단×수=?] 만들기

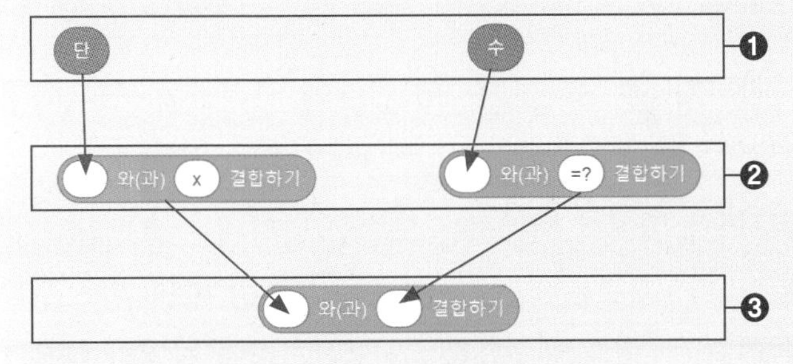

❶ '단'과 '수'를 각각 결합하기 블록에 끼워넣습니다.
❷ 나머지 빈칸에는 ×와 =?를 직접 입력하여 넣습니다.
❸ 비어있는 결합하기 블록을 하나 더 가져와 ❷에서 만든 블록을 빈칸에 끼워넣습니다.

09

★ 학습 개념 순차, 반복, 선택, 난수

★ 성취 기준 2.2.3. 반복되는 명령을 블록으로 만들 수 있다.

: 물방울 스프라이트

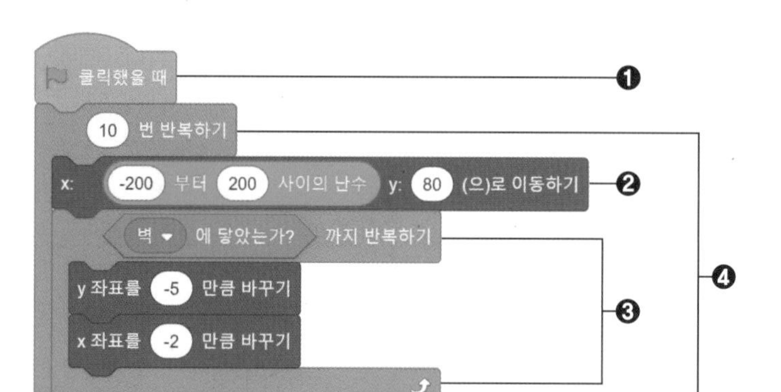

❶ [시작하기(🏴)]를 클릭하면 아래에 연결된 블록을 실행합니다.

❷ 물방울이 x좌표 −200부터 200 사이의 난수, y좌표 80의 위치로 이동합니다.

❸ 물방울이 바닥(벽)에 닿을 때까지 사선으로 내리도록 y좌표를 −5, x좌표를 −2만큼 바꾸도록 합니다.

❹ ❷~❸을 10번 반복하여, 물방울이 화면 위쪽의 무작위 위치에서 사선으로 10번 떨어집니다.

: 개구리 스프라이트

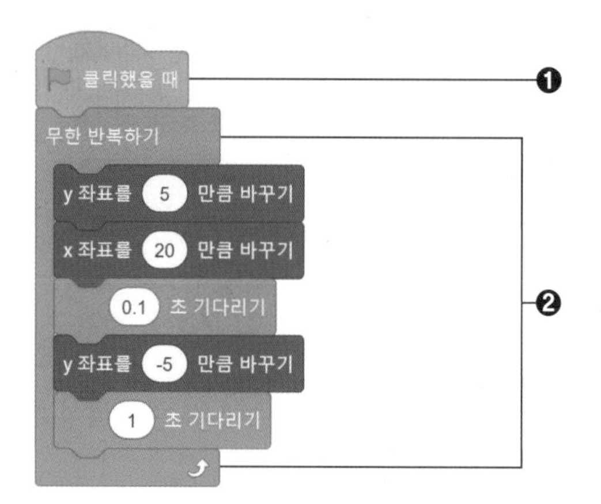

❶ [시작하기(🏴)]를 클릭하면 아래에 연결된 블록을 실행합니다.

❷ 개구리가 뛰어서 이동하는 모습을 나타내는 코드입니다. 개구리가 y좌표를 5만큼, x좌표를 20만큼 바꿔 앞으로 살짝 뛰고 0.1초 뒤에 y좌표를 −5만큼 바꿔 착지한 다음 1초간 기다렸다 다시 반복하는 동작을 계속 반복하도록 합니다.

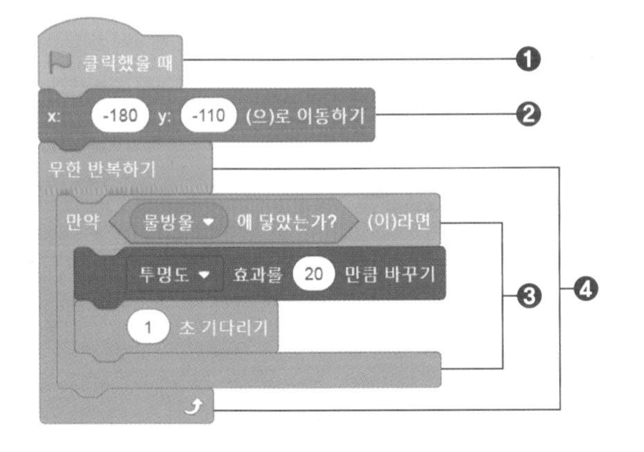

❶ [시작하기( )]를 클릭하면 아래에 연결된 블록을 실행합니다.

❷ 시작 시 개구리가 x좌표 −180, y좌표 −110에 위치합니다.

❸ 개구리가 물방울에 닿으면, 투명도 효과를 20만큼 바꾸도록 합니다. 1초 기다리도록 하여 물방울에 닿는 동안 투명도 효과를 중복으로 적용하지 않도록 합니다(1초 기다리기를 적용하지 않으면 물방울에 닿은 개구리가 순식간에 사라져버림).

❹ ❸을 계속 반복하여 개구리가 물방울에 닿을 때마다 조금씩 투명해지도록 합니다.

tip

그래픽 효과 블록 이해하기

스프라이트에 다양한 그래픽 효과를 적용하는 블록으로, 그래픽 효과에는 색깔, 어안 렌즈, 소용돌이, 픽셀화, 모자이크, 밝기, 투명도 등 7가지가 있습니다.

색깔 ▾ 효과를 25 만큼 바꾸기	바꾸기 블록은 현재 값에서 입력한 수만큼 더하여 그래픽 효과를 스프라이트에 적용합니다.
색깔 ▾ 효과를 0 (으)로 정하기	정하기 블록은 어느 값을 지니고 있든 상관없이 입력하여 정한 값을 바로 적용합니다.
그래픽 효과 지우기	효과가 적용되기 전 상태인 스프라이트의 원래 모습으로 되돌립니다.

그래픽 효과의 종류

[색깔 효과]
0~200을 주기로 색이 바뀜

[어안 렌즈 효과]
물고기 눈으로 본 것처럼 그림이 볼록하게 됨

[소용돌이 효과]
그림이 회오리처럼 변형됨

[픽셀화 효과]
그림이 점으로 하나하나 찍어 그린 것처럼 나타남

[모자이크 효과]
그림이 여러 개로 나타남

[밝기 효과]
점점 밝아져 마지막에는 하얗게 됨. 아무리 밝아져도 뒤에 있는 그림이 비춰 보이지는 않음

[투명도 효과]
점점 투명해지다가 마지막에는 완전히 투명해짐. 투명해질 때마다 뒤에 있는 그림이 더 많이 비침

문제 **10** **코딩 풀이**

정답 파일 PART07₩기출유형문제 4회(정답)

★ 학습 개념 순차, 반복, 선택, 무대, 모양

★ 성취 기준 2.2.9. 장면연결 등을 통해 두 개 이상의 장면을 구성할 수 있다.

동영상 강의

 : 고양이 스프라이트

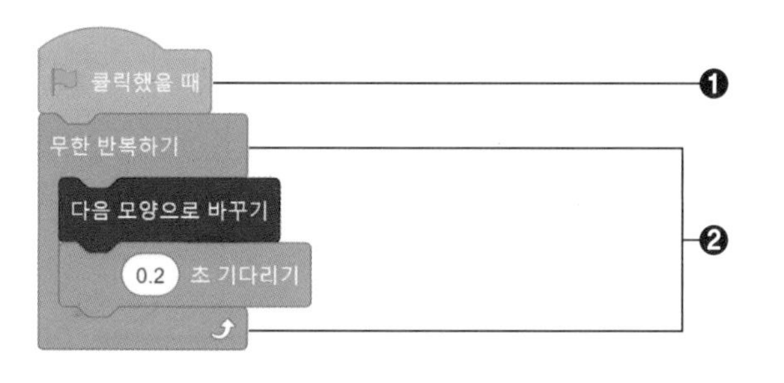

❶ [시작하기( )]를 클릭하면 아래에 연결된 블록을 실행합니다.

❷ 0.2초 간격으로 다음 모양으로 바꾸기를 무한 반복하여, 고양이가 뛰는 모습을 표현합니다.

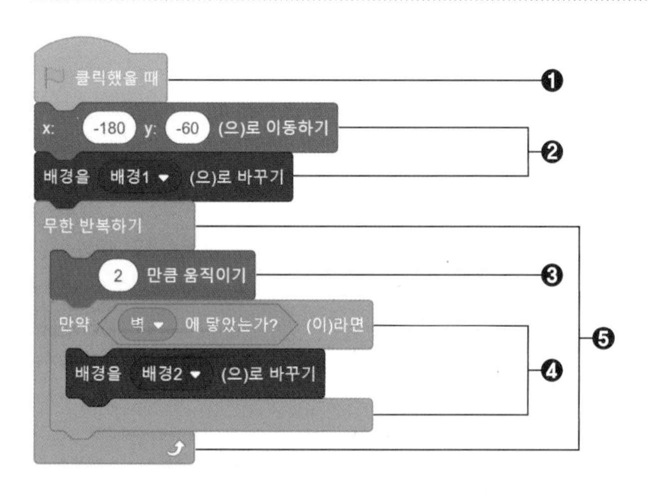

❶ [시작하기( )]를 클릭하면 아래에 연결된 블록을 실행합니다.

❷ 시작 시 고양이가 x좌표 −180, y좌표 −60에 위치하고, 무대의 배경을 '배경1'로 바꿉니다.

❸ 고양이가 기본 방향으로 설정된 오른쪽으로 2만큼 움직입니다.

❹ 벽에 닿으면 무대의 배경을 '배경2'로 바꿉니다.

❺ ❸~❹를 계속 반복하여, 고양이가 앞으로 움직이다 화면 끝(벽)에 닿으면 '배경2'로 넘어가게 합니다.

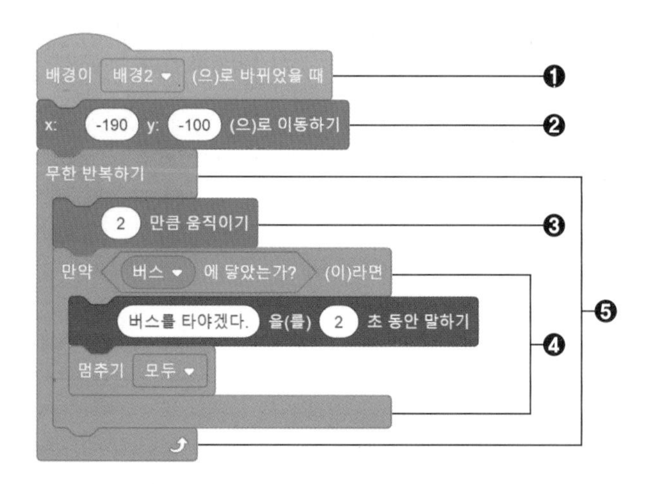

❶ 배경이 '배경2'로 바뀌었을 때, 아래에 연결된 블록을 실행합니다.

❷ 배경이 바뀌면 고양이가 x좌표 −190, y좌표 −100에 위치합니다.

❸ 고양이가 2만큼씩 움직입니다.

❹ 만약 버스에 닿으면 "버스를 타야겠다."라고 2초 동안 말하고 '모두' 멈추기를 하여 모든 코드의 실행을 멈추게 합니다(고양이가 더 이상 뛰지 않음).

❺ '모두' 멈추기로 모든 코드가 멈추기 전까지 ❸~❹를 계속 반복합니다.

: 버스 스프라이트

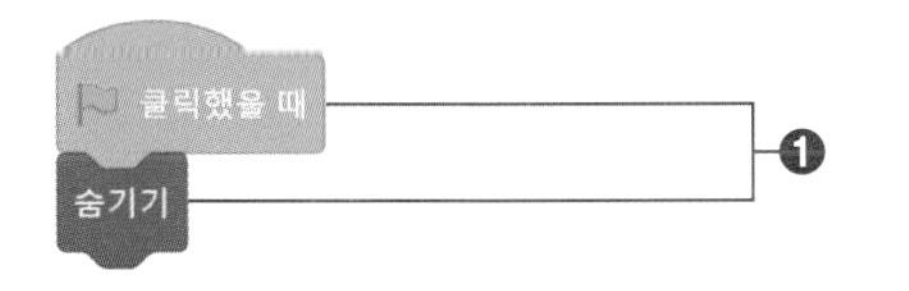

❶ [시작하기( )]를 클릭하면, 첫 장면은 버스정류장이 아니므로 버스가 보이지 않도록 합니다.

❶ 배경이 버스정류장이 되면 이제는 버스가 보이도록 합니다.

tip

배경 바뀌는 프로젝트 만들기

무대의 배경이 전환되도록 하려면 필요한 무대 배경이 2개는 있어야 합니다. [첫 장면]에서 고양이가 걸어가다 벽에 닿으면 무대의 배경이 바뀌게 됩니다. 배경이 [장면2]인 버스정류장으로 바뀌면 첫 장면에서는 보이지 않던 버스 스프라이트가 나타나고 고양이가 버스에 타게 됩니다. 이는 버스를 [첫 장면]에서는 숨기고 [장면2]에서는 모습이 보이도록 코딩했기 때문입니다.
이처럼 구성 요소들이 보이거나 보이지 않게 하고, 처음 나타나는 위치를 설정하는 식으로 무대 배경마다 다른 실행을 하게 하면 여러 장면을 보여주는 재미있는 작품을 만들 수 있습니다.

[첫 장면]

[장면 2]

Chapter

5 : 최신 기출 유형 문제 5회 풀이

문제 01 문제 풀이

★ 학습 개념 절차적 문제 해결의 의미와 중요성, 자료수집

★ 성취 기준 1.1.2. 창의 · 융합시대에서 컴퓨팅 사고가 무엇인지 설명할 수 있다.

풀이

정답 ① (나), ② (다)

해설 '(나) 1~2초 기다린다' 내용은 〈관련 뉴스 내용〉과 〈귀 체온계 사용설명서〉에서 모두 강조하고 있습니다. 그러나 '(다) 측정완료 신호음을 듣고 뺀다'라는 내용은 〈귀 체온계 사용설명서〉에만 언급하고 있습니다.

귀 체온계는 소프트웨어가 들어있는 간단한 도구이지만, 이 간단한 귀 체온계에서도 소프트웨어의 원리와 절차적 사용의 중요성을 발견해 볼 수 있습니다.

문제 02 문제 풀이

★ 학습 개념 문제 표현, 추상화

★ 성취 기준 1.2.1. 상황 속에서 문제를 정확하게 표현할 수 있다.

풀이

정답 ① 3, ② (다)

해설 지훈이가 가지고 있는 카드들 중 대다수의 카드들은 국가 이름이 적힌 카드입니다. 그러므로 국가 이름이 적힌 카드가 아닌 카드들을 친구에게 넘겨준다면, '서울, 뉴욕, 북경' 세 개의 카드가 될 것입니다.

또한 세 개의 카드를 넘겨주고 나서 가지고 있는 대부분의 카드들의 특징을 한마디로 정의 한다면, 국가 이름이므로 (다)번이 답이 됩니다. 덜 중요 한 것을 제외하고 꼭 필요한 것만 남겨서 그것의 특징을 찾는 추상화 개념을 연습할 수 있는 내용입니다.

문제 03

문제 풀이

★ 학습 개념 문제 해결 방법 단순화, 절차적 실행
★ 성취 기준 1.2.2. 다양한 문제 해결 방법을 찾아낼 수 있다.

풀이

정답 ① (마), ② (자)

해설 단순히 생각하면 '앞자리 친구들 나가기', '성국 나가기', '나갔던 자리 친구들 들어오기' 과정만 실행하면 원하는 결과를 얻을 수 있습니다. 여러 단계라 복잡해 보이더라도 문제의 해결 방법을 단순화하면 쉽게 해결할 수 있습니다. 터널이라 나갈 수 있는 방향으로 한 명씩만 나가거나 들어와야 합니다. 성국이 위쪽으로 나간다고 했으므로, 위쪽 방향으로 앞에 앉은 친구들이 순서대로 나가야 합니다. 그러므로 (가) → (나) → (다) 과정은 맞습니다. 그리고 성국이 나가므로 (라) 단계도 맞습니다. 그런데 (마) 단계가 실행된다면 나갈 필요가 없는 지우까지 나간 것이 되므로 (마) 단계는 필요 없으므로 삭제합니다. 또한 (자) 단계를 실행하면 나가서 돌아오지 않기로 한 성국이 돌아온 것이 되므로 (자) 단계도 삭제합니다. 단계가 너무 많거나 복잡해 보이면 단순화할 수 있는 개념들로 묶어서 살펴보면서 쉽게 해결하도록 합니다.

[올바른 절차]

– 앞자리 친구들 나가기 (가) → (나) → (다)
– 성국 나가기 (라)
– 나갔던 앞자리 친구들 돌아오기 (아) → (사) → (바)

문제 04

문제 풀이

★ 학습 개념 알고리즘 개념과 중요성, 순서도 작성
★ 성취 기준 1.3.1. 실생활의 사례와 연계하여 알고리즘이 무엇인지 그 의미와 중요성을 알 수 있다.

풀이

정답 ① (다), ② (마)

해설 사람의 눈을 카메라에 가까이하여 인식시키면, 홍채인식시스템은 그 중에서 홍채 부분 이미지만 골라내어 그 패턴을 분석합니다. 그리고 그 이미지를 코드화하여, 기존에 시스템에 가지고 있던 홍채 정보들과 비교합니다. 기존에 등록된 정보들 중 출입 허용 목록에 새로 분석해낸 홍채 정보와 같은 것이 있다면 출입을 허용합니다.

우리 생활 속 새로운 기술들에도 소프트웨어의 알고리즘은 중요하게 사용되고 있습니다. 알고리즘을 살펴보고 개선하여 더 편리한 발명품도 만들 수 있도록 시도해 봅시다.

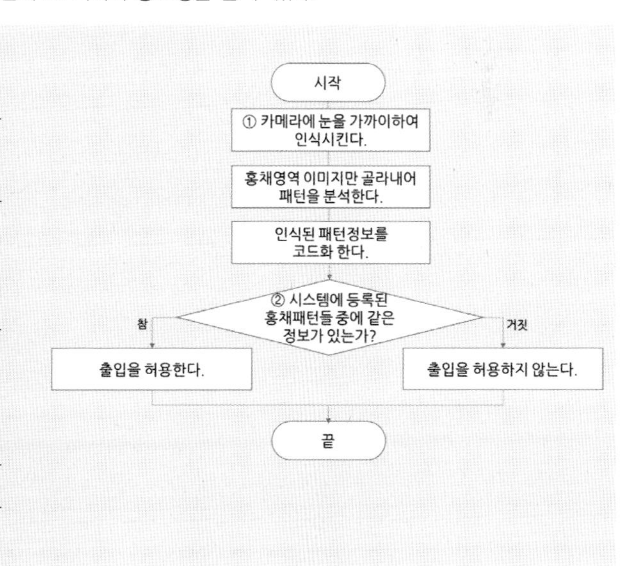

문제 → **문제 풀이**

05

★ 학습 개념 알고리즘

★ 성취 기준 1.3.2 알고리즘이 갖추어야 할 조건을 이해하고 다양한 알고리즘을 작성할 수 있다.

풀이

정답 ① (가) 탑승자 키가 140cm 이상인가?, ② (바) 다른 놀이기구를 타러 간다.

해설 이 알고리즘은 친구와 놀이동산에서 만나서 놀이기구를 선택하여 타는 과정을 나타낸 것입니다. 순서도에서 같이 고른 놀이기구가 탈 수 있는 조건인 탑승자 키 140cm 이상인지 확인하고, 조건이 참이면 놀이기구를 타고, 거짓이면 다른 놀이기구를 타러 가도록 합니다.

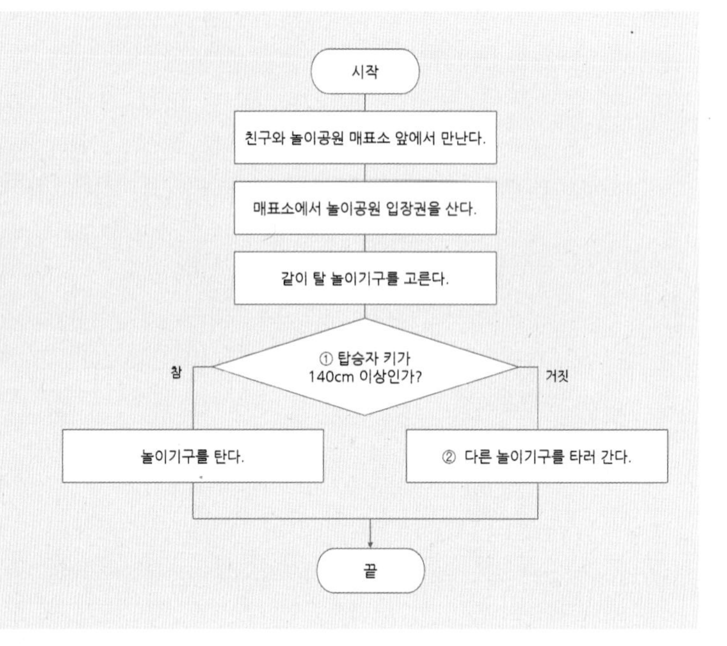

문제 06 코딩 풀이

정답 파일 PART07₩기출유형문제 5회(정답)

★ 학습 개념 순차, 반복, 선택, 모양, 소리

★ 성취 기준 2.1.3. 반복되는 명령을 블록으로 만들 수 있다

 : 기사 스프라이트

```
클릭했을 때                                   ❶
x: -200 y: -100 (으)로 이동하기                ❷
무한 반복하기                                  ❼
  3 번 반복하기                                ❸
    모양을 기사달려1 ▾ (으)로 바꾸기
    y 좌표를 10 만큼 바꾸기
    0.1 초 기다리기
    모양을 기사달려2 ▾ (으)로 바꾸기
    x 좌표를 10 만큼 바꾸기
    y 좌표를 -10 만큼 바꾸기
    0.1 초 기다리기
  모양을 기사공격 ▾ (으)로 바꾸기              ❹
  laser1 ▾ 재생하기                            ❺
  2 초 기다리기                                ❻
```

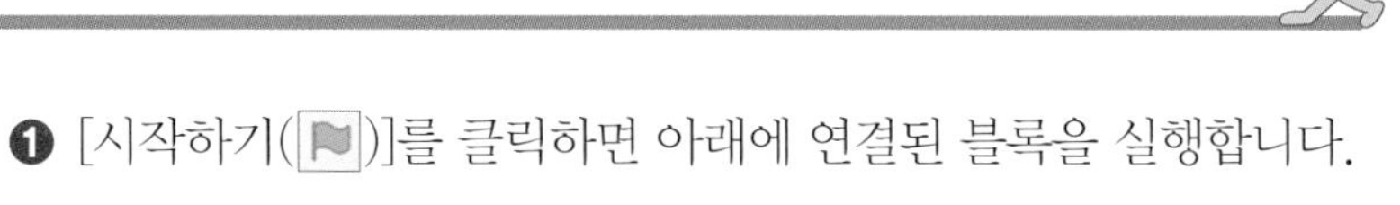

❶ [시작하기(⚑)]를 클릭하면 아래에 연결된 블록을 실행합니다.

❷ 시작 시 기사의 위치를 x좌표 −200, y좌표 −100의 위치로 정합니다.

❸ 기사가 몇 발짝 뛰어가는 모습을 표현한 코드입니다. 모양을 '기사달려1'과 '기사달려2'로 바꾸기를 0.1초 간격으로 3번 반복하면서, y좌표와 x좌표도 변화를 주어 기사가 율동감 있게 뛰어가는 모습이 되었습니다.

❹ 뛰나가 뛰쳐서 용을 향해 칼을 드는 모습을 하기 위해, 모양을 '기사공격'으로 바꿉니다.

❺ 칼을 빼들 때 효과음으로 'laser1'을 재생합니다.

❻ 칼을 빼든 상태를 잠시 유지하도록 2초를 기다립니다.

❼ ❸~❻을 계속 반복하여 기사가 앞으로 달려가며 용을 공격하는 동작을 반복합니다.

: 용 스프라이트

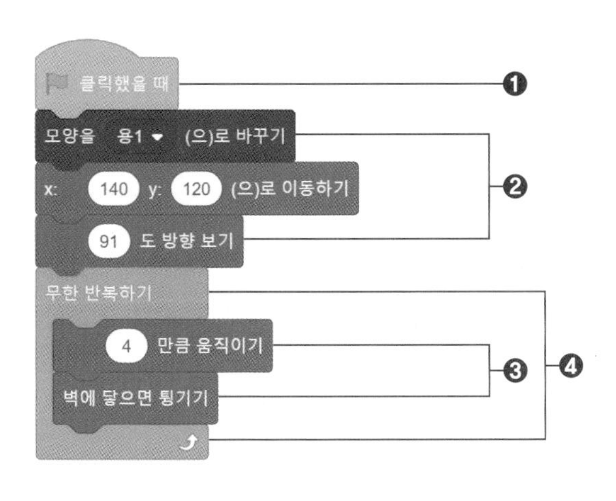

❶ [시작하기(⚑)]를 클릭하면 아래에 연결된 블록을 실행합니다.

❷ 시작 시 용은 모양을 '용1'로 바꾸고, x좌표는 140, y좌표는 120에 위치합니다. 또한 약간 사선 방향으로 움직이도록 바라보는 방향을 91°로 설정합니다.

❸ 4만큼 움직이고 벽에 닿으면 튕깁니다.

❹ ❸을 계속 반복하여, 용이 계속 움직이다가 벽에 닿으면 튕겨서 움직이도록 합니다.

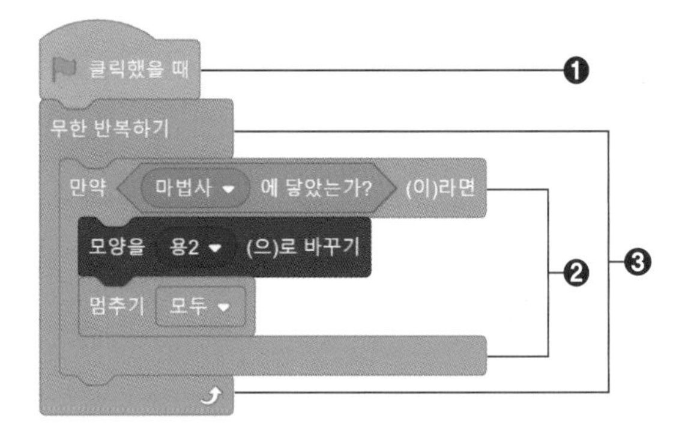

❶ [시작하기( )]를 클릭하면 아래에 연결된 블록을 실행합니다.

❷ 용이 마법사에 닿으면 모양을 '용2'로 바꾸고, '모두' 멈추기 합니다. 즉, 용이 마법사에 닿으면 모든 실행이 종료됩니다.

❸ ❷를 계속 반복하여, ❷의 조건이 계속 지속되도록 합니다.

tip

[소리] 탭에서 'laser1'을 가져오는 방법

소리를 추가해 사용하면 작품이 훨씬 재미있고 생동감 있게 표현됩니다. 익혀두고 잘 활용해 봅시다.

① 소리가 필요한 스프라이트를 선택합니다. 이 문제에서는 '기사' 스프라이트를 선택해 소리를 추가합니다.

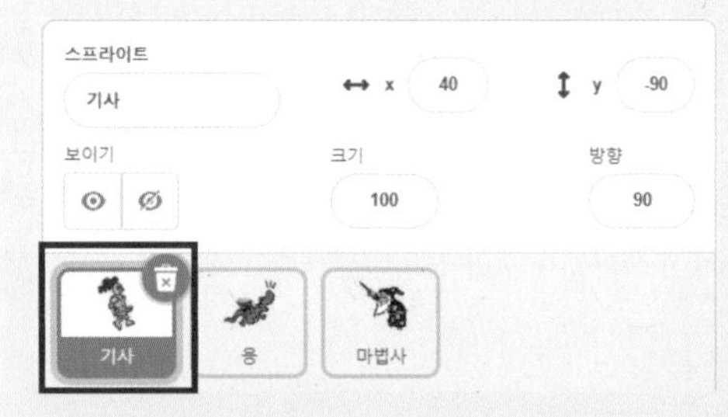

② [소리] 탭을 클릭한 후 에서, [소리 고르기( )]를 클릭하여 소리 고르기 창을 엽니다.
③ 소리 고르기 창에서 'laser1'을 찾아서 클릭합니다.

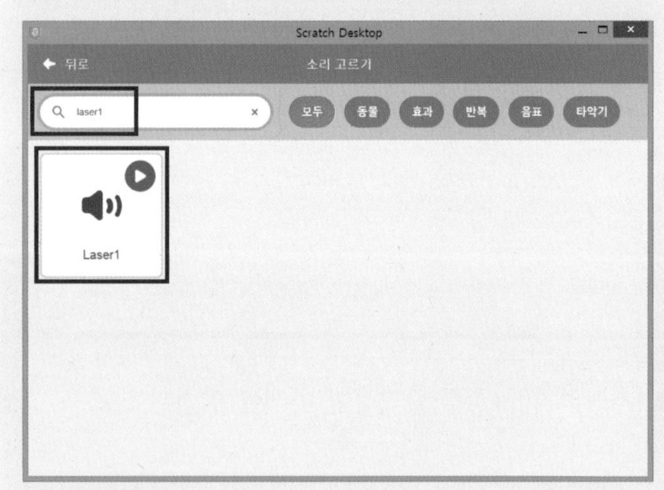

④ 소리 목록에 소리가 새롭게 추가된 것을 확인할 수 있습니다.

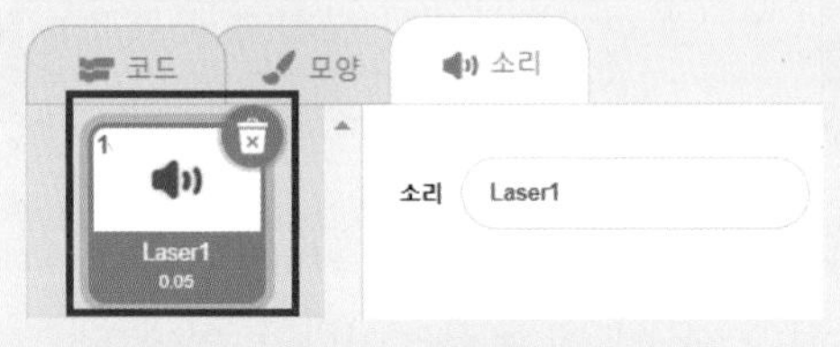

⑤ 재생하기 관련된 블록들을 사용하여 소리를 재생하도록 명령합니다.

정답 파일 PART07₩기출유형문제 5회(정답)

07

★ 학습 개념 순차, 반복, 선택

★ 성취 기준 2.2.3. 반복되는 명령을 블록으로 만들 수 있다.

: 물고기 스프라이트

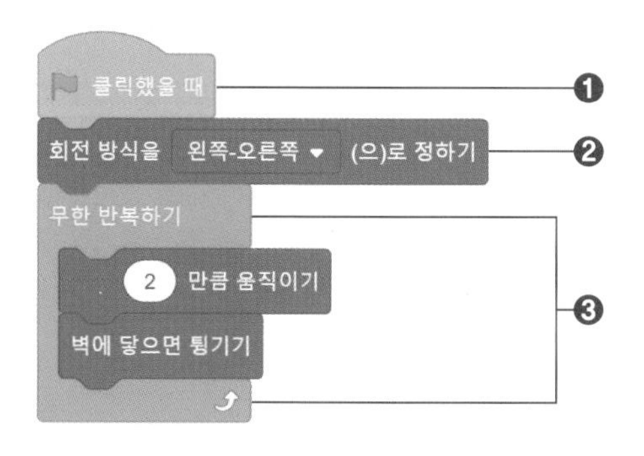

❶ [시작하기( )]를 클릭하면 아래에 연결된 블록을 실행합니다.

❷ 물고기의 회전방식을 '왼쪽–오른쪽'으로 설정합니다.

❸ 2만큼 움직이고 벽에 닿으면 튕기기를 계속 반복하여 실행합니다.

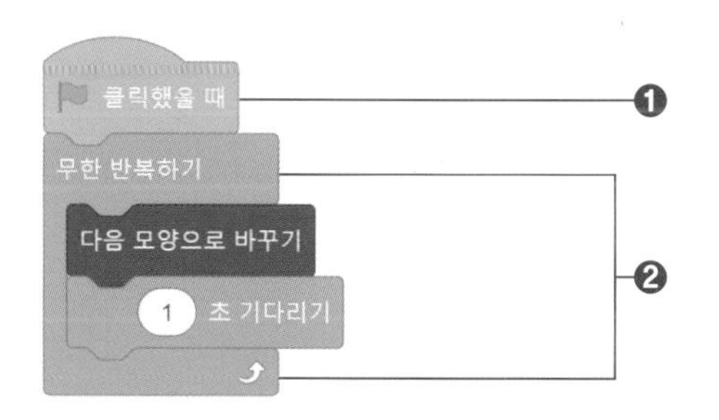

❶ [시작하기( )]를 클릭하면 아래에 연결된 블록을 실행합니다.

❷ 물고기가 1초마다 다음 모양으로 바꾸기를 계속 반복합니다.

: 문어 스프라이트

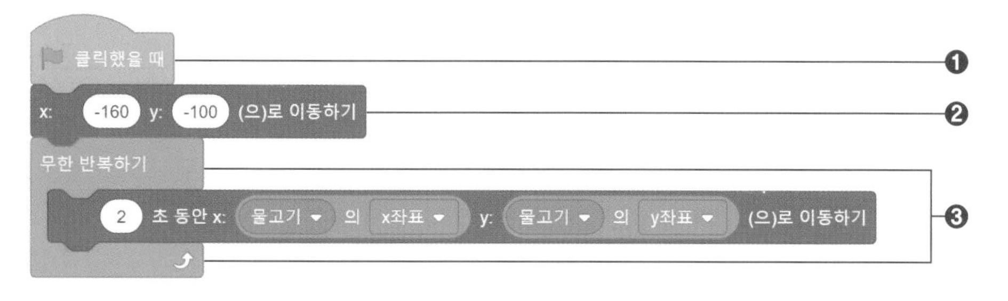

❶ [시작하기( )]를 클릭하면 아래에 연결된 블록을 실행합니다.

❷ 시작 시 문어 스프라이트는 x좌표 −160, y좌표 −100에 위치합니다.

❸ 2초 동안 물고기의 위치로 이동하기를 계속하여 반복합니다. 이처럼 다른 스프라이트의 값을 가져와 사용할 수 있습니다. 여기서는 물고기 스프라이트에서 x좌표와 y좌표 값을 가져와 사용했습니다.

정답 파일 PARTO7₩기출유형문제 5회(정답)

★ 학습 개념 순차, 반복, 선택, 논리 연산, 관계 연산, 이벤트, 타이머

★ 성취 기준 2.2.5. 이벤트의 개념을 이용하여 프로그래밍 할 수 있다.

: 무당벌레 스프라이트

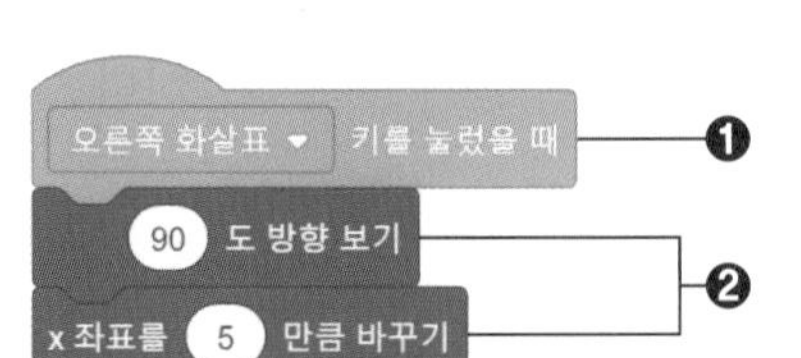

❶ 오른쪽 화살표 키를 눌렀을 때, 아래 연결된 블록을 실행합니다.

❷ 무당벌레 스프라이트가 90° 방향(오른쪽)을 보게 합니다. 그리고 x좌표를 5만큼 바꿉니다.

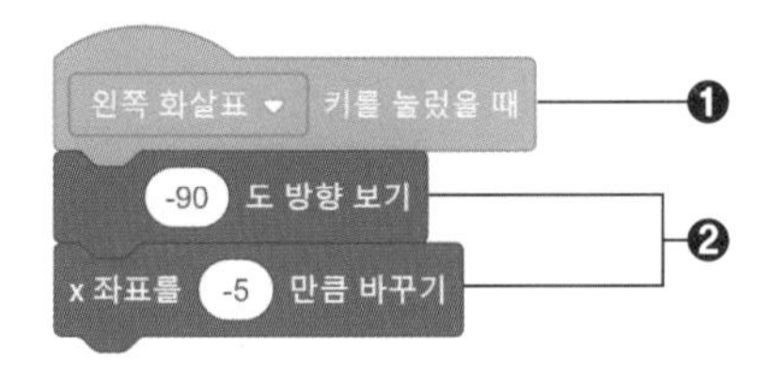

❶ 왼쪽 화살표 키를 눌렀을 때, 아래 연결된 블록을 실행합니다.

❷ 무당벌레 스프라이트가 −90° 방향(왼쪽)을 보게 합니다. 그리고 x좌표를 −5만큼 바꿉니다.

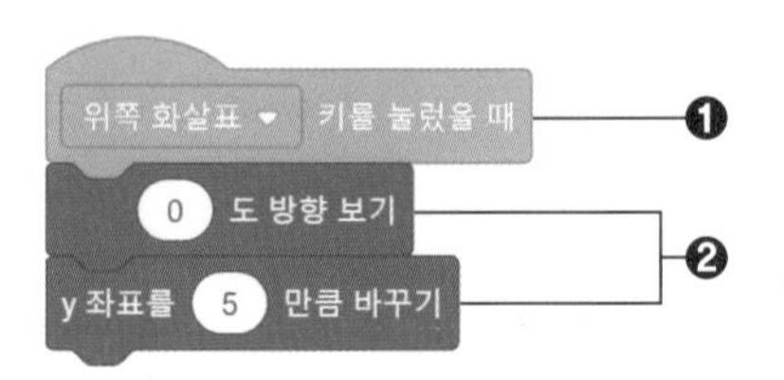

❶ 위쪽 화살표 키를 눌렀을 때, 아래 연결된 블록을 실행합니다.

❷ 무당벌레 스프라이트가 0° 방향(위쪽)을 보게 합니다. 그리고 y좌표를 5만큼 바꿉니다.

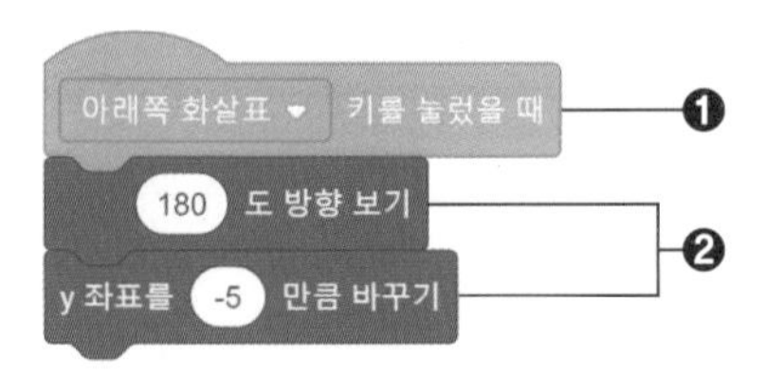

❶ 아래쪽 화살표 키를 눌렀을 때, 아래 연결된 블록을 실행합니다.

❷ 무당벌레 스프라이트가 180° 방향(아래쪽)을 보게 합니다. 그리고 y좌표를 −5만큼 바꿉니다.

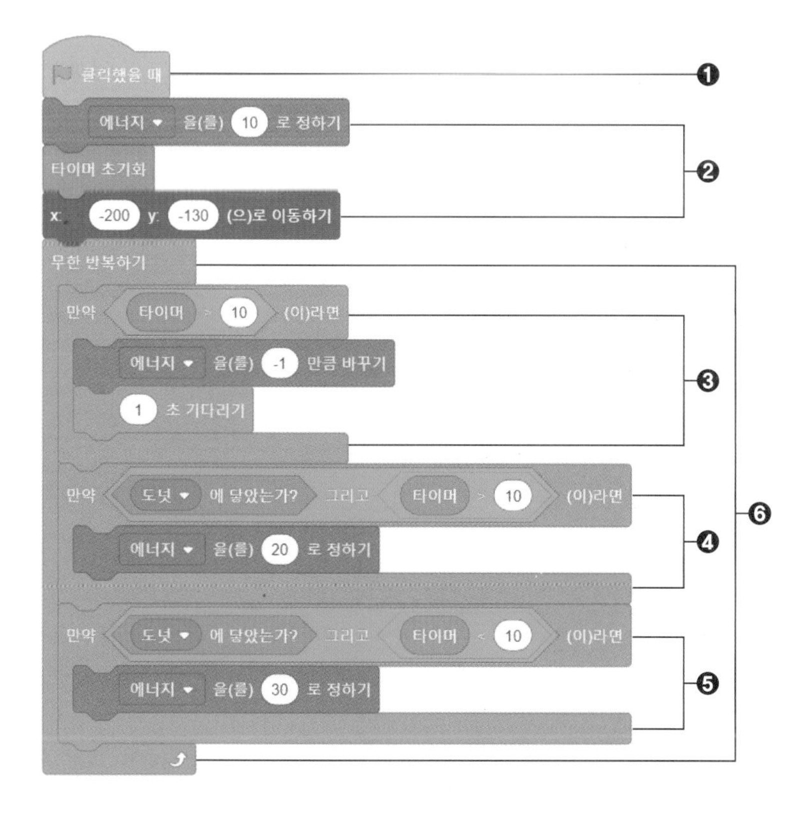

❶ [시작하기(⚑)]를 클릭하면 아래에 연결된 블록을 실행합니다.

❷ 시작 시 '에너지'변수를 10으로 정하고, 타이머를 초기화 합니다. 타이머 초기화는 타이머를 0부터 다시 시작해 작동시키겠다는 의미입니다. 그리고 무당벌레를 화면의 x좌표 −200, y좌표 −130에 위치하게 합니다.

❸ 타이머가 작동하면 시간에 따라 숫자가 커지게 됩니다. 만일, 타이머가 10을 넘으면 '에너지' 변수 값을 −1만큼 바꾸도록 합니다. 1초를 기다리도록 하여 1초마다 점수가 감점되도록 합니다(1초 기다리기를 적용하지 않으면 순식간에 많은 점수가 감점됨).

❹ 만약 도넛까지 가는데 걸린 시간이 10초를 넘었다면, '에너지' 변수를 20으로 정합니다.

❺ 만약 도넛까지 가는데 걸린 시간이 10초 미만이라면, '에너지' 변수를 30으로 정합니다.

❻ ❸~❺를 계속 반복합니다.

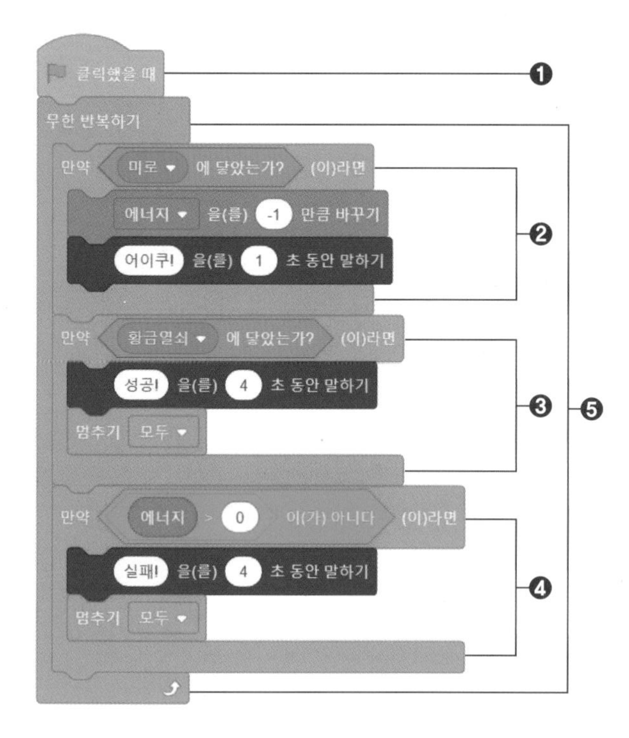

❶ [시작하기(⚑)]를 클릭하면 아래에 연결된 블록을 실행합니다.

❷ 만약 무당벌레가 미로에 닿으면, '에너지' 변수값을 −1만큼 바꾸고 "어이쿠"라고 1초 동안 말합니다(1초 동안 말하기는 1초 동안 기다리기와 같은 효과를 주어 순식간에 많은 점수가 떨어지는 것을 방지함).

❸ 만약 황금열쇠에 닿으면, "성공!"이라고 4초 동안 말한 후 '모두' 멈추도록 하여 프로그램을 종료합니다.

❹ 만약 에너지가 0 미만이라면(즉, 모든 에너지를 소진했다면), "실패!"라고 4초 동안 말합니다. 그 후 '모두' 멈추기를 하여 프로그램을 종료합니다.

❺ ❷~❹를 계속 반복하여 조건 상황을 확인해 참인 경우 해당 명령을 실행합니다.

tip

논리 연산 기능 알아보기

논리 연산의 '그리고'와 '또는' 기능을 아래의 표로 비교해봅니다.

블록	설명
그리고 그리고	두 판단이 모두 참인 경우 '참'으로 판단합니다.
또는 또는	두 판단 중 하나라도 참인 경우 '참'으로 판단합니다.

도넛 에 닿았는가? 그리고 타이머 > 10 블록 이해하기

논리 연산 중 '그리고'는 두 판단이 모두 참인 경우 참으로 판단합니다. 따라서 〈도넛에 닿았는가?〉의 판단과 〈타이머 값이 10보다 큰 경우〉의 판단이 모두 참인 경우에만 '참'으로 판단하여 명령을 실행합니다.

문제 09 코딩 풀이

정답 파일 PART07₩기출유형문제 5회(정답)

★ 학습 개념 순차, 반복, 선택, 관계 연산, 변수, 난수

★ 성취 기준 2.2.0. 변수를 활용하여 프로그래밍 할 수 있다.

: 조개 스프라이트

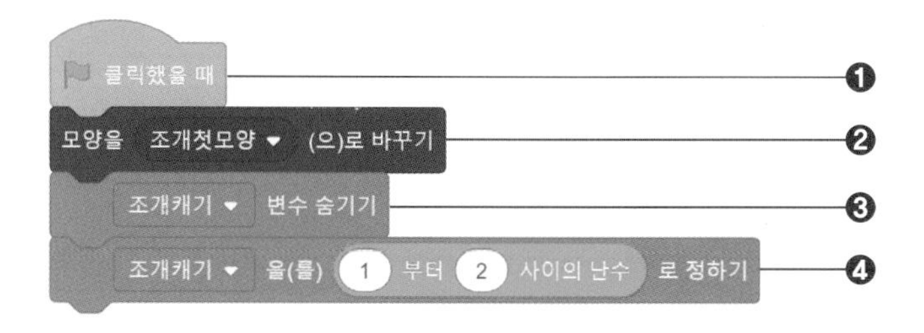

❶ [시작하기( )]를 클릭하면 아래에 연결된 블록을 실행합니다.

❷ 시작 시 조개의 모양을 '조개첫모양'으로 정합니다.

❸ '조개캐기' 변수를 숨겨 실행 화면에서 보이지 않도록 합니다.

❹ '조개캐기' 변수를 1부터 2 사이의 난수로 정하여, 새로 시작할 때마다 1이나 2 중 임의의 수로 정하게 합니다.

❶ 조개 스프라이트를 클릭했을 때 아래에 연결된 블록을 실행합니다.

❷ 만약 '조개캐기' 변수가 1이라면, 조개 모양을 '조개꽉참'으로 바꾸고, "싱싱한 조개다!"라고 2초동안 말합니다.

❸ 만약 '조개캐기' 변수가 1이 아니라면(2라면), 조개 모양을 '조개텅빔'으로 바꾸고, "에이~ 껍데기네!"를 2초 동안 말합니다.

문제 10 코딩 풀이

정답 파일 PARTO7₩기출유형문제 5회(정답)

★ 학습 개념 순차, 반복, 선택

★ 성취 기준 2.2.4. 다양한 조건을 고려하여 다른 동작을 하는 프로그램을 만들어 볼 수 있다.

 : 원숭이 스프라이트

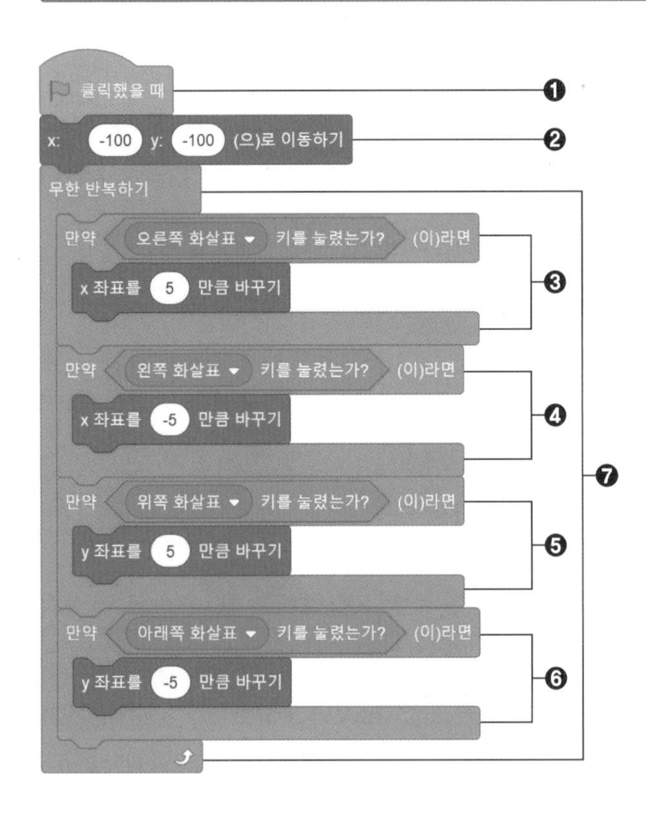

❶ [시작하기( )]를 클릭하면 아래에 연결된 블록을 실행합니다.

❷ 시작 시 원숭이가 x좌표 −100, y좌표 −100에 위치하게 합니다.

❸ 오른쪽 화살표 키를 누르면, x좌표를 5만큼 바꿔 오른쪽으로 이동하게 합니다.

❹ 왼쪽 화살표 키를 누르면, x좌표를 −5만큼 바꿔 왼쪽으로 이동하게 합니다.

❺ 위쪽 화살표 키를 누르면, y좌표를 5만큼 바꿔 위쪽으로 움직이게 합니다.

❻ 아래쪽 화살표 키를 누르면, y좌표를 −5만큼 바꿔 아래쪽으로 이동하게 합니다.

❼ ❸~❻의 조건을 계속 확인하여, 조건인 참인 겨우 해당 명령을 실행합니다.

: 타코 스프라이트

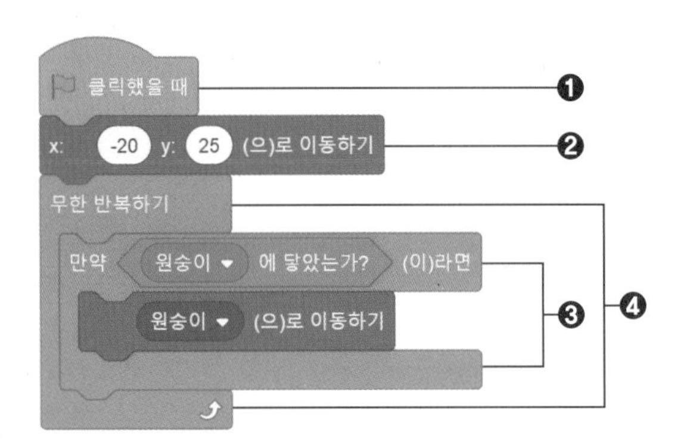

❶ [시작하기( )]를 클릭하면 아래에 연결된 블록을 실행합니다.

❷ 시작 시 타코의 위치를 x좌표 −20, y좌표 25로 정합니다.

❸ 타코가 원숭이에 닿으면 원숭이 위치로 이동하게 합니다. 원숭이가 타코를 손에 든 모습으로 보이게 됩니다.

❹ 원숭이 스프라이트가 이동하여도 계속 붙어서 따라다니도록 ❸을 계속 반복합니다.

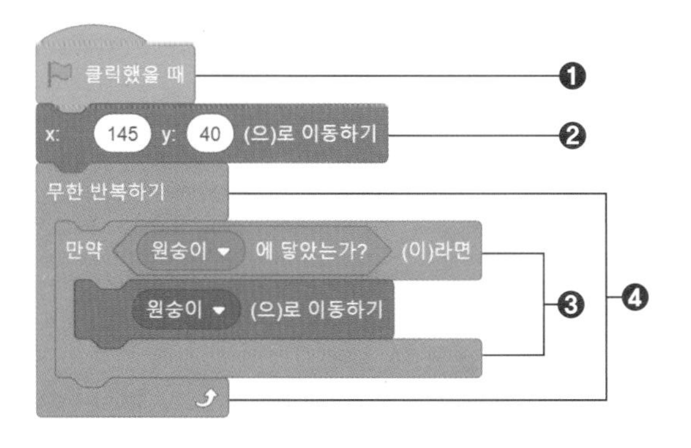

❶ [시작하기( )]를 클릭하면 아래에 연결된 블록을 실행합니다.

❷ 사과 스프라이트가 시작 시 x좌표 145, y좌표 40에 위치하게 합니다.

❸ 원숭이에 닿으면 원숭이 위치로 이동하게 합니다. 원숭이가 사과를 손에 든 모습으로 보이게 됩니다.

❹ 원숭이 스프라이트가 이동하여도 계속 붙어서 따라다니도록 ❸을 계속 반복합니다.

Chapter

6 : 최신 기출 유형 문제 6회 풀이

문제 01 문제 풀이

★ 학습 개념 문제 해결 방법 개선, 절차적 실행

★ 성취 기준 1.1.1. 생활 속에서 소프트웨어가 사용된다는 것을 예를 들어 설명할 수 있다.

풀이

정답 ① 헹굼, ② 15분

해설 가전제품인 세탁기에도 소프트웨어가 들어있습니다. 우리가 조정하는 대로 횟수도 선택할 수 있고, 예약 시간도 설정할 수 있습니다. 그러나 부분적인 조정들은 할 수 있지만, "세탁 → 헹굼 → 탈수"라는 절차적인 과정은 필수적으로 거쳐야 세탁이 완료될 수 있습니다. 그러므로 1회씩인 세탁과 탈수는 제외할 수 없고, 3회로 정해져 있는 헹굼의 횟수를 1회 줄여 2회로 하여 세탁을 마무리할 수 있습니다. 헹굼 시간은 1회당 15분이므로 헹굼 횟수를 1회 줄임으로써 15분의 시간을 단축할 수 있습니다.)

문제 02 문제 풀이

★ 학습 개념 문제 해결 방법 단순화, 패턴 분석

★ 성취 기준 1.2.2. 다양한 문제 해결 방법을 찾아낼 수 있다.

풀이

정답 ① (나), ② (라)

해설 반복되는 작업을 프로그램하여 기계로 실행시키면 매우 편리하고 효율적입니다. 계속 반복해서 공을 상대방에게 쳐줘야 하는 탁구 연습에 공을 자동으로 보내주는 기계는 매우 유용하지요. 계속 반복되는 작업을 살펴보니 다음과 같은 패턴이 있다면 다음 차례에는 어디로 공이 오는지 파악할 수 있을 것입니다.

복잡해 보이는 패턴이지만, 단순화해서 살펴보면 다음 차례의 위치를 알 수 있습니다. 먼저, '왼쪽–오른쪽'을 살펴봅시다. 계속 왼→오→오 패턴이 반복됨을 알 수 있습니다. 그러므로 다음 차례에는 오른쪽으로 공이 올 것입니다. 또한 '위–아래'를 살펴봅시다. 위와 아래가 한 번씩 계속 반복됨을 알 수 있습니다. 다음 차례에는 아래로 공이 올 것입니다. 그러므로 ①번은 '(나)오른쪽', ②번은 '(라)아래'를 고르면 답이 될 것입니다.

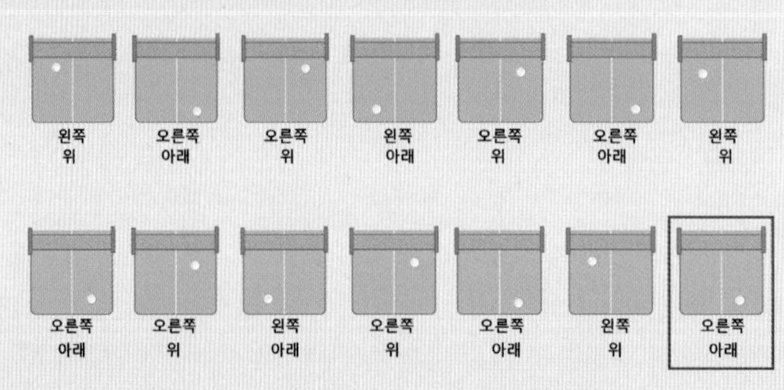

문제 03 문제 풀이

★ 학습 개념 패턴 찾기

★ 성취 기준 1.2.1. 상황 속에서 문제를 정확하게 표현할 수 있다.

풀이

정답 ① 14201, ② 02250

해설 월에 해당하는 두 자리 숫자의 두 배의 수를 암호의 숫자로 사용합니다. 날짜에 해당하는 숫자는 변형하지 않습니다. 맨 끝에 붙은 한 자리 숫자 0 혹은 1은 0이면 1로 바꾸고 1이면 0으로 바꿉니다. 이와 같은 규칙에 의해, 기록202007200 파일은 월에 해당하는 날짜인 07에 곱하기 2를 하여 14가 되고, 날짜인 20은 그대로 쓰고, 0은 1로 바꿔 줍니다. 즉, 암호는 14201이 됩니다. 기록202101251 파일의 암호는 01의 두 배수인 02를 쓰고, 날짜에 해당하는 수인 25는 그대로 쓰고, 뒤의 1은 0으로 바꿔 주면 0이 되어 02250이 됩니다.

문제 04 문제 풀이

★ 학습 개념 알고리즘

★ 성취 기준 1.3.3. 일상생활의 문제 해결을 위해 알고리즘을 설계할 수 있다.

풀이

정답 ① (바), ② (나)

해설 풍선 터뜨리기 게임에서 점수를 증가시키는 알고리즘에 대한 순서도입니다. 첫 번째 조건 판단에서 마우스로 클릭했고 그 클릭한 위치가 풍선을 클릭한 위치인지 판단하여 그 결과에 따라 다른 명령을 실행하도록 합니다. 만약 판단 결과가 참이라면 점수를 1씩 증가하도록 하고 풍선도 터진 모양으로 잠시 0.2초 볼 수 있도록 한 후 사라지게 합니다. 거짓이라면 1초 기다린 후 풍선이 안보이도록 화면에서 사라지게 합니다. 두 번째 조건 판단 순서도 기호에서 '점수가 10점인가?' 판단합니다. 참인 경우라면 '미션성공'이라 하고 끝나게 됩니다. 거짓인 경우에는 다시 풍선이 무작위 좌표 위치에 나타나고 득점을 할 수 있는 일련의 과정을 실행하게 됩니다. 즉, 조건 선택 알고리즘을 사용해 '★게임내용'이라고 표시된 게임 중 실행할 명령을 10점이 될 때까지 반복할 수 있습니다.

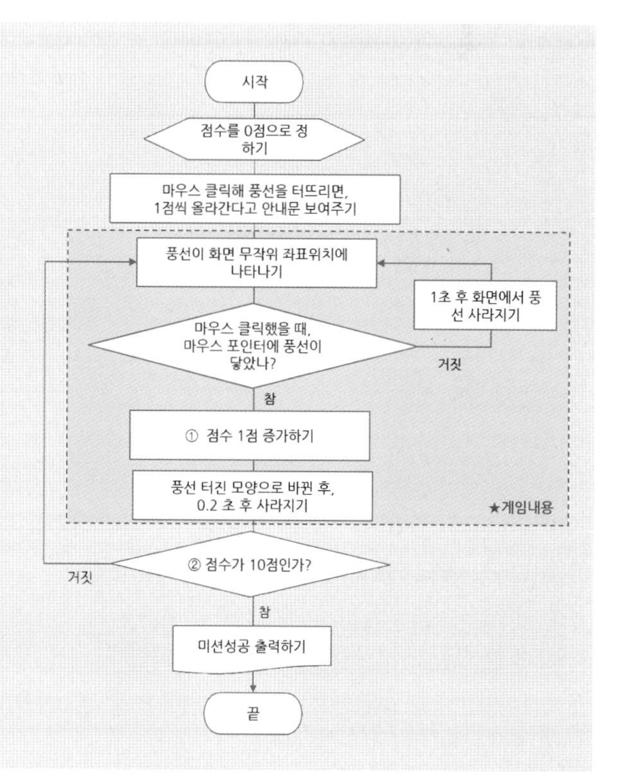

문제 05

문제 풀이

★ 학습 개념 알고리즘

★ 성취 기준 1.3.3. 일상생활의 문제 해결을 위해 알고리즘을 설계할 수 있다.

풀이

정답 ① (라), ② (마)

해설 만들어둔 변수 myH에 입력한 키값을 저장하고, myW에 입력한 몸무게 값을 저장하여, 체질량지수(BMI) 공식에 맞게 계산합니다. BMI를 구하는 공식인 키를 제곱한 값으로 체중을 나누면 값을 구할 수 있습니다. 이 결과 값이 20 이상~ 24 미만인지 판단합니다. 판단 결과 값이 참이면 정상 범위로 보고, 체질량지수가 정상이라고 출력해 줍니다. 거짓이라면 즉 정상 범위를 벗어나 있다면 체질량지수가 정상 범위를 벗어났다고 출력해 줍니다. BMI 값이 정상 범위보다 작으면 저체중, 정상 범위보다 큰 경우에는 과체중 혹은 비만 범위에 속하게 됩니다.

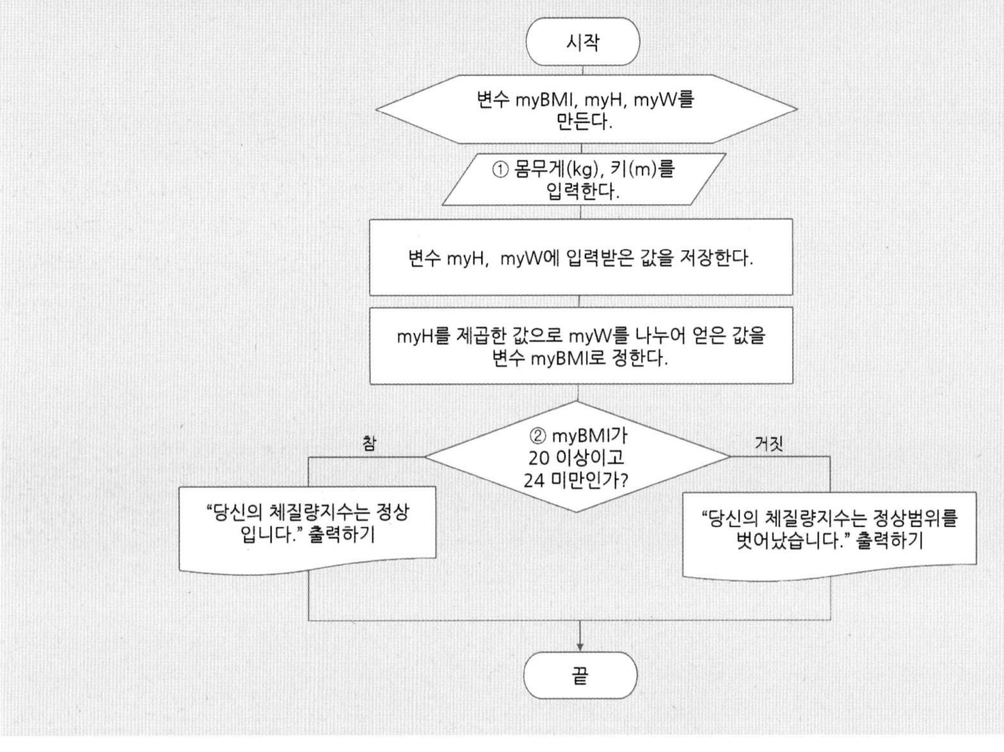

tip

BMI(Body Mass Index: 체질량 지수)는 무엇일까요?

체질량 지수(BMI) = 체중(kg)을 키(m)의 제곱으로 나눈 값

직접 체지방 등을 측정하여 나온 수치가 아니므로 엄밀한 의학적 의미로 사용하기보다는, 간단한 계산으로 비만인지 정상 범위인지 알아볼 때 BMI 지수를 사용합니다.

코딩 풀이

정답 파일 PARTO7₩기출유형문제 6회(정답)

06

★ 학습 개념 순차, 반복, 선택, 관계연산

★ 성취 기준 2.2.4. 다양한 조건을 고려하여 다른 동작을 하는 프로그램을 만들어 볼 수 있다.

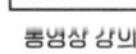

: 분필 스프라이트

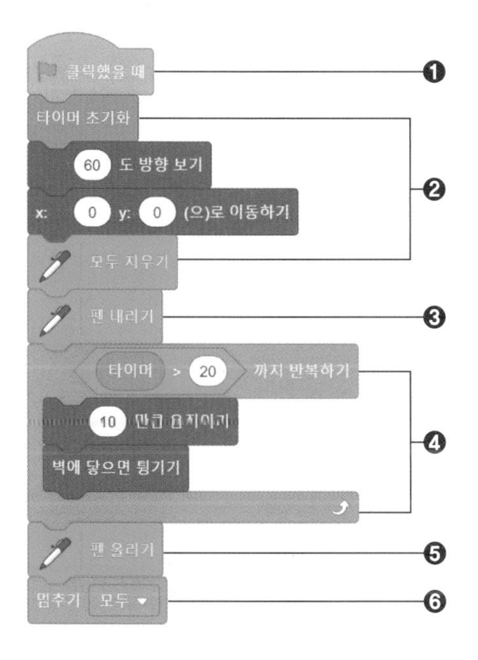

❶ [시작하기( )]를 클릭하면 아래에 연결된 블록을 실행합니다.

❷ 시작 시 타이머를 초기화 하고, 분필은 60° 방향을 향하고 x좌표 0, y좌표 0에 위치합니다. 그리고 이전에 실행되어 그리기 했던 내용이 실행 화면에 남아있을 수 있으니, '모두 지우기' 블록을 사용하여 화면을 깨끗이 지웁니다.

❸ 분필이 펜을 내려 그림을 그릴 수 있게 됩니다.

❹ 타이머가 20보다 커질 때까지, 10만큼 움직이며 벽에 닿으면 튕기기를 반복합니다. 즉, 20보다 작거나 같을 때까지만 그리기가 실행됩니다.

❺ 타이머 값이 20을 넘으면, 펜을 올려 더 이상 그림이 그려지지 않습니다.

❻ '모두' 멈추기를 실행하여 프로그램을 종료합니다.

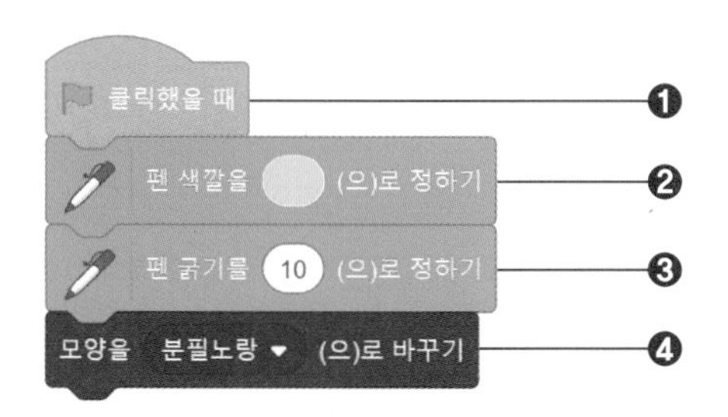

❶ [시작하기( )]를 클릭하면 아래에 연결된 블록을 실행합니다.

❷ 시작 시 분필의 펜 색깔을 노란색으로 정합니다.

❸ 펜의 굵기는 10으로 정합니다.

❹ 분필의 모양은 '분필노랑'으로 정합니다.

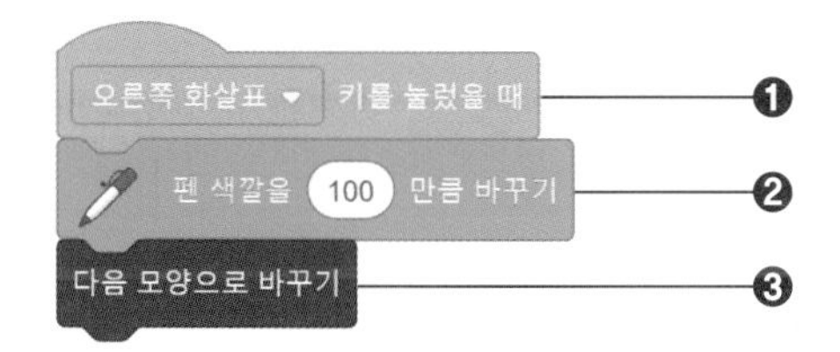

❶ 오른쪽 화살표 키를 누르면 아래에 연결된 블록을 실행합니다.

❷ 펜 색깔을 100만큼 바꿉니다. 노란 색에서 100만큼 바꾸면 파랑색이 됩니다.

❸ 다음 모양으로 바뀌, 분필의 모양을 '분필파랑'으로 바꿉니다(즉, 오른쪽 화살표 키를 눌렀을 때 분필도 파란색으로 바뀌고, 그려지는 펜의 색도 파란색으로 바뀜).

tip

관계 연산 기능 알아보기

관계 연산에는 크다(>), 크거나 같다(>=), 작다(<), 작거나 같다(<=), 같다(=) 등이 있습니다. 두 개의 값을 비교할 때 이 관계 연산을 활용합니다.

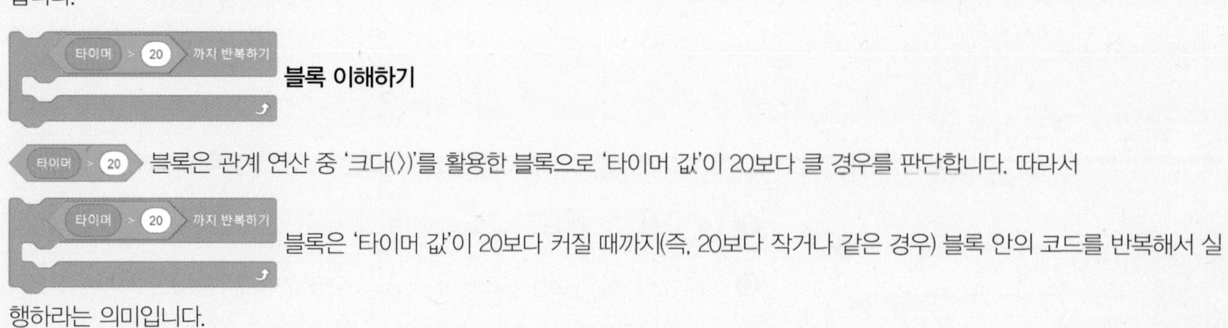

블록 이해하기

타이머 > 20 블록은 관계 연산 중 '크다(>)'를 활용한 블록으로 '타이머 값'이 20보다 클 경우를 판단합니다. 따라서 타이머 > 20 까지 반복하기 블록은 '타이머 값'이 20보다 커질 때까지(즉, 20보다 작거나 같은 경우) 블록 안의 코드를 반복해서 실행하라는 의미입니다.

문제 07 코딩 풀이

정답 파일 PART07₩기출유형문제 6회(정답)

★ 학습 개념 순차, 소리, 모양

★ 성취 기준 2.2.2. 주어진 블록을 순차적으로 사용하여 목표물까지 이동할 수 있다.

동영상 강의

: 물결 스프라이트

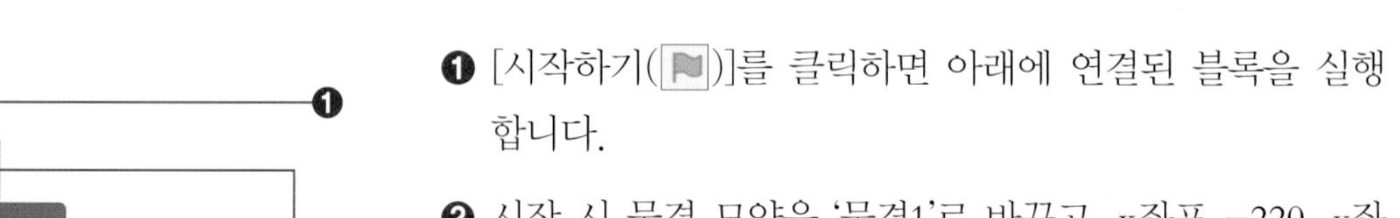

❶ [시작하기( )]를 클릭하면 아래에 연결된 블록을 실행합니다.

❷ 시작 시 물결 모양을 '물결1'로 바꾸고, x좌표 −220, y좌표 100에 위치하고 있다가 1초 동안 x좌표 100, y좌표 10으로 움직이게 합니다.

❸ 모양을 '물결2'로 바꾸고, 1초 동안 x좌표 350, y좌표 −22로 움직이게 합니다. 스크래치의 화면에서 가로의 범위는 −240에서 240까지입니다. 여기서 350으로 이동하라고 한 것은 화면 밖으로 이동해서 보이지 않도록 하는 것입니다.

❶ [시작하기(⚑)]를 클릭하면 아래에 연결된 블록을 실행합니다.

❷ 시작 시 다이버의 위치를 x좌표 0, y좌표 −41에 위치하게 하고, 90° 방향을 보게 합니다.

❸ 1초(물결이 이동해서 다이버 위치로 오는 시간)를 기다립니다.

❹ 다이버가 0.5초 동안 x좌표 150, y좌표 0으로 움직입니다.

❺ 60° 방향 보기를 하여 다이버가 위쪽으로 향하는 모습을 하게하고, 0.5초 동안 x좌표 300, y좌표 50으로 이동합니다(다이버가 화면 밖으로 이동하여 보이지 않음).

문제 08 코딩 풀이

정답 파일 PART07₩기출유형문제 6회(정답)

★ 학습 개념 순차, 반복, 선택, 신호, 모양

★ 성취 기준 2.2.5. 이벤트의 개념을 이용하여 프로그래밍 할 수 있다.

동영상 강의

램프 : 램프 스프라이트

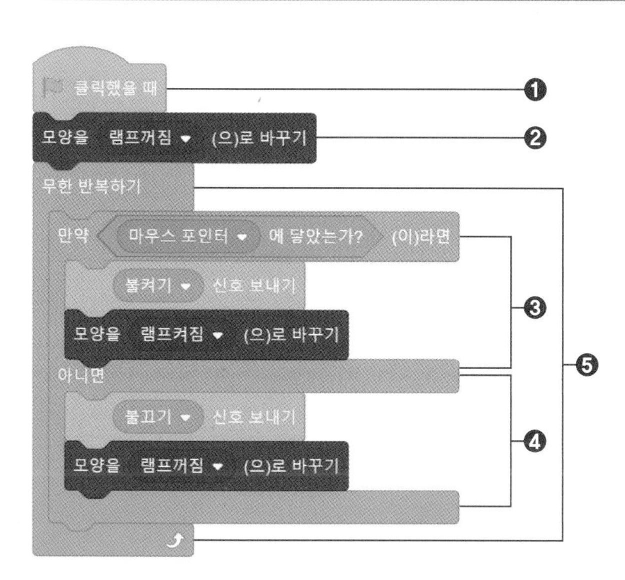

❶ [시작하기(⚑)]를 클릭하면 아래에 연결된 블록을 실행합니다.

❷ 시작 시 램프가 '램프꺼짐' 모양이 되도록 합니다(처음엔 램프가 꺼진 상태에서 시작).

❸ 마우스 포인터에 닿으면 '불켜기' 신호보내고, 모양을 '램프켜짐'으로 바꿉니다. 램프에 마우스 포인터를 가져다 대면 램프의 불이 켜지게 되는 것입니다

❹ 만약 마우스 포인터에 닿지 않았으면 '불끄기' 신호보내고, 모양을 '램프꺼짐'으로 바꿉니다. 마우스 포인터가 닿아있지 않은 동안에는 램프가 꺼지게 하는 것입니다.

❺ 마우스 포인터가 닿았는지를 계속 확인하여 그에 따라 램프가 명령을 실행하도록 ❸, ❹를 계속 반복합니다.

: 선풍기날개 스프라이트

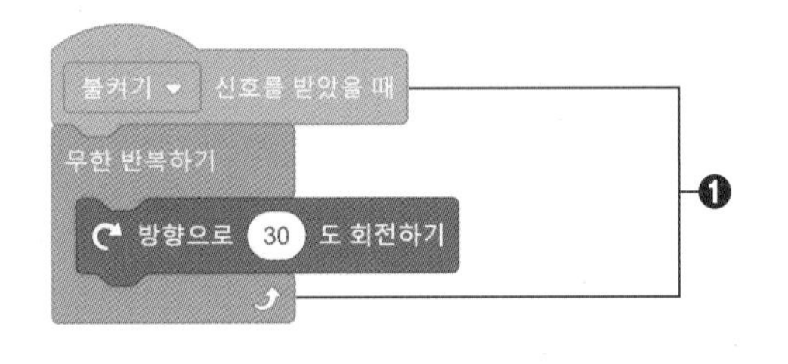

❶ '불켜기' 신호를 받으면 선풍기날개는 30° 회전하기를 계속 반복하여 회전합니다.

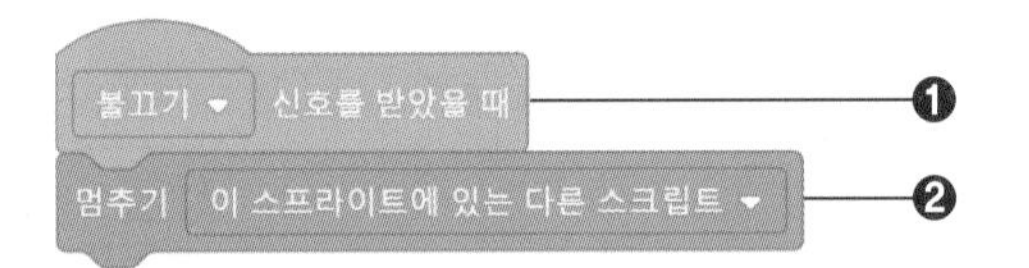

❶ '불끄기' 신호를 받았을 때 아래에 연결된 블록을 실행합니다.

❷ 선풍기날개 스프라이트에 있는 다른 스크립트 멈춥니다. 선풍기날개에 있는 다른 스크립트는 '불켜기' 신호를 받아서 선풍기날개를 계속 회전시키는 스크립트입니다. 그러므로 ❷는 선풍기날개의 회전을 멈추라는 뜻이 됩니다.

문제 09 코딩 풀이

정답 파일 PART07₩기출유형문제 6회(정답)

★학습 개념 순차, 반복, 선택, 무작위 수

★성취 기준 2.2.3. 반복되는 명령을 블록으로 만들 수 있다.

동영상 강의

: 원숭이 스프라이트

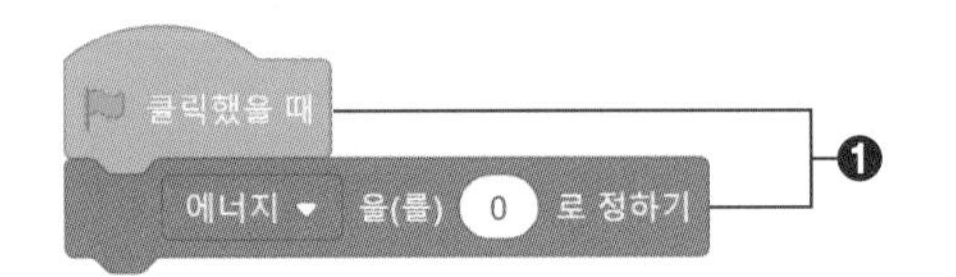

❶ [시작하기( )]를 클릭하면, '에너지' 변수를 0으로 정합니다.

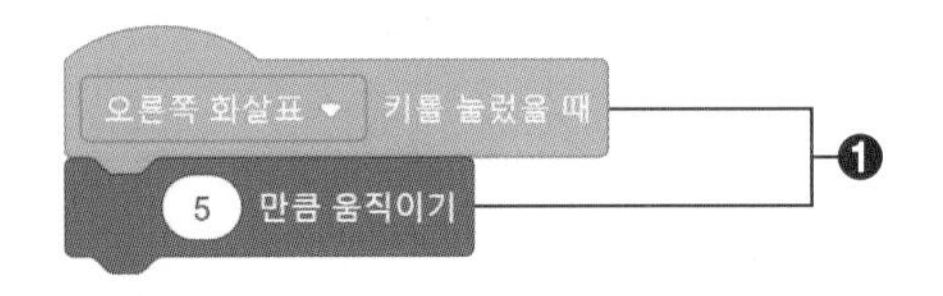

❶ 오른쪽 화살표 키를 누르면, 원숭이가 5만큼 움직입니다(기본방향이 오른쪽이므로 원숭이가 오른쪽으로 5만큼 움직임).

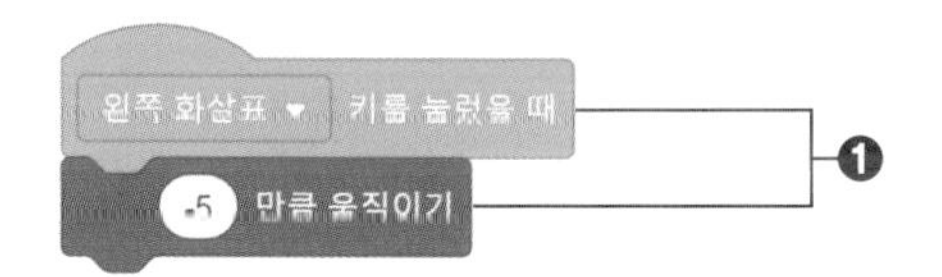

❶ 왼쪽 화살표 키를 누르면 원숭이가 −5만큼 움직입니다(기본방향이 오른쪽이므로 왼쪽으로 5만큼 움직이게 됨).

: 바나나 스프라이트

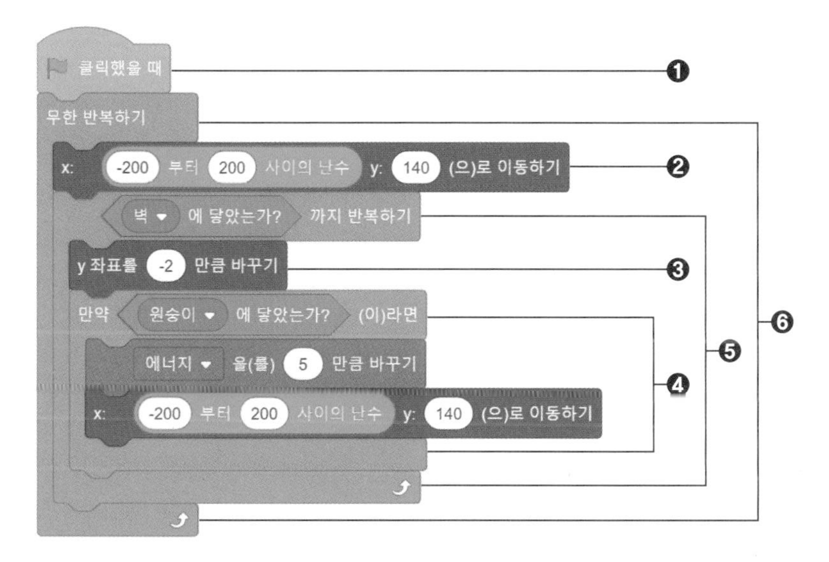

❶ [시작하기(🏴)]를 클릭하면 아래에 연결된 블록을 실행합니다.

❷ 바나나 스프라이트를 x좌표 −200부터 200 사이의 난수 위치, y좌표 140에 위치하게 합니다.

❸ y좌표를 −2만큼씩 바꿔, 바나나가 위에서 아래로 떨어지는 것을 표현합니다.

❹ 바나나가 원숭이에 닿으면, '에너지' 변수를 5만큼 바꾸고, 바나나의 위치를 다시 x좌표 −200부터 200 사이의 난수 위치, y좌표 140에 위치하게 합니다(바나나가 위에서 떨어지다가 원숭이에 닿으면 다시 위로 이동해서 아래로 떨어지는 모습을 표현함).

❺ ❸~❹를 바나나가 벽(바닥)에 닿을 때까지 반복합니다. 바나나가 원숭이에 닿든지 벽(바닥)에 닿든지 둘다 바나나가 다시 위로 이동해서 아래로 떨어집니다. 바나나가 원숭이에 닿은 경우엔 '에너지' 변수에 5가 더해집니다.

❻ ❷~❺를 계속 반복하여, 바나나가 계속 나타나 떨어지게 합니다.

: 번개 스프라이트

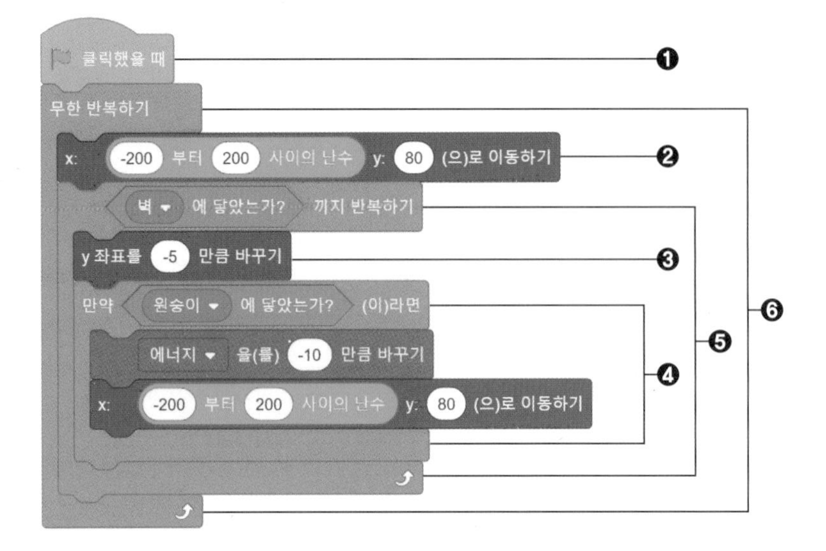

❶ [시작하기( )]를 클릭하면 아래에 연결된 블록을 실행합니다.

❷ 번개가 x좌표 −200부터 200 사이의 난수 위치, y좌표 80에 위치하게 합니다.

❸ y좌표를 −5만큼씩 바꿔, 번개가 위에서 아래로 떨어지게 합니다. 번개는 바나나보다 조금 더 빠른 속도로 떨어지도록 −5로 하였습니다.

❹ 번개가 원숭이에 닿으면, '에너지' 변수를 −10만큼 바꾸고 번개의 위치를 다시 x좌표 −200부터 200 사이의 난수, y좌표 80에 위치하게 합니다.

❺ ❸~❹를 벽에 닿을 때까지 계속 반복합니다. 즉, 번개가 벽에 닿을 때까지 떨어지고, 떨어지다가 원숭이에 닿으면 에너지 변수를 −10만큼 바꿉니다.

❻ ❷~❺를 계속 반복하게 하여, 번개가 계속 나타나서 떨어지게 합니다.

정답 파일 PART07₩기출유형문제 6회(정답)

10

★학습 개념 순차, 반복, 선택, 무작위 수

★성취 기준 2.2.3. 반복되는 명령을 블록으로 만들 수 있다

: 오리 스프라이트

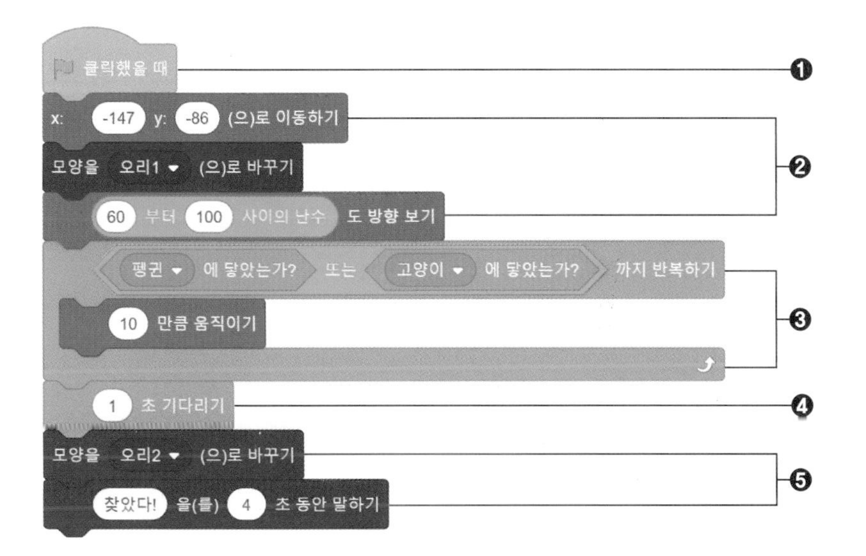

❶ [시작하기( )]를 클릭하면 아래에 연결된 블록을 실행합니다.

❷ 시작 시 오리의 위치를 x좌표 −147, y좌표 −86으로 정하고, 모양이 '오리1'이 되게 합니다. 또한 오리가 바라보는 방향을 60부터 100 사이의 난수로 정합니다.

❸ 오리가 펭귄이나 고양이에 닿을 때까지 계속 10만큼 움직이게 합니다. 임의의 수로 방향을 정했으므로 오리는 실행할 때마다 다른 방향으로 움직이게 됩니다.

❹ 1초를 기다립니다.

❺ 오리의 모양을 '오리2'로 바꾸고, "찾았다!"라고 4초 동안 말합니다. 술래잡기를 하느라 눈을 가리고 있던 수건을 올리고 누구를 찾았는지 확인하는 모습이 됩니다.

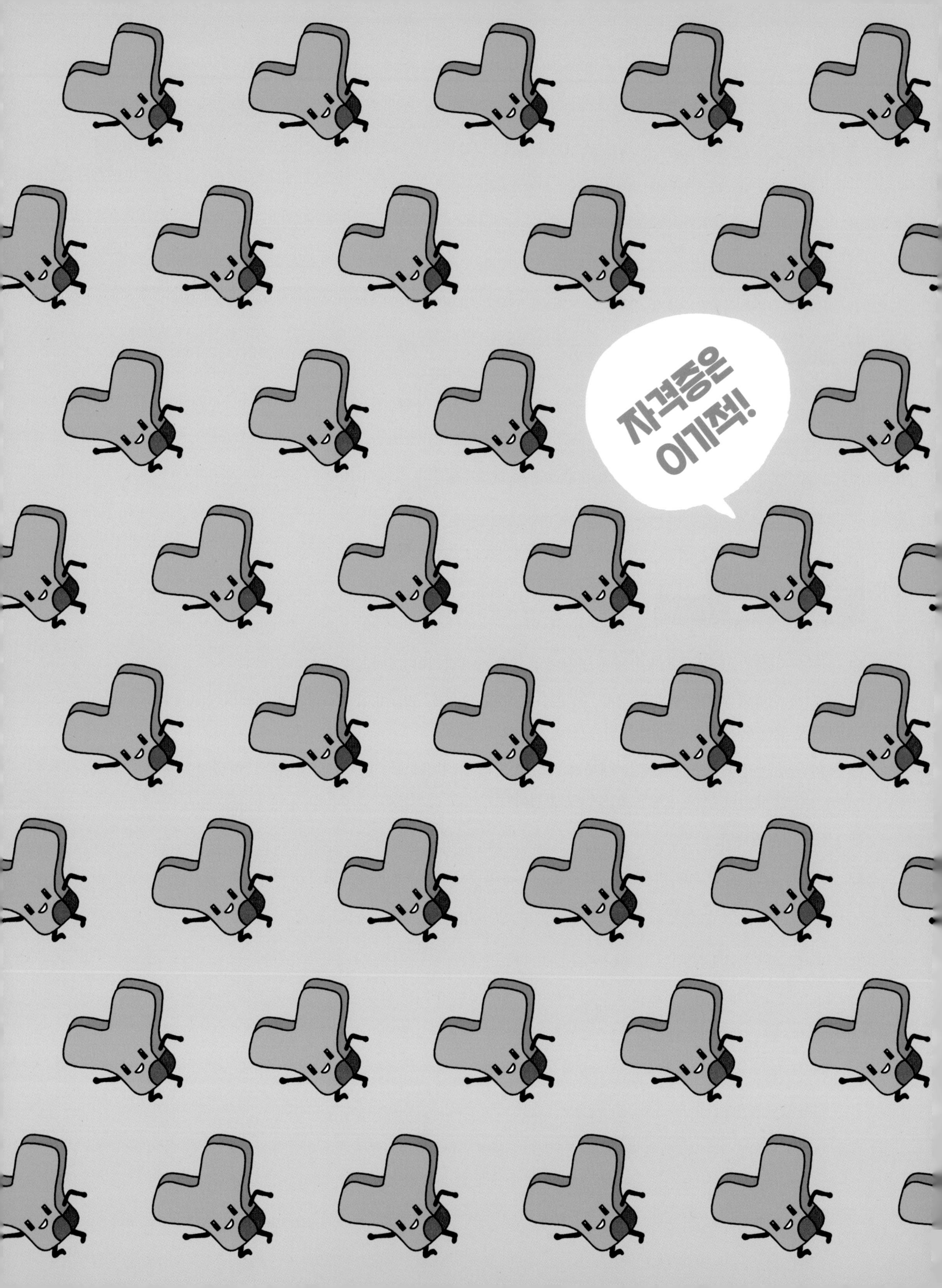
자격증은
이기적!